21世纪会计教材系列

财务管理基础理论与实务

Caiwu Guanli Jichu Lilun yu Shiwu

许义生　张　阳　主编

暨南大学出版社
JINAN UNIVERSITY PRESS
中国・广州

图书在版编目（CIP）数据

财务管理基础理论与实务/许义生，张阳主编．—广州：暨南大学出版社，2010.8（2018.11 重印）
（普通高等财经院校会计系列教材）
ISBN 978－7－81135－614－4

Ⅰ.①财… Ⅱ.①许…②张… Ⅲ.①财务管理—高等学校—教材 Ⅳ.①F275

中国版本图书馆 CIP 数据核字（2010）第 161518 号

财务管理基础理论与实务
CAIWU GUANLI JICHU LILUN YU SHIWU
主 编 许义生 张 阳

出 版 人 徐义雄
责任编辑 李 艺 林芳芳
责任校对 何 力
责任印制 汤慧君 周一丹

出版发行 暨南大学出版社（510630）
电 话 总编室（8620）85221601
营销部（8620）85225284 85228291 85228292（邮购）
传 真 （8620）85221583（办公室） 85223774（营销部）
网 址 http://www.jnupress.com
排 版 广州市天河星辰文化发展部照排中心
印 刷 广州市快美印务有限公司
开 本 787mm×1092mm 1/16
印 张 20.5
字 数 482 千
版 次 2010 年 8 月第 1 版
印 次 2018 年 11 月第 9 次
印 数 19501—20000 册
定 价 43.00 元

前 言

财务管理专业是1998年国家教育部颁布高等院校新专业目录时确定设置的。在财务管理专业未单独设置之前，企业财务管理人才是由会计学专业来培养的。当时的财务管理是在会计学专业课程中设置的一门财务管理课程，讲授企业财务管理的基本理论和基本方法。

财务管理独立为一个专业后，如何扩展专业教学内容，是设置财务管理专业的各所院校首要考虑的问题。当时，在专业主干课程的设置上，有的院校设立了企业财务管理、公司理财和高级财务管理三门课程，有的院校设立了初级财务管理、中级财务管理和高级财务管理三门课程。此外，也有院校将初级财务管理称为财务管理原理。若对上述课程设置情况进行分析，可以发现一个共同的问题，即各门课程内容的界定并不清晰，特别是企业财务管理与公司理财课程，或初级财务管理（财务管理原理）与中级财务管理课程内容上的简单重复问题尤为严重。我校财务管理专业设置初期，财务管理专业的主干课程也是按初、中、高三级设置的，表面上看起来体系完整，但内容界定不清，简单重复问题严重，教学效率低下，令人困惑。

2005年，“财务管理专业全程教学改革研究与实践”作为广东省第三批新世纪高等教育教学改革工程项目获准立项。财务管理专业课程体系的构建便成为这一教改项目的重要内容之一。通过对财务管理课程教学内容的深入分析，我们认为其主要内容由两部分构成，即财务管理基本理论与实务和财务管理专题理论与实务。财务管理基本理论与实务部分解决的是企业日常或常规财务管理业务处理的理论与方法问题，财务管理专题理论与实务部分解决的是企业特殊财务管理业务处理的理论与方法问题。在这一认识基础上，我们将财务管理专业主干课程由初、中、高三门调整为“基本”与“专题”两门。这一调整既保留了原有课程的基本内容，又解决了课程内容的简单重复问题，节省了课时，提高了教学效率与教学效果。

依照上述教改思路，我们组织了教材的撰写工作。本书由许义生、张阳担任主编。各章编写分工为：第1、3章由许义生编写；第2、5章由郭银华编写；第4、9章由张阳编写；第6章由罗建华编写；第7章由马崇明编写；第8、13章由李丽青编写；第10章由庄学敏编写；第11、12章由郭旭芬编写；第14章由艾健明编写。

由于作者水平所限，书中难免有不妥或错误之处，恳请广大读者斧正。

编 者

2010年5月于广东商学院

前言

目 录

第一章　导　言

财务管理是企业管理的重要组成部分。本教材在具体介绍企业财务管理的基本理论和基本方法之前，首先说明以下三个问题：什么是企业财务管理学、企业财务管理学的研究对象、企业财务管理学的学科性质与本教材的特点。理解好这三个问题，对读者学好、用好财务管理学将有所帮助。

一、什么是企业财务管理学

顾名思义，企业财务管理学是有关企业如何进行财务管理的一门学问。那么，什么是企业财务呢？企业财务是企业财务活动及其所体现的经济利益关系的总称。

在商品经济条件下，从企业财务主体的角度来说，企业的财务活动是指企业的筹集资金、投放资金、使用资金和分配资金等经济活动；从客体的角度来看，企业的财务活动就是指企业生产经营活动中的社会财富的运动过程。

就一般意义而言，人类的生产过程是使用价值或物质财富的生产过程。而人类的生产活动又总是在一定的生产关系下进行的，其必须取得特定的社会属性及社会形式。也就是说，人类的生产不仅具有物质属性和社会属性，还形成生产的物质方式与社会方式。生产是物质属性与社会属性、物质方式与社会方式的统一，是物质财富生产与社会财富生产的统一。

生产的物质方式是指在物质生产过程中生产的主、客观要素的技术结合方式，它是由生产的技术基础决定的，并随着科学技术的发展以及生产技术基础的变革而变化。科学技术的发展阶段不同，生产的物质方式的表现形态也不同。马克思曾对人类的物质生产过程的变革作过详细的考察，他以劳动资料的发展为标志，把这个过程划分为三个大的历史发展阶段：手工工具阶段、大机器阶段和自动化控制系统阶段。总之，作为一个动态系统，物质生产方式将随着人类认识与改造自然能力的提高而不断向前发展。尽管生产的自然方式决定着生产的社会方式，但它并不直接构成财务管理的内容，构成财务管理内容的是生产的社会方式，确切地说，是特定的社会财富的生产过程。

生产的物质方式是现实生产力的运动方式，生产的社会方式则是与生产力相适应的特定生产关系的运动方式。生产的物质方式的变化必然会引起生产的社会方式的变革。已存在过的生产的社会方式有氏族公有制生产方式、小生产者私有制生产方式、资本主义私有制生产方式及社会主义公有制生产方式等。

在资本主义生产方式下，资本成为社会的特定财富，生产过程表现为资本的运动过程，资本运动的目的是实现资本的增值。在这一生产方式下，财务管理就是对企业资本运动过程进行管理，即对资本的增值过程进行管理。

我国在社会主义市场经济条件下，生产资料转化为商品，具有价值，企业生产的目的是价值的增值。为了同资本主义私有制下的生产目的相区别，我国学术界把公有制条件下的生产资料称为资金而不是资本。这样，在我国，财务管理便是指对企业的资金运动进行的管理。资金运动包括两个方面：一是指资金的形态、数量、结构的变化；二是指资金运动中产权、债权债务、收益分配等经济关系的形成与变化，即财务关系的形成与变化。这些构成了企业财务管理的基本内容。企业的资金运动是有规律的，在一定程度上由市场机制进行调节。企业的财务管理工作就是作为一种自觉的力量融合到企业的资金运动之中，组织与调节资金运动过程，使之按比例、协调、顺畅、高效地运行，实现企业价值增值的目标。

总之，企业财务管理就是企业组织资金运动、处理有关财务关系的一种经济管理工作。企业财务管理学就是一门研究企业组织资金运动、处理财务关系的科学的理论体系。

二、企业财务管理学的研究对象

要了解、掌握一门科学，首先弄清该门科学的特定的研究对象是十分必要的。那么，财务管理学的研究对象是什么呢？或者说，财务管理学研究的是什么特殊矛盾呢？

一方面，企业财务管理学是研究企业如何进行资金管理的一门科学。在商品经济社会，人们若要进行生产经营活动，不仅要投入人力、物力，还必须投入一定的财力，即资金或资本。没有财力的投入，也就不会形成人力、物力的投入。资金或资本是企业重要的不可缺少的经济资源。人们投入资金或资本的目的是为了获得更多的利润或剩余价值，也就是为了资金或资本的增值。马克思认为，资本就是带来剩余价值的价值。资金或资本作为体现着特定生产关系的社会财富，是一种稀缺的经济资源，而人们对利润或剩余价值的追求却是无限的，这样便产生了资金或资本的投入与产出之间的矛盾。

企业资金或资本的投入与产出的矛盾，实际上就是资金使用的效率问题，即资金的投放、占用、耗用的效率问题。只有解决资金的效率问题，做到低投入、低占用、低消耗，实现高产出与适度积累，企业才能够顺利经营和持续发展；否则，企业的生产经营活动就可能萎缩，甚至倒闭破产。财务管理学中的有关投资决策、筹资决策、流动资产管理等内容均属于或涉及企业的资金效率问题。

另一方面，企业的资金或资本是特定的生产关系的物质载体，资金或资本运动自然体现着现实的经济利益关系。例如，资金的投入体现着相关主体的产权或债权债务关系；税金、股利、工资的计量与确认体现着相关主体间的分配关系，等等。这些经济关系在财务管理学中被称为财务关系，具体包括企业同投资人的财务关系、企业同国家税收的财务关系、企业同债权人的财务关系、企业同债务人的财务关系、企业同员工的财务关系、企业投资人与企业债权人的财务关系、企业投资人之间的财务关系，等等。这些经济利益关系既有相互统一、相互协调的一面，又有相互对立、相互矛盾的一面。这些关系处理得好，则有利于企业的生存与发展；否则，便不利于甚至有害于企业的生存和发展。企业财务管理学中的有关资本结构与财务风险的管理、应收账款的管理、流动负债的管理、利润分配的管理等内容基本上都属于企业财务关系的处理问题。

总之，现代企业财务管理学的研究对象是企业资金运动中的基本矛盾，即资金的投入与产出的矛盾、相关利益主体的利益矛盾。前者主要是如何创造更多的社会财富的问题，后者主要是如何维护各利益主体的经济权益的问题。这就是财务管理学所要研究的特殊矛盾，其所研究的全部内容都是围绕着这两个基本矛盾展开的。

需要说明的是，上述财务管理学的两个基本问题并不是孤立的，而是相互联系、相辅相成的。只有解决好第一个矛盾，即创造出更多的财富，各个利益主体的权益才有可能得到保障或获得更多的利益；只有解决好第二个矛盾，即维护好各个利益主体的合法权益，才能为企业的生存与发展创造一个和谐的环境，以创造出更多的财富。因此，在财务管理学的研究中，既要注重研究“做饼”的问题，又要注重研究“分饼”的问题，使两者统一起来，而不应偏废任何一方。

三、企业财务管理学的学科性质与本教材的特点

（一）企业财务管理学的学科性质

从财务管理的管理内容、管理方式、管理手段和管理方法来看，财务管理学应是经济学和管理学的交叉学科。

首先，财务管理学是一门经济科学，是经济学的一个分支，属于应用经济学的范畴。早期的财务理论是理论经济学的一项内容，随着财务知识的发展与充实，其逐渐从理论经济学中分化出来，发展成为一门独立的学科分支。但无论财务管理学是否独立为一门特定的学科，经济学始终是其赖以建立与发展的理论基础。

企业财务管理是以企业的资金或资本运动为管理对象的。人们若要管理好企业的资金运动过程和处理好资金运动过程中所形成的各种经济利益关系，就必须弄清楚企业资金运动的内容、形式和规律，了解资金运动过程中所形成的各种经济关系的经济本质。马克思的《资本论》有关资本的循环与周转理论、再生产理论、价值补偿理论，现代西方经济学有关公司治理理论、委托代理理论、股利理论，以及现代金融理论等经济理论，都是现代财务管理学的理论基础。

其次，财务管理学又是一门管理科学。财务管理学不仅是一门研究和认识企业财务活动规律的科学，而且还是一门研究如何有效地管理企业财务活动的科学。因此，企业财务管理学要以经济学的相关理论与管理学的相关原理作为自己赖以建立与发展的理论基础。

企业财务管理学作为一门管理企业资金运动的学科，其必须以现代管理理论为指导，研究现代企业财务管理的方式、手段、方法等问题。现代管理学的有关组织理论、管理行为理论、管理过程理论、管理手段理论等对现代财务管理学的发展起着重要的指导作用。

综上所述，我们可以对企业财务管理学作以下概括：企业财务管理学是以经济理论为指导，在揭示企业资金运动规律的基础上，运用管理科学的理论和方法，具体研究企业资金运动的组织和管理问题，以提高企业资金运动效率和协调财务关系的一门经济学与管理学交叉的学科。

与企业财务管理学相近的学科是会计学，两者实际工作岗位的情况也相近。那么，企业财务管理学与会计学是什么关系呢？弄清这一问题，对于学好、用好企业财务管理

学是很有必要的。

我们知道，人类的再生产如从其目的或结果的角度来看，其实就是财富的生产、分配、交换与消费的过程。财富具有物质与社会两重属性，财富按其前一属性称为物质财富，按其后一属性则称为社会财富，两者是内容与形式的关系。社会财富在社会再生产过程中执行各种不同的经济职能，为管理这些财富，也就形成了各种不同的财富管理活动或财富管理系统。例如，一部分为满足社会公共性消费的社会财富，管理这部分财富的活动就是财政；一部分为满足各生产、流通单位再生产活动需要的社会财富，管理这部分财富的活动就是财务；一部分为满足社会经济融通需要的社会财富，管理这部分财富的活动就是金融，等等。各个财富管理主体要管理其所控制的财富，就必须建立信息系统，以掌握财富的实际运动情况。会计就是人们在财富管理系统中设立的一个子系统，即信息系统。财政管理系统中有预算会计，金融管理系统中有金融会计，企业财务管理系统中有企业会计。因此，企业会计学是企业财务管理学的一个分支。

（二）本教材的特点

财务管理专业是 1988 年开始设立的一个新专业，其专业课程建设尚处于探索阶段，目前尚未形成一个科学、合理的专业课程体系。有的院校按初、中、高分级设立财务管理课程，但初、中、高三门课程在设立的依据、原则及内容界定上并不完全清晰，内容严重重复。有的院校设立企业财务管理、公司理财、高级财务管理等课程，但这种课程设置方法不仅未能解决上述课程内容重复的问题，相反，课程名称在逻辑上显得混乱。

为了解决上述问题，经研究，我们对财务管理学的教学内容作了新的划分，将其划分为两大部分：一部分是有关一般企业日常或常规财务管理的理论与实务，课程命名为“财务管理基本理论与实务”；一部分是特殊企业或一般企业的特殊财务业务的管理理论与实务，课程命名为“财务管理专题理论与实务”。这种课程体系的构建，使得课程之间的相互关系更加清晰明了，课程内容也更加明确，既解决了课程内容的简单重复问题，又增强了课程体系的逻辑性。

本教材的另一大特点是突出了财务管理学的管理知识和管理意识。我们认为，财务管理学是一门经济学与管理学的交叉学科。但以往的教材主要侧重于各种财务管理业务的处理，如投资决策、筹资决策、收益分配决策等，作为管理学的有关企业财务的整体规划、整体目标制定、控制与调节等知识明显不足。而本教材不仅在导言中增强了人们的管理意识，在财务管理目标、管理职能等管理理论方面也有所加强。

第二章　企业财务管理的内容与环境

现代企业财务管理是基于企业再生产过程中客观存在的财务活动而产生的，是企业组织财务活动、处理与各方面财务关系的一项涉及面广泛、综合性很强的管理工作，是企业管理的重要组成部分。企业的组织形式及所处的宏、微观环境不同，其财务管理的内容、目标、原则、方法等也就有所不同。本章从财务管理的概念出发，阐述市场经济条件下企业财务管理的主要内容与环境。

第一节　企业财务管理的内容

一、财务管理的概念

在市场经济条件下，企业将生产中消耗掉的生产资料的价值转移到产品中，并创造出新的价值。销售环节一方面满足需求者的生产或生活的需要，另一方面实现产品的价值。企业生产经营过程中运动着的价值，就是企业的资金。

企业的资金在生产经营过程中不断发生形态变化。以制造业为例，企业在采购阶段，以现金购买原材料，企业的资金由货币资金转化为储备资金；在生产阶段，企业将原材料投入生产过程，企业的储备资金转化为生产资金；产品完成之后，企业的资金由生产资金转化为产品资金；在销售过程，产品被出售，收回现金，企业的资金由产品资金最后转化为货币资金，从而完成一个资金循环。企业的生产经营过程是一个连续的、周而复始的运动过程，企业的资金也因此处于不断的循环与周转之中。资金运动是企业生产经营过程的价值方面，其是以价值形式对企业的生产经营过程的综合反映，构成企业生产经营活动的一个相对独立的方面，具有自己的运动规律。从企业资金运动的行为主体的角度来看，资金运动就是企业的财务活动。

企业的资金运动，从表现形式上看是钱和物的增减变动。其实，钱和物的增减变动体现着人与人之间的经济利益关系。一般认为，企业财务是指企业在再生产过程中客观存在的资金运动以及由资金运动所引起的企业与有关经济主体之间的经济利益关系，即客观存在的财务活动和财务关系。企业财务管理就是企业组织财务活动、处理相关财务关系，以实现一定的财务管理目标的一项经济管理工作。

二、财务管理的基本内容

企业的财务活动和财务关系是现代企业财务管理的基本内容。

（一）财务活动

所谓财务活动，是指企业资金的筹集、投放、使用、收回及分配等一系列行为活动。一个企业的财务活动主要包括以下四个方面：

1. 筹资活动

企业进行生产经营活动，是以一定数额的资金投入为前提和基础的。筹资活动是企业资金运动的起点。所谓筹资，是指企业根据生产经营、对外投资及调整资金结构的需要，通过一定的渠道和方式，筹措和集中所需资金的行为。筹资管理是企业财务管理的一项基本内容。企业资金可以从多种渠道、运用多种方式来筹集。一般而言，任何企业都可以从两方面筹资并形成两种性质不同的资金：一是企业权益资金，它是企业通过向投资者吸收直接投资、发行股票、企业内部留存收益等方式取得的资金。其投资主体包括国家、法人和社会公众等；其出资的形式可以是货币资产，也可以是包括实物资产、无形资产等在内的非货币资产。二是企业债务资金，它是企业通过向银行等金融机构借款、发行债券、延期或分期付款、融资租赁等方式取得的资金。企业筹集资金表现为企业资金的流入；企业偿还借款，支付利息、股利以及各种筹资费用等，则表现为企业资金的流出。

企业筹资必须确定筹资的规模，同时还需要通过筹资渠道、筹资方式或筹资工具的选择，合理确定筹资结构，以降低筹资成本，改善企业的财务状况，降低财务风险。在负债筹资下，企业要考虑还款能力并编制还款计划，在讲求诚信的前提下，应尽可能利用非付息负债；在权益融资中，企业要考虑融资额度和方式对股权结构、公司治理结构的影响。经营者要切实维护出资者的利益，出资者应按照出资的份额享有权利和承担义务，避免大股东侵占中、小股东权益，或股东侵占债权人权益等问题的出现。

2. 投资活动

企业取得资金后，必须将资金投入生产经营或实现对外投资，以谋求最大的经济效益。按照范围划分，投资可以划分为广义投资和狭义投资。广义投资是指企业对内部生产经营过程和对企业外部项目所进行的投资。狭义投资仅指企业对某些特定项目所进行的投资，如有价证券投资、固定资产项目投资、对外合资或参股的经营投资、并购投资等。企业无论是购买内部生产经营活动所需要的资产，还是对外投资购买各种证券，都需要支付资金。当企业变卖对内投资形成的各种资产或收回对外投资时，则会产生资金的收回。

企业投资必须考虑投资规模和投资效益的关系，特别是投资期限长、投资金额大的投资，投资前一定要做好可行性研究，避免盲目投资。要对项目的经济合理性、技术与社会环境的可行性进行严格的调研论证，正确处理企业发展过程中的集约化和规模化、专业化与多元化的关系，避免过于分散地投资。同时，必须加强研究开发能力和无形资产的投资，提高企业的核心竞争能力和可持续发展能力。

3. 资金的日常营运活动

企业是持续经营的，企业的经营目标是依赖日常业务来实现的。在日常经营中，企业要为购买材料、支付费用、偿付债款以及为预防意外支付等需要储备现金。为了扩大市场占有率，增加销售利润，企业常采用赊销等手段，从而形成应收账款占用的资金；

为了保证生产经营活动的正常进行而形成存货占用的资金。为避免资金的积压浪费，企业需要对上述资金占用进行科学的安排，尽可能减少资金的占用。企业的上述流动资产及流动负债的管理属于营运资金管理，是财务管理的重要内容。

企业营运资金的管理属于经常性的管理工作。日常周转的营运资金具有期限短、循环快、灵敏度高等特点。从营运资金的存在形态和用途上看，它包括货币资金、应收账款、存货以及流动负债等。企业营运资金日常管理的重点是：①合理确定货币资金的存量，平衡现金的日常收支，正确处理现金的流动性与盈利性的关系；②研究商业信用政策，制定适宜的信用标准，确定应收账款的收款政策；③正确确定存货的经济采购批量，努力降低存货的采购成本和储存成本；④加强流动负债的管理，在不违背诚信的原则下充分利用商业信用。寻求加快营运资金周转速度的途径，提高营运资金利用效果，是企业营运资金管理的基本目标。

4. *收益分配活动*

企业筹资、投资和营运资金日常管理的最终目的是取得收益并对其进行合理的分配。广义地说，分配是指对企业各种收入进行分割和分派的过程；而狭义的分配仅指对企业净利润的分配。企业的营业收入扣除营业成本、营业税金及附加、销售费用、管理费用和财务费用后为营业利润；营业利润加投资收益和营业外收入等，再扣除营业外支出后为利润总额；利润总额扣除所得税后为净利润或净收益。净利润要提取公积金用于弥补亏损或扩大积累，其余利润则作为投资收益分配给投资人或企业暂时留存，也可形成投资人的追加投资。

在收益分配中，应着重处理好四个方面的关系：一是处理好投资者短期利益与长远利益的关系；二是处理好企业与投资者以及投资者之间的分配关系；三是处理好分配与再融资的关系；四是处理好对货币资本投资和人力资本投资的分配关系。

随着分配过程的进行，资金将会留存企业或退出企业。资金留退引起的资金运动不仅表现在资金运动的规模上，而且表现在资金的结构上，两者同时引起企业财务关系的变化。因此，依据一定的法律规则，合理确定分配规模和分配方式，确保企业的长期利益，维护投资者的合法权益，也是财务管理的重要内容之一。

上述企业的筹资活动、投资活动、营运资金日常管理活动和收益分配活动，既是相对独立的，又是密切联系的，从而形成了企业完整的财务活动，构成了企业财务管理的基本内容。

随着经济和金融全球化以及我国市场经济的快速发展，企业面临的经济环境将变得更加多元化和复杂化，企业的财务活动范围也将进一步拓展。一些企业的筹资和投资活动将不再局限于国内市场而必将走向国际市场。同时，企业的筹资工具、投资方式也不再局限于传统方式，而将不断创新和拓展。这些变化不仅为企业的理财活动带来新的机遇，也使企业财务工作者面临新的知识、经历和能力的挑战。因此，必须加强学习，关注金融市场的发展变化，以适应新形势下的财务管理的要求。

（二）财务关系

企业财务关系是指企业在组织财务活动中形成的与企业内外利益相关者之间的经济利益关系。企业资金的筹集、投放、使用以及收益的分配，无不与利益相关者发生或形成各种经济利益关系，财务管理学将这些经济利益关系称为财务关系。企业的财务关系主要包括以下八个方面：

1. 企业与投资者之间的财务关系

企业与投资者之间的财务关系是指企业的投资者向企业投入资金，企业向投资者支付投资报酬所形成的经济关系。企业的投资者主要包括国家、法人和社会公众。投资者要依法足额缴纳所认缴的出资，以其出资额的比重大小承担公司的债务。投资人出资后，不得抽回资本金，不得随意干预企业的经营活动。投资者在履行义务的同时具有按照出资额的大小分享企业收益、参与重大决策和选择管理者的权利。也就是说，同一企业有多个投资者时，投资者的出资比例不同，则他们各自对企业所承担责任的大小也不相同，相应地，其享有的权利也不相同。具体来说，投资者享有的权益和应承担的责任是：①投资者可以对企业进行一定程度的控制或施加影响；②投资者可以参与企业净利润的分配；③投资者对企业的剩余资产享有索取权；④投资者对企业承担一定的经济法律责任。

2. 企业与受资者之间的财务关系

企业与受资者之间的财务关系是指企业以购买股票或直接投资等形式向其他企业投资所形成的经济关系。企业向其他单位投资，应按约定履行出资义务，并依据其出资份额的大小分享受资单位的经营决策权和参与利润分配。企业与受资者的财务关系是体现所有权性质的投资与受资的关系。

3. 企业与债权人之间的财务关系

企业与债权人之间的财务关系是指企业向债权人借入资金，并按借款合同的规定按时支付利息和归还本金所形成的经济关系。企业为了满足资金需要、降低筹资成本和改善资本结构，会采取负债筹资方式，如向银行借款、发行公司债券和利用商业信用等形式获得资金，从而形成企业与金融机构、其他企业或社会个人的债权、债务关系。企业作为债务人，其在享有资金使用权的同时还要承担相应的义务：一是要按约定的利息率，定期向债权人支付利息；二是债务到期时，要及时向债权人归还本金。

4. 企业与债务人之间的财务关系

企业与债务人之间的财务关系是指企业将其资金以购买债券、提供借款或商业信用等形式出借给其他单位所形成的经济关系。企业将资金借出后，有权要求其债务人按约定的条件支付利息和归还本金。企业的债务人则应承担相应的义务。

5. 企业内部各单位之间的财务关系

企业内部各单位之间的财务关系是指企业内部各单位之间在生产经营各环节中相互提供产品或劳务所形成的经济关系。企业作为社会生产的基本单位，是一个严密的系统，其本身是由若干个相互联系、相互协调的单位组成的。企业内部各单位分布在供、产、销等各个经营管理环节上，发挥着不可替代的作用。要使企业充分发挥整体功能，有效完成使命，必须明确内部各单位的权、责、利关系，发挥相互合作协同的作用。因此，在实行内部经济核算制或经营责任制的条件下，企业产、供、销等各个部门以及各个生产单位之间相互提供的劳务和产品也要计价结算。这种在企业内部建成的资金结算关系，体现了企业内部各单位之间的利益分配关系。

6. 企业与员工之间的财务关系

企业与员工之间的财务关系是指企业向员工支付劳动报酬和承担有关社会福利等所形成的经济关系。企业员工是企业生产经营活动过程中的主体。企业应根据员工的劳动数量与质量向员工发放劳动报酬，并按有关规定承担员工的社会保险及福利。实行员工持股的企业，还应根据员工持股的份额，支付其投资报酬。员工也应根据工作岗位的要求，按质、按量完成工作，承担或履行相应的责任和义务。

7. 企业与政府之间的财务关系

政府承担着社会管理和公共服务等职能，为了保证其社会管理职能和公共服务职能的行使、保障国家机器的正常运转以及为企业营造良好的经营环境等，需要一定的物质基础。政府通过税收等形式参与社会产品的分配，取得物质财富，用于国家职能的行使。因此，企业必须依法纳税。在现行税制下，企业主要缴纳流转税、所得税、财产和行为税、资源税等。企业与政府税务部门之间的财务关系的实质是依法强制性、无偿性的分配关系。

对于国有独资企业、国有控股企业、国有参股企业，国家有关部门履行出资人的职责或受托管理单位依法履行出资人的权利和义务，这种财务关系体现在企业与投资者之间的财务关系中。

8. 企业与其他利益相关者之间的财务关系

企业在生产经营过程中，除了要处理上述财务关系之外，还要与其他利益相关者发生联系。例如，企业在赚取利润的同时，还要承担相应的社会责任；随着市场竞争的日趋激烈，企业要争取更多、更稳定的客户和供货商，就必须与他们建立稳定的业务关系；企业有责任为社会福利事业、社会公益事业的发展等提供必要的支持，等等。企业在承担这些责任或义务时若发生资金流出，则构成企业财务管理的业务内容，形成企业同相关方面的财务关系。

第二节　企业财务管理的环境

企业财务管理环境简称理财环境，是存在于企业财务管理系统之外的，能对企业财务活动产生影响的，企业内部和外部的一切条件、因素的总和。

企业是一个以盈利为目的的社会基层经济组织。企业要在激烈的市场竞争中生存和发展，就必须同企业外部的关系单位及企业内部的各职能部门和职工等发生经济联系。因此，企业周围相关事物的变动自然会对企业的经营活动产生不同程度的影响，这种影响对企业可能是有利的，也可能是不利的。所以企业在实施财务管理时，应对企业的理财环境有充分的了解，能够适应环境的变化，制定切实可行的财务对策，充分利用理财环境中对企业财务活动有利的方面。同时采取措施，避免财务风险和经营风险给企业造成的经济损失。

按照理财环境影响的范围进行划分，可以将企业的理财环境分为微观理财环境和宏观理财环境。

一、微观理财环境

微观理财环境是指影响企业财务活动的企业内部的某些因素或条件，或仅对本企业或部分企业的财务活动产生影响的企业外部的因素或条件。企业财务管理人员应熟悉企业财务管理的微观环境，努力适应或改善微观理财环境，以有效组织理财活动，实现企业的财务目标。

（一）企业的经济性质、财产组织形式和经营方式

在社会主义市场经济不断发展和完善的过程中，我国企业的经济性质呈现出多元化的格局。国有经济、集体经济、私营经济以及各种混合经济并存。改革开放三十多年来，中外合资、中外合作以及外商独资等三资企业有了很大发展。在企业的财产组织形式方面，存在独资企业、合伙企业、公司制企业等。公司制企业又分为有限责任公司和股份有限公司等。在企业的经营方式上，存在承包经营、租赁经营、联合经营以及托管经营等方式。采用不同的财产组织形式和不同的经营方式的企业适用不同的财务法规制度，因而面临不同的财务环境。企业财务管理部门必须根据与企业的经济性质、财产组织形式和经营方式等相适应的法律、财经政策的规定组织企业的财务活动。

（二）公司治理结构

公司治理结构是股东及其他利益相关者利用公司内部的机构和程序参与公司治理的一系列法律、制度安排。它由股东大会、董事会、监事会、经理层机构之间的权力、责任及制衡关系组成。公司治理结构主要包括以下三个方面的内容：一是治理主体，即谁参与治理。现代治理结构理论认为，企业治理主体就是利益相关者，如股东、债权人、经营者、职工等。二是治理客体或治理对象。治理结构着重解决的是利益相关者之间的责、权、利关系，尤其是剩余索取权和控制权的分配。三是治理手段。对治理结构来说，要想合理配置剩余索取权和控制权，必须具备一定的程序和机制，常见的有表决程序、利益分配程序、人事任免程序和股东大会、董事会、监事会和经理层等机构之间的责、权、利关系与制衡机制。

作为企业赖以运行的经济环境的一个重要部分，治理结构确定了企业的目标，并提供了实现目标和监督运营的手段。好的公司其治理结构被当作增强经济活力、提高经济效益的基本手段，财务管理作为企业管理系统中的核心子系统，又存在并运行于公司治理结构框架中。财务管理目标直接反映着理财环境的变化，并需要根据环境的变化进行适当调整。公司的治理结构变了，作为财务运行驱动力的财务管理目标也要相应变化。不同的公司治理结构将产生不同的财务管理目标，不同的财务管理目标又将导致不同的管理内容、管理方法等。

（三）企业的业务性质与流程

不同行业的企业，其业务性质和业务流程有所不同，而不同的业务性质与业务流程对财务管理活动的范围、重点以及工作程序有较大影响。以制造业为例，制造业企业的材料采购、产品生产及产品销售是其基本业务。原材料的供应、产品生产和销售业务环境的好坏，将影响到企业的生产经营目标的实现，并进而影响到企业的生存和发展，因此，财务部门必须掌握企业生产经营的状况和特点，认真做好各个环节的财务工作。

企业的销售环境是指企业所生产的同类产品的市场垄断与竞争状况以及本企业产品

在市场竞争中所处的地位。企业要生存和发展，就必须赢得市场，以销定产，不断扩大市场占有率。因此，在企业的各种业务环境中，销售环境显得尤为重要。企业财务管理人员必须充分了解本企业产品的竞争力、市场占有率以及竞争对手等销售环境，根据不同销售市场的特征和管理要求采取不同的信用政策等去占领销售市场，扩大企业的市场占有份额，从而增加销售收入，争取较多的销售利润。

企业的生产环境对企业的财务管理也是非常重要的。企业的生产环境是指企业的生产工艺流程、技术装备水平和企业产品的寿命周期等因素及条件。生产条件不同，对企业的筹资、投资、资金日常营运等方面的要求也有所不同。如劳动密集型的企业对短期资金要求较多，对长期资金的要求相对较少；高技术的企业在资金结构安排上则正好相反。企业的主要产品所处的寿命期不同，对资金的需求量也有所不同。产品在试产期，所需资金较少；产品在成长期，对资金需求最多；产品到成熟期，资金需求相对稳定；产品进入衰退期，财务部门就要逐步撤出资金。产品的生产过程是产品价值的形成过程，也是资金耗费形成费用与成本的过程。因此，企业财务管理部门要加强对成本费用的日常控制和管理，从而促使企业不断降低成本费用水平，增加企业的经济效益。

与企业产品的生产密切相关的是原材料的供应环境。原材料一般构成产品的实体，所以原材料的质量好坏影响着产品产出的数量与质量，进而影响产品的成本。企业财务管理部门应该加强对原材料市场的调查研究，对原材料的货源是否充足，原材料的品质质量是否符合要求，原材料的供应价格高低、供应地的远近、运输条件好坏以及市场竞争程度等情况充分了解，把好采购监督关。同时，财务部门应根据采购环境的特点和变化，确定采购经济批量、再订货点，采用 ABC 管理方法等，降低材料等物资的采购成本和储存成本。

（四）企业战略

企业战略是指企业面对激烈变化、竞争残酷的经营环境时，为求得长期生存和持续发展而进行的总体谋划。它是企业战略思想的集中体现，是企业经营范围的科学规定。同时，企业战略又是制订各种计划的基础。不同类型的企业或同一企业在不同的发展阶段，其战略是不同的。

从总体上看，企业战略可以分为以下三种类型：①发展型战略。它是一种使企业在现有战略基础水平上向更高一级的目标发展的战略。它引导企业不断地开发新产品，开拓新市场，采用新的生产方式和管理方式，提高企业的竞争实力和竞争地位，使企业由小到大、由弱到强，不断发展。②稳定型战略，又称防御型战略。它是指限于经营环境和内部条件，企业在战略期内所期望达到的经营状况基本保持在战略起点的范围和水平的战略。这种战略风险比较小，但在激烈的市场竞争中有被击败的可能。③紧缩型战略，又称退却型战略。它是指企业从现有的战略基础水平往后收缩和撤退，且偏离战略起点较大的战略。它常在经济不景气、财政收缩、市场销售疲软等情况下被采用。

不同的发展战略对企业的财务活动将产生不同的影响。例如，采用发展型战略的企业，其对资金的需求量增大，但企业由于短期难以通过资本市场筹集权益性资本，则必须转向筹措负债资金，其结果必然会提高企业的资产负债率，增加企业的财务风险。采取紧缩型战略的企业，其对资金的需求量减少，资产负债率不会处于较高水平，财务风险相对较小；另一方面，由于企业经营处于收缩阶段，现金流入量减少，企业资金调剂困难，理财环境未必宽松。采取稳定发展型战略的企业，其现金流入和流出相对较稳定，企业财务环境相对宽松，这可为企业资金的合理安排、积蓄财力创造良好的条件。

（五）企业人才状况

人才资源是企业最重要的资源。今后的市场竞争，最激烈的将是人才的竞争。企业财务管理是企业管理的核心，企业财务管理部门及其财务人员的思想、业务素质的高低自然成为决定企业在激烈的市场竞争中成功与否的关键因素。企业要拥有一支高素质的理财队伍以及理财专家，他们要思想敏锐，能在瞬息万变的市场氛围中捕捉住对企业有利的商机；他们要有经济学家的智慧，善于权衡风险与效益的关系，使企业的资金不断增值，使企业的价值不断增大。企业理财人员素质的高低，对企业理财成果的影响是明显的。企业财务管理部门要善于挖掘、发现和培养优秀的财务人才，使企业财务管理工作处于高水平的良性循环之中。

二、宏观理财环境

宏观理财环境是相对于微观理财环境而言的，它是指在相当广泛的范围内对所有企业或数量相当多的企业的财务管理工作都会产生影响的条件或因素。一般来说，宏观理财环境存在于企业外部，如社会政治环境、经济环境、人口环境、地理环境、法律环境和金融环境，等等。这里主要对对企业财务管理工作影响较大的经济环境、法律环境及金融环境进行分析。

（一）经济环境

企业财务管理的经济环境是指影响企业财务管理的重要的社会经济条件和经济因素。主要有以下四个方面：

1. 经济体制

我国建立社会主义市场经济体制的基本特征之一，就是要使市场在国家的宏观调控下，对资源的配置起基础性作用。为实现这一目标，必须建立全国统一开放的市场体系，而作为统一市场体系有机组成部分的计划、财税、金融、投资、外贸、价格、流通、社会保障等体制也都必须进行相应的改革。经济体制的改革自然会对企业的财务管理工作产生影响。为了适应经济体制改革的要求，企业一方面要努力转变经营机制，建立产权清晰、权责明确、政企分开、管理科学的现代企业制度，使企业真正成为自主经营、自负盈亏、自我发展、自我约束的法人经济实体；另一方面，企业也必须努力提高自己的市场竞争意识和竞争能力，以适应经济体制的转变与市场经济体制的变化。

2. 经济政策

市场经济必须遵守公开、公平、公正的原则，为了保证这一市场竞争的原则能够得到切实和有效的实行，国家就一定要适当地干预市场，对市场经济进行宏观调控。企业作为社会经济的基层组织，其筹资、投资和分配活动必然会受到国家经济政策调整和宏观调控的影响。这些影响主要表现在：政府鼓励发展的行业将有较优惠的融资政策，如财政补贴、优惠的政府担保和低息贷款等；反之，政府限制发展的行业则将失去融资政策的优惠。政府产业政策的导向，也会影响企业投资的现金流量。如政府扶持的行业，其享受的税收减免政策会减少企业的现金流出，增加企业的财力；反之，政府限制发展的行业，其享受的税收调节政策会增加企业的现金流出，削减企业的投资能力。企业财务管理部门应认真学习和研究国家的各项经济政策，在国家经济政策指导下开展企业的财务管理工作，提高财务管理工作的预见性，趋利除弊，维护企业的合法权益。

3. 经济周期

经济周期是指经济发展所表现出的由扩张到失调，再到调整和收缩的循环变化状态。这种循环一般经历复苏、繁荣、衰退和萧条四个阶段。虽然经济周期有时并不明显地表现为四个阶段，但其在经济发展中作为一种不平衡的波动是客观存在的。经济周期对财务管理的影响表现为：在经济发展的衰退到萧条阶段，整个宏观经济处于不景气状态，紧缩成为企业无奈的选择，因产销量下跌，资金周转困难，投资机会明显减少，即使有投资机会也会因资金的短缺而搁浅。在经济发展的复苏到繁荣阶段，市场需求加大，预期销售量上升，前景乐观，给企业以扩张的动力，往往使企业投资处于急剧膨胀状态；而由于投资规模的膨胀，资金需求往往大于资金供给，大多数企业将面临银根紧张、筹资艰难的局面。在经济繁荣阶段，企业会压低库存、加大赊销比例、加速资金周转、增加股票的现金股利；在经济的衰退阶段，企业资金紧张，则应加速应收账款的回收、削减存货、调剂现金收支、减少现金股利的支付，以应对债务危机。总之，经济周期对企业财务状况的影响是相当明显的。企业财务人员应审时度势，尽早采取措施，降低经济周期对企业的消极影响。

4. 通货膨胀

在商品社会中，通货膨胀是一种比较普遍的经济现象，它是指物价的持续上涨引起货币购买力下降的经济现象。通货膨胀对企业财务状况的影响十分明显，但其作为一种宏观经济现象，企业对此无能为力。通货膨胀给企业财务管理带来的不利影响主要表现在：①引起企业资金占用量的大幅度增加，增大了企业的筹资总量；②形成企业利润虚增的假象，使企业的资金大量流失；③社会资金紧张，特别是银行贷款紧缩，增加了企业筹资的难度；④利率上升，增加了企业的资金成本，等等。

为了降低通货膨胀对企业财务的不利影响，实现企业期望的收益，企业财务管理部门应加强预见性，及早采取应变措施，及时调整其筹资、投资及分配政策。

（二）法律环境

市场经济本质上是法制经济。企业财务管理的法律环境是指企业财务管理部门组织财务活动、处理各种财务关系时应该遵守的各种法律法规和财务制度。营造一个良好的法律环境，不仅能使企业财务管理部门在进行财务管理工作时有法可依，从而减少工作失误造成的损失，同时也能够利用相关法律保护本企业的合法权益不受到侵害。与企业理财活动相关的法规可以分为如下三种类型：

1. 企业组织法规

企业必须依法设立。组建不同的企业，要依照不同的法律规范。在企业的存续期内，由于各种原因，企业规模会扩大或者萎缩，直至清算而终止。在发生这种变动时，企业必须按照法律程序进行相应的变更。规范企业如何设立、变更和终止行为的法律就是企业的组织法规。现行的企业组织法规主要有《公司法》、《个人独资企业法》、《合伙企业法》、《全民所有制企业法》、《中外合资经营企业法》、《中外合作经营企业法》以及《企业破产法》等。企业应根据自身的经济特点和管理要求，依据相应的组织法规组织与开展企业的各项财务活动，避免陷入不必要的法律纠纷。

2. 国家税收法规

税收法规是我国制定的用以调整国家和纳税人之间在征、纳税方面的权利和义务关系的法律规范的总称。企业与国家之间的经济利益关系主要体现在税收环节上。一般来说，企业只要按照税收的基本法律和既定的税率，按期足额地向国家财税机关缴纳有关税金，其生产经营活动就应受到国家的保护。目前，在我国与企业有关的税收种类有：①流转税类，包括增值税、消费税、关税、土地增值税；②所得税类，包括企业所得税、个人所得税等；③行为税类，包括印花税、车船使用税、土地使用税等；④财产税类，包括房产税、契税等；⑤资源税类，包括矿产税及盐税等。

国家依据宏观调控的需要，适时地调整税收种类和税率。如我国加入 WTO 后，按照世贸组织的宗旨和基本原则，大幅度调整了我国的关税税率。为了体现成员国的国民待遇原则，我国已经统一了内、外资企业的企业所得税税率。企业财务管理部门应该依法纳税，但也不排斥在不违背税法规定的前提下，合理避税，努力减轻企业的税负，增加企业的收益。

3. 企业财务法规

2000 年 7 月 1 日开始执行的新会计法强调了企业财务管理的重要性。规范企业的财务管理行为是非常必要的，规范企业理财行为的法规包括企业财务通则、行业财务制度和企业内部财务管理制度等，通过规范企业的财务管理行为，建立了以企业财务通则为统帅、以行业财务制度为主体、以企业内部财务管理办法为补充的财务法规制度体系，体现了我国企业财务法规的特点。

《企业财务通则》由财政部制定，是财务法规体系的最高层次。为使《企业财务通则》更具操作性，财政部针对各行业特点，对财务通则进行细化，制定了工业、运输、商品流通、邮电、金融、旅游、饮食服务、农业、对外经济合作、施工和房地产开发、电影和新闻出版等十一个行业的财务制度，这些行业的财务制度是企业财务法规体系的主体。除上述财务法规外，还有与企业财务管理有关的经济法规，包括《会计法》、《企业会计准则》、《合同法》、《证券法》、《票据法》、《担保法》以及国有资产管理法规、信托投资法规，等等。企业财务管理部门和财务人员应该熟悉各项财务法规，促使企业的各项财务活动合法、合规地进行。

（三）金融环境

1. 金融市场与企业财务管理

金融市场是指资金融通的场所。广义的金融市场是指一切资本流动的场所，包括实物资本和货币资本的流动。广义金融市场的业务包括货币借贷、票据承兑和贴现、有价证券的买卖、黄金和外汇买卖、办理国内外保险、生产资料的产权交易等。狭义的金融市场一般是指资金市场，包括货币市场（短期资金市场）和资本市场（长期资金市场）。企业财务管理与金融市场的联系主要体现在以下四个方面：

（1）金融市场是企业投资和筹资的场所。金融市场上有多种筹集资金的方式，企业需要资金时，可以到金融市场选择适合自己需要的方式筹资；企业有了剩余的资金，也可以到金融市场灵活选择投资方式，为其资金寻找出路。

（2）金融市场中的金融机构能有效监督企业的资金结算活动。按照规定，企业经营过程中发生的收付款项，绝大部分要通过银行办理转账结算，这不仅减少了现金使用量，节约了社会流通费用，加速资金周转和保护企业安全，同时也可以对企业收支业务的合理、合规、合法性进行有效的监督。

（3）企业可以通过金融市场使长、短期资金互相转化。企业拟长期持有的股票和债券，在金融市场上随时可以转手变现；大额可转让定期存单，可以在金融市场卖出。反之，企业的短期资金也可以在金融市场上转变为股票、债券等长期资产。

（4）金融市场可以为企业理财提供有价值的信息。金融市场的利率变动可以反映资金的供求状况；有价证券市场的行情可以反映投资人对企业的经营状况和盈利水平的评价，这些信息都是企业进行经营决策和财务决策的重要依据。

2. 金融市场的分类

（1）按交易对象的不同，金融市场可分为外汇市场、黄金市场和资金市场。外汇市场是从事外汇买卖的场所，它包括金融机构之间相互进行的同业外汇买卖市场和金融机构与顾客之间进行的外汇零售市场。外汇市场的作用主要表现在：①使货币支付和资本转移得以实现；②减少汇率变动风险，有利于国际贸易的发展。外汇市场的参与者由买卖外汇的机构和个人组成，主要包括中央银行、商业银行、外汇经纪人、经营外汇的公司等。

黄金市场是从事黄金交易的场所，可以分为实物黄金和期货、期权市场。前者买卖的是金条、金块及金币；后者买卖的是黄金的要求权。

资金市场是从事资金买卖的场所。根据资金使用期限的不同，资金市场分为短期资金市场和长期资金市场。短期资金市场又称货币市场，是指偿还期在一年以下的资金融通市场。其业务主要包括银行短期信贷、短期证券买卖以及票据贴现。货币市场的参与者包括商业银行、票据承兑行、贴现行、证券交易商和证券经纪人。货币市场的作用是调节短期资金的流动性，解决资金需求者季节性和临时性的资金周转问题。长期资金市场又称资本市场，其主要职能是筹集和运用中长期资金，为工商企业、中央政府弥补赤字或地方政府的某些特定用途所需提供一年以上的中长期资金。资本市场的市场参与者有银行、公司、证券商及政府机构。资本市场的业务主要有银行贷款和证券交易。抵押贷款和租赁以及其他具有长期融资功能的业务也可以归入资本市场的业务中。

（2）按交易性质不同，金融市场可分为发行市场和流通市场。发行市场是指从事新的债券和股票等金融工具买卖的市场，也叫初级市场或一级市场。流通市场是指从事已上市的旧债券、股票或票据等金融工具买卖的市场，也叫次级市场或二级市场。

（3）按交易活动范围的大小，金融市场可分为地方性金融市场、区域性金融市场、全国性金融市场和国际性金融市场。地方性金融市场是指交易活动范围和金融工具的流通仅以当地为限的金融市场。多个临近的地方性市场组合成区域性金融市场。全国性金融市场的交易活动范围遍及全国，各地资金汇集于此，并根据各地对资金的需求进行再分配与平衡。国际性金融市场的交易涉及多个国家、多个币种。

除上述分类外，金融市场还可以按分割方式不同分为现货市场、期货市场和期权市场等。金融市场的一般分类如下图所示：

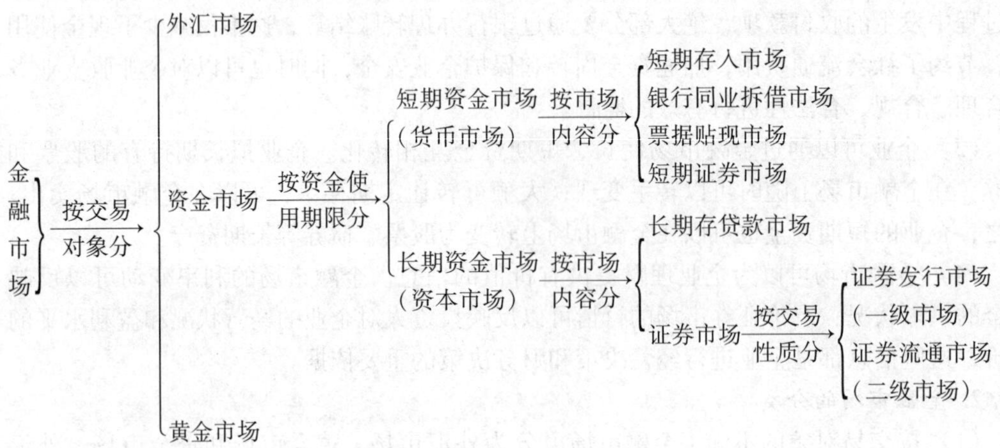

3. 金融机构

金融机构是资金融通活动的中介机构。金融机构包括银行和非银行金融机构。随着商品经济的发展，金融同千家万户的经济利益及国家经济建设的联系越来越紧密。银行在国民经济中起着信贷中心、转账结算中心和现金出纳中心的作用。为了适应社会主义市场经济发展的需要，我国当前金融改革的重点之一是要建立和完善以中央银行为中心、以政策性银行和商业银行为主体、多种金融机构并存的金融体系。企业财务管理部门必须了解、熟悉各类金融机构设置的情况。目前，我国的金融机构主要由以下四部分组成：

（1）中国人民银行。中国人民银行是我国的中央银行，其性质是国家的银行，是我国人民币的唯一发行机构。它的主要职责是在国务院的领导下，制定和实施货币政策，调节货币流通，对各类金融机构实行严格的监督管理，为国家的经济建设服务。

（2）政策性银行。政策性银行是为国家特定的经济政策及产业政策服务的银行金融机构，从 1994 年开始陆续建立。目前我国的政策性银行主要有国家开发银行、中国农业发展银行和中国进出口银行等。政策性银行的主要特点是：在收支平衡的前提下，不以盈利为目的，自担风险，保本经营，不与商业性金融机构竞争，注重社会效益。

（3）商业银行。政策性银行成立后，我国原有的四大国家银行，即中国工商银行、中国农业银行、中国建设银行和中国银行就向商业性质的银行转化，成为我国的国有商业银行。在我国社会主义市场体制下，商业银行是从事资金买卖的金融法人企业，其以利润最大化为经营目标，以安全性、流动性和效益性为经营原则，在国家规定的业务范围内开展各种银行经营业务。商业银行通过存款、贷款、结算等基本业务融通资金，办理可用支票提取的活期存款业务，提供缴款和支付的媒介，还可在商业银行之间通过资金调拨、同业拆借、外汇市场、国际金融机构等业务引导和分配资金。国有商业银行的分行、支行有投资权，但不得对非金融机构投资。商业银行除了四大国有商业银行外，还有交通银行、中信实业银行、中国光大银行、华夏银行、民生银行、兴业银行，以及广东发展银行、深圳发展银行、上海浦东发展银行和各城市的商业银行等。

(4) 非银行金融机构。非银行金融机构包括保险公司、信托投资公司、邮政储蓄机构、证券交易所、证券公司、农村信用合作社、租赁公司，以及企业集团的内部银行、财务公司等。这些金融机构虽然不是银行，但都以某种方式吸收社会资金并加以运用，并在融资和投资活动中获取利润。非银行金融机构是我国金融体系的重要组成部分。

4. 利息率

利息率简称利率，是指资金增值额与投入资金成本额的比值。资金筹集、融通和资金投放的财务活动是企业财务管理工作的基本内容。在市场经济条件下，企业筹集资金要付出筹资的代价，而资金提供者转让资金使用权也必须取得相应的收益。这表明，企业在资金市场上买卖资金这一特殊商品的活动要按照一定的交易价格来完成，资金购买者要付给资金供应者比交易资金数额更多的资金，高于交易资金额的部分即为交易资金的增值，单位交易资金即单位投资额的增值资金比率，一般以利率表示。利率的变化会导致企业的融资成本发生变化，从而影响企业融通资金的规模，所以利率是影响企业财务活动的重要金融因素。财务人员应该对利率有所研究和掌握，以便更好地利用利率杠杆来组织企业的筹资和投资活动，使企业产生最大的经济效益。

利率可以按照以下分类标准进行分类：

(1) 按照利率间的依存关系，利率可以分为基准利率和套算利率。前者又称基本利率，基准利率变化了，其他利率也应依照一定的标准随之变动。在西方国家，基准利率是中央银行的再贴现率，且基准利率依照一定的标准而变动。在我国，基准利率一般是中国人民银行对商业银行的再贷款利率。通过基准利率可以观察到全部利率的变化趋势。套算利率就是在基准利率的基础上，依据资金交易中的风险程度换算出来的不同利率。

(2) 按照债权人取得的报酬划分，利率可分为实际利率和名义利率。两者之间的关系是：名义利率等于实际利率加预计通货膨胀率。

(3) 按照利率在一定时期内调整情况划分，利率可分为固定利率和浮动利率。利率是固定还是浮动，一般在资金交易前协商确定。

(4) 按照利率与资金市场的供求关系划分，利率可分为官定利率和市场利率。官定利率是指由一国中央银行制定并颁布实行的利率；市场利率是指由市场供求关系自行决定的利率。随着经济体制改革的深入发展，我国的利率也正由官定利率向市场利率逐步过渡。

企业财务管理人员熟悉、掌握各种利率的计算及相互之间的关系，不仅有助于其对企业各项财务活动中应该支付的资金成本和应获得的投资报酬做到心中有数，而且有助于其根据市场利率的变化趋势，运用各种短期投、融资工具获取投资收益。

金融市场上的资金同其他任何商品一样，其交易价格基本上是由供应和需求因素决定的。供大于求，则资金的交易价格即利率会下降；供小于求，则资金的交易价格即利率就会上升。此外，其他相关因素的变化也会使资金的交易价格发生变动。市场利率由纯利率、通货膨胀补偿率、风险报酬率等构成。风险报酬率又可分为违约风险补偿（或报酬）率、流动性风险补偿（或报酬）率和期限风险补偿（或报酬）率。利率的构成可按下式表示：

利率＝纯利率＋通货膨胀补偿率＋违约风险补偿率＋流动性风险补偿率＋期限风险补偿率

练习与案例

一、复习思考

1. 企业财务关系对企业理财活动有哪些影响？试举例说明。
2. 试分析公司治理结构与企业理财活动的关系。
3. 公司战略对公司理财活动有哪些影响？
4. 在经济周期的不同阶段应分别采用何种理财策略？

二、案例分析

飞龙稀铝后期项目叫停

在一期工程于2003年10月正式投产后，飞龙发展集团包头稀土铝业有限公司（以下简称飞龙稀铝）的大多数项目因为资金链的收紧而暂停运作。飞龙稀铝的后三期项目已经被叫停。李远征，曾被《福布斯》评为“中国首富”的飞龙发展集团董事长，仅仅用了两年半时间，就把电解铝业树立为飞龙发展集团的“第二主业”，现在被迫减缓了在这个领域内急速前进的脚步。

当前，飞龙稀铝每天大约能生产220吨“乌龟铝”（因形状颇似乌龟壳而被当地工人戏称为“乌龟铝”的铝锭），全年的总产量只有8万吨，这个数字仅仅相当于飞龙发展集团在包头原计划生产规模的1/12。

原定于2003年年底点火投产的一期25吨电解铝工程1#、2#电解车间东段电解槽尚未完全安装。原定于2004年4月投产的二期工程除了厂房已盖好，作为电解铝生产线心脏部分的电解槽仍没有到位。此外，由于电解铝行业耗电量极大，电费占电解铝成本的30%～40%，电价每上涨1分钱，生产100万吨电解铝就要减少利润1.5亿元。为解决电解铝生产用电问题，飞龙稀铝曾经计划建设自备电厂。但是原定于2003年年底点火发电的35千瓦自备火电厂的建设也一拖再拖，未能如期发电。

2004年6月，在政府宏观调控政策和市场调节的双重作用下，飞龙发展集团包头稀土铝业有限公司决定将电解铝的设计生产规模从100万吨压缩到50万吨。

但在数月前，飞龙稀铝还为包头市上下所津津乐道。3个月前，内蒙古自治区政府组织某中央和自治区新闻单位对国家稀土高新区招商进行了几次集中报道，飞龙稀铝就是其中一个宣传重点。一位飞龙稀铝人士对此转变的解释是：“主要是飞龙稀铝项目在近期对电解铝等过热行业的宏观调控中受到了伤害。”

一个原因是飞龙稀铝动工至今尚未拿到国家发改委的批文。根据目前的投资审批体制，投资3 000万元以上的项目需要国家审批，飞龙稀铝项目截至2003年年底就已经投进去20亿元，远远超过了这个数字。另一个原因是飞龙稀铝项目很难再获得贷款。

国家对贸然上马的民营资本投资重工业项目普遍紧缩银根，这导致了飞龙稀铝的融资进程受阻。有相关人士透露，飞龙发展集团在飞龙稀铝项目上的第一期投资就达到37亿元之多，而其计划总投资为150亿元。现在飞龙发展集团已经自筹了20亿元，银行原本要提供的17亿元都很难贷到了。

其实危机埋伏在更早的时候。2003年9月24日，国家环保总局公开曝光10起典型环境违法案件，飞龙发展集团的飞龙稀铝项目赫然列在其中。业内人士认为，为了该项目能尽快落地，包头市和飞龙发展集团当时显然“没有引起足够的重视”，以至于轻易就绕过了这道程序。从飞龙稀铝项目的建设速度不难看出双方当时的急切心情。主管招商的包头高新区管委会稀土产业办公室的人员回忆，飞龙发展集团从洽谈、签约到开工建设仅用了40天时间，从开工建设到第一期工程建成投产只用了一年时间。熟悉有色金属行业投资规律的一位证券分析师认为，像电解铝这样污染比较大的重工业项目在建设之前不做环保评测肯定通不过，但按照目前中国的规定，从获得国家环保总局批文到通过环保评测少则两三个月，多则一年以上，周期显然太长。飞龙稀铝这种在确定地点后40天就开工建设的项目，要完成环保评测不大可能。显然，飞龙稀铝项目过分追求速度造成的后果是各方都始料不及的。

除了程序和贷款方面的问题，飞龙发展集团还碰上了中国铝业股份有限公司对氧化铝的垄断。在铝产业里，从上游至下游的生产链条如下：铝矿开采—氧化铝—电解铝—各种铝制品。从制铝工业的流程来看，必须先从铝土矿中提取氧化铝才能将氧化铝经电解铝得到金属铝，所以氧化铝是行业的最关键点。由于中国电解铝产能飞速增长，氧化铝的需求随之剧增，价格也随之疯涨。2003年年底，国产氧化铝的价格达到每吨3 700元，与2002年年底的每吨1 183元相比，涨幅高达212%。进口氧化铝的价格亦很惊人，从2003年年初每吨2 500元升到2003年年底每吨4 800元。氧化铝在中国的生产主要由中国铝业股份有限公司控制，进口则主要由中国铝业股份有限公司、中国五矿集团公司双双控制。飞龙稀铝一期所需的氧化铝正是每天从中国五矿的天津码头购得。为了突破这一致命的瓶颈，解决氧化铝的供应问题，2003年6月，飞龙发展集团使出大动作与河南黄河铝电集团、美国杰德金属公司、先锋全球投资有限公司等签署合资合同，在河南三门峡渑池投入45亿元人民币建设一个年产105吨的氧化铝项目，其中，飞龙发展集团占有51%股权。很显然，李远征花费巨资建设氧化铝项目的目的就是借氧化铝来打通集团的铝业产业链，降低电解铝的生产成本。而在飞龙稀铝陷入低潮之前，三门峡渑池氧化铝项目一直处于搁浅的状态。据有关传媒报道，飞龙发展集团在三门峡渑池的氧化铝项目不能近期投资的原因是“触了国家禁区”，李远征在铝业产业链上游的突进很快引起该行业垄断者中国铝业股份有限公司的反应。据说飞龙发展集团也曾经打算“安抚”中国铝业股份有限公司，给其三门峡项目30%的股权，但中国铝业股份有限公司试图取得控制权，于是双方没有谈成。三门峡渑池氧化铝项目的搁浅，使李远征腹背受敌。包头的飞龙稀铝电解铝生产将长期受制于人，“一揽子”产业链计划被切断。

——改编自刘桂英，郝云莲. 财务管理案例实验教程（第二版）. 北京：经济科学出版社，2009

【分析与思考】

1. 分析飞龙稀铝后期项目叫停的主要原因。
2. 飞龙稀铝项目在上马之初，存在哪些危机？
3. 总结飞龙稀铝项目所涉及的理财环境，哪些对企业有利，哪些对企业不利？

第三章　企业财务管理的目标

企业财务管理的目标是指企业未来理财活动所预期的结果，它规定着企业财务管理活动的方向，是评价企业理财活动的标准。合理的企业财务管理目标是实施科学的企业财务管理的前提。企业财务管理的目标是企业决策的产物，不同企业或同一企业不同时期内制约企业决策的因素不尽相同，因此，据以确定的财务管理目标也必然存在差异。现代企业财务管理目标应该是企业财务状况目标、企业财务成果目标和企业资本积累目标三者的综合。

第一节　企业财务管理目标的特征与功能

企业财务管理的目标是财务管理活动的基本要素之一，具有内在性特征。为了充分发挥财务管理目标在财务管理系统中的作用，需要先了解财务管理目标的特征与功能。

一、企业财务管理目标的特征

由于企业财务管理的目标是企业决策的产物，而制约企业决策的因素会对企业财务管理目标的确定产生影响，因而不同企业的财务管理目标必然存在差异。但是，不同企业的财务管理目标也必然具有区别于其他系统目标的共同特征。作为科学合理的财务管理目标，应该具有以下特征：

1. 客观性

企业财务管理目标的客观性要求企业必须从客观实际出发，在深入分析与权衡企业的生产经营条件、财务状况、市场环境、管理水平等内外因素的基础上，确定企业财务管理目标。在确定企业财务管理目标时，坚持客观性，也就是遵循客观规律，坚持科学性。作为企业财务活动的最终取向，企业财务管理目标只有具备客观性，才能具有可行性与可验证性。

2. 前瞻性

企业财务管理目标是企业管理者对企业未来经过努力可以达到的财务状况、财务成果、积累水平的合理预期与追求。这种预期与追求是建立在客观性的基础之上的。如果将财务管理目标符合客观性称作可行性的话，则可将财务管理目标的前瞻性称作先进性。企业的财务管理目标应该是前瞻性与客观性的统一。只有坚持前瞻性，才能使企业财务工作不断进步与发展；而只有具备客观性，才能避免财务工作误入歧途。

3. 可计量性

财务管理目标的功能之一在于规范企业的财务活动及其结果。财务管理目标既应该是定性的，又应该是定量的。定量的目标才能具体而不是抽象地规范企业的财务活动及其结果，才能对财务活动的预期状况与预期结果的实现程度进行考核、评价与分析。财务管理活动作为人的一种实践活动，其目标无疑应是财务管理实践活动的重要因素之一。

4. 多维性

在资本主义发展初期，企业的财务管理目标比较简单，其一般是以利润最大化为目标，处理好消费与积累的关系，企业便可以正常发展了。现代企业的利益主体已多元化、复杂化。在企业利益主体多元化与利益关系复杂化的情况下，处理好各相关利益主体的财务关系，维护企业的长远利益，保持适度的资本积累，就成为确保企业稳健、持续发展的极为重要的前提。基于现代企业资本结构与利益主体结构的特点，单纯以利润最大化作为企业财务管理的目标已不足以实现企业的生产经营目的，只有确立以盈利能力、财务状况、积累能力三位一体的目标体系，才能有效地保障企业生产经营目的的实现。

5. 时期性

财务管理目标的时期性有两层含义：一是指企业必须确定与其自身所处发展时期相适应的财务管理目标，二是指企业财务管理目标的实现具有阶段性。企业正是通过一个个阶段性目标的实现去趋近乃至实现最终目标。换言之，企业财务管理最终目标的实现是以企业财务管理各个阶段目标的顺次实现为前提和基础的。例如，有的企业将自身的财务管理目标界定为利润最大化，显然，这是就企业活动的总体目的与最终目的而言的。具体到某一亏损阶段，其财务管理目标就可能不是获取更多的利润，而是减亏或扭亏为盈。在企业初创阶段，由于受产品尚不成熟、技术尚不完善与市场狭小等诸多因素的限制，企业也不可能把获取更多的利润作为首要的目标，而通常是把提高产品的市场占有率作为其首要目标。尽管这些具体阶段的具体目标与企业的总目标、最终目标可能存在差异，但这些差异并不是对总目标、最终目标的偏离，而恰恰是总目标、最终目标在特定阶段的特定表现，是总目标、最终目标得以实现所须经历的阶梯。

6. 阶序性

阶序性是指企业财务管理目标体系中各个目标的层属之间的关系。企业的财务管理目标不是单一的，也不是多个目标简单的、机械的凑合，而是一个具有内在逻辑联系与层属关系的目标体系。依据各个目标在财务管理目标体系中所处层级的不同，可将其分为统驭目标与派生目标。统驭目标规定着派生目标，派生目标则是统驭目标实现的条件。当企业将利润增长作为财务管理目标时，利润增长目标就属于统驭目标，销售额目标、成本费用目标等则属于派生目标、条件目标。统驭目标与派生目标的划分不是绝对的，而是相对的，两者在一定的条件下可以相互转化。例如，下一层次的目标相对其上一层次的目标是派生目标，但对于其下一层次的目标则成为统驭目标。正是因为目标之间具有这种内在的联系，所以才能构成具有阶序结构的目标体系；也正是因为财务管理目标体系具有这种阶序性的特点，才可以被层层分解到企业内部的各机构、各部门及各下属单位，以保证企业财务管理目标的实现。

7. 可控性

可控性是指企业财务管理人员根据所预设的财务管理目标的要求，对企业的具体财务活动所施加的影响。换言之，企业财务管理工作的努力程度与企业财务管理目标的实现程度具有相关性。企业财务管理目标是企业财务管理活动的指针，是对企业财务活动进行设计、组织、调控的依据。所设定的财务管理目标只有对企业财务管理活动具有控制能力时，才可能在企业的财务管理实践中真正发挥作用。

8. 可操作性

企业所设定的财务管理目标即便具备客观性、前瞻性、多维性、时期性、阶序性与可控性等一系列品质，如若因存在技术层面的问题而不具有可操作性，也只能是理论目标，而不可能成为现实目标与实践目标。

二、企业财务管理目标的功能

遵循财务活动的客观规律，依据企业内部条件、外部环境的变动趋势确定财务管理目标，是财务管理主体所必须解决的首要理论和实践问题。确立正确的财务管理目标不仅是财务管理系统运行的前提条件，同时对保证企业财务管理系统的良性循环具有重要意义。具体说来，财务管理目标具有如下功能：

1. 导向功能

目标具有确定发展方向的功能。财务管理目标是对企业未来的理财活动所要达到的结果的预期，具有前瞻性。它不仅预示着理财活动的最终结果，同时也预示着企业财务管理活动的整个过程和各个方面的结果，因此，其对财务管理实践的全过程都具有导向作用。有了正确的财务管理目标，财务系统才能沿着正确的方向运行。

2. 激励功能

目标具有激励系统中各利益主体的功能。目标的激励功能体现在两个方面：一是财务管理目标的制定，为每个财务管理主体的财务管理工作树立了一个标杆。从心理学上讲，标杆本身就具有一种激励的作用，使人们跃跃欲试，增强工作的热情。二是在完成财务目标计划的实施中，在同时配合实行奖惩制度的情况下，可强化目标的激励作用。

3. 调控功能

目标是系统实施控制的依据。首先，从财务决策来看，企业的财务决策过程实际上是一个择优的过程，而优劣的评价依据则是财务管理的目标。其次，从财务活动的实际过程来看，财务活动的实际过程就是实现财务目标的过程。实际过程是否按照预期的目标进行，是否偏离了目标，同样需要以目标来衡量。总之，系统的控制都是参照目标来进行的，目标是系统运行的航标。

4. 评价（考核）功能

目标是系统进行考核的依据。财务管理目标既是财务管理系统运行的指针，又是评价财务管理工作合理性、有效性的标准和依据，只有将被考核对象的实际状况与其目标之间的差异作出对比分析后才能得出考核结果。

第二节　企业财务管理目标形成的机理

决定企业财务管理目标形成的因素主要是企业投资者的利益需要，即投资目的。此外，企业财务管理目标的形成也受其他相关利益主体的目的与企业其他外部条件的影响。本节主要分析企业利益相关者的利益要求对企业财务管理目标形成的影响。

一、企业利益主体及其利益要求

美国经济学家科斯于 1937 年提出了著名的“企业契约理论”，认为企业“是生产要素的交易，确切地说，是劳动与资本长期的权威性的契约关系”。这一观点不仅成为企业理论的主流派，同时也为财务会计学界所接受。企业是各利益分享者之间缔结的一系列契约的结合体，由于各利益主体参与企业经济活动的目的和经济实力不同，其对企业财务管理目标的影响程度也就有所不同。因此，企业的现实财务管理目标可以看作是企业各利益主体最终博弈的结果。

1. 投资者

投资者亦称出资者或所有者，可分为经营性投资者（即大股东）和非经营性投资者（即小股东）两类。经营性投资者投资企业的目的在于享有企业的经营决策权并对企业实施直接的控制。各国的相关法规一般规定，企业重大的财务决策必须经过股东大会和董事会的表决，企业经理和财务经理的任免也由董事会决定，因此，经营性投资者对企业的生产经营决策具有重大影响。而非经营性投资者则不同，非经营性投资者投资的目的在于获得投资收益，其通常是通过二手市场抛售或抢购股票，从而间接影响企业的生产经营决策。

2. 经营者

经营者亦称经理人，它是随着现代企业制度的产生而出现的一种新的利益主体。经营者是企业生产经营活动与财务管理活动实际的操纵者，其经营企业的主要目的是获取佣金或报酬，包括工资、股票、荣誉和社会地位等。经营者不是企业资产的实际拥有者，一般来说，他关注的是任期内的既得利益，因此，可能产生“道德风险”或“搭便车”现象。

3. 债权人

债权人可分为吸息债权人和非吸息债权人两类。前者是以获取利息收益为目的的债权人（如各种贷款人），其财务目标是收取利息、收回本金和避免风险。后者是以获取某种经营便利为目的的债权人（如应收账款的所有者），其财务目标是及时、足额地收回款项。债权人把资金借给或垫付给企业后，一般都会采取一定的保护措施，如签订相关合同，规定资金用途、资金结构和偿债能力与条件等，以维护债权人的权益。

4. 员工

企业员工是指企业的一般雇员，他们为企业提供智力和体力劳动，目的是要取得合理的报酬。员工是企业财富的创造者，员工的利益和企业的利益息息相关。企业取得良好的效益时，一般来说，员工的待遇会提高；企业经营失败时，员工则要承担权益损失或失业等风险。

5. 政府

政府的职责是为社会提供各种公共产品。企业既是社会财富的创造者，又是公共产品的享用者，自然要依法纳税。企业与政府构成纳税人与收税人的关系，因此，包括税法在内的政府的各种经济政策必然会影响企业的财务管理目标。

二、企业利益主体之间的利益矛盾

1. 投资者与经营者之间的利益矛盾

经营者所得到的利益是投资者所放弃的利益，西方经济学将其称为投资者支付给经营者的享受成本。经营者和投资者之间的矛盾是：经营者希望在提高企业价值和股东财富的同时，能更多地增加享受成本；投资者（股东）则希望以较小的享受成本支出，带来更高的企业价值或股东财富。经营者认为个人利益未得到满足时，其在工作上则可能采取消极的态度而不尽职尽责，或采取提高职务消费的做法提高自己的实际利益。

2. 投资者或经营者与债权人之间的利益矛盾

投资者与债权人的利益矛盾主要表现在收益和风险上。一是投资者将举债资金用于风险更高的项目上，如若成功，投资者独享风险收益；如若失败，债权人则要与投资者共同承担损失。二是企业在未征求现有债权人意见的情况下，发行新债券或举借新债，致使企业财务风险加大，价值降低，损害原债权人利益。三是投资者不及时支付利息与归还本金，从而提高企业收益而损害债权人利益。

3. 投资者与员工之间的利益矛盾

企业的员工加盟企业的目的是获得稳定的就业机会和较丰厚的劳动报酬。而对投资者而言，员工的就业机会稳定，意味着竞争削弱，企业的机会成本增加；提高员工劳动报酬则意味着成本提高，企业经营效益降低。反之，员工就业机会不稳定，劳动报酬较低，在短期内可能会增加投资者的收益，但由于损害了员工的利益，挫伤了员工的工作积极性，因而有损企业的长远利益。

三、影响利益主体间利益博弈的因素

利益主体的矛盾必然引发利益主体间的利益博弈。但在博弈的战场上，各利益主体的博弈力度的大小并非完全由各自的主观意愿决定，而是会受到客观因素影响。这些影响因素有资源稀缺性、风险性和市场原则。

1. 资源稀缺性

经济学原理认为，商品的价格由其价值决定，同时受其供求关系的影响。资本、管理、劳动力作为企业的经济资源同样如此，越稀缺的资源，要求的报酬或收益越高；反之，则越低。在传统企业中，特别是在所有者主导型的企业中，资本几乎是企业生存与发展的决定性因素。因此，所有者作为资本的代言人，在企业中居于至高无上的地位，其对企业财务管理目标的影响程度是其他利益主体所无法比拟的。现代企业制度产生后，企业发生了所有权与经营权的分离，所有者在企业财务管理活动中的重要地位便有所削弱，经营者越来越成为执掌企业决策权的实力派，在企业财务管理目标中，经营者的利益体现也就越来越明显。可见，在不同的经济发展阶段，不同资源的稀缺程度不同，各种利益主体的地位不同，对企业财务管理目标的影响程度也就不同。

2. 风险性

利益相关者投入的资源不同，投入方式不同，则其承担的风险亦不相同。风险越大，要求的报酬或收益就越高；反之，则越低。现代意义上的企业是多边契约关系的总和，企业的所有者为企业的主要投资人，享有企业剩余收益索取权，应承担企业的主要风险。现代企业的负债率一般都较高，多数国家企业的平均资产负债率超过50%，有些国家，如我国、日本和韩国的有些企业其资产负债率还接近甚至超过80%。企业过高的负债使债权人所承担的风险大大增加，债权人对企业财务目标的影响亦越来越大。在现代企业中，财务风险已经成为企业财务管理目标的一项重要内容。同时，一般来说，负债率越高的企业，其资金成本也越高。

3. 市场原则

资源越稀缺，风险越高，要求的报酬越高；反之，则越低。但高非无限，低非无底。高于多少，低于多少，必须由市场来决定，遵守市场规律。在实际生活中，各利益主体都在依据其所持资源的稀缺程度、承担风险的大小等因素与其他利益主体进行博弈。博弈的结果是，一旦某一方成为赢家，取得企业的控制权和剩余索取权，那么企业的各项重大决策必将体现出该方的基本利益。企业财务管理目标的确定是各利益主体相互博弈、不断妥协的结果，它同时也要遵循市场规律，遵守“市场游戏”规则。

四、企业利益主体目标的整合

综上所述，正是各利益相关者的共同参与、相互博弈，构成了企业利益制衡机制。如果试图通过损害一方利益而使另一方获利，结果将会导致矛盾冲突，出现诸如股东抛股票、债权人拒贷款、员工怠工等不利现象，从而影响企业的可持续发展。因此，注意协调各利益主体的利益，整合各利益主体的目标是十分必要的。为此，应做好以下工作：

1. 做大“饼”

如果把企业盈余比作一块饼，那么，各利益主体的收益或报酬则源于这块饼。假定饼的体积固定不变，也就是公司的收益总额固定不变时，不难发现，各方的利益互相关联，此消彼长。因此，只有相互协调，共同努力，做大这块饼，各利益相关者的利益才能够获得保障的基础。

2. 守信誉

这里主要是指企业要遵守相关协议、法规，依法纳税，按时足额支付员工工资，及时归还债权人本息，维护政府纳税收入、员工和债权人的合法权益。企业中的财务关系实质上是各利益主体之间根据其实力的强弱在契约的约束下不断进行博弈游戏的结果。是游戏就必须遵守一定的游戏规则，各利益主体权利的实现也有赖于其他利益方义务的履行。因此，在实际的市场运作中，各利益主体应该按照市场原则和有关的约定履行相应的义务。

3. 分好“饼”

分好“饼”，就是要正确处理好所有者与经营者及一般员工等利益相关者的收益分配关系，充分调动企业经营者与员工的工作积极性。企业是一个各方利益的聚集体，只有各方的基本利益得到满足，企业才能获得经营者与一般员工的认可，才能调动经营者与员工的工作积极性，企业才有可能生存和发展。因此，做到各方利益兼顾十分必要。唯有如此，企业才会有良好的发展前景。

第三节　财务管理目标的主要观点及其评价

一、有关财务管理目标的几种主要观点

近年来，企业财务管理目标的界定问题成为财务管理学界的热点问题之一。有关财务管理目标的认识可谓多种多样、百家争鸣，形成了不同的流派。其中，主流的观点有利润最大化、股东财富最大化和企业价值最大化三种。

1. 利润最大化

利润最大化是指企业在预定的时间内实现最大的利润。该观点认为，企业的目的是盈利，企业财务管理是为企业服务的，因此，财务管理的目标就是获得最大的利润。利润代表了企业新创造的财富，利润越多，说明企业创造的财富越多，从而直接体现了企业的目的。这一观点的理论依据是亚当·斯密的“理性经济人”假说。按照斯密的说法，凡是追求自身利益的人，都好像被一只看不见的手（即市场机制）引导着去增进各自的最大利益，其结果是造成社会整体利益的增长。从微观上讲，利润赚取得越多，表明企业资金利用的效果越好，企业抵抗风险的能力越强，竞争实力越雄厚；从宏观上讲，企业利润赚取得越多，对社会所作的贡献就会越大，整个社会的经济效益就越好。同时，该观点还认为，企业运用的量本利分析、因素分析、敏感系数分析等分析方法均是建立在利润最大化目标基础上的，通过这些分析，企业能够明确地知道应该在哪些方面加强管理。

2. 股东财富最大化

股东财富最大化是指企业通过财务上的合理运营，为股东带来最多的财富。该观点认为，股东创办企业的目的是扩大财富，包括分得股利和出让股权换取的股票价差。这一观点起源于西方资本市场比较完善、证券业蓬勃发展的美国。在美国，股东在财务决策中占主导作用，员工、债权人和政府起的作用较小，因而美国公司特别重视股东的利益，将股东财富最大化作为理财目标。在股份经济条件下，股东财富由其所拥有的股票数量和股票市场价格两方面决定，因此，股东财富最大化最终体现为股票价格最大化。同时，该观点还认为，股价的高低代表了投资大众对公司价值的客观评价，反映了资本和获利之间的关系，也反映了每股盈余大小和取得时间的关系。它受企业风险大小的影响。

3. 企业价值最大化

企业价值最大化是指企业通过财务上的合理运营，采用最优的财务政策，充分考虑货币的时间价值、风险与报酬的关系，在保证企业长期稳定发展基础上使企业总价值达到最大。该观点认为，财务管理目标应与企业多个利益主体有关，可以说，财务管理目标是这些利益主体共同作用和相互妥协的结果。在一定时期和一定环境下，某一利益主体可能会起主导作用，但从长期发展来看，不能只强调某一主体的利益而置其他主体的利益于不顾。此外，该观点还认为，企业的价值除了企业有形资产的重置价值外，还包括企业重要的人力资本价值、无形资产价值以及企业目前的获利能力和未来潜在的获利能力。因此，企业价值最大化目标的基本思想是将企业的长期稳定发展摆在首位，强调在企业价值增长中满足各方的利益。

二、对财务管理目标主要观点的评价

1. 对以利润最大化为企业财务管理总目标的评价

在资本主义社会初期，企业投资主体单一，利益关系简单，实现利润最大化无疑是当时企业财务管理的总目标。然而，在现代企业投资主体多元化与利益结构复杂化的情况下，企业除了要实现利润目标以外，还必须同时考虑降低财务风险和谋求长远发展的问题。而利润最大化目标，无论是在理论上还是在实践上，都无法涵盖规避财务风险与谋求企业长远发展的要求。

2. 对以股东财富最大化为企业财务管理总目标的评价

股东财富最大化目标不同于利润最大化目标，后者只是体现了企业对价值增值的追求，前者则不仅反映了企业对价值增值的追求，还蕴涵了企业对降低财务风险与满足长远发展的要求。因此，与利润最大化目标相比，股东财富最大化目标无疑更具全面性与综合性。但也应该看到，股东财富最大化目标仅适用于上市公司，而不适用于非上市企业。即便是上市公司，该目标也存在以下两个缺陷：一是在股票数量既定的情况下，股东财富的多少取决于股票市价的高低，而股票市价除与公司自身的经营及财务状况相关外，还要受到非公司所能控制的多种因素的影响。因此，股东财富最大化目标就不是公司所能有效控制的，以其作为财务管理目标，无疑会因缺乏可操作性而流于形式。二是财务管理目标应该是一个能层层分解的目标体系，否则就无法对财务管理的各个层面发挥指导、调节、控制作用，而股东财富最大化目标显然不具有可层层分解这一特质。

3. 对以企业价值最大化为企业财务管理总目标的评价

在有关企业财务管理目标的种种界定中，企业价值最大化恐怕是目前最受推崇的一种说法。从理论层面上看，把企业财务管理目标界定为企业价值最大化颇具科学性。其根据在于：一是企业价值最大化目标内含了对尽可能高的投资回报率、尽可能低的财务风险与稳健的发展前景等多重要求，具有很强的综合性；二是企业价值最大化目标不仅适用于上市公司，也适用于非上市企业，具有广泛的适用性。但该目标还存在一系列尚未解决的技术层面及操作层面的问题，因此，该目标至今还只具有理论价值，尚不具备实践价值与现实价值。

三、财务管理目标的其他观点及评价

1. 每股利润最大化

每股利润最大化是一种起源于20世纪60年代的财务目标理论观点。每股利润就是指税后净利润额与普通股股数之比。该观点认为，所有者作为企业的投资者，其所追求的是获取尽可能多的资本收益。因此，应该把企业利润和投资者投入的资本联系起来考虑。这也恰好是该目标的优点，这不仅说明企业的盈利水平，而且可以对企业不同历史时期的盈利水平进行比较。可以认为该目标是对利润最大化目标的一种改进，但利润最大化目标存在的主要缺点，该目标依旧存在。

2. 资本配置最优化

该观点认为，财务的本质是对资本要素的配置。其主要观点是：①新经济的出现促使资本要素范围扩大，要求财务管理的资源配置功能进一步加强；②信息技术不仅为实现财务优化配置资源提供了可能，也将逐步地改善信息不对称状态，使资本配置最优化能集中体现各相关人的利益。在企业发展的不同时期和不同理财环境下，可以确定不同的财务目标。在企业发展期，考虑到智力资本的风险性和投资回报期长的特点，以物质资本的筹集和资本收益作为衡量资本优化配置的主要指标；在企业成熟期，物质资源已非常雄厚，智力资本的比重就尤为重要。资本配置最优化观点的不足之处在于：一是资本结构是一个投入问题，因而不能作为企业财务管理的总目标；二是资本的配置不仅仅是智力资本与物质资本的问题，还有流动资本与长期资本、权益资本与债务资本的问题。因此，资本配置最优化的概念本身并不明确。

3. 各契约关系主体利益最大化

该观点认为，现代企业是一个由多边契约关系组成的集合体，企业应从更广泛、更长远的角度寻找一个更为合适的财务管理目标，这就是各契约关系主体利益最大化。该观点的缺陷在于不具有现实性与可能性。无论是在理论方面，还是在实际上，人们都很难给出一个使各方利益均最大化的模型。因此，这种最大化的含义是不清楚的。

4. 经济效益最大化

改革开放后，我国强调把经济工作转移到以提高经济效益为中心的轨道上，提高经济效益成为我国经济发展的重要目标之一。在这一背景下，出于对宏观经济发展要求的考虑，有的学者提出了经济效益最大化这一观点。该观点的问题是，经济效益虽体现了投入与产出的关系，但它本身并不是一个具体的经济指标，需要借助其他经济指标来度量。因而，经济效益最大化只能作为企业财务管理中的一个定性要求或总体思路，不宜作为企业财务管理具体的、实际的目标。

第四节　现代企业财务管理目标的确定

一、影响企业财务管理目标设置的因素分析

除个别国有企业外，投资者建立企业的目的都是为了资本增值。无论是采取何种经

营方式，如不论是投资者独立经营，还是委托经营者经营，企业投资的目的都不会改变，企业以盈利作为企业财务管理的目标也不会改变。这一点在本章第三节中已作说明。这里仅就财务管理目标的其他影响因素进行分析。

1. 资金来源多元化

在资本主义发展初期，生产力水平较低，企业规模不大，需要预付的资本不多，通常单个资本便能满足投资建厂与生产经营的需要。因此，企业的资金一般来源于自有资金。在这种单一自有资本的结构下，由于企业只需承担经营风险，而无需承担财务风险，且很容易按照自己的意图处理消费与积累的问题。所以，企业的财务管理目标也就比较简单，即只要确定好利润目标并付诸实施，也就架起了通向企业生产经营目的的桥梁。

随着生产力水平的提高与企业规模的扩大，单个资本逐渐失去了独立运营的能力。正是在这一背景下，信用经济加速发展，股份经济应运而生，企业资金来源逐步转向多元化与分散化，借入资本、股份资本在企业总资本中所占比重呈现出逐渐增大的趋势。自有资本运动的目的在于不断增值，取得尽可能高的或满意的投资报酬；借贷资本运动的目的则在于取得利息和到期收回本金。资本运动的目的不同，其所追求的财务管理目标也必然有所不同。自有资本所追求的财务管理目标是实现利润的最大化。而债权人出于对自身所投资金的增值性与安全性的双重考虑，则不仅要求借入资本的企业具有较强的盈利能力，还必然要求借入资本的企业具有良好的财务状况。同时，随着信用经济的发展与股东有限责任制度的形成，客观上要求政府必须以法律手段保护债权人的利益。在这种法律环境下，一个企业即便有较强的获利能力，但若发生财务困难，不能偿还到期债务，也有可能发生资金筹集的困难，甚至会面临破产清算的危险。因此，维持良好的财务状况，既是企业生存的基础和发展的前提，也是企业财务管理为之奋斗的目标之一。

2. 竞争环境

市场经济的基本特征之一就是公平竞争，在市场经济条件下，企业普遍处于生存与倒闭、发展与萎缩的矛盾之中。在资本主义初期，由于科学技术还不够发达，企业提高生产效率和竞争力主要靠科学管理。随着现代科学技术的发展和科学技术在企业生产中的应用，科学技术成为提高生产效率、降低生产成本、提高产品质量的根本性因素。企业若要提高自己的竞争力，就必须采用先进的设备和生产工艺。因此，企业为了生存与发展，不论是扩大企业的生产规模，还是提高企业现代科学技术的应用水平，都必须保持适度的积累。出于生存与发展的需要，保持适当的积累水平自然成为企业财务管理目标的一项重要内容。

二、现代企业财务管理的一般目标

1. 现代企业财务管理一般目标的含义

企业财务管理系统是由相互联系的多环节、多层次所构成的复杂的社会系统。其运行目标也必然是一个由不同层次、不同环节的目标综合而成的目标体系。位于这一目标体系顶端的是该系统的总目标，位于这一目标体系下属层级的是该系统的分目标。财务管理的分目标服从于财务管理的总目标，财务管理的总目标则取决于财务管理的目的。这里谈的财务管理的一般目标是指财务管理的总目标。将财务管理总目标称为一般目标的含义，一是它可以指导企业的财务管理的实践过程，而非纯理论目标；二是它是适用于一般企业而非特殊企业的财务管理目标。

2. 现代企业财务管理一般目标的内容

由上述分析可知，现代企业财务管理的目标不再是一个单纯的盈利问题，还必须考虑生存、积累与发展的问题。也就是说，现代企业管理目标不应是一元的，而应是多元的，应该是企业财务状况目标、企业财务成果目标和企业资本积累目标三者的综合。按照这一一般目标的要求，企业既要具有良好的财务状况，又要获取满意的财务成果，还要保持适当的积累水平。

所谓良好的财务状况，是指企业具有合理的资本结构和拥有正常生产经营活动需要的现金流量，从而能够维系较低的资金成本水平与具有较强的偿债能力。所谓满意的财务成果，是指企业获得了较高的资本报酬率。所谓适当的积累水平，是指企业在正确处理近期利益和远期利益关系的前提下，使自身保持长期稳健发展的留利水平。

3. 现代企业财务管理一般目标的可行性分析

设置企业财务指标的目的，在于考核与评价企业财务管理目标的实现程度。按照企业财务指标所反映内容的不同，可将财务指标分为四类，即反映企业偿债能力的指标、反映企业营运能力的指标、反映企业获利能力的指标和反映企业保值增值能力的指标。反映企业偿债能力的指标，对应于企业的财务状况目标；反映企业获利能力的指标，对应于企业的财务成果目标；反映企业保值增值能力的指标，对应于企业资本积累的目标。由于反映企业营运能力的指标是对企业资金周转情况进行考核与评价的指标，而资金周转的快慢取决于资金占用额和资金周转额这两个因素，这两个因素又会同时影响企业的获利能力与偿债能力，所以，反映企业营运能力的指标，既对应于企业的财务状况目标，又对应于企业的财务成果目标。概而言之，将现代企业的财务管理一般目标界定为财务状况目标、财务成果目标与资本积累目标的综合，是与目前企业所通行的财务指标体系的构成一致的。财务管理目标必须具有可控性与可分解性，才能够在实际的企业财务管理活动中发挥作用。这里提出的财务管理的一般目标与现行的企业财务指标体系的一致性，正是前者的可控性与可分解性的具体体现。

有人认为，系统运行的目标只能是一元的，而不能是多元的，否则就会因多元目标间的矛盾、冲突而无法将目标落到实处。这种观点值得商榷。目标是系统目的的体现，是实现系统目的过程中的一个个阶梯。任何一个社会系统，其活动内容都不是单一的，而是多样的、复杂的。多样的、复杂的活动内容，必然受制于多样的、复杂的活动目的。而多样的、复杂的活动目的，又必然使活动主体追逐多样的、复杂的活动目标。企业所设定的财务管理目标能否实现，并不在于其是一元还是多元，而在于其所设定的目标是否合理，是否具有可操作性。在把财务状况、财务成果与资本积累三大目标同时作为企业财务管理目标的情况下，只要把每项目标值都设定为一个合理区间，而不是设定为一个最优点，在三维坐标系中，就不难找到三大目标值彼此协调、相互重合的区域。这一重合区域中的任何一个点的三维坐标值的实现，都意味着三大目标的同时实现。

综上所述，适应现代企业财务管理环境的变化，企业应从财务状况、财务成果和资本积累三个方面搭建企业财务管理的目标体系。良好的财务状况是企业生存的基础，较高的资本报酬率是企业生存与发展的源泉，适度的资本积累是企业持续发展的保证。只有求得三者的统一与协调，企业才有可能获得生存与发展的现实条件。

练习与案例

一、复习思考

1. 企业财务管理目标具有哪些特征？
2. 企业财务管理目标具有哪些功能？如何理解这些功能？
3. 简述财务管理目标的形成机理。
4. 有关财务管理目标的观点有哪几种？哪种观点最为合理？为什么？
5. 举例说明如何立足于实践，确定企业的财务管理目标。

二、案例分析

用友公司上市及高派现政策

北京用友软件（集团）有限公司成立于1995年1月18日，其前身为创立于1988年的北京市海淀区双榆树用友财务软件服务社。1999年12月6日，经北京市人民政府批复同意，该服务社依法变更为北京用友软件股份有限公司（以下简称“用友软件”），注册资本为人民币7 500万元，以原北京用友（集团）有限公司截至1999年6月30日的净资产7 500万元按1∶1的比例折合成公司股本，即每股人民币1元的股份共7 500万股。

经中国证券监督委员会2001年4月18日签发的证监发行字〔2001〕28号文批准，用友软件成为核准制下首家上市公司，经上海证券交易所交易系统，向社会公开发行人民币普通股（A股）2 500万股，每股面值1元。以每股人民币36.68元成功发行后，实际募集资金总额达91 700万元，其中，股本溢价高达883 072 553元。发行前每股净资产1.12元，发行后高达9.71元（扣除发行费用）。2001年5月8日，用友软件重新取得营业执照，成为北京用友软件股份有限公司（股票简称：用友软件；股票代码：600588），注册资本为人民币10 000万元。

用友软件2001年度实现净利润70 400 601元，计提法定盈余公积金和公益金之后，实际可供股东分配的利润为60 126 947元。以年末公司总股本10 000万股为基数，按每10股派6元计，公司共计派发现金股利60 000 000元，期末未分配利润126 947元。

2001年度每10股派发现金6元（含税），不进行公积金转增股本①。该股利政策引起了市场的极大关注，据笔者不完全统计，仅2002年4月3日到5日，数家各种类型的媒体围绕用友软件的高派现发表了近20篇文章，其中不少直斥用友大股东侵害中小股东的利益。用友现象成为中国股市特有现象。

对用友软件的年报资料的分析表明：用友软件当年实现净利润70 400 601元，其中

① 《“用友软件”（600588）公布董、监事会决议及召开股东大会的公告》，http：//finance.sina.com.cn。

包括因发行新股募集的货币资金而增加的利息收入 12 940 000 元。若扣除该项财务收入，计提 15% 法定盈余公积金和公益金，加上上年度未分配利润 286 436 元，实际可供股东分配的利润为 49 127 947[①] 元而非 60 126 947 元，即用友自身业务的盈利能力不足以支撑 60 000 000 元的现金股利的发放。

——改编自张阳. 控股股东利益导向与股利政策安排——基于用友软件“高派现”的案例分析. 当代财经，2003（10）

【分析与思考】

1. 你认为用友软件的财务管理目标是什么？为什么？
2. 为什么高派现的股利政策会被斥为用友公司大股东侵害小股东的利益？
3. 你认为用友公司高派现的真正目的是什么？

① 该数据为笔者根据年报相关数据自行计算所得。本文其他数据除另加说明外，均取自用友软件 2001 年度年报。

第四章 企业财务管理的职能与方法

了解企业财务管理，不仅要了解企业财务管理“是什么”，还要了解财务管理“做什么”和“怎么做”。企业财务管理“是什么”，解决的是财务管理的本质问题，这在本书第一章中已作说明。财务管理“做什么”和“怎么做”，则是涉及财务的职能和基本方法问题。本章主要说明财务管理的职能和简单介绍财务管理的基本方法。

第一节 企业财务管理职能

企业的财务管理，是以企业财务为对象所进行的一种经济管理活动。如同对生产活动可区分为直接生产作业和生产管理工作一样，企业的财务活动也可分为两个相互联系又相互独立的方面，即财务业务工作和财务管理工作。企业财务管理的职能，也就可以从财务业务职能和财务管理职能两个不同的角度来认识。

一、财务的业务职能

现代企业的财务业务基本表现为筹资、投资、收益分配和营运资金调配的职能。

1. 筹资职能

筹资是指企业通过各种方式筹集资金的过程。企业是以盈利为目的的经济组织，为了实现这一目的，需要进行生产经营，而实现生产经营的前提条件是具有一定数量的资金。企业筹集资金的渠道，一是吸收企业所有者的投资，形成企业的资本金，亦称权益资金；二是向外举债，形成企业的负债，亦称债务资金。企业的融资方式主要有：直接吸收投资者投入的资本金；通过发行股票和债券吸收社会公众的资金；向金融机构申请贷款以及采用商业信用和融资租赁等方式取得所需的资金。

企业财务的核心是适时、适量和低成本地筹集并有效运用各项资金，以确保企业一定时期经营目标的实现。所以，企业财务部门根据企业具体经营目标的要求，直接制订筹资方案和实施企业的筹资业务。为选择最合理的筹资方案，企业财务部门必须对企业经营和投资等各部门的资金需求量作深入细致的调查和分析。既要尽可能满足各方面合理的资金需要，确保企业经营和投资活动的正常开展；又要保证资金的合理和有效使用，不能造成资金的浪费。

2. 投资职能

投资是指将筹集的资金投入生产经营的过程。投资按其期限的长短可分为短期投资和长期投资。短期投资一般是指期限在一年以内的投资，长期投资是指期限在一年以上的投资。按资金所投放的资产形态，投资可分为固定资产投资、流动资产投资和金融资产投资。按投资方向，投资可分为对内投资和对外投资。对内投资是指将资金投资于本企业生产经营，对外投资是指通过各种途径将资金投资于其他企业。按所投资产与企业生产经营的关系，投资可分为直接投资和间接投资。直接投资是指直接将资金投资于本企业或其他企业的生产经营性资产，间接投资是指通过证券市场股票或债券而实现对其他企业的投资。间接投资又称金融投资。

有效地使用资金，从某种意义上讲要比筹集资金更难。因为这直接取决于企业的经营管理水平和投资项目本身的质量，其中有许多方面是企业财务部门无法控制的。企业财务部门所能做的是将所筹集到的资金投入到那些具有投资价值的投资项目中去，这些项目可能是企业原有经营项目的扩展和延伸，也可能是更具有价值的全新投资项目；另外，要对所投入的资金作有效的结构和比例上的配置，保持企业资本金结构和企业资产结构的合理性。

3. 收益分配

合理分配一定时期内的企业经营收益是企业财务管理的一项重要职能。它包含两方面的内容：一是企业净利之前的分配，包括企业的薪酬制度和奖励政策等；二是企业净利的分配，是指对股东利益的分配。合理分配企业的收益，就是根据企业一定时期内经营收益的规模、企业的发展战略和当时的资金状况等因素，制定合理的收益分配政策，确定应该将多少收益分配给股东、经营管理者和其他相关利益者，将多少收益作为企业的留存收益积累在企业中，以利于企业未来更好地发展。在公司制企业中，后一种收益分配方针也称作股利政策。

在进行合理收益分配方面，公司财务部门应该积极参与并发挥其重要作用，主要是正确处理好以下两方面的协调关系：首先，要处理好满足各方面的短期利益与注重维持企业长远发展实力之间的关系；其次，要处理好与企业利润分配有相关利益的各个团体和个人之间的关系。企业收益分配政策的确定，关系到企业的长远盈利能力、企业资本结构的合理性、企业综合资金成本的高低、企业长短期偿债能力的保持，并且还会影响企业投资人和债权人的信心、企业未来的举债能力和企业管理层及员工的积极性和主动性。对于上市公司来说，企业收益分配政策还会影响公司的股票市价。因此，企业财务部门要在董事会的领导下，十分认真和慎重地制定合理的收益分配政策，确保企业具有长期稳定的发展潜力。

4. 营运资金调配职能

营运资金是指在企业日常生产经营活动中占用在流动资产上的资金。营运资金有广义和狭义之分，广义的营运资金是指一个企业流动资产的总额；狭义的营运资金又称净营运资金，是指流动资产减流动负债后的余额。本书所讲到的营运资金的调配与控制，既包括各项流动资产占用额的调配与控制，也包括流动负债即短期融资的管理。

各流动资产占用额的调配与控制的内容十分广泛，涉及面广，包括现金收支预算、原材料采购计划与采购资金的安排、债权债务的结算以及固定资产的合理使用与维修管理等。上述项目与企业日常生产经营的各个环节都有密切的关系，加强对其的业务管理，有利于保证企业生产经营的正常进行，保护资产的安全完整，提高资产使用效率。

二、财务的管理职能

管理实质上就是确立目标和组织实现目标的过程。这样，从财务管理的角度来看，就可以将财务活动的职能归结为财务规划、财务控制和财务评价职能。

（一）财务规划职能

财务规划实际上是优化未来财务活动，科学地确定财务目标的过程，包括财务预测、财务决策和财务计划。

1. 财务预测

所谓预测，是指对未来可能发生事项的判断，以过去的历史资料和现在所能取得的信息为基础，运用人们所掌握的科学知识和多年的实践经验，推测事物未来发展的可能趋势或结果。财务预测就是财务人员以企业过去一段时期财务活动的趋势性变化资料为依据，结合企业现在面临和即将面临的各种微观和宏观变化因素，运用统计和数学的定量分析方法以及预测人员的主观判断，对企业财务方面的未来发展趋势及变化结果进行预计、推断。

财务预测的目的是给财务决策和财务计划提供科学的依据。财务预测的类型包括编制财务计划之前的预测和计划执行过程中对计划完成情况的预测。财务预测的内容包括资金需求量预测、销售收入预测、成本预测、利润分配预测和筹资预测。

2. 财务决策

财务决策是指在科学财务预测的基础上，根据企业财务管理目标，对可供选择的多个备选财务方案进行计算、分析、评价和选优。财务决策包括筹资决策、投资决策、收益分配决策以及生产经营中资金使用的决策等。

3. 财务计划

财务计划是指对未来一定时期内财务活动的具体内容所作的规划与安排。财务计划的内容主要是反映企业在计划期内的生产经营活动所需资金及其来源。以货币形式表示的具体财务计划又称财务预算。狭义的财务预算主要包括货币资金收支预算、预计资产负债表、预计财务状况的综合反映。而广义的财务预算还包括销售预算、生产预算、销售成本预算、直接材料预算、直接人工预算、制造费用预算、销售费用预算、管理费用及财务费用预算。

财务计划是企业进行日常财务管理和实行财务控制的依据。科学地编制和认真地执行财务计划可以保证资金收支平衡、合理有效地使用资金，保证生产经营顺利进行、降低成本和提高效益。

（二）财务控制职能

财务控制是以财务制度、计划、定额等为依据，对资金收支、占用、耗费等进行事前的和日常的审核和对比，施加影响和调节，力求使财务活动符合预定的标准，实现预定的目标，保证财务计划的正确执行。

（三）财务评价职能

财务评价是以会计核算提供的信息及其他信息为依据，分析财务计划的执行情况和各项财务指标的变化情况，剖析经济活动的财务收支，评价企业绩效、财务工作及成果，并查明财务情况好坏的原因，挖掘潜力，提出改进措施，并为下一循环进行的财务预测、决策和编制财务计划提供资料。

财务的评价职能应该具有以下五项内容：

（1）评价企业的财务状况。根据财务报表等综合核算资料，对企业整体和各个方面的财务状况作综合分析，并对企业的财务状况作出评价，为企业投资人和经营当局提供有用的决策信息。

（2）评价企业的盈利能力。偿债能力和盈利能力是公司财务评价的两大基本指标。一个企业是否具有良好和持续的盈利能力，是其综合素质的表现。财务分析评价应从整体、部门和不同项目对企业的盈利能力作深入分析和全面评价。

（3）评价企业的资产管理水平。企业资产作为公司生产经营活动的经济资源，其管理效率的高低直接影响到企业的盈利能力和偿债能力，也表明了企业综合经营管理水平的高低。财务分析评价应从企业资产的占有、配置、利用水平、周转状况和获利能力等方面进行全面分析与评价。

（4）评价企业的成本费用水平。需要对企业一定时期内成本费用的耗用以及成本和费用耗费的组成结构也要进行分析与评价，这样才能真正说明成本费用增减变动的实际原因。

（5）评价企业的未来发展能力。需要在全面细致财务分析的基础上对企业未来的发展趋势作出正确的评价。

三、财务管理职能的相互关系

（一）财务业务职能的相互关系

1. 资金占用与资金供给的关系

筹集资金，并将所筹集到的资金交付实际使用，在使用过程中获得价值增值，是企业生存的基本目的。筹资表现为资金供给，投资则表现为资金占用。筹资是投资的前提与基础，再好的项目也需要筹集到一定的资金才有可能转化为具有实际生产力的投资业务。

2. 资金投入与资金产出的关系

企业对具体项目投入资金，并在资金投入使用过程中获得价值增值，表现为具体业务过程中的资金投入与资金产出的对应关系。

3. 各利益主体之间的利益关系

企业通过投资所实现的价值增值部分在利益主体之间进行分配，需要关注各利益相关主体的利益协调。如投资人之间的利益协调具体表现为利润分配政策的决定，体现了企业对长远利益与短期利益的把握与调配；投资人与债务人之间的利益关系表现为对企业资本结构的规划与控制；企业与债务人之间的利益协调，具体表现为应收账款的管理、信用政策的决定等。

（二）财务管理各职能的相互关系

财务管理各项职能之间的衔接具有严谨的逻辑关系，相辅相成，自成整体，缺一不可。可按以下思路理解：

1. 财务规划职能是财务控制职能、财务评价职能的前提与基础

财务规划包括财务预测、财务决策和财务计划。人们通常将财务预测看作财务管理循环的第一个程序或环节，财务预测的目的是给财务决策和财务计划提供科学的依据；财务决策建立在科学的财务预测基础之上，对多个方案进行评价选优，确定企业的财务目标；财务计划则根据财务决策中所确定的财务目标进行具体内容的规划与安排。财务规划也正是财务控制与财务评价的依据，是其前提与基础。

2. 财务控制职能是实现财务规划职能的保证

财务控制侧重于在实际执行过程中对财务规划施加影响与进行调节，确保财务规划的顺利实施。

3. 财务评价职能是提升财务规划职能的源泉

财务评价是在一个循环基本结束时分析并依据财务规划指标评价其实际成果及企业绩效，并为下一工作循环提出改进意见，为再次的财务规划提供经验与资料。财务评价是财务管理循环中承前启后、连接两个财务管理循环的重要环节。

（三）财务管理职能与财务业务职能的关系

财务业务职能是财务管理职能的对象及具体内容。如财务规划的具体内容涉及筹资、投资、收益分配和营运资金的管理；财务控制则是对上述规划的具体内容在企业实际运作过程中得以贯彻实施进行控制；财务评价职能则是对经过一轮业务循环之后的实施与控制的结果进行分析评价，并为下一个财务规划提供必要经验与数据支持。

第二节　企业财务管理的程序与方法

从管理的角度来说，企业正是通过财务规划、财务控制及财务评价等财务管理职能实现财务管理目标的，而这些职能的实现还必须借助一定的方法。本节对财务管理的基本程序与方法作一个简单的介绍，详细内容在后文有关章节中再作说明。

一、财务规划的程序与方法

财务规划具体包括财务预测、财务决策及财务计划。

（一）财务预测的程序与方法

1. 财务预测的程序

财务预测是财务管理的一个子系统。要提高财务预测工作的效率与质量，财务预测工作就要按照一定的程序进行。财务预测一般有以下六个步骤：

（1）确定预测对象与目标。在进行财务预测之前，首先要确定预测什么，然后再根据预测的目标、内容和要求确定预测范围和预测期。确定预测对象和目标时，应该清晰、具体，切忌含糊不清。例如，只有确定以销售收入为预测对象，才有可能组织好与销售收入预测有关的各项工作，才能确定要搜集哪些资料，分析哪些与销售收入的变化有关的因素，否则预测就成了无的放矢。

（2）搜集、整理相关信息。根据已确定的预测目标和计划，尽可能全面地搜集与

既定目标有关的资料和数据。这些资料和数据有的可能来自于公司内部，如会计资料、日常统计资料；有的可能来自于公司外部，如市场信息、金融行情、国家政策。外部资料有的可从报纸杂志公开发表的统计报告上取得，有的则要通过抽样调查取得。这些资料有的是量化的数据，有的则可能是非量化的，前者如产品的市场需求量和价格，后者如消费者偏好等。在某些情况下，非量化的数据可能比量化的数据更重要。对搜集来的资料必须进行加工、整理、归纳和鉴别，以去伪存真，去芜存精。

（3）选择预测方法。进行财务预测必须通过一定的科学方法才能完成。对于定量预测，应建立正确的数学模型；对于定性预测，要按照一定的逻辑思维，制定预测的提纲。预测方法的选择一定要考虑实际情况。不考虑实际情况的方法，再精确、再复杂，其得出的数据也可能是荒谬的。在实际工作中有时可把几种方法结合起来，互为补充，相互验证。如定量方法和定性方法相结合，因素分析法和时间序列法相结合，尽量使得到的数据与实际结果更加接近。

（4）进行实际预测。运用所选定的预测分析方法和建立的数学模型或调查提纲进行预测，并根据定量分析和定性分析的结果，作出初步的预测结论。预测结论可用表格、图示或文字等形式表示。

（5）对初步的预测结论进行分析评价。经过一定时间，对过去所作出的初步预测结论进行检验，将实际结果与预测数据进行比较，鉴定预测的结果是否正确，并分析其出现误差的原因以及误差的大小。误差大说明搜集的资料或所选择的预测方法有问题。所以在预测之前要确定允许误差范围，预测之后要分析预测误差产生的原因，以便于改进预测方法和模型，尽量缩小误差。

（6）修正初步的预测结论，得出最终预测结果。对于采用定量方法进行的预测分析，往往会由于数据不足或某种因素而影响预测精度，这就需要用定性方法来考虑这些因素，并及时修正初步预测结论。既使用定性方法预测的结果，也应尽可能用定量预测方法加以修正、补充，以使其结果更加接近实际。预测工作的实践证明，把定量方法与定性方法有机地结合起来，是提高预测准确性的重要途径。经过上述的修正，就可输出最终预测结果。

2. *财务预测方法*

财务预测的方法很多，如何根据具体情况选择正确的预测方法，是预测成功与否的关键之一。财务预测的方法归纳起来有两类：定性分析法和定量分析法。定性分析法包括意见汇集法、专家小组法及特尔菲法。定量分析法包括趋势外推法、因果关系法及统计规律法。

（1）定性分析法。定性分析法，又称判断预测法，是由熟悉业务并有一定理论知识和综合判断能力的专家和专业人员，根据自己的经验和掌握的情况，对预测目标将来的发展趋势和发展结果所进行的预测。定性预测法特别适用于缺乏统计数据和原始资料的情况。

定性分析法的具体方法一般有以下三种：

①意见汇集法。意见汇集法，也称主观判断法，是由预测人员根据事先拟好的提纲，对那些对预测对象业务比较熟悉，对其未来发展趋势比较敏感的领导人、主管人员

和业务人员开展调查，广泛征求意见，然后对各方面的意见进行整理、归纳、分析、判断，最后作出预测结论。

这一方法的优点在于可集思广益，费时不多，耗费较小，运用灵活，并能根据影响对象因素的情况变化，及时对预测进行修正、改变。其缺点在于预测结果易受个人主观判断的影响，对一些专门问题不易深入，而且常会出现意见很不一致的情况，给预测带来困难。

②专家小组法。专家小组法也属于客观判断法，它是公司组织各有关方面的专家组成预测小组，通过召开各种形式的座谈会，进行充分、广泛的调查研究和讨论，然后根据专家小组的集体研究成果作出最后的预测判断。

这一方法的优点在于各专家组成小组面对面地进行集体讨论和研究，因此可以相互印证和补充，使得对预测问题的分析、研究更为全面和深入，避免各专家因信息资料不共享而使预测带有片面性。采用这一方法的缺点在于，由于参加会议讨论的人数有限，因此代表性较差。另外，由于是面对面的讨论，参加者有可能碍于情面而不能充分发表自己的意见，特别容易为权威人士所左右。为了避免这种局面出现，便产生了专家意见分别征询法，即特尔菲法。

③特尔菲法。特尔菲法又称专家调查法，由美国兰德公司于20世纪40年代首先使用。它主要采用通信的方法，通过向有关专家发出预测问题调查表的方式来搜集和征询专家们的意见，并经过多次反复，综合、整理、归纳各专家的意见以后，作出预测判断。特尔菲法的特点与程序一般如下：

保密性。针对预测项目先成立专家组（约15~20人），然后发信给每位专家征求意见，并要求他们独立作出判断，提出自己的书面意见，不与其他成员商量，互相保密，以防止彼此间的心理干扰。

反馈性。公司把寄出的各种书面意见加以整理、归纳，然后反馈给每位专家，但不注明是谁的意见。要求他们参考别人的意见，修改自己的第一次判断，并在保密的情况下作出第二次判断。经过多次反馈，专家们的意见趋向成熟。

集中判断。经过几次反复征求意见后，公司把最后一次不同意见采用中位数、平均数或加权平均数的方法进行综合，提出预测结果。

这种方法的优点在于：各个专家可以各抒己见；调查单位可以了解各种不同看法，分别告知各个专家，从而取长补短。对专家意见进行分析，有助于克服决策中的片面性。这种方法的缺点在于时间可能会拉得很长。

（2）定量分析法。

①趋势外推法。趋势外推法，亦称历史资料引申法。这种方法是把历史按年或按月排列成一个时间数列，从中找出预测对象发展趋势的变动规律，再将发展趋势加以引申，从而推断未来，所以这种方法又称时间序列预测法。

趋势外推法可根据所采用的具体计算方法的不同，分为简单平均法、移动平均法、指数平滑法和相关系数法。

②因果关系法——销售百分比法。要准确地进行财务预测，除了可以根据预测对象的历史资料推断其发展规律，还可以根据预测对象与其他事物之间的因果关系，来分析

研究对象可能的变化结果。如何采用因果关系法进行财务预测，要具体情况具体分析。一般而言，首先确定预测什么；然后通过大量的调查研究、资料分析，确定影响预测对象的因素；最后建立因果关系模型进行预测。销售百分比法即为其中一种，它是指根据销售收入的增减比例来预测公司未来的资金需求量。

③统计规律法。统计规律法是统计规律性原则和数理统计方法在财务预测中的具体运用。目前，在财务预测中比较常用的统计规律法是直线回归法。

直线回归法是应用数理统计中最小平方的原理，通过确定一条能正确反映一个自变量 x 与因变量 y 之间误差平方和最小的直线，即回归直线来进行预测的方法。

（二）财务决策的程序与方法

1. 财务决策的程序

财务决策是财务管理的核心环节，是财务管理全过程中最为重要的程序，简析如下：

（1）确定决策目标。决策目标是财务决策的出发点和归结点。确定决策目标就是要明确进行这项财务决策究竟要解决什么问题。决策目标应当明确、具体，力求决策目标的数量化。

（2）提出能达到预定目标的各种可能的备选方案。备选方案必须具有可行性，即必须是技术上适当、经济上合理，力求企业现有的各种资源能得到最合理、最充分、最有效的配置和使用。提出备选方案是财务决策的基础和保证。

（3）广泛搜集资料，并据此对各个备选方案进行科学的计算、论证和分析。这一环节是对拟订的备选方案采用适当的专门方法，比较各方案的预期收入和预期成本。

（4）以企业财务管理目标作为决策标准，选定最优方案。评价、选择最优方案是整个财务决策最关键的步骤。

2. 财务决策的方法

财务决策的具体方法有很多，例如，筹资决策方法、投资决策方法、营运资金决策方法以及利润分配方法等。每一大类财务决策方法以决策条件为标志可分成以下三大类：

（1）确定型财务决策方法。具体包括投资回收期法、净现值法、内部报酬率法等。

（2）风险型财务决策方法。包括按风险调整贴现率法、按风险调整现金流量法等。

（3）不确定型财务决策方法。包括决策树法、大中取大法、小中取大法、大中取小法和折中决策法等。

（三）财务计划的程序与方法

1. 财务计划的程序

编制财务计划或者财务预算的一般步骤包括：

（1）根据财务预测和财务决策的有关数据和信息资料确定好有关财务计划指标。

（2）对列入财务计划的各项财务指标进行平衡，协调指标间的钩稽关系，做到综合平衡。

（3）按照规定的表格编制财务计划，撰写财务计划的编制说明书。

（4）明确财务计划的审查和上报程序。

2. 编制财务计划的具体方法

编制财务计划的具体方法可以有以下两种类型：

（1）以每项财务指标计算的方法为标志。该方法包括平衡法、比例法、定率法和推算法等，其中，平衡法是编制财务计划的基本和主要的方法。

（2）以企业管理的要求为标志。该方法包括固定预算法和弹性预算法、增量预算法或减量预算法和零基预算法、定期预算法和滚动预算法等。

应该注意的是，各种编制方法的运用并不是孤立的，它们可以单独运用，也可以几种方法配合使用。既可以一种方法只适合于某一特定指标的编制，也可以一种方法运用在不同内容的财务计划的编制上。

二、财务控制的程序与方法

（一）财务控制的程序

财务控制是将纸面上的计划变成现实的重要环节。财务控制一般包括以下程序：

（1）制定控制标准。如制定各种定额、限额，将企业财务计划、预算指标分解并落实到各部门、单位或个人，作为控制的依据。

（2）执行财务标准。将实际发生数与标准相比较，分析差异产生的原因，分清责任。对不符合标准、不利于完成总目标的内容加以限制、调整。

（3）采取措施消除不利差异。

（二）财务控制的方法

财务控制的对象是企业资金运动的全过程，因而财务控制的具体方法很多，例如，价值工程、网络工程、经济批量法、ABC 控制法、标准成本制度、内部银行、责任会计，等等。

三、财务评价的程序与方法

（一）财务评价的程序

（1）确定分析评价的对象，搜集并整理好有关财务分析评价的数据和信息资料。

（2）运用适当的财务分析评价方法，计算各种财务比率指标。

（3）参照既定的标准，计算与分析评价指标的差异，查找差异形成的影响因素并作适当评价。

（4）撰写并向企业管理当局提交财务分析评价报告。

（二）财务分析评价的方法

进行财务分析评价的方法有很多，具体有比较分析法、比率分析法、趋势比较法、因素替换分析法、差额计算法、杜邦分析法。

练习与案例

一、复习思考

1. 请分别从业务和管理两个角度阐述财务管理职能。

2. 如何理解财务管理业务职能间的相互关系？

3. 如何理解财务管理职能间的相互关系？

4. 简述财务规划的程序和方法。

5. 简述财务控制的程序和方法。

6. 简述财务评价的程序和方法。

二、案例分析

福建省青山纸业股份有限公司财务预算管理制度案例

（2010 年 4 月修订）

为了加强公司对预算的内部控制，规范预算编制、审批、执行、分析与考核，提高预算的科学性和严肃性，促进预算目标的实现，根据国家有关法律法规和《企业内部控制××号——预算》，并结合企业现代化管理需要，对公司原“财务预算管理暂行办法”重新修订后，特制定本制度。

一、财务预算管理的基本内容

（一）预算管理是利用预算对企业内部各种财务及非财务资源进行分配、控制、考核，有效组织和协调企业生产经营活动，实现企业既定的经营目标。

（二）财务预算是在预测和决策的基础上，围绕企业发展战略规划，以业务预算、资本预算为基础，以经营利润为目标，以现金流为核心，对一定时期内企业资金的取得和投放、各项收入和支出、企业经营成果及其分配等资金运动所作的具体安排，是制定、落实内部经济责任制的依据。

（三）财务预算与内部经济责任制并轨，实行全面预算考核。

二、财务预算管理的组织机构及授权审批

（一）公司财务预算工作遵循不相容岗位相互分离、制约和监督原则，其不相容岗位包括：①预算编制（含预算调整）与预算审批；②预算审批与预算执行；③预算执行与预算考核。

（二）公司法定代表人对公司财务预算的管理工作负总责，公司董事会负责财务预算方案的审批，公司总经理办公会负责财务预算方案的审核。经营层设立财务预算管理领导小组，公司总经理任组长，财务总监任副组长，成员由有关职能部门负责人组成。下设财务预算管理工作小组，由财务总监任组长，财务部、企划部、人力资源部经理任副组长，并配备 3 ~4 名成员。

（三）财务预算管理领导小组的主要职责。根据董事会确定的财务预算目标、政策，制定财务预算的具体措施和办法。审议、平衡财务预算方案，组织下达财务预算、协调解决编制和执行中的问题，组织审计、考核财务预算的执行情况。

（四）财务预算管理工作小组的主要职责。以财务部、企划部为依托，具体负责组织财务预算的编制、审查、汇总、上报、下达、报告；财务预算指标调整、修订方案的制订；跟踪监督财务预算的执行；分析财务预算执行差异与原因，提出改进管理的措施和建议；仲裁有关预算冲突；制定各项预算考核指标方案及责任部门，报公司总经理办公会批准下达。

（五）公司内部生产、采购、销售、投资等职能部门具体负责本部门业务涉及的财务预算的编制、执行、分析、控制等工作，并配合预算管理工作小组，做好公司总预算的综合平衡、控制、分析等工作。

三、财务预算的编制形式及编制依据

编制财务预算依照先业务预算、资本预算、筹资预算，后财务预算的流程进行。

（一）业务预算

以上一年度生产经营的实际情况为基础，综合考虑国家经济政策变动、市场竞争状况、产品竞争能力等因素，严格控制经营风险。

(1) 销售预算。

依据：公司年度经营目标、预测市场销售及产品结构和价格。

责任单位：市场营销部。

(2) 生产预算（包括产品产量预算、直接人工预算、直接材料预算)。

依据：在销售预算的基础上，依据生产能力系统平衡及合理库存水平、外购电总量、大宗原材料供应及企业工资水平来制定。

责任单位：产品产量预算→生产部。

直接人工预算→财务部、人力资源部。

直接材料预算→企划部、财务部（计算成本、消耗定额)。

(3) 制造费用预算。

依据：在生产预算的基础上，根据公司预算期降低成本、费用的要求来制定。

责任单位：财务部、各生产单位。

(4) 产品成本预算。

依据：生产预算、制造费用预算。

责任单位：各生产单位、财务部、企划部。

(5) 采购预算（包括木材、废纸、燃料及各种主要材料和辅材)。

依据：销售、生产预算及原辅材料期初存货及期末存货经济存量。

责任单位：供应部、木材采购部、国际经营部、青阳公司、热电厂。

(6) 期间费用预算（包括营业费用、管理费用、财务费用)。

依据：公司生产经营目标、上一年度实际费用水平和预算期内的变化因素、公司降低成本及费用的要求。

责任单位：营业费用→市场营销部、财务部。

管理费用→财务部、人事部、企划部等。

财务费用→财务部。

(7) 营业外支出预算。

依据：企业具体实情。

责任单位：财务部。

(8) 新产品研发费用预算。

依据：市场需求及公司发展的战略决策。

责任单位：生产部（技术中心)。

(9) 工资、奖金预算。

依据：国家及公司工资政策。

责任单位：人力资源部、企划部、财务部配合。

(10) 职工福利费预算。

依据：职工福利保障及建设计划。

责任单位：财务部、人力资源部。

(二) 资本预算

(1) 技改、技措投资预算。

依据：公司年度技改、技措计划。

责任单位：技改指挥部、设备部。

(2) 固定资产零购、大型备品配件及大修预算。

依据：公司年度计划。

责任单位：各生产单位、设备部。

(3) 权益性资本投资预算。

①新增对外投资项目。

依据：董事会决策。

责任单位：企划部、营林公司。

②各控股子公司收益。

依据：各控股子公司年度经营目标。

责任单位：由各控股子公司编报，财务部汇总编制。

③转让股权或收取股利（不含子公司）。

依据：公司董事会决策、被投资单位分配议案。

责任单位：企划部、董事会秘书处。

(4) 股票、债券、基金投资预算。

依据：公司资金运作计划。

责任单位：企划部、董事会秘书处。

(三) 筹资预算

(1) 项目贷款预算。

依据：公司技措、技改投资年度计划。

责任单位：财务部。

(2) 股票、债券融资。

依据：公司董事会决策资料和相关发行批文。

责任单位：董事会秘书处、财务部。

(3) 短期借款、还本付息预算。

依据：公司年度生产经营、固定资产零购、设备大修理对资金的需求。

责任单位：财务部。

(四) 财务预算

(1) 现金预算。

依据：业务预算、资本预算、筹资预算。

责任单位：财务部。

(2) 预计资产负债表。

依据：根据年初实际资产负债表和销售、生产、采购、资本、筹资等预算有关资料分析编制。

责任单位：财务部。

(3) 预计利润表。

依据：根据销售、生产、产品成本、期间费用、资本、筹资及其他专项预算等预算有关资料分析编制。

责任单位：财务部。

以上财务预算编制均以列表及文字说明的方式列示，详细预算基础表格附后。

四、预算编制的程序和方法

(一) 编制预算依照全员参与、上下结合、分级编制、逐级汇总、综合平衡的程序逐级进行。

(1) 下达目标。公司董事会或总经理办公会在10月底之前提出下一年度企业财务预算目标，并确定预算编制的政策。由财务预算管理领导小组组织分解下达各预算执行单位。

(2) 编制上报。各执行单位按照下达的预算目标，结合自身特点以及预测的执行条件编报本单位预算方案，于11月底前报送财务预算管理工作小组。

(3) 审查平衡。财务预算管理工作小组对执行单位上报的预算方案进行审查、汇总，提出综合平衡的建议。在审查、平衡过程中，进行充分沟通、协调，提出初步调整意见，并反馈给有关预算执行单位予以修正。之后，工作小组再对各预算责任执行单位修正后的预算进行审核、汇总、平衡，作出必要的调整，

(4) 审议批准。预算管理工作小组在调整、修正的基础上，编制企业财务预算方案，报公司预算管理领导小组讨论。对有异议的项目，责成预算执行单位进一步修订调整。在此基础上，预算管理工作小组正式编制公司年度财务预算草案，报公司总经理办公会讨论批准（在次年1月底完成），并提交公司董事会审议批准。

(5) 下达执行。由公司预算管理工作小组根据批准的年度预算，分解成一系列指标体系，下达各预算执行单位执行（在次年3月底完成）。

(二) 财务预算编制根据不同预算项目，分别采用固定预算、弹性预算、滚动预算、零星预算、概率预算等。

五、财务预算的执行与控制

(1) 公司财务预算一经批准下达，各预算执行单位就必须依照各自的职责，认真组织实施。层层分解，细化财务预算指标，从横向、纵向落实到各部门、各环节、各工段、班组、岗位，形成全方位的财务预算执行责任体系。该工作由各预算执行部门负责实施，公司企划部负责监督落实。

(2) 公司财务预算作为落实内部经济责任制的依据，财务预算指标与内部经济责任制考核指标对应统一，对各分厂、单位的生产、经营活动具有约束力。通过经济责任

制指标的执行与落实，确保公司财务预算目标的实现。内部经济责任制指标的拟订，由企划部负责，财务部配合。

(3) 根据项目的不同，细分月份、季度预算，进行分期预算控制，保证公司年度财务预算目标的实现。

(4) 强化现金流量的预算管理，控制支付风险。财务预算内资金支付（如采购、成本、费用、投资等）严格执行预算标准，按照公司相关授权审批程序执行。对于预算外或超预算的项目支出，要严格控制。根据项目的性质，按公司相关内控制度规定的审批程序办理报批。对于无合同、无凭证、无审批手续的项目支出不予支付。

(5) 预算执行责任人为各部门负责人，对本部门预算执行结果负责。

(6) 公司财务部是企业财务预算执行控制专职机构，对生产、销售、采购、供应等部门保持实时的信息沟通，具体负责跟踪、监督、控制预算执行出现偏差，及时掌握预算执行动态及结果。对执行中发生的新情况、新问题及出现偏差较大的重点项目及时预警并报告预算管理领导小组。责成预算执行单位分析查找原因并作出解释，提出改进建议与措施。

(7) 推进预算管理的信息化，由预算管理工作小组设置预算的预警指标、范围。通过现代化电子信息技术手段控制和监控预算执行。

(8) 企划部作为公司内部经济责任制落实管理的职能部门，具体负责跟踪检查各部门单位经济责任制的落实情况，并按月考评。

(9) 企划部作为公司对外投资管理的职能部门，与财务部配合，具体负责跟踪监督各控股、参股子公司的财务预算执行情况，并及时分析反馈与报告。

(10) 财务预算管理工作小组根据当期预算实绩与预算指标的差异、未来市场环境的变化等相关因素，提出下期预算执行的修正方案。

六、财务预算的调整

(1) 公司财务预算一经批准下达，原则上非重大意外因素，一般不予调整。预算资源不等于必须投入资源。

(2) 财务预算执行中若出现市场环境、经营条件、政策法规等发生重大变化或预算编制基础发生重大改变等特殊原因，涉及部门或项目预算、确需调整的，由预算执行单位提出书面申请报告说明原因。经公司分管副总确认后，交财务预算管理工作小组审核并提出意见，报公司财务总监、总经理审批方可调整。预算调整原则为：在公司预算总目标不变的情况下，作内部部门或项目的调整。注重行为调整，而不是数字调整。若涉及公司预算总目标调整，由预算管理工作小组负责行文，阐述原因和调整幅度，提交公司总经理办公会讨论形成意见，报公司董事会批准。

(3) 公司作财务预算调整决策时，应遵循以下要求：

①调整事项符合企业发展战略和现实生产经营状况。

②调整重点放在预算执行中出现的重要的或非正常的关键性差异方面。

③调整方案客观、合理。

(4) 各预算申请单位只有在预算调整或追加审批手续完整后，方可按新预算执行，否则预算管理工作小组将通知财务部拒绝付款或冻结预算指标。

七、财务预算的分析与考核

（1）建立每月预算执行情况分析例会制度，结合公司每月经济活动分析会，由财务部负责财务预算执行的分析。各预算执行部门定期（每次月6日前）向财务部反馈有关预算执行的实际数据，并对其中的重要项目进行简要分析、说明。财务部收集、汇总、整理、分析后向公司提交预算执行分析报告，重点分析预算执行差异产生的原因，提出解决措施或建议，以及列出下期预算执行的控制要点。

（2）由公司企划部负责各单位经济责任制的执行和落实情况的分析、评价，并负责对各控股子公司财务预算执行情况的跟踪，每月15日前向公司提交分析报告。由公司审计室牵头，企划部、财务部配合，不定期对子公司预算执行情况实施审计监督，及时发现和纠正预算执行中存在的问题。

（3）公司企划部负责财务预算执行的考核，财务预算执行考核应结合内部经济责任制，与预算执行单位负责人的奖惩挂钩。由企划部负责，财务部、人力资源部等相关部门配合，拟订具体考核办法及考核具体实施细则，经预算管理工作小组审核后，报公司总经理办公会议审议批准执行。

（4）预算年度终了，预算管理工作小组向公司总经理办公会报告财务预算执行完成情况，并依据财务预算完成情况，按具体考核办法对预算执行单位进行考核。

财务预算控制流程：

责任人（单位）	预算流程
公司（董事会）	预算目标
各分厂、部门/财务（工作组）	预算编制
分厂、部门	预算执行
财务/财务总监	预算控制
总经理/财务总监	预算调整
财务/财务总监	预算分析
企划部/人力资源部	预算考核

福建省青山纸业股份有限公司

二〇一〇年四月九日

资料来源：http：//file. finance. sina. com. cn/211. 154. 219. 97：9494/MRGG/CNSESH_STOCK/2010/2010 -4/2010 -04 -13/537534. PDF

【分析与思考】

1. 何为预算？结合青山纸业的资料，谈谈预算的意义。
2. 请评价青山纸业的财务预算管理制度，并提出你的改进意见。

第五章　企业财务管理的组织机构与基本原则

企业的财务管理活动是通过一定的组织载体来完成的。同时，财务管理的主体为了履行财务管理的职能，无论是设计财务管理组织机构，还是组织财务活动、处理各种财务关系，都必须遵循一定的管理原则。本章从财务管理组织机构设置的原则出发，探讨财务管理组织机构的类型、财务管理权限的划分、财务人员的素质与职业道德，提出企业财务管理的若干原则。

第一节　企业财务管理的组织机构

财务管理组织机构又称财务管理组织结构或组织形式，是指企业为组织、领导和直接从事财务工作而设定的职能部门。建立健全的财务管理机构，是加强财务管理职能，保证财务工作顺利进行的前提条件。

一、财务管理组织机构的设置原则

财务管理组织机构作为企业管理组织系统中的一个子系统，其与企业组织本身存在许多共同之处，同时，它也具有自身的一些特点。因此，在财务组织结构设置的过程中，除了应该遵循一些最基本的管理原则外，也要遵循财务管理活动所要求的一些特殊原则。这些原则都是长期管理实践的经验积累，应该为组织设计者所重视。具体来说，财务管理组织机构的设置应遵循以下具体原则：

1. 统一指挥原则

统一指挥原则就是要求每位下属应该有一个并且仅有一个上级，要求在上下级之间形成一条清晰的指挥链。下属如果有多个上级，就可能会因为上级存有彼此不同甚至相互冲突的命令而感到无所适从。虽然有时在例外场合必须打破统一指挥原则，但是，为了避免多头领导和多头指挥，企业财务管理组织的各项活动应该有明确的区分，并且应该明确上下级的职权、职责以及沟通联系的具体方式，保证管理工作职能的协调与畅通。

2. 控制幅度原则

控制幅度原则是指一个领导者直接领导与指挥的下属人数是有限的，以此保证组织的统一、有效性。管理幅度之所以不能够无限度加宽，是因为每个人的知识水平、能力水平是有限的。法国管理学者格拉丘纳斯认为，当领导者的控制幅度超过 6 ~ 7 人时，其和下级的关系会变得越来越复杂，以至于最后失去驾驭的能力。影响管理幅度的因素有多种，至今尚未得出一个可被普遍接受的有效管理幅度标准。值得注意的是，随着计算机技术的发展和信息时代的到来，信息技术处理的速度大大加快，每个管理者对知识和信息的掌握以及实际运用的能力都普遍有所提高，协调上下左右之间关系的能力也会提高，管理幅度有可能拓宽。但是，这并不意味着该原则失效，人们在设置科学的管理机构时仍需遵循这一原则。

3. 权责对等原则

企业财务管理组织中的每个部门和部门中的每个人员都有责任按照工作目标的要求保质、保量地完成工作任务，同时，组织也必须委之以自主完成任务所必需的权力，做到职权与职责对等。如果有责无权，或者权力范围过于狭小，责任方就有可能会因权力的限制而导致无法履行责任，甚至无法完成任务；如果有权无责，或者权力不明确，执权者就有可能不负责任地滥用权力，甚至于助长官僚主义的习气，这势必会影响到企业财务组织系统的健康运行。

4. 经济及柔性原则

财务组织的经济性是指企业财务管理机构的层次与幅度、人员结构的设置应符合企业组织形式、企业规模与业务特点，部门工作流程的设计要合理。在具体的岗位设置和人员配置上，要从实际出发，切不可因人设事而影响管理效率。所谓组织的柔性，是指企业财务组织的各个部门的设置与编制是相对固定的，可以根据组织内外环境的变化而进行必要的调整。在财务管理机构的设置上，企业应坚持柔性及经济原则，做到按事定岗，按岗定人，相对固定，适当调整，保证财务管理机构的精简、灵活、高效。

5. 国际惯例原则

随着经济全球化的发展和我国加入世界贸易组织，一方面，在我国的外资企业越来越多；另一方面，我国的企业也会不断走出国门，到国外投资发展。为了便于企业之间的交往和业务联系，企业在进行财务管理组织机构的设置时，除了要考虑我国企业自身的状况外，还应该借鉴国外经验，采用国际上广泛认可的财务管理组织形式，尽可能符合国际惯例。

二、财务管理组织机构的类型

财务管理组织机构的设置主要取决于企业管理组织机构。而企业管理组织机构主要受到企业经营规模、行业特点、业务类型、经营区域等因素的影响，同时还要受企业所有制性质及企业资本构成的影响。在现代市场经济条件下，企业规模不同及组织形式的多样性，使得企业财务管理组织结构也必须呈现多样性。企业财务管理组织机构的具体类型主要有以下三种：

（一）财务与会计合一型

这种机构的特点是会计核算与财务管理机构合一，同时具备财务与会计两种职能。这种机构以会计职能为核心进行内部职能分工，设立存货、长期资产、结算、成本、财务出纳、报表等内部部门或岗位。这类财务管理机构适合于财务业务比较简单的中、小型企业。

（二）财务与会计分立型

这种机构的特点是在将会计职能与财务管理职能适当分离的基础上，分别设立会计核算机构和财务管理机构。财务管理机构具体负责筹资、投资、收益分配及日常的财务管理活动。在现代市场经济体制下，企业独立设置财务管理机构，有利于扭转我国企业在计划经济体制下形成的重会计、轻财务管理的状况，有利于提高企业财务管理工作在企业管理工作中的地位，有利于发挥财务管理的职能作用和提高企业财务管理水平。这类组织机构适应于大型企业或公司制企业。公司制企业财务管理组织结构的一般设置如图5－1所示：

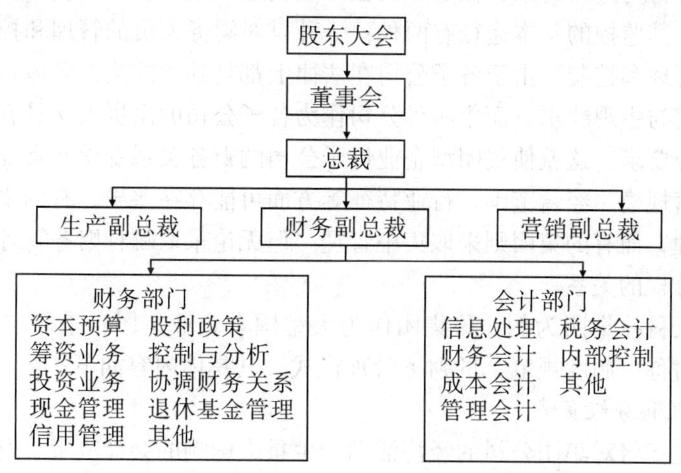

图5－1　财务与会计分立型财务管理组织机构

董事会代表股东的利益，总裁通常是首席执行官（CEO）。财务副总裁或首席财务官（CFO）是一个很关键的高层管理人员，主要负责财务政策的制定和执行。财务副总裁和其他职能部门的高层经理合作，就企业重大财务事项的处理进行沟通，确定财务部门经济上的职责，同时负责会计方面的领导工作。

特定的财务职能一般是在财务部门经理和会计部门经理之间进行分配。财务部门经理的职责主要包括：①合理预测资金需求量，选择正确的筹资渠道和筹资方式，及时足额地筹集资本，保证企业生产经营对资金的需求；科学安排资本结构，降低财务风险和资本成本。②制定现金预算，报告现金流量和现金储备。③提供每天的现金和营运资金的流动情况，以便会计部门编制财务报告。④协调好企业与商业银行等金融机构的关系。⑤协助主管领导制定筹资、投资和股利分配政策。⑥负责制定信用政策，进行信贷管理，催收企业的应收账款。⑦管理退休金等。

会计部门经理的核心职责是记录和报告财务信息。具体包括：①按公认会计原则、会计程序和会计方法，准确记录经济业务，及时向外部利益集团提供有关财务报告。②搜集、整理与管理有关的各种信息，编制管理报告，提供给企业管理部门，以便管理部门作出正确的决策。③通过内部控制保护企业财产的安全与完整。④制定必要的纳税政策和纳税程序，负责申报纳税数额，并控制对纳税有重要影响的经济业务，使企业总税负减少到最低程度。

（三）企业集团财务管理组织模式

企业集团是指以资本为主要联结纽带的母子公司为主体，以集团章程为共同行为规范的母公司、子公司、参股公司及其他成员企业或机构共同组成的具有一定规模的企业法人联合体。在企业集团内，母公司是子公司的出资者。在两权分离的条件下，作为所有者的母公司将资产委托给子公司的经营者进行经营和管理，自己只保留最终控制权和奖惩权。在信息不对称的前提下，为了防止“逆向选择”和“道德风险”，所有者必须对经营者的经济行为进行约束，在财务上也必须制定一系列管理制度来对子公司的财务活动进行监控。其监控的基本途径有两种：一种是对财务人员的管理和控制；另一种是对财务资源的管理和控制。由于各子公司在法律上都是独立的法人实体，有其财务独立运作的法律依据与主观要求，而集团母公司作为各子公司的出资人又具有对子公司进行财务控制的客观要求，这就使集团型企业母子公司的财务关系变得非常复杂。由于集团内各公司在经营规模、经营范围、行业特征等方面可能存在差异，有的集团对子公司财务采取分权管理，而有的集团则采取集中管理。但无论采取哪种财务管理体制，都必须处理好集权与分权的关系。

以中国航天科技集团为例，该集团作为大型国有企业集团，采取“统分结合、组织合理、权责对称、制度规范”的财务管理模式。其具体内容如下：

1. 统一管理和分级负责

统一管理是指将对集团公司的经济活动产生重大影响的会计决策、财务决策等权力统一起来。统一管理的内容主要包括：重大财务政策（包括固定资产、无形资产、权益、公积金等），会计制度和核算办法，预算编制的程序、方法与审批，财务报表和财务信息化体系，筹、融资政策（举债、担保），投资决策和投资管理制度（包括投资失误的责任），绩效考评程序和方法。

分级负责是指在统一管理的前提下，子公司在授权经营的范围内组织好本公司的财务管理工作。具体内容包括：日常财务收支管理、日常财务监督、向集团公司短期借贷、权限范围内的技术改造投资、项目投资和投资退出、利益分成的处理以及与其他子公司经营目标相一致的财务管理职责。

集团实行依产权关系自上而下授权、按决策层次自下而上决策的财务决策管理体制。将集团公司、子公司及下属企业（分公司）依次划分为投资中心、利润中心和成本费用中心。投资中心的决策内容是对筹资和投资方案的选择；利润中心的决策内容包括对影响利润水平因素的分析和经营决策方案的选择；成本中心的决策内容包括对影响利润高低因素的分析和对产品经营决策方案的选择。集团公司筹资、投资、营运过程、收益及分配的财务决策，先由业务部门提出，然后上报总经理。建立资本授权制度，对于在总经理授权范围内的财务决策方案，由总经理决定并报董事会备案；对于重大的财务决策方案，由总经理报董事会批准。

2. 会计核算和财务管理

财务管理组织机构按会计核算和财务管理两大基本职能设置。会计核算部门负责组织和领导全集团及集团公司本部的会计核算工作；财务管理部门内部按照重要性原则并结合航天科技集团的特点，设置预算管理部门、价格管理部门、资金与投资管理部门、资产管理部门等。

会计管理部门负责会计核算和会计基础管理工作，合并会计报表和对外披露财务信息，领导和指导全集团及集团公司本部的会计核算工作，全面、系统、连续和真实地反映集团的生产经营与财务情况，以满足内部管理机构及外部对会计信息的需要。预算管理部门负责编制年度和中长期财务计划，组织编制资本支出预算和年度全面预算，检查、监督和分析预算执行情况，组织对子公司的绩效评价；价格管理部门负责集团公司的成本控制和价格管理，包括制定重大航天产品和工程价格，制定和审定集团公司内各子公司之间的转移价格，对子公司间价格纠纷进行仲裁，根据市场价格的变动调整集团公司的产品和劳务价格；资金与投资管理部门负责筹措集团内资金和对集团外投资进行管理，包括研究与制定筹资策略和组织资金，集团公司对内对外和成员企业之间的往来结算、资金调剂和监督控制，生产经营性项目投资管理和对外金融投资管理，对子公司的管理和指导；资产管理部门负责国有资产管理，包括国有资产产权管理、集团内资产评估、清产核资，以实现国有资产的保值、增值。

三、财务管理权限的划分

财务管理权限的划分，可以从国家与企业之间和企业内部两个层次来考察。

（一）国家与企业之间财务管理权限的划分

1. 国家与企业之间财务管理权限的划分

国家作为社会管理者，其对各种所有制企业负有维护社会公众利益的监管权力，这种权力的行使是通过法律工具来实现的。例如，在企业筹资方面，公司法、合伙企业法、个人独资企业法、证券法等规范了企业的资本组织形式（包括企业法人股本、企业股东股本、合伙人共同出资、自然个人投资等），以及不同类型企业的筹资渠道、筹资方式和筹资条件等。在企业投资方面，证券交易法、公司法、企业法等规范了企业投资的出资方式（包括现金、固定资产、无形资产等方式）和投资程序。在企业利润分配方面，税法、公司法、企业法等规范了企业成本开支范围、不同筹资方式下资本成本的列支程序、税后利润的分配程序等。

除此之外，国家还通过制定财务法规来规范企业的财务行为。财务法规主要有《企业财务通则》和分行业的财务制度。《企业财务通则》是各类企业进行财务活动、实施财务管理的基本规范。它对以下问题作出规定：①企业财务管理体制；②资金筹集；③资产营运；④成本控制；⑤收益分配；⑥重组清算；⑦信息管理；⑧财务监督等。行业财务制度是指依据《企业财务通则》的规定，为适应不同行业的特点和财务管理要求，由财政部制定的行业规范。这些都是规范国家与企业财务管理权限的重要依据。这些法规具有普遍性的特点，是针对社会所有企业财务管理中的共性问题而制定的，是对所有企业共同的财务约束。

2. 国家对国有企业实施财务管理的权限

作为投资者的国家与国有企业是投资者与被投资者的关系，国家具有与财产所有权相联系的一切权力，这主要包括：对国有资本占有、使用、处置、收益分配的权力；决定国有企业经营方向、方针和政策的权力；选择国有企业主要经营者及对其进行奖惩、激励的权力。与此相应，国家享有投入资产保值、增值的利益，同时也承担与其投资相应的有限责任。在具体业务上，国家作为投资者对国有企业享有以下财务权限：制定资金使用制度；审批财务预算；审批重大投资、筹资、收益分配方案；制定成本费用制度；规定利润目标；监督财务预算和各项财务制度的执行；考评和奖惩经营者，等等。

为了适应建立现代企业制度的需要，规范企业国有资本与财务管理行为，财政部于2001年制定并颁布了《企业国有资本与财务管理暂行办法》。该办法明确规定，财政部负责制定国家统一的企业国有资本与财务管理的各项规章、制度。各级主管财政机关具有以下职责：①核定企业国有资本，监管国有资本变动事宜；②参与企业制度改革，负责国有股权管理；③组织清产核资和产权界定，办理国有资产产权登记；④负责国有资产产权纠纷的调解和处理；⑤指导财产评估业务，监管国有资产评估；⑥制定企业税后利润分配制度，监缴国有资本收益；⑦制定企业财务考核指标体系，组织国有资本营运绩效评价；⑧监管国有资本保值、增值情况，防止国有资产流失；⑨指导和督促企业建立、健全内部资本与财务管理办法；⑩各级政府授予行使的企业国有资本与财务管理的其他职责。

随着国有资产管理体制改革的深化，我国于2003年建立了国务院国有资产监督管理委员会（以下简称“国资委”）。根据组建方案的有关规定，国资委按照政企分开以及所有权和经营权分离的原则，依法履行出资人的职责，对企业的国有资产进行监管。2003年5月，国务院颁布了《企业国有资产监督管理暂行条例》；同年12月，国资委、财政部共同颁布了《企业国有产权转让管理暂行办法》；2005年以来，国资委又陆续颁布了《企业国有产权向管理层转让暂行规定》、《企业国有资产评估管理暂行办法》、《企业国有产权无偿划转管理暂行办法》等，这一系列法规、条例构成了国有产权管理的制度基础，也进一步规范了国有企业的财务管理行为。

与此同时，国家授权国有资产监管部门或国有资产经营公司，向国有企业派出董事会成员和监事会成员，参与企业重大财务问题的决策，以保证国家这个投资者意图的实现；派出监事会成员以监督董事会是否切实贯彻了国家的意图并监督企业财务行为的合法与合规。

（二）企业内部的财务管理权限的划分

公司制企业是现代企业制度的典型形式。公司制企业的组织结构一般由股东大会、董事会与经理层构成，这三个不同层次的利益主体和经济行为主体都将参与企业的财务管理。这三个层次的财务管理的权限如下：

1. 股东大会

股东大会着眼于企业的长远发展和主要目标，实施重大的财务战略，进行重大的财务决策。其权限包括：决定公司的经营方针和投资计划；审议批准年度财务预算、财务决策；审议批准利润分配方案或亏损弥补方案；对公司增加或者减少注册资本作出决定；对发行公司债券作出决定；对公司合并、分立、解散和清算作出决定等。

2. 董事会

董事会着眼于企业的中、长期发展，实施具体的财务战略，进行财务决策。其权限包括：制订公司的经营计划和投资计划；制订年度财务预算方案、决策方案；制订利润分配方案和亏损弥补方案；制订增加或者减少注册资本的方案；制订发行公司债券的方案；拟订公司合并、分立、解散和清算的方案；决定公司内部财务管理机构的设置；聘任或者解聘经理和财务负责人等。

3. 经理层

经理层对董事会负责，着眼于企业短期经营行为，执行财务战略，进行财务控制。其权限包括：组织实施公司年度经营计划和投资方案；组织实施年度财务预算方案；组织实施利润分配方案或者亏损弥补方案；组织实施增加或者减少资本的方案；组织实施发展公司债券的方案；组织实施公司合并、分立、解散和清算的方案；拟订公司内部财务管理机构设置方案；提请聘任或者解聘经理和财务负责人，聘任或者解聘财务管理人员等。

四、财务人员的素质与职业道德

（一）对财务人员专业理论知识的要求

财务管理是对财务主体的筹资、投资、用资和收益分配等一系列资金运动、资本运作的管理，是专业性与技巧性都很强的业务管理活动，财务管理人才的知识结构必须适应在复杂的财务环境中从事财务管理活动的要求。为此，财务人员应具备以下四个方面的知识：

1. 金融经济学方面的知识

从事理财工作的人员应具备良好的金融经济学背景，对宏观金融经济学和微观金融经济学有较好的掌握。包括对基本金融理论、货币银行、证券投资、金融市场、金融工程等知识的了解，以使财务人员掌握金融活动的一般规律。熟悉金融市场的构成要素、特点和运行规律，能够利用各种融资工具进行融资；了解证券产品的发展和掌握证券投资的各种技能；了解金融创新尤其是衍生金融工具创新的动向，并具有一定的金融创新能力。

2. 管理学方面的知识

企业财务管理属于工商管理的范畴，这就要求财务管理人员对管理的一般理论与方法有较好的理解与掌握。要掌握管理学基本原理，了解工商企业、金融机构、政府部门、事业单位等组织的一般运行规律，掌握各种不同类型组织的特点和基本的管理原则。除了掌握一般的管理知识之外，还应重点掌握好企业战略管理和营运管理方面的知识。企业战略的实施与实现以及企业的正常营运都离不开财务的强有力的支持。因此，必须理解财务与企业战略和营运的密切关系。

3. 理财学方面的知识

财务管理人员必须熟悉从资金市场和资本市场获取资金的方式和方法，了解资本结构与融资成本的关系；掌握以较少的营运资金确保企业有效运作的知识；具有进行长期固定资产投资项目的分析、决策以及降低企业财务风险的知识等；掌握企业财务预测、财务决策、财务预算、财务控制、财务分析以及财务绩效的评价程序和方法。同时，随着金融市场的国际化和跨国公司的迅速发展，财务人员还必须熟悉和掌握国际理财业务，包括国际资本市场融资、国际投资业务以及国际业务中的合理避税，等等。

4. 数理知识和计算机知识

在理财活动中，涉及的定量分析内容较多，特别是由于金融创新工具的大量出现，大部分金融创新工具都涉及较复杂的计算与定量分析。这就要求财务人员掌握金融创新工具和运用金融工具所必备的数理知识。与此同时，在科学技术迅猛发展的当今时代，计算机已成为财务管理人员最基本的工具之一。特别是随着网络时代的到来，迅速发展的互联网技术正日益打破财务人员传统的工作方式及管理方式。各种财务软件的广泛应用，不仅使得财务人员的工作效率得以提高，同时也使得过去手工不可能做到的事情，在瞬间得以完成。通过互联网进行支付、结算、查账、审计、理财等，已成为较为普遍的现象。这就要求财务人员要不断学习和掌握计算机与互联网的应用知识，努力跟上时代发展的步伐。

（二）对财务人员的能力要求

1. 业务能力

在现代市场经济条件下，企业对财务人员的业务能力有较高的要求。财务主管及以上层次的人员，若要在纷繁复杂的市场环境中发现机会，防范风险，立于不败之地，除了要掌握上述各专业理论知识外，还必须具备以下业务能力：①决策能力。在面对多种投资机会的情况下，企业财务人员，特别是财务主管，要有能力、有魄力地把握住较好的投资机会，从而为企业增加新的经济增长点。②风险识别及控制能力。许多投资项目表面上看起来可能有盈利，但实际上风险可能大于收益。此外，在企业经济活动中存在很多信息不对称的现象，财务人员必须具有敏锐的眼光和较强的洞察能力，能够识别项目的风险所在，并采取切实可行的预防措施。一旦出现将要导致投资项目亏损的状况，要采取果断措施，防止重大损失的发生。③业务创新能力。随着市场经济的迅速发展，企业面临许多新的发展机遇。这些发展机遇的获得，在很大程度上取决于企业能否具有资金的支持。这不仅要求财务人员要熟悉已有的各种理财工具，同时还必须具有较强的业务创新能力，不断创新理财工具，开拓新的融资渠道，以满足企业发展对资金的需要。

2. 人际沟通与协调能力

由于财务管理活动的规范性和财务制度执行的严肃性，可能导致单位内部有关部门和员工对财务工作产生误会、反感，对其工作不配合、不协作，有时甚至得罪单位领导。这就要求财务管理人员具有较强的沟通与协调能力，耐心、细致地做好解释、说服工作，做到既能保证国家和单位的财经制度得以贯彻执行，进而达到强化管理、降低费用、节约资金、提高单位经济效益的目的；又能够争取到领导与同事对自己工作的支持与理解，与领导和同事保持良好的合作关系。与此同时，企业的财务管理活动广泛地涉及企业外部单位部门的关系，争取社会各界（包括财政、工商、税务、银行、上级主管部门等）对本单位财务管理工作的重视、理解和支持，使本企业财务工作能在一个宽松的环境中进行，是财务管理部门工作的重要内容。这同样要求财务管理人员具有较强的沟通与协调能力，处理好与相关机构、部门的关系，为企业的财务管理工作营造一个良好的外部环境。

3. 学习能力

在经济全球化和知识经济日益发展的背景下，企业理财活动的内容、方法、工具已经远远超出了传统财务管理的范围，并且呈现出日新月异的发展趋势。财务人员必须具备较强的学习能力，积极参加在职教育，坚持自学，不断更新、补充专业知识，了解相关法律、法规的调整变化，提高自身的综合素质，不断创新工作方法，以适应新的工作模式和新的理财环境，保持自身的优势和竞争力。

（三）对财务人员的素质要求

1. 爱岗敬业

爱岗敬业是财务人员职业道德规范的首要前提。它要求财务人员要充分认识本职工作在本企业甚至整个经济社会中的地位和作用，珍惜自己的工作岗位，热爱本职工作，做到干一行爱一行，兢兢业业，一丝不苟；要求财务人员在工作中自觉、主动地履行岗位职责，正确处理责、权、利三者的关系；要求财务人员具有强烈的事业心、责任感和高度负责的精神，严格遵守财经法规和核算规程，杜绝玩忽职守、失职、渎职。偶尔发生失误，必须迅速查明原因，拿出对策，杜绝类似错误再度发生。

2. 熟悉财经法规和财经政策

熟悉财经法规和财经政策是财务人员职业道德规范的重要基础。财务工作是一项涉及利益相关者的经济利益的工作，为了正确处理与维护相关者的经济利益，要求财务人员必须熟悉财经方针政策和各种会计法律、法规与制度，确保财务处理的正确性。同时从记账方法、科目运用、账簿设置、核算规程、会计报告等方面确保会计处理的准确性和及时性，做到会计专业方法运用恰当、成本费用及损益核算准确、资产负债权益反映真实。

3. 依法办事，坚持原则

依法办事和坚持原则是财务人员职业道德规范的关键。财务工作涉及社会经济生活中的各种经济事项和各种人物，财务人员必须自觉遵守财经法规和会计制度，正确处理国家、集体和个人三者的利益关系，把好关口，依法理财，当一名合格的经济卫士。为此，要求财务人员必须具备高度的责任感，牢固树立财经法制意识，时刻保持头脑清醒，坚持原则，依法办事。

4. 实事求是，客观公正

实事求是和客观公正是财务人员职业道德规范的灵魂。财务工作是一项涉及人们的经济利益的工作，这就要求财务人员必须坚持用客观公正的原则来处理财务事项，这不仅是职业道德规范的要求，也是财务人员个人品德的体现，财务工作实践中经常出现的若干矛盾和问题大多与此有关。因此，作为掌握一定财权的“内当家”，财务人员必须正确行使自己的职权，必须强化自身品德修养和职业道德修养。

5. 诚实守信，保守秘密

在市场经济中，诚信是为人立足的根本，也是社会发展的根本。一个人、一个企业乃至一个社会，要想取得成功，必须以诚信为本。由于工作性质的特殊性，企业财务管理人员不仅要向企业内部和外部提供各种财务信息，而且还要与企业外部许多单位、部门或个人打交道，发生各种经济关系。财务人员在处理财务业务中，要坚守诚信原则，树立良好的诚信形象，这样不仅能够充分利用社会各种资源，为自己的工作带来诸多方便，也能为企业创造巨大的无形资产和良好的外部环境。许多成功的企业，都是在内、外部建立了良好的诚信关系，从而降低了交易成本和管理成本，提高了合作效率和工作效率，因此得以蓬勃发展。

财务人员一般了解企业的发展战略，掌握企业有关财务状况、经营成果等重要数据，其中许多属于企业的商业秘密。在市场竞争日益激烈的条件下，除了按照法律规定需要公开披露财务信息之外，财务人员必须对本单位有关成本资料和其他商业秘密严格保密，不得外传，以免给企业造成经济损失或对企业的长远发展造成影响。

第二节　企业财务管理的基本原则

财务管理的基本原则是企业理财活动必须遵循的基本准则。企业财务管理的基本原则是对企业理财实践的总结，经过实践检验证明，它是正确的、行之有效的行为规范。

一、资金合理配置原则

企业的资金在生产经营过程中表现为各种各样的经济资源，且各种经济资源之间存在着一定的比例关系。资金的合理配置，就是通过对资金运动的组织和调节来实现经济资源的最优配置。

企业经济资源的配置情况是通过资金结构表现出来的。从资金运动的静态来考察，企业存在各种各样的资金结构。从资金占用方面来看，企业的资金表现为各种形态的资产，这些资产可构成多种比例关系。这些关系包括：各种资产在资金总额中所占的比例；固定资产与非固定资产的比例；有形资产与无形资产的比例；货币资产与非货币资产的比例；各种存货在资产总额中的比例等。从资金来源方面看，有负债资金与权益资金的比例，长期负债与短期负债的比例等。

系统论认为，组成系统的各项要素的构成比例，是决定一个系统功能状况的最基本条件。在财务管理活动系统中，资金配置合理、资源构成比例适当，就能保证生产经营活动的顺利进行，并由此取得最佳的经济效益。如果资金配置不合理、资源构成比例不适当，就会危及供、产、销活动的协调，造成企业生产经营活动困难，甚至造成经营亏损。从资金来源看，资金结构不合理就有可能加大企业财务风险。

坚持资金合理配置原则，就是要遵循资金运动规律，在生产经营的各个阶段上，适时、适量地配置资金，以确保生产经营活动的顺利进行。同时，要正确处理权益资本和负债资本、长期负债与流动负债的比例关系，既要满足企业资金需要，降低企业的资金成本，又要控制企业的财务风险。

二、收支动态平衡原则

所谓收支动态平衡原则，是指企业的资金收入和资金支出要相互平衡。这种平衡不仅是在一定期间内总量上的平衡，而且在每一时点上也要协调。在生产经营过程中，企业的资金始终处于不断的循环与周转之中。要保证资金周转的顺利进行，不仅要做到在一定时期内资金总量的收支平衡，而且要做到在每一个时点上的收支平衡。如果某会计期间内的现金收入小于支出，必然会导致资金周转的停滞或中断；如果某会计期间收支总额平衡，但在某个时点上收支不平衡，同样也会妨碍资金周转的流畅性。

资金的收支平衡不能采用消极的方法来实现，如资金紧张，则压缩生产规模，或拖欠到期债务，这样做的结果会减少企业的收入，或是损害企业的信誉。因此，资金的收支平衡要采取积极的方法来实现。首先要通过生产高质量、适销对路的产品来扩大收入。增收的同时还要做到节支，在确保对创收有决定作用的支出的原则下，尽量节省开支，压缩费用。要做到资金的收支平衡，特别是某一时点的平衡，仅依靠企业自身的资金流量往往是不行的，必要时应从金融市场取得资源。而当企业出现短期闲置资金时，可进入资金市场进行短期投资，以获取更多的收益。

三、成本效益原则

所谓成本效益原则，是指对经济事项的所费与所得进行分析比较，以便在同等耗费的情况下，取得更多的收益，或使经济活动的收益与耗费的比率最大。企业财务管理的目标就是实现资本的增值，企业在财务管理活动中坚持成本效益原则，就是对企业生产经营活动中的得失进行反复权衡、比较分析，力求以较小的成本获取更大的收益。

成本效益原则应贯穿全部财务活动。例如，在进行投资决策时，必须对预计的项目投资额与预计的项目收益额进行对比分析；在筹资时，应进行资金成本率与资金利润率的对比分析；在生产经营活动中，应进行生产成本与销售收入的对比分析以及销售利润与期间费用的对比分析。企业在经济活动中所发生的一切成本、费用都是为了获取收益，都应该与其相联系的收入进行比较分析。坚持经常的成本与收益的科学分析，必将给企业带来良好的经济效益，或减少投资与生产经营中的风险。

四、利益关系协调原则

所谓利益关系协调原则，是指在企业财务管理中要利用经济手段协调国家、投资者、债权人、购销客户、经营者、员工、企业内部各部门之间的经济利益关系，维护有关各方的合法权益。在财务管理活动中，企业必然会与企业相关的单位、部门、个人发生经济利益关系，协调好这些经济利益关系，是实现理财目标必要的前提条件。

企业与各方面利益关系的协调基本上都是通过财务活动来实现的。对外应协调好的关系有：依法缴纳国家税收；对投资者要做到资本保全，并能合理地进行利润分配；对债权人要按时还本付息；在与往来单位发生经济关系时，要认真履行经济合同，维护双方利益。对内应协调好的关系有：企业应对内部各部门、各单位财务指标的完成情况进行认真考核，对完成好的要给予一定的奖励；切实贯彻按劳分配原则，要把职工的劳动报酬与劳动成果挂起钩来；对于企业的主要经营管理者，应实行包括年薪制在内的多种激励机制，把他们的经济收入与企业的经济效益紧密地联系起来。企业只有处理好各方面的经济利益关系，才能保证生产经营活动顺利、高效地进行。

五、风险与收益匹配原则

所谓风险与收益匹配原则，是指风险和收益之间存在一个对等关系，投资人必须对风险与收益作出权衡，或者为追求较高收益而承担较大风险，或者为减少风险接受较低的收益。所谓“对等关系”，是指高收益的投资机会必然伴随较大风险，而风险小的投资其收益也较小。

在财务管理中，之所以要强调风险与收益相匹配，主要是因为以下三个方面的原因：①财务管理的环境复杂多变，企业对许多风险缺乏完全的预测能力；②企业财务管理人员不可能完全控制风险，且在风险管理中可能会出现失误；③预先采取风险规避（如各种保险）措施，只对少数风险可行，多数风险要依靠企业自身的风险管理能力和风险承受能力。这种能力主要表现为企业盈利能力和已有的经济实力。因此，在风险管理中，要特别强调企业承担风险必须保持相应的收益能力，也就是说，收益能力要高于承担风险所造成的成本或损失。

贯彻财务管理风险与收益匹配原则的关键是防止冒过大风险，因为风险过大可能会造成企业财务危机。但是，企业若不敢冒风险便会失去很多投资机会，从而导致企业逐步失去长期发展的基础。这就要求企业财务管理人员进行投资项目的可行性分析时，应充分考虑可能出现的各种风险，在风险承受力允许的范围内把握好投资机会。

练习与案例

一、复习思考

1. 试述企业集团财务管理模式及其发展趋势。
2. 试分析企业内部财务管理权限划分的依据。
3. 如何理解企业财务管理的成本与效益原则？
4. 如何理解企业财务管理的风险与收益匹配原则？

二、案例分析

豫陆油田的“财务”与“会计”分设

豫陆油田在1995年年初实行资金集中管理——成立财务结算中心，取消了局单位在银行开设的上千个账户。财务结算中心在银行开户，局内外的各项结算业务均通过财务结算中心办理，实现了油田资金的集中管理。

1996年，基于财务与会计分设的理论，把局属单位原具有财务管理与会计核算双重职能的财务科一分为二。财务管理职能和人员仍留在局属各单位，成立计划财务科，负责本单位的财务管理工作；会计核算职能和人员（当初约1 200人）从局属各单位分离出来，成立会计核算中心，为油田直属事业单位，负责办理局属各单位的会计核算工作。

（一）财务管理工作的职责与内容

（1）组织编制、上报、控制执行财务预算，并对执行情况进行分析。

1993 年，豫陆油田开始实行财务预算管理制度。一是建立起了较完善的预算管理网络，自上而下设立了专门的预算管理机构。油田成立了预算管理委员会，负责全局财务预算的汇总、平衡和审批，局属各单位也相继成立了相应的预算管理委员会，具体办事机构设在计划财务科。二是建立了资金预算的标准模式和上下级报表关系。局属各单位每月度编报本单位全方位财务预算，从各生产单位的最基层编起，包括生产、技术、劳资、物资供应、营销、经营管理，不论从事哪方面的工作，只要花钱，就要编制预算，逐级汇总上报，上下结合，经过审查平衡并得到批复后执行。生产需要的必须纳入预算，纳入预算的必须按预算执行。各单位年度预算以生产任务、利润目标为依据测算，月度预算以年度预算为指导，各月度预算之和不能超过年度预算，月度预算经上一级预算委员会审批后，同时交财务结算中心、会计核算中心监督执行。三是建立了预算执行管理考核制度，将预算管理与执行情况直接与责任单位及责任人工资挂钩，使预算管理真正落实到实处。

各单位计划财务科组织编制、汇总本单位财务预算为事先算账，在具体执行过程中，由计划财务科进行事中控制。每月末，计划财务科将本单位本月预算执行情况写出分析报告，找出预算与实际执行的差距并分析原因，提出改进措施，交单位领导作为决策的依据。豫陆油田所属各单位的财务管理基本做到了事先预算、事中控制、事后分析，取得了较好的效果，体现了管理会计在企业中的应用。

(2) 负责本单位内部下属各单位财务、成本指标的分解，承包与考核，制定财务管理办法，控制成本支出。

(3) 负责本单位生产、建设资金的筹集，通过财务结算中心，具体办理与局属单位之间（局内部）以及与局外单位之间的资金结算工作。

(4) 负责本单位日常财务收支原始凭证的审查、监督，督促、控制本单位及下发单位财务预算的执行。

(5) 负责本单位计划、统计工作及其报表的编制与分析。

(6) 参与本单位经营决策的制定，为领导当好参谋。

（二）会计核算职责与内容

为防止会计核算人员在工作中“站得住的管不住、管得住的站不住”现象的发生，豫陆油田把所属各单位的会计核算人员从各单位分离出来，成立会计核算中心。该中心为局直属事业单位，业务是接受油田计划财务处指导，其职能是：代理会计核算、代表行政监督。其指导思想是：真实反映、强化监督、优质服务、科学管理。其主要工作就是为油田所属各单位（内部独立核算单位曾达到 300 多个）办理会计核算业务。会计核算人员的管理，工作任务的分配、考核、业务知识培训，技术职称，行政职务，党、团、工会活动以及各项政治、经济待遇，均由会计核算中心统一管理。会计核算人员与局属各单位的关系是服务与监督的关系：为其办理会计核算与分析业务，提供核算单位、分析资料及相关服务；行使会计监督职能。但具体会计核算单位人员的工作内容、工作对象、工作地点基本不变，保证工作的连续性和改革成本的最小化。

会计核算中心按局属各单位所处的地理位置不同，在百里油区设置了 15 个会计核算处，局属每个单位都有相对固定的核算处的核算科为其办理会计核算业务。

局属各单位在生产经营活动中取得的与会计核算有关的各种原始凭证，经单位计划财务科或单位领导审签确认后，交给为其办理会计核算业务的会计核算科，会计核算科根据该单位财务预算和有关规定审核无误后，分别办理有关现金报销、工资发放、汇款结算等手续，同时填制记账凭证、登记会计账簿、编制财务会计报告。对于金额相对固定的固定资产折旧、递延资产、低值易耗品摊销等费用，会计核算科每月自制原始凭证直接计入相关费用。

——改编自刘桂英，郝云莲. 财务管理案例实验教程（第二版）. 北京：经济科学出版社，2009

【分析与思考】

1. 根据豫陆油田的案例，分析财务与会计分设的必要性。

2. 财务与会计分设对会计核算工作有什么影响？

3. 豫陆油田的财会体制也涉及集权和分权的改革，请结合材料讨论集权和分权的利弊。

4. 根据外部环境和内部条件的变化，豫陆油田的财会体制以及“财务”和“会计”部门的职责将发生哪些变化？

第六章　货币时间价值

同等量的货币在不同的时点上，其价值量是不同的，即货币存在时间价值。货币的时间价值是企业财务管理中不可忽视的基本因素之一，它构成分析企业筹资、投资、利润分配等业务活动的技术基础。本章围绕货币时间价值原理展开，推导计算货币时间价值的公式，掌握将任一时点实际发生的现金流量转换为其他任一时点价值的方法。

第一节　货币时间价值的概念和意义

一、货币时间价值的概念

所谓货币时间价值（The Time Value of Money），是指一定量的货币资金随着时间的推移而增加的价值。众所周知，在商品经济条件下，即使不存在通货膨胀，等量货币资金在不同时点上的价值也不相等，今天的 100 元钱和将来的 100 元钱不等值，前者要比后者的经济价值大。例如，若银行存款年利率为 10%，将今天的 100 元钱存入银行，一年以后就会是 110 元。可见，经过一年时间，这 100 元钱发生了 10 元的增值，即今天的 100 元钱和一年后的 110 元钱等值。货币资金在使用过程中随时间的推移而发生的增值，即为货币的时间价值。

对货币存在时间价值这一经济现象，西方经济学家有种种解释。“节欲论”认为，时间价值是资本所有者不将资本用于生活消耗，即推迟个人消费所得的报酬；“时间利息论”认为，时间价值产生于人们对现有货币的评价，是价值时差的贴水；“流动偏好论”认为，时间价值是放弃流动偏好的报酬。不难看出，他们心目中的时间价值是货币资金所有者推迟现时的消费而要求得到的、按推迟时间长短计算的报酬。显然，这种解释既不全面也不确切，没有说明货币时间价值的实质和真正来源。如果说推迟消费便能得到报酬，则意味着货币资金所有者将钱闲置不用或埋入地下也能实现资金增值，这显然是不可能的。

马克思的劳动价值论认为，一切价值都是劳动创造的，节欲、等待、对货币资金主观评价以及货币资金本身都不会增大价值。也就是说，货币的时间价值，是劳动的产物，是货币资金所有者让渡资金使用权而参与社会财富分配的一种形式。

通常情况下，货币的时间价值被认为是没有风险和没有通货膨胀条件下的社会平均资金利润率，这是利润平均化规律作用的结果。货币时间价值的计算方法同有关利息的计算方法相同，因而时间价值与利率容易被混为一谈。实际上，财务管理活动总是或多或少地存在风险，而通货膨胀也是市场经济中客观存在的经济现象。因此，利率不仅包含货币时间价值，而且也包含风险价值和通货膨胀的因素。只有在购买国库券等风险极低的政府债券，且通货膨胀率很低的情况下，政府债券利率可视同货币时间价值。

二、货币时间价值的意义

货币时间价值是一个客观存在的经济范畴，是财务管理中必须考虑的重要因素。我国过去曾长期忽视货币时间价值理论的运用，资金使用效率低，给经济工作带来了许多危害。例如，国拨资金无偿使用，企业争投资、争设备，许多固定资产闲置，材料物资大量积压，流动资金占用过多；不少项目建设工期长，资金回收慢，投资效果差。我国自实行改革开放以来，社会主义市场经济广泛发展，逐步开放了各种资金市场，包括建立以国家银行为主的各种形式的金融机构，以银行信用为主，实行商业信用、国家信用和消费信用等多种信用方式，运用债券、股票、本票、商业票据等多种信用工具，货币借贷关系普遍存在。商品经济的高度发展和借贷关系的普遍存在正是货币时间价值产生的前提和基础。由此可见，我国不仅有货币时间价值存在的客观基础，而且也存在充分运用它的必要性。把货币时间价值引入财务管理中，在资金筹集、运用和分配等各方面考虑这一因素，对于提高筹资、投资等决策的科学性，提高企业财务管理整体水平是非常必要的。

第二节　普通终值与现值的计算

货币时间价值的计算有单利与复利两种方法。财务管理中多采用复利计算方法。为了全面了解货币时间价值的计算，本节先介绍单利计算法，然后再介绍复利计算法。

一、相关概念基础

（一）一次性收付款项

在某一特定时点上一次性支付（或收取），经过一段时间后再相应地一次性收取（或支付）的款项，即为一次性收付款项。这种性质的款项在日常生活中十分常见。例如，存入银行一笔现金 100 元，年利率为 10%，经过 3 年后一次性取出本利和 133.1 元。这里所涉及的收付款项就属于一次性收付款项。

（二）终值和现值

终值（Future Value）又称将来值，是指现在一定量现金在未来某一时点上的价值，俗称本利和。如上例中，3 年后的本利和 133.1 元即为终值。

现值（Present Value）又称本金，是指未来某一时点上的一定量现金折合成现在的价值。如上例中，3 年后的 133.1 元折合成现在的价值为 100 元，这 100 元即为现值。

（三）单利和复利

终值与现值的计算涉及利息计算方式的选择。目前有两种利息计算方式，即单利和复利。单利（Simple Interest）是指本金生息，利息不生息。复利（Compound Interest）

不同于单利，它是指在一定期间内（如一年），按一定利率将本金所生利息加入本金再计利息，即“利上滚利”，也就是说，它既涉及本金上的利息，也涉及利上所生的利息。现代财务管理中一般用复利方式计算终值与现值，因此也有人称一次性收付款的现值和终值为复利现值和复利终值。

二、单利终值和现值的计算

这里谈的单利终值和单利现值，是指普通单利终值与单利现值，即按单利计算的一次性收付款项的终值和现值。

（一）单利终值的计算

为便于同后面介绍的复利计算方式相比较，加深对复利的理解，这里先介绍单利的有关计算。为计算方便，先设定如下符号标示：I——利息；P——现值；F——终值；i——每一利息期的利率（或折现率）；n——计算利息的期数。

按照单利的计算法则，利息的计算公式为：

$$I = P \cdot i \cdot n$$

【例 6－1】某人持有一张带息票据，面额为 2 000 元，票面利率为 5%，出票日期为 8 月 12 日，到期日为 11 月 10 日，即期数为 90 天。则该持有者到期可得利息为：

$$I = 2\ 000 \times 5\% \times 90/360 = 25\ （元）$$

除非特别指明，在计算利息时，给出的利率均为年利率。对于不足一年的利息，以一年等于 360 天来折算。

单利终值的计算可依照如下公式：

$$F = P + P \cdot i \cdot n = P\ (1 + i \cdot n)$$

【例 6－2】设 P 为 100 元，i 为 10%，n 为 3，则单利方式下各期终值为：

$$F_1 = 100 \times\ (1 + 10\%)\ = 110\ （元）$$
$$F_2 = 100 \times\ (1 + 2 \times 10\%)\ = 120\ （元）$$
$$F_3 = 100 \times\ (1 + 3 \times 10\%)\ = 130\ （元）$$

可以看出，第一期的利息为 10 元，到第二期，利息是 10 元的 2 倍，即 20 元，也就是说，第二期的利息仍按原始本金 100 元计算，而不按第一期的本利和 110 元计算。

（二）单利现值的计算

单利现值的计算同单利终值的计算是互逆的，由终值计算现值称为折现。将单利终值计算公式变形，即得单利现值的计算公式为：

$$P = F/\ (1 + i \times n)$$

【例 6－3】某人希望在 5 年后取得本利和 1 000 元用以支付一笔款项。若在利率为 5%、单利计息的条件下，此人现在需存入银行多少钱？

$$P = 1\ 000/\ (1 + 5 \times 5\%)\ = 800\ （元）$$

三、复利终值和现值的计算

这里谈的复利终值和复利现值，是指普通复利终值与复利现值，即按复利计算的一次性收付款项的终值和现值。

（一）复利终值的计算

货币时间价值通常是按复利计算的，复利终值是指一定量的本金按复利计算若干期后的本利和。

【例6-4】某人将20 000元存于银行，年存款利率为6%，则一年的本利和为：

$$F=P+P\cdot i=P\cdot(1+i)=20\,000\times(1+6\%)=21\,200\text{（元）}$$

如此人并不提走现金，而是将21 200元继续存在银行，则第二年本利和为：

$$\begin{aligned}F&=P\cdot(1+i)\cdot(1+i)\\&=P\cdot(1+i)^2\\&=20\,000\times(1+6\%)^2\\&=22\,472\text{（元）}\end{aligned}$$

同理，第三年的本利和为：

$$\begin{aligned}F&=[P\cdot(1+i)^2]\cdot(1+i)\\&=P\cdot(1+i)^3\\&=20\,000\times(1+6\%)^3\\&\approx23\,820\text{（元）}\end{aligned}$$

第 n 年的本利和为：

$$F=P\cdot(1+i)^n$$

式中，$(1+i)^n$ 通常称为“一次性收付款项终值系数”，简称“复利终值系数”，记作（F/P，i，n）。如本例（F/P，6%，3）表示利率为6%、3期复利终值的系数。复利终值系数可以通过查阅“1元复利终值表”（见附表一）直接获得。

“1元复利终值表”的第一行是利率 i，第一列是计息期数 n，相应地，$(1+i)^n$ 在其纵横相交处。通过该表可查出，（F/P，6%，3）=1.191。即在时间价值为6%的情况下，现在的1元和3年后的1.191元在经济上是等效的，根据这个系数我们可以把现值换算成终值。

（二）复利现值的计算

复利现值是复利终值的逆运算，它是指在某一特定时间点收到或付出的一笔款项，按折现率（i）所计算的现在时点价值。其计算公式为：

$$P=F\cdot(1+i)^{-n}$$

式中，$(1+i)^{-n}$ 通常称作“一次性收付款项现值系数”，记作（P/F，i，n），可以通过查阅“1元复利现值表”（见附表二）直接获得。上式也可写作：

$$P=F\cdot(P/F,\ i,\ n)$$

【例6-5】某投资项目预计6年可获得收益800万元，按年利率（折现率）12%计算，问这笔收益现在的价值是多少？

$$
\begin{aligned}
P &= F\cdot(1+i)^{-n} = F\cdot(P/F,\ i,\ n)\\
&= 800\times(1+12\%)^{-6}\\
&= 800\times(P/F,\ 12\%,\ 6)\\
&= 800\times 0.5066\\
&= 405.28\ (\text{万元})
\end{aligned}
$$

第三节　年金终值与现值的计算

本章第二节介绍了一次性收付款项终值与现值的计算，即普通终值与现值的计算。在现实经济生活中，还存在一定时期内多次性收付款项，因此，也就存在着多次性收付款项的终值与现值的计算问题，即年金的终值与现值的计算问题。

一、年金及年金的种类

（一）年金的概念

凡在一定期间内，每隔相同时期（一年、半年、一季度等）收入或支出相等金额的款项，叫做年金（Annuity）。年金的形式多种多样，如保险费、折旧、租金、等额分期收款、等额分期付款以及零存整取或整存零取储蓄等，都属于年金问题。

（二）年金的种类

年金按其每次款项收付发生的时点不同，可分为普通年金（Ordinary Annuity）、预付年金（Prepaid Annuity）、递延年金（Deferred Annuity）及永续年金（Perpetual Annuity）等四种。

凡在每期期末收入或支出相等金额的款项，称之为普通年金，亦称后付年金。凡于每期期初收入或支出相等金额的款项，称为预付年金。凡第一次收入或支出相等金额的款项在第二期及以后某期期末发生的，称为递延年金。凡无限期持续收入或支出相等金额款项的，称为永续年金或终身年金（Life Annuity）。但不论哪种年金，都要建立在复利基础上，并都有终值和现值之分。

二、普通年金终值与现值的计算

（一）普通年金终值的计算

年金终值犹如零存整取的本利和，它是指在一定时期内每期期末收付款项的复利终值之和。其计算办法如图6-1所示：

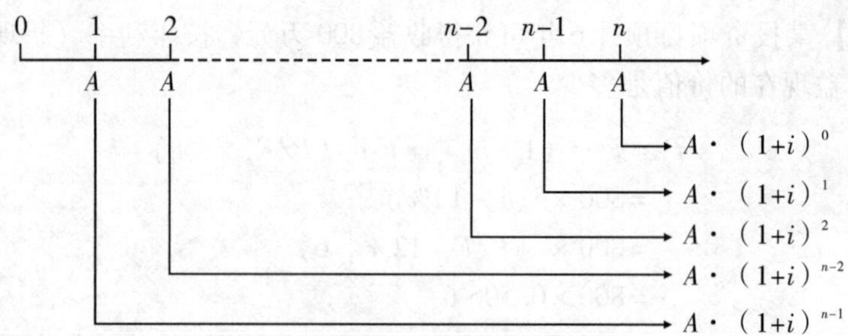

图6－1　普通年金终值计算示意图

由图6－1可知，年金终值的计算公式为：

$$F=A\cdot(1+i)^0+A\cdot(1+i)^1+A\cdot(1+i)^2+\cdots+A\cdot(1+i)^{n-2}+A\cdot(1+i)^{n-1} \quad (6-1)$$

将式（6－1）两边同时乘上（1＋i）得：

$$F\cdot(1+i)=A\cdot(1+i)^1+A\cdot(1+i)^2+A\cdot(1+i)^3+\cdots+A\cdot(1+i)^{n-1}+A\cdot(1+i)^n \quad (6-2)$$

将式（6－2）减去式（6－1），得：

$$F\cdot i=A\cdot(1+i)^n-A$$

$$F\cdot i=A\cdot[(1+i)^n-1]$$

$$F=A\cdot\frac{(1+i)^n-1}{i} \quad (6-3)$$

式（6－3）中，$\frac{(1+i)^n-1}{i}$被称作“年金终值系数”，记作（F/A，i，n），可通过查阅“1元年金终值表”（见附表三）直接获得。故式（6－3）也可写作：

$$F=A\cdot(F/A,\ i,\ n)$$

【例6－6】假设某项目在5年建设期内每年年末向银行借款100万元，借款年利率为10%，问该项目竣工时应付本息的总额是多少？

$$F=100\times\frac{(1+10\%)^5-1}{10\%}=100\times(F/A,\ 10\%,\ 5)=100\times6.1051=610.51\text{（万元）}$$

（二）年偿债基金的计算

年偿债基金是指为了在约定的未来某一时点清偿某笔债务或积聚一定数额的资金而必须分次等额提取的存款准备金。由于每次提取的等额准备金类似年金存款，因而同样可以获得按复利计算的利息，所以债务实际上等于年金终值，每年提取的偿债基金等于年金A。也就是说，年偿债基金的计算实际上是年金终值的逆运算。其计算公式为：

$$A=F\cdot\frac{i}{(1+i)^n-1} \quad (6-4)$$

式（6－4）中，$\frac{i}{(1+i)^n-1}$被称作“偿债基金系数”，记作（A/F，i，n），可通过年金终值系数的倒数推算出来。上式也可写作：

$$A=F\cdot(A/F, i, n),$$

或

$$A=F\cdot[1/(F/A, i, n)]$$

【例6－7】假设某企业有一笔4年后到期的借款，数额为1 000万元，为此设置年偿债基金，年利率为10%，到期一次还清借款，问每年年末应存入的金额是多少？

$$A=1\,000\times\frac{10\%}{(1+10\%)^4-1}\approx 1\,000\times 0.215\,5=215.5\text{（万元）}$$

或

$$\begin{aligned}A&=1\,000\times[1/(F/A, 10\%, 4)]\\&=1\,000\times[1/4.641\,0]\\&\approx 215.5\text{（万元）}\end{aligned}$$

（三）普通年金现值的计算

年金现值是指在一定时期内每期期末收付款项的复利现值之和。其计算办法如图6－2所示：

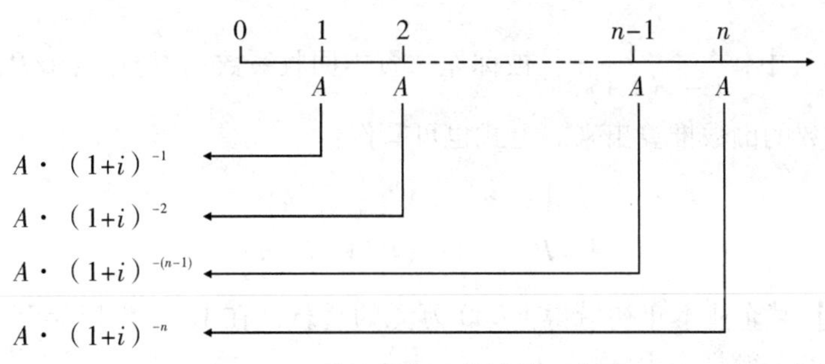

图6－2　普通年金现值计算示意图

由图6－2可知，年金现值的计算公式为：

$$P=A\cdot(1+i)^{-1}+A\cdot(1+i)^{-2}+\cdots+A\cdot(1+i)^{-(n-1)}+A\cdot(1+i)^{-n} \quad (6-5)$$

将式（6－5）两边同时乘上（1＋i）得：

$$P\cdot(1+i)=A+A\cdot(1+i)^{-1}+\cdots+A\cdot(1+i)^{-(n-2)}+A\cdot(1+i)^{-(n-1)} \quad (6-6)$$

将式（6－6）减去式（6－5）得：

$$P\cdot i=A-A\cdot(1+i)^{-n}$$

$$P\cdot i=A\cdot[1-(1+i)^{-n}]$$

$$P=A\cdot\frac{1-(1+i)^{-n}}{i} \quad (6-7)$$

式（6-7）中，$\frac{1-(1+i)^{-n}}{i}$被称作"年金现值系数"，记作（P/A，i，n），可通过查阅"1元年金现值表"（见附表四）直接获得。上式也可以写作：

$$P=A\cdot(P/A,\ i,\ n)$$

【例6-8】某公司租入一台设备，每年年末需要支付租金12 000元，年利率为10%，问5年内该公司应支付的租金总额的现值是多少？

$$\begin{aligned}P&=12\ 000\times\frac{1-(1+10\%)^{-5}}{10\%}\\&=12\ 000\times(P/A,\ 10\%,\ 5)\\&=12\ 000\times3.790\ 8\\&\approx45\ 490\text{（元）}\end{aligned}$$

（四）年资本回收额的计算

资本回收是指在给定的年限内等额回收初始投入的资本或清偿所欠的债务。年资本回收额是年金现值的逆运算。其计算公式为：

$$A=P\cdot\frac{i}{1-(1+i)^{-n}} \tag{6-8}$$

式（6-8）中，$\frac{i}{1-(1+i)^{-n}}$被称作"资本回收系数"，记作（A/P，i，n），可通过年金现值系数的倒数推算出来。上式也可写作：

$$A=P\cdot(A/P,\ i,\ n)$$

或

$$A=P\cdot[1/(P/A,\ i,\ n)]$$

【例6-9】某企业本年初借得1 000万元的贷款，在10年内以年利率12%等额偿还，每年应付的金额是多少？

$$A=1\ 000\times\frac{12\%}{1-(1+12\%)^{-10}}\approx1\ 000\times0.177\ 0=177\text{（万元）}$$

或　$A=1\ 000\times[1/(P/A,\ 12\%,\ 10)]\approx1\ 000\times[1/5.650\ 2]=177$（万元）

三、预付年金终值与现值的计算

（一）预付年金终值的计算

预付年金的终值是其最后一期期末时的本利和，即各期收付款项的复利终值之和。

预付年金与普通年金的区别仅在于付款的时间不同。n期预付年金终值与n期普通年金的区别可以用图6-3加以说明。

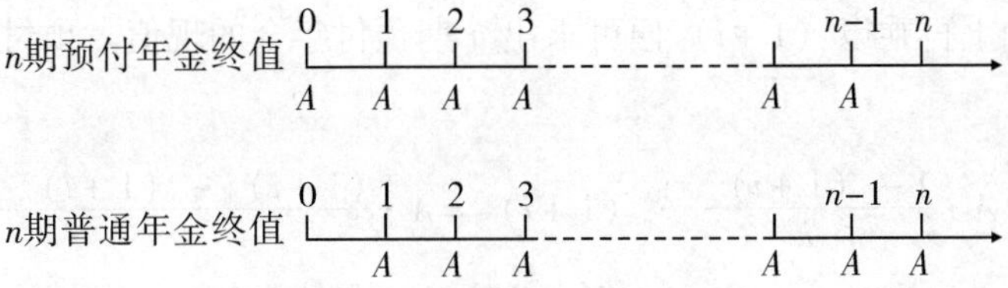

n期预付年金终值　0　1　2　3　……　n-1　n
A　A　A　A　……　A　A

n期普通年金终值　0　1　2　3　……　n-1　n
A　A　A　……　A　A　A

图 6-3　年金终值比较示意图

从图 6-3 可以看出，n 期预付年金与 n 期普通年金的付款次数相同，但由于其付款时间不同，n 期预付年金终值比 n 期普通年金的终值多计算一期利息。因此，在 n 期普通年金终值的基础上再乘以（$1+i$）便可求出 n 期预付年金的终值。预付年金终值的计算公式如下：

$$F = A \cdot \frac{(1+i)^n - 1}{i} \cdot (1+i) = A \cdot \frac{(1+i)^{n+1} - (1+i)}{i}$$

$$F = A \cdot \left[\frac{(1+i)^{n+1} - 1}{i} - 1\right] \tag{6-9}$$

式（6-9）中，$\frac{(1+i)^{n+1}}{i} - 1$ 被称作“预付年金终值系数”，它是在普通年金终值系数的基础上，期数加 1、系数减 1 所得的结果。通常记作 [（F/A，i，$n+1$）-1]。这样，通过查阅“一元年金终值表”得（$n+1$）期的普通年金的终值后，减去 A 便可得出对应的预付年金系数的终值。预付年金的终值计算公式也可以写作：

$$F = A \cdot [(F/A, i, n+1) - 1]$$

【例 6-10】某公司决定连续 5 年于每年年初存入 100 万元作为住房基金，银行存款利率为 10%。则该公司在第 5 年年末能一次取出本利和多少钱？

$$\begin{aligned} F &= A \cdot [(F/A, i, n+1) - 1] \\ &= 100 \times [(F/A, 10\%, 6) - 1] \\ &= 100 \times (7.7156 - 1) \approx 672 \text{（万元）} \end{aligned}$$

（二）预付年金现值的计算

n 期预付年金现值与 n 期普通年金现值之间的关系可用图 6-4 加以说明。

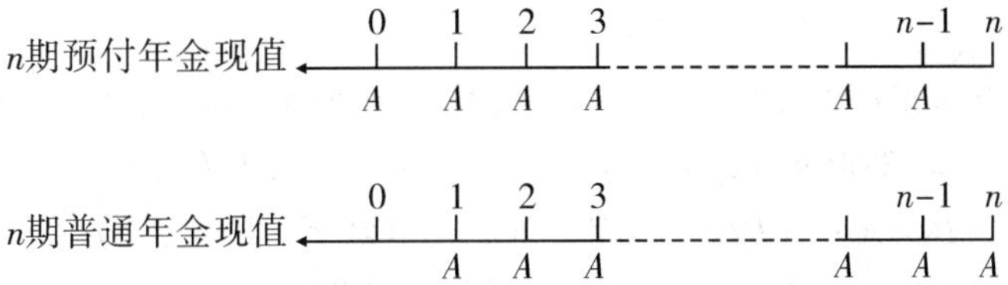

n期预付年金现值　0　1　2　3　……　n-1　n
A　A　A　A　……　A　A

n期普通年金现值　0　1　2　3　……　n-1　n
A　A　A　……　A　A　A

图 6-4　年金现值比较示意图

从图 6-4 可以看出，n 期预付年金现值与 n 期普通年金现值的期限相同，但由于付款时间不同，n 期预付年金现值比 n 期普通年金现值多折现一期。因此，在 n 期普通年金现值的基础上再乘以（1+i）便可求出 n 期预付年金的现值。预付年金现值的计算公式如下：

$$P=A\cdot\frac{1-(1+i)^{-n}}{i}\cdot(1+i)=A\cdot\frac{(1+i)-(1+i)^{-(n-1)}}{i}$$

$$P=A\cdot\left[\frac{1-(1+i)^{-(n-1)}}{i}+1\right] \quad (6-10)$$

式（6-10）中，$\frac{1-(1+i)^{-(n-1)}}{i}+1$ 被称作“预付年金现值系数”，它是在普通年金现值系数的基础上，期数减1、系数加1所得的结果。通常记作（P/A，i，$n-1$）+1。这样，通过查阅“一元年金现值表”得（$n-1$）期的普通年金现值后，加上 A 便可得出对应的预付年金的现值。预付年金的现值的计算公式也可以写作：

$$P=A\cdot[(P/A,\ i,\ n-1)+1]$$

四、递延年金和永续年金现值的计算

（一）递延年金现值的计算

递延年金是普通年金的特殊形式，凡不是从第一期开始的普通年金都是递延年金。递延年金的现值是自若干时期后开始收付款项的各期款项的现值之和，其计算公式为：

$$P=A\cdot\left[\frac{1-(1+i)^{-(m+n)}}{i}-\frac{1-(1+i)^{-m}}{i}\right]$$

$$=A\cdot[(P/A,\ i,\ m+n)-(P/A,\ i,\ m)] \quad (6-11)$$

或

$$P=A\cdot\frac{1-(1+i)^{-n}}{i}\cdot(1+i)^{-m}$$

$$=A\cdot(P/A,\ i,\ n)\cdot(P/F,\ i,\ m) \quad (6-12)$$

式（6-11）是先计算出 $m+n$ 期的普通年金现值，然后减去前 m 期的普通年金现值，即得递延年金的现值；式（6-12）是先将此递延年金视为 n 期普通年金，求出在第 $m+1$ 期期初的现值，然后再折算到第一期期初。

【例6-11】某人拟在年初存入一笔资金，以便能在第6年年末起每年取出1 000元，至第10年年末取完。在银行存款利率为10%的情况下，此人应在最初一次存入银行多少钱？

$$P=A\cdot[(P/A,\ 10\%,\ 10)-(P/A,\ 10\%,\ 5)]$$

$$=1\ 000\times(6.144\ 6-3.790\ 8)\approx 2\ 354\ (元)$$

或

$$P=A\cdot(P/A,\ 10\%,\ 5)\cdot(P/F,\ 10\%,\ 5)$$

$$=1\ 000\times 3.790\ 8\times 0.620\ 9\approx 2\ 354\ (元)$$

（二）永续年金现值的计算

永续年金也可视为普通年金的一种特殊形式，即期限趋于无穷的普通年金。存本取息可视为永续年金的典型事例。此外，也可将利率较高、持续期限较长的年金视同永续年金计算。

由于永续年金持续期无限，没有终止的时间，因此没有终值，只有现值。通过普通年金现值计算可推导出永续年金现值的计算公式为：

$$P = A/i \tag{6-13}$$

【例6-12】某人持有某公司优先股，每年每股股利为2元，若此人想长期持有，在利率为10%的情况下，请对该项股票投资进行估价。

这是一个求永续年金现值的问题，在假设该优先股每年股利固定且长期持有时，计算出其股利的现值之和，即为该股票的估价。

$$P = A/i = 2/10\% = 20\text{（元）}$$

第四节　折现率、期间和利率的推算

企业进行筹资或投资决策，有时需要推算折现率和投资期间，或需要进行名义利率与实际利率的换算。本节将对此作简要说明。

一、折现率（利息率）的推算

前面的现值和终值的计算，使用的利息率或折现率是给定的，但在财务管理中，经常会遇到已知计息期数、终值和现值，求贴现率的问题。一般来说，求贴现率可分为两步：第一步是求出换算系数，第二步是根据换算系数和有关系数表求贴现率。

对于一次性收付款项，根据其复利终值（或现值）的计算公式可得折现率的计算公式为：

$$i = (F/P)^{1/n} - 1 \tag{6-14}$$

因此，若已知 F、P、n，不用查表便可直接计算出一次性收付款项的折现率（利息率）i。

永续年金折现率（利息率）i 的计算也很方便。若 P、A 已知，则根据公式 $P = A/i$，变形即得 i 的计算公式为：

$$i = A/P \tag{6-15}$$

普通年金折现率（利息率）的推算则比较复杂，无法直接套用公式，必须利用有关的系数表计算，有时还要运用内插法来计算。具体推算方法如下：

普通年金终值 F、现值 P 的计算公式分别为：

$$F = A \cdot (F/A,\ i,\ n) \tag{6-16}$$

$$P = A \cdot (P/A,\ i,\ n) \tag{6-17}$$

将式（6-16）、（6-17）变形得相应的式（6-18）、（6-19）

$$F/A = (F/A, i, n) \tag{6-18}$$

$$P/A = (P/A, i, n) \tag{6-19}$$

从式（6－18）、（6－19）可看出，两式右边分别为普通年金终值系数和普通年金现值系数。若 F、A、n 已知，则可利用式（6－18），查普通年金终值系数表，找出系数值为 F/A 对应的 i 即可；若 P、A、n 已知，则可利用式（6－19），查普通年金现值系数表，找出系数值为 P/A 对应的 i 即可。若找不到完全对应的 i，则可运用内插法求得。

可见，利用式（6－18）或式（6－19）求 i 的基本原理和步骤是一致的。现以式（6－19）为例，即已知 P、A、n，说明求 i 的基本方法。

若 P、A、n 已知，可按以下步骤推算 i：

（1）计算出 P/A 的值，假设 $P/A=a$。

（2）查普通年金现值系数表。沿着已知 n 所在的行纵向查找，若恰好能找到某一系数值等于 a，则该系数值所在的行相对应的利率便为所求的 i 值。

（3）若无法找到恰好等于 a 的系数值，就应在表中 n 行上找与 a 最接近的两个上下临界系数值（设为 β_1、β_2，$\beta_1>a>\beta_2$ 或 $\beta_1<a<\beta_2$）以及对应的临界利率（设为 i_1、i_2）。读出 β_1、β_2 所对应的临界利率，然后进一步运用内插法。

（4）在内插法下，假定利率 i 同相关的系数在较小范围内线性相关，因而可根据临界系数 β_1、β_2 和临界利率 i_1、i_2 计算出 i，其计算公式为：

$$i = i_1 + \frac{\beta_1 - a}{\beta_1 - \beta_2} \cdot (i_2 - i_1) \tag{6-20}$$

【例 6－13】某公司一项目的年初始投资为 20 000 元，预计每年年末可得净现金流量为 4 000 元，连续 9 年。问该项目投资报酬率为多少？

根据题意，已知 $P=20\ 000$，$A=4\ 000$，$n=9$，则：

$$P/A = 20\ 000/4\ 000 = 5 = a$$

即

$$a = 5 = (P/A, i, 9)$$

查 $n=9$ 的普通年金现值系数表。在 $n=9$ 一行上无法找到恰好为 a（$a=5$）的系数值，于是找大于和小于 5 的临界系数值，分别为：$\beta_1=5.328\ 2>5$，$\beta_2=4.916\ 4<5$。同时读出临界利率为 $i_1=12\%$，$i_2=14\%$。则：

$$\begin{aligned} i &= i_1 + \frac{\beta_1 - a}{\beta_1 - \beta_2} \cdot (i_2 - i_1) \\ &= 12\% + \frac{5.328\ 2 - 5}{5.328\ 2 - 4.916\ 4} \times (14\% - 12\%) \\ &\approx 13.59\% \end{aligned}$$

按照上述方法，若利用式（6－18），则计算出 F/A 的值，设为 a，然后查普通年金终值系数表求 i。

对于一次性收付款项，若应用查表法求 i，可先计算出 F/P 的值，设其为 a，然后查复利终值系数表；或先计算出 P/F 的值，设其为 a，然后查复利现值系数表。

对于预付年金利率 i 的推算，同样可遵照上述方法。先求出 F/A 的值，令 $a=F/A+1$，然后沿（$n+1$）所在的行纵向在普通年金终值系数表中查找，若恰好找到等于 a，则该系数值所在列所对应的利率便为所求的 i；否则便查找临界系数值和对应的临界利率，应用内插法求出利率 i。

二、期间的推算

在财务管理实务中，除需要进行折现率的推算外，有时还会遇到已知折现率、终值和现值，求期间数的问题。

期间 n 的推算，其原理和步骤同折现率（利息率）i 的推算是一样的。现以普通年金为例，说明在 P、A 和 i 已知的情况下，推算期间 n 的基本步骤。

（1）计算出 P/A，假设 $P/A=a$。

（2）查普通年金现值系数表。沿着已知 i 所在列横向查找，若能找到恰好等于 a 的系数值，则其对应的 a 值即为所求的期间值。

（3）若找不到恰好为 a 的系数值，则查找最为接近 a 值的左右临界系数（设为 β_1、β_2）以及对应的临界期间（设为 n_1、n_2），然后应用内插法求 n。计算公式为：

$$n=n_1+\frac{\beta_1-a}{\beta_1-\beta_2}\cdot(n_2-n_1) \tag{6-21}$$

【例 6-14】某小企业拟购买一台柴油机以更新目前使用的汽油机。柴油机价格较汽油机高出 2 000 元，但每年可节约燃料费用 500 元。若利率为 10%，则柴油机应至少使用多少年企业才有更新设备的必要？

依题意，已知 $P=2\ 000$，$A=500$，$i=10\%$，则：

$$P/A=2\ 000/500=4=a$$

即
$$(P/A,\ 10\%,\ n)=a=4$$

查普通年金现值系数表。在 $i=10\%$ 的列上横向查找，无法找到恰好为 a（$a=4$）的系数值，于是查找大于和小于 4 的临界系数值有 $\beta_1=4.355\ 3>4$、$\beta_2=3.790\ 8<4$，对应的临界期间为 $n_1=6$、$n_2=5$。则：

$$\begin{aligned} n&=n_1+\frac{\beta_1-a}{\beta_1-\beta_2}\cdot(n_2-n_1)\\ &=6+\left(\frac{4.355\ 3-4}{4.355\ 3-3.790\ 8}\right)\times(5-6)\\ &\approx 5.4\text{（年）}\end{aligned}$$

三、名义利率与实际利率的换算

前面有关终值与现值计算所采用的利率均为年利率，每年复利一次。但实际上，复利的计息期间不一定是一年，有可能是季度、月份或日。比如某些债券半年计息一次；

有的抵押贷款每月计息一次；银行之间拆借资金每天计息一次。一年的复利次数若超过一次时，这样的年利率叫做名义利率，一年只复利一次的利率称为实际利率。

当名义利率与实际利率不同时，可采用以下两种方法计算时间价值。

第一种方法是按如下公式将名义利率调整为实际利率，然后按实际利率计算时间价值。

$$i = (1 + r/m)^m - 1 \tag{6-22}$$

式（6－22）中，i——实际利率；r——名义利率；m——每年复利次数。

【例 6－15】某企业于年初存入 10 万元，在年利率为 10%，半年计息一次的情况下，到第 10 年年末，该企业可得本利和是多少？

依题意，$P=10$，$r=10\%$，$m=2$，$n=10$，

则

$$\begin{aligned} i &= (1 + r/m)^m - 1 \\ &= (1 + 10\%/2)^2 - 1 \\ &= 10.25\% \\ F &= P \cdot (1 + i)^n \\ &= 10 \times (1 + 10.25\%)^{10} \\ &\approx 26.53\ (\text{万元}) \end{aligned}$$

即企业第 10 年年末可得本利和为 26.53 万元。

这种方法的缺点是调整后的实际利率往往带有小数点，不便于查表。

第二种方法是不计算实际利率，而是同时相应调整利率和期间，即利率变为 r/m，期间相应变为 $m \cdot n$。

【例 6－16】利用上例中的有关数据，用第二种方法计算本利和为：

$$\begin{aligned} F &= P\ (1 + r/m)^{m \cdot n} \\ &= 10 \times (1 + 10\%/2)^{2 \times 10} \\ &= 10 \times (F/P,\ 5\%,\ 20) \\ &\approx 26.53\ (\text{万元}) \end{aligned}$$

练习与案例

一、复习思考

1. 什么是资金时间价值？
2. 什么是年金？它是怎样分类的？
3. 名义利率与实际利率有何不同？

二、计算分析

1. W 公司总经理林盛曾预测其女儿（目前正读高中一年级）三年后能够顺利考上北京大学计算机专业，届时需要一笔学费，预计为 3 万元。他问会计张红：如果按目前存款年利率 4% 给女儿存上一笔钱，以备其上大学之需，现在要一次存入多少钱？

2. W 公司四年后将有一笔贷款到期，需一次性偿还 2 000 万元，为此，W 公司拟设

置偿债基金，银行存款年利率为6%。计算W公司每年年末应存入的偿债基金数额。

3. W公司有一个产品开发项目，需一次性投入资金1 000万元，该公司目前的投资收益率水平为15%，当年投产，当年见效益，产品生命周期预计为10年。分析该产品开发项目平均每年至少创造多少收益，经济上才可行。

4. W公司拟购买一台柴油机，以更新目前的汽油机。柴油机价格较汽油机高出4 000元，每年可节约燃料费用1 000元。问：

（1）当W公司必要收益率要求为10%时，柴油机应至少使用多少年，对企业而言才有利？

（2）假设该柴油机最多能使用5年，则必要收益率应达到多少时，对企业而言才有利？

5. 甲公司拟向乙公司处置一处房产，甲公司向乙公司提出两种付款方案：

（1）从现在起，每年年初支付10万元，连续支付25次，共250万；

（2）从第5年开始，每年年末支付30万元，连续支付10次，共300万元。

假设乙公司的资金成本率（即最低报酬率）为8%，你认为乙公司应选择哪种付款方案？

6. 中共中央关于党的十六届全国代表大会上提出，21世纪初的奋斗目标是：到2020年，中国国内生产总值（GDP）要较2000年翻两番。问：

（1）要实现翻两番的目标，我国GDP每年的增长速度至少应达到多少？

（2）你认为这一目标可能实现吗？为什么？

三、案例分析

拿破仑给法国带来的尴尬

1797年3月，拿破仑在卢森堡第一国立小学演讲时说了这样一番话：“为了答谢贵校对我，尤其是对我夫人约瑟芬的盛情款待，我不仅今天呈上一束玫瑰花，并且在未来的日子里，只要我们法兰西存在一天，每年的今天我将亲自派人送给贵校一束价值相等的玫瑰花，作为法兰西与卢森堡友谊的象征。”

时过境迁，拿破仑穷于应付连绵的战争和此起彼伏的政治事件，最终惨败而流放到圣赫勒拿岛，把卢森堡的诺言忘得一干二净。可卢森堡这个小国对这位“欧洲巨人与卢森堡孩子亲切、和谐相处的一刻”念念不忘，并载入他们的史册。1984年年底，卢森堡旧事重提，向法国提出违背“赠送玫瑰花”诺言案的索赔：要么从1797年起，用3路易作为一束玫瑰花的本金，以5厘复利（即利滚利）计息全部清偿这笔玫瑰案；要么法国政府在法国各大报刊上公开承认拿破仑是个言而无信的小人。

起初，法国政府准备不惜重金赎回拿破仑的声誉，却又被电脑算出的数字惊呆了：原本3路易的许诺，本息竟高达1 375 596法郎。经冥思苦想，法国政府斟词酌句的答复是：“以后，无论在精神上还是物质上，法国将始终不渝地对卢森堡大公国的中小学教育事业予以支持与赞助，来兑现我们的拿破仑将军那一诺千金的玫瑰花信誉。”这一措辞最终得到了卢森堡人民的谅解。

——摘自《读者》2000年第17期

【分析与思考】

1. 为何原本 3 路易的许诺，后来的赎回代价竟然高达 1 375 596 法郎？
2. 上述案例中的赎回代价是怎么被计算出来的？

第七章 风险分析

风险是财务管理中除货币时间价值外另一个不可忽视的重要因素。风险与收益形影相随，高收益则高风险，低风险则低收益。如何在收益与风险之间寻找最佳位置，是企业财务管理永恒的课题。对收益和风险进行量化、比较和分析，是企业投资决策分析的重要技术基础，亦是企业投资决策过程中必不可少的步骤之一。

第一节 风险的含义与种类

货币时间价值是指排除通货膨胀及风险影响下的投资报酬率，这种价值是每个企业在正常情况下都可以取得的，而风险报酬却并不是每个企业都能取得的。因此，企业财务管理人员还必须树立风险报酬观念。

一、风险的含义

（一）风险的定义

一般来说，风险是指某一行动的结果具有多样性。从财务角度来看，风险是指某一财务事项的预期权益的不确定性。风险是客观存在、不以人的意志为转移的。风险的客观性基于两个原因：一是信息不充分。管理者在决策时，或者由于取得信息的成本过高，或者因为有些信息根本无法取得，致使其对许多情况不甚了解，从而导致了决策的风险。二是决策者不能控制事物的未来状况。例如，国家宏观经济政策的变化、市场供求关系的变化以及供应单位或购买单位违约等都是决策者无法控制的因素，这些因素的存在客观上使风险不可避免。

（二）风险与不确定性

由风险的定义可知，风险通常与不确定性相关。如果某一行动的结果是确定的，就意味着没有风险；如果结果是不确定的，就说明存在着风险。然而，严格地讲，风险和不确定性是有区别的。风险是事先可以知道某一行动所有可能的结果以及每一种结果出现的概率。例如，掷硬币的游戏，我们事先知道硬币落地时有正面朝上和反面朝上两种结果，而且知道每种结果出现的可能性各占一半。不确定性是事先不知道某一行动所有可能的结果，或者虽然知道所有可能的结果但并不知道它们出现的概率。例如，购买股票时，投资者不知道将来可能达到的报酬率，更不知道每一种报酬率出现的概率。在风险分析实务中，风险和不确定性很难严格区分。当人们面临不确定性时，不得不依靠直觉判断设想几种可能性并给出主观概率，使不确定性问题转化为风险问题。正因为如此，企业的财务决策通常分为以下三种类型：

1. 确定型决策

确定型决策是指未来的结果可以确定的决策。如投资者按照某种国库券事先规定的票面收益率 5% 予以购买，则所持国库券到期后就一定能得到 5% 的投资收益率。确定型投资决策几乎没有风险，投资者对这种类型的投资较容易决策。由于没有风险，投资收益率也比较低。

2. 风险型决策

风险型决策是指未来的结果不确定，但出现的概率的具体分布是已知的或可以估计的决策。如企业投资购买某上市公司的股票，根据各种资料分析，该股票在经济景气时，投资者可获得 25% 的投资收益率，而出现经济景气的概率为 30%。在证券市场处于一般状况时，投资者可得到 12% 的收益率回报，市场出现一般状况的概率为 50%；而在证券市场不景气时，其投资收益率在 4% 左右，市场不景气出现的概率为 20%。

3. 不确定型决策

不确定型决策是指未来结果不仅完全不能确定，而且每种可能结果出现的概率也不可估计的决策。如投资于某种地下矿藏资源的开发，不仅不能估计其开发产量，而且连是否能找到各种矿藏也不清楚。在财务决策中，将风险型决策和不确定型决策合并为风险型决策。因此，风险也可理解为概率的不确定性。

（三）风险报酬

风险报酬是指投资者因冒风险进行投资而要求的、超过货币时间价值的那部分额外报酬。投资的风险报酬有两种表现形式：风险报酬额与风险报酬率。风险报酬率是风险报酬额与投资额的比率，反映单位投资的风险报酬能力。财务管理中一般是以风险报酬率这一指标来反映风险报酬的。所以，期望投资报酬率等于货币时间价值（无风险报酬率）加风险报酬率。无风险报酬率是指在无风险、无通货膨胀的情况下的投资报酬率。

二、风险的种类

风险广泛存在于财务管理的各项活动中，按业务的性质分，有筹资风险、投资风险和收益分配风险等。

1. 筹资风险

筹资风险是指企业在筹集资本过程中所具有的不确定性。筹资风险与筹资时间、筹资数量和筹资方式密切相关。从筹资时间看，筹资的时间越长，不确定性因素就越多，筹资的风险也就越大，因此，长期筹资的风险总是大于短期筹资的风险。从筹资数量看，筹资的数量越多，筹资的风险越大；反之，则越小。从筹资的方式看，筹资方式不同，发生的情况也不相同：采用股票方式筹资，股票市场的变化对投资者和股票发行者都有很大影响；采用商业信用方式筹资，由于连锁反应，可能形成三角债或多角债，致使债务链条上的每个企业都陷入财务危机；采用国际信贷或国际租赁筹资，国际政治经济形势的变化可能使企业遭遇风险。

2. 投资风险

投资风险是企业将筹集的资本投向某一项目或生产经营过程中所具有的不确定性。

一般而言，投资风险主要与投资行业和投资时间相关。从投资时间来看，企业长期投资的风险总是大于短期投资的风险。从投资行业来看，投资于利润高的行业的风险往往高于投资于利润低的行业的风险。例如，投资于高新技术企业比投资于传统产业风险要大；投资于国外石油开采与在本国开采石油的风险也有区别。

3. 收益分配风险

收益分配风险是指企业在收益的形成和分配上所具有的不确定性。从收益的形成上看，如果企业产品质量低劣，品种花色单一，产品销售不力，势必影响企业收益的形成，使收益的形成面临风险。从收益分配上看，一是收益确认的风险，即过少确认当期收益，而过多结转成本，多计有关费用，从而虚减了当期利润，影响企业声誉；或者是过多确认收益，而少结转成本，少计费用，从而虚增利润，使企业提前纳税，支付红利，导致大量资本提前流出而引起的财务风险。二是收益对投资者分配的时间、形式和金额的把握不当所产生的风险。如果企业在资本紧张时期，还以现金形式对外分配，则必然降低企业的偿债能力，影响企业再生产规模；如果企业不分红利，又会挫伤投资者的积极性，给企业今后的发展带来不利影响。

此外，企业财务活动中的风险还有外汇风险、并购风险、债券风险等。外汇风险是指企业在对外经济活动中，因汇率变动使企业外汇资产、负债、收入、支出发生增减变化而导致的损益的不确定性。并购风险主要包括营运风险、信息风险、反并购风险、法律风险、体制风险等。营运风险是指并购企业在并购完成后，可能无法使整个企业或企业集团产生管理协同效应、经营协同效应、财务协同效应以及市场份额效应，难以实现规模经济或管理知识共享的风险。信息风险是指由于信息不对称导致企业并购行为可能失败的风险。反并购风险是指企业的并购行为在遭到反并购行动时可能对并购企业构成并购威协的风险。法律风险是指由于并购法律程序复杂而可能造成并购成本加大的风险。体制风险是指由于政府依靠行政手段对企业并购进行干预造成背离市场原则，难以达到预期效果而给并购企业带来的风险。债券风险一般以债券的信用等级表示债券质量的高低，债券的信用等级通常由独立的中介机构进行评估，投资者根据这些中介机构的评级结果选择债券进行投资。

三、风险管理

（一）风险管理的目的

风险管理就是预先采取一系列的策略、措施规避风险，将可能发生的风险损失降低到最小的程度。由于风险的大小与风险报酬率成正比，因此，风险管理的目的不在于一味地追求降低风险，而在于在收益和风险之间作出恰当的选择。

（二）风险管理的程序

1. 确定风险

明确可能发生的风险性质和风险类型，并确定风险发生的概率。

2. 设立目标

对可能发生的风险进行分析研究，分析其对企业财务活动的影响程度和影响范围，并在此基础上设立风险管理的目标。

3. 制定策略

为了实现风险管理目标，应针对风险的性质、种类及其对企业财务活动的影响，制定相应的风险管理策略，以避免或降低可能出现的各种损失。

4. 实施评价

将制定的风险管理策略付诸实施，在实施过程中，对照风险管理的目标，定期或经常地进行检查，并对风险管理工作的绩效进行评价和考核。

（三）风险管理的策略

1. 回避风险策略

对于那些厌恶风险的决策者来说，他们总是以无风险或低风险作为衡量各种备选方案优劣的标准，把那些可能发生风险的备选方案拒之门外。这种策略尽管较为稳健且简便易行，但并不经常被采用，因为风险总是和收益联系在一起的，没有适度的风险也就没有丰厚的收益，一个成功的经营者往往很少采用这种策略。

2. 减少风险策略

减少风险策略是指在风险管理中，采取相应的措施，减少因发生风险而可能给企业带来的损失，也称为控制风险策略。这种策略在实践中经常被采用。减少风险策略还可作进一步分类，按控制风险的目的不同可分为预防性控制和抑制性控制。前者是指预先确定可能发生的损失，提出相应的措施，以防止损失的实际发生；后者是指对可能发生的损失，采用相应的措施，尽量降低损失的程度，缩减损失的延续性。按控制风险的方式可分为技术控制和行为控制。前者是指采取相应的工程技术措施，减少可能发生的风险；后者是通过强化对有关人员的行为管理，减少可能发生的风险。

3. 接受风险策略

接受风险策略是指对可能发生的风险提前做好准备，以应付风险带来的损失。企业中的风险有些是不可避免的，如赊销商品的坏账风险、市场波动引起的库存风险等。对于这些风险，企业往往采取接受风险策略，如每期提存一定的准备金，用作将来发生风险给企业带来损失的补偿。

4. 转移风险策略

转移风险策略是指对某些发生风险损失的可能性较大的财产或项目，用转移的方式转出企业，并交换回较为保险的财产或项目。例如，用转手承包的方式把风险项目转包给他人；以参加保险的形式，通过支付保险费，把风险转移给保险公司；把风险大的股票抛出，购回风险小的股票，等等。

从理论上讲，人们对待风险可能采取三种态度：风险偏好；风险厌恶；风险中立，即对风险既不偏好也不厌恶。若在风险较高和风险较低但预期收益相同的项目之间进行选择，风险偏好者会选择风险高的项目，而风险厌恶者则会选择风险较低的项目。但实践证明，风险厌恶是普遍成立的。西方财务理论认为，风险厌恶假设是财务学中运用许多决策模型的基础。在风险厌恶的假设下，人们选择高风险项目的基本条件是必须有足够高的预期投资报酬率，风险程度越大，要求的报酬率越高。

第二节　项目投资的风险与报酬

企业的投资有内部投资和外部投资之分。一般来说，前者形成企业的实物资产，后者形成企业的金融资产。由于两者有着各自的特点，所以必须从两方面进行分析研究。

一、项目投资风险计量

项目投资是指企业以固定资产为主要投资对象的内部长期投资。要进行项目投资决策，首先要进行项目投资风险与报酬的计量。下面分步说明风险报酬的计量。

（一）确定概率分布

要计量风险报酬首先就要知道各种可能结果的概率，即知道投资的概率分布情况。要求：$0 \leqslant P_i \leqslant 1$ 且 $\sum P_i = 1$。

概率分布有两种类型，一种是不连续的概率分布，另一种是连续的概率分布。

（二）计算投资项目的期望值

$$\overline{K} = \sum_{i=1}^{n} K_i P_i \tag{7-1}$$

式（7－1）中，$\overline{K}$ 为项目期望值，K_i 为第 i 种可能结果的报酬，P_i 为第 i 种可能结果的概率，n 为可能结果的个数。期望值的大小仅仅表示项目投资预期报酬的集中趋势，还不能表明风险的大小，要表明项目投资风险的大小，还需计算投资项目报酬率的标准离差。

（三）计算投资项目报酬率的标准离差（离散程度）

概率分布越集中，风险就越小；概率分布越分散，风险就越大。那么，如何衡量概率分布的分散程度呢？实际中一般采用方差和标准离差来衡量。方差就是一群变量与其平均值偏差平方和的平均数，它是测定离散程度的一种常用统计量，标准离差是方差的平方根。投资报酬率的概率分布越集中，方差和标准离差就越小，风险也就越低；反之，风险就越高。

方差的计算公式为：

$$\sigma^2 = \sum_{i=1}^{n} (K_i - \overline{K})^2 \cdot P_i \tag{7-2}$$

标准离差的计算公式为：

$$\sigma = \sqrt{\sum_{i=1}^{n} (K_i - \overline{K})^2 \cdot P_i} \tag{7-3}$$

式（7－2）和式（7－3）中，σ^2——投资期望报酬率的方差；σ——投资期望报酬率的标准离差；K_i——第 i 种投资的报酬率；$\overline{K}$——各种投资报酬率的期望值；P_i——第 i 种结果的概率；n——可能结果的个数。

风险的大小，就是看各个点距离期望值的大小。距离越小，风险就越小；各个点均在期望值线上时，风险最小。由于距离有正负，可能抵消，所以常用平方的方式，另外，各个距离的影响程度不一样，所以还要加权。

（四）计算标准离差率

标准离差是一个绝对值指标，对期望值相同的方案进行比较时，它可以表明风险程度的大小，但是无法对期望值不同的方案进行比较。对期望值不同方案进行风险程度比较时，应采用标准离差率这一相对值指标。标准离差率是标准离差与期望报酬率之比，又叫差异系数或变化系数。其计算公式为：

$$\text{标准离差率}（V）=\frac{\text{标准离差}（\sigma）}{\text{投资报酬期望值}（\bar{K}）}\times 100\% \quad (7-4)$$

标准离差率越大，风险越大；反之，则越小。

二、项目投资风险报酬的计量

表示项目投资风险报酬的指标有风险报酬率和风险报酬额。

（一）风险报酬率的计算

风险报酬率是指企业承担一定的风险进行投资或进行生产经营活动所得到的收益水平。上面计算的标准离差率只代表了企业所承担的风险程度，上述风险程度所对应的报酬还需要进一步分析与量化。即风险的大小需要进一步转化为风险报酬率的大小。由于风险报酬率与风险程度成正比，所以，风险报酬率可以通过标准离差率和风险报酬系数（风险报酬斜率）来确定，即

$$\text{风险报酬率}（R_r）=\text{风险报酬系数}（b）\times\text{标准离差率}（V） \quad (7-5)$$

1. 风险报酬系数的确定

风险报酬系数 b 是将标准离差率调整为风险报酬率的一个参数，也有相关参考书将之称为风险报酬斜率。风险报酬系数 b 通常具有如下三个性质：

（1）$b>0$。投资者的风险厌恶倾向决定了承担风险必须用额外的报酬来补偿，即风险报酬率大于0，所以 b 大于0。

（2）对于同类投资项目，风险系数是固定的常数（效用无差异曲线），找到类似项目的风险系数，便可应用于同类其他项目。

（3）对不同性质的投资项目，风险系数是变化的，这取决于投资者的风险厌恶程度。一般偏好风险的企业，风险报酬系数相对可定得低一些；反之，厌恶风险的企业就可以把风险报酬系数定得高一些。

风险报酬系数 b 的确定，一般是由决策者根据实践经验，结合其他有关影响因素确定。归纳起来，有如下三种做法：

（1）根据历史的同类投资项目的风险报酬系数资料，利用高低点法或直线回归法进行初步的确定，再结合现在的相关情况适当调整后确定。

（2）由企业领导或者由企业组织有关专家分析、判断后确定，这种做法一般是在相关历史资料缺乏时采用，如投资项目以往未曾发生过。

（3）由国家的有关职能部门如财政部、国家银行或证券监管部门等站在宏观管理的角度，确定各行业的风险报酬系数，并定期公布，由企业决策者选择使用。

2. 风险报酬的确定

计算投资报酬时所需确定的风险价值或风险报酬，是指企业承担风险从事财务活动所获得的超过货币时间价值的额外收益，一般用相对数风险报酬率表示。在不考虑通货膨胀的情况下，企业的投资报酬率由无风险报酬率和风险报酬率两部分构成：

$$K = R_f + R_r = R_f + b \cdot v \tag{7-6}$$

式（7－6）中，K——投资报酬率；R_f——无风险报酬率，按国际惯例，国库券的报酬率一般被视为无风险报酬率；R_r——风险报酬率，由风险报酬系数 b 和标准离差率 v 共同决定。

（二）风险报酬额的计算

风险报酬额是投资总额与风险报酬率之乘积。其计算公式为：

$$风险报酬额（P_r）= 投资总额（c）\times 风险报酬率（R_r） \tag{7-7}$$

在无风险报酬率与风险报酬率已确定的条件下，风险报酬额还可通过下面的计算公式求出：

$$风险报酬额（P_r）= 投资报酬总额（C）\times \frac{风险报酬率}{无风险报酬率（R_f）+ 风险报酬率（R_r）}$$

三、项目投资风险与报酬计量举例

风险报酬率与风险报酬额的计算是一个比较复杂的过程，其具体计算方法现举例说明如下：

【例7－1】W公司现持有太平洋保险股票1 000万元，持有精准实业股份500万元，两种股票的报酬率及概率分布如表7－1所示。假设无风险报酬率为7%，太平洋保险股票的风险报酬系数为8%，精准实业股票的风险报酬系数为10%。根据以上资料计算两种股票的期望报酬率与风险报酬额。

表7－1　两种股票报酬率及其概率分布

经济情况	太平洋保险股票		精准实业股票	
	报酬率	概率	报酬率	概率
衰退	20%	0.20	0	0.20
正常	30%	0.60	30%	0.60
繁荣	40%	0.20	60%	0.20

1. 计算期望报酬率

太平洋保险股票的期望报酬率（$\overline{K}$）$=20\%\times0.20+30\%\times0.60+40\%\times0.20$

$=30\%$

精准实业股票的期望报酬率（$\overline{K}$）$=0\%\times0.20+30\%\times0.60+60\%\times0.20=30\%$

可见，两种股份的期望报酬率相同，都是30%。

2. 计算标准离差

相比之下，太平洋保险股票在不同经济情况下的报酬率相对集中，而精准实业股票却比较分散。这意味着太平洋保险股票的风险小，而精准实业股票的风险较大。这一思想体现在标准离差的计算上。

太平洋保险股票的标准离差：

$$\sigma=\sqrt{(20\%-30\%)^2\times0.20+(30\%-30\%)^2\times0.60+(40\%-30\%)^2\times0.20}=6.32\%$$

精准实业股票的标准离差：

$$\sigma=\sqrt{(0-30\%)^2\times0.2+(30\%-30\%)^2\times0.60+(60\%-30\%)^2\times0.2}=18.97\%$$

可见，太平洋保险股票的标准离差小于精准实业股票（$6.32\%<18.97\%$），说明太平洋保险股票的风险低于精准实业股票的风险。

3. 计算标准离差率

在衡量投资期望报酬率不同方案的风险时，还要计算标准离差率。

太平洋保险股票的标准离差率：

$$v=\frac{6.32\%}{30\%}\times100\%\approx21.07\%$$

精准实业股票的标准离差率：

$$v=\frac{18.97\%}{30\%}\times100\%\approx63.23\%$$

根据两种股票的标准离差率判断，太平洋保险股票的风险仍低于精准实业股票的风险。

4. 计算风险报酬率

太平洋保险股票的风险报酬率：

$$R_r=8\%\times21.07\%\approx1.69\%$$

精准实业股票的风险报酬率：

$$R_r=10\%\times63.23\%\approx6.32\%$$

5. 计算投资报酬率

太平洋保险股票的投资报酬率：

$$K = 7\% + 1.69\% = 8.69\%$$

精准实业股票的投资报酬率：

$$K = 7\% + 6.32\% = 13.32\%$$

6. 计算风险报酬额

太平洋保险股票的风险报酬额：

$$P_r = 1\,000 \times 1.69\% = 16.9\text{（万元）}$$

精准实业股票的风险报酬额：

$$P_r = 500 \times 6.32\% = 31.6\text{（万元）}$$

由以上计算结果可见，风险越大，要求的风险报酬率越高，风险报酬额也就越大。

四、项目投资风险决策

投资决策不但要分析投资方案的经济性，还要分析投资方案的风险性，选择经济效益好、风险小的方案。由于项目投资的期限较长，未来的不确定因素较多，风险必然存在，需要通过一定的方法对其风险程度进行估量，为投资决策提供依据。如果两个方案的报酬相同，决策者当然要选择风险小的方案；如果两个方案的风险相同，决策者会选择投资报酬率高的方案。但在许多情况下，两者往往不可兼而得之，一般报酬高的项目，风险大；风险小的项目，报酬较低。这种情况下如何作出投资决策呢？这就需要研究项目投资风险决策问题。风险决策的方法比较多，常见的有决策树法、肯定当量法、风险报酬率法等。这里只介绍风险报酬率法。

（一）风险报酬率法的基本原理

贴现率或资本成本是投资者进行项目投资所要求的最低报酬率。项目投资的风险大，投资者要求得到的报酬则高；反之，投资者要求得到的报酬则低。也就是说，风险越大，贴现率越高；风险越小，贴现率越低。

风险报酬率法是根据项目的风险程度来调整贴现率，再根据调整后的贴现率计算投资项目的净现值，根据净现值来进行投资决策的方法。

（二）风险报酬率法的决策规则

进行互斥投资决策时，选净现值大的方案；进行选择与否投资决策时，净现值大于零，是方案可行的必要条件。

（三）风险报酬率法的特点

风险报酬率法容易理解，企业可以根据自己对风险的偏好来确定贴现率，因此，这一方法在实际的项目投资决策中被广泛采用。但是，风险报酬率法有关贴现的计算较为复杂，且人为地假定风险随时间的延长而增大，有时并不一定符合实际，这是该方法的不足之处。

（四）风险报酬率法举例

下面举例说明风险报酬率法的应用。

【例 7－2】某企业的最低报酬率为 7%，现有三个项目投资，有关资料见表 7－2。根据相关资料进行风险投资决策。

表 7－2　投资方案风险情况表　　　　单位：万元

t（年）	A 项目 税后现金流量	P_i	B 项目 税后现金流量	P_i	C 项目 税后现金流量	P_i
0	（3 800）		（1 900）		（1 900）	
1	3 500 2 000 1 000	0.25 0.50 0.25				
2	4 000 2 500 2 000	0.15 0.65 0.20				
3	2 500 2 000 1 500	0.25 0.40 0.35	2 000 4 000 6 500	0.20 0.55 0.25	3 500 4 000 5 000	0.10 0.75 0.15

（1）计算 A 项目的风险程度。

①计算各年现金流入量期望值。

A 方案初始投资 3 800 万元是确定的，各年现金流入的金额有三种可能，并且已知概率，其各年现金流入的集中趋势可以用期望值来描述：

$$E_{A1}=3\ 500\times0.25+2\ 000\times0.5+1\ 000\times0.25=2\ 125\text{（万元）}$$

$$E_{A2}=4\ 000\times0.15+2\ 500\times0.65+2\ 000\times0.2=2\ 625\text{（万元）}$$

$$E_{A3}=2\ 500\times0.25+2\ 000\times0.4+1\ 500\times0.35=1\ 950\text{（万元）}$$

②计算各年现金流入的离散趋势，即标准差。

$$\sigma_{A1}=\sqrt{(3\ 500-2\ 125)^2\times0.25+(2\ 000-2\ 125)^2\times0.5+(1\ 000-2\ 125)^2\times0.25}\approx892.68\text{（万元）}$$

$$\sigma_{A2}=\sqrt{(4\ 000-2\ 625)^2\times0.15+(2\ 500-2\ 625)^2\times0.65+(2\ 000-2\ 625)^2\times0.2}\approx609.82\text{（万元）}$$

$$\sigma_{A3}=\sqrt{(2\ 500-1\ 950)^2\times0.25+(2\ 000-1\ 950)^2\times0.4+(1\ 500-1\ 950)^2\times0.35}\approx384.06\text{（万元）}$$

③计算综合期望值与综合标准差。

同一个项目的各年现金流入的期望值需要汇总计算，但由于各年现金流入处于不同的时间点上，因此需要先将其折成现值后再汇总。我们暂且将折现后汇总的各年现金流入的期望值称为综合期望值。计算如下：

$$EPV_A = \sum_{t=1}^{n} E_t \times (1+i)^{-t}$$
$$= 2\ 125 \times (1+7\%)^{-1} + 2\ 625 \times (1+7\%)^{-2} + 1\ 950 \times (1+7\%)^{-3}$$
$$\approx 5\ 870.49 \text{（万元）}$$

同理，同一项目各年的标准差亦需要汇总，才能为最后计算风险大小的衡量指标——标准离差率（变化系数）提供必要的准备。同样，各年标准差汇总计算的思路类似于折现思维，我们将汇总计算的各年标准差称为综合标准差。计算如下：

$$D_A = \sqrt{\sum_{t=1}^{n} \frac{\sigma_t^2}{(1+i)^{2t}}}$$
$$= \sqrt{\frac{892.68^2}{(1+7\%)^2} + \frac{609.82^2}{(1+7\%)^4} + \frac{384.06^2}{(1+7\%)^6}}$$
$$\approx 1\ 038.26 \text{（万元）}$$

④计算综合标准离差率（综合变化系数）。

由于标准差是一个绝对数，对于初始投资规模不同的项目来说，仅依据标准差不能得出正确结论，我们还需要进一步计算标准离差率。依据综合期望值及综合标准差计算得出的标准差，称为综合标准差或综合变化系数。计算如下：

$$V_A = \frac{\text{综合标准差}}{\text{现金流入预期现值}} = \frac{D_A}{EPV_A} = \frac{1\ 038.26}{5\ 870.49} \approx 0.18$$

（2）确定 A 项目风险报酬系数（风险报酬斜率）及风险报酬率。

风险报酬系数 b 值是经验数据，可根据历史资料用高低点法或直线回归法求出。假设本例中 A 项目根据历史数据及相关资料，得到风险报酬系数（风险报酬斜率）为 0.09，据此，可进一步确定适用于 A 项目的期望投资报酬率如下：

$$K_A = 7\% + 0.09 \times 0.18 = 8.62\%$$

（3）根据同样方法计算 B 项目、C 项目的现金流入期望值、标准差及标准离差率如下：

$$E_B = 2\ 000 \times 0.20 + 4\ 000 \times 0.55 + 6\ 500 \times 0.25 = 4\ 225 \text{（万元）}$$
$$E_C = 3\ 500 \times 0.10 + 4\ 000 \times 0.75 + 5\ 000 \times 0.15 = 4\ 100 \text{（万元）}$$

$$\sigma_B = \sqrt{(2\ 000-4\ 225)^2 \times 0.2 + (4\ 000-4\ 225)^2 \times 0.55 + (6\ 500-4\ 225)^2 \times 0.25}$$
$$\approx 1\ 520.49 \text{（万元）}$$

$$\sigma_C = \sqrt{(3\ 500-4\ 100)^2 \times 0.1 + (4\ 000-4\ 100)^2 \times 0.75 + (5\ 000-4\ 100)^2 \times 0.25}$$
$$\approx 495.98 \text{（万元）}$$

$$V_B = \frac{1\ 520.49}{4\ 225} = 0.36$$

$$V_C = \frac{495.98}{4\ 100} = 0.12$$

因为B项目和C项目只有第三年有现金流入，该年的标准差系数就是全部流入的标准差系数。因为分子和分母同时折现，其比值保持不变。因此，V_B 和 V_C 即可视作期初的标准离差率（变化系数）。

假定根据历史资料，得到B项目和C项目所要求的最低报酬率计算如下：

$$K_B = 7\% + 0.09 \times 0.36 = 10.24\%$$

$$K_C = 7\% + 0.09 \times 0.12 = 8.08\%$$

第三节　证券投资的风险和报酬

企业对外投资主要是证券投资，包括股票投资、债券投资、基金投资、权证投资等。相对于企业内部的项目投资，证券投资的投资对象更加多样化，投资决策的程序更加复杂，长期证券投资报酬的不确定性因素更多，因此证券投资的风险更大。按照收益与风险对等的原理，高风险的证券投资应当获得高收益，如果企业投资者能有效地防范证券投资的风险，就能取得较高的投资报酬。本节以股票投资为例，重点介绍单项证券投资收益与风险的计量，拓展阅读为证券投资组合的相关理论。

一、证券投资风险的分类

证券投资是指公司在证券交易市场上购买有价证券的行为。由于证券市价波动频繁，证券投资的风险往往较大，如何达到风险与报酬的均衡是证券投资的主要财务问题。获取投资收益是证券投资的主要目的，证券投资的风险是投资者无法获得预期投资收益的可能性。证券投资风险按风险性质可划分为系统性风险和非系统性风险。

（一）系统性风险

系统性风险是指由于外部经济环境因素变化引起整个证券市场不确定性加强，从而对市场上所有证券都产生影响的共同性风险。系统性风险影响到市场上的所有证券，其无法通过投资多样化的证券组合而加以避免，因而系统性风险又被称为不可分散风险或市场风险。

系统性风险具有如下特征：①系统性风险由共同的因素所引起，如战争、宏观政治、经济环境的重大变动，国家税法、财政政策的变化；②系统性风险不可能避免和分散；③系统性风险会影响到证券市场上的所有证券，包括价格风险、再投资风险、购买力风险、利率风险。

价格风险是由于市场利率上升而使证券价格普遍下跌的可能性。资本是一种商品，利率是资本使用权的价格，它受资本供求关系的制约，利率的变动会造成证券价格的普遍波动，两者呈反向变化：市场利率上升，证券价格下跌；市场利率下降，证券价格上升。当市场利率上升，持有证券的期限越长，投资者遭受损失的可能性就越大，因此，期限越长的证券，投资者要求的流动性附加率也就越大。

再投资风险是由于市场利率下降而造成的无法通过再投资而实现预期收益的可能

性。根据流动性偏好理论，长期证券的投资报酬率应当高于短期证券，这是因为：①期限越长，不确定性就越强，证券投资者一般喜欢持有短期证券，接受短期证券的低报酬率，因为它们较易变现而收回本金；②证券发行者一般喜欢发行长期证券，因为长期证券可以筹集到长期资金，而不必经常面临筹不到资金的困境。因此，证券发行者愿意为长期证券支付较高的报酬率。

购买力风险是由于通货膨胀而使货币购买力下降的可能性。在物价持续上涨时，货币性资产会遭受购买力损失；当物价持续下跌时，货币性资产会带来购买力收益；在物价上涨和下跌交替进行时，购买力损失与购买力收益可能会相互抵消。证券资产是一种货币性资产，通货膨胀会使证券投资的本金和收益贬值，名义报酬率不变而实际报酬率降低。如果通货膨胀长期延续，投资人会把资本投向实体性资产以求保值，对证券资产的需求量减少，引起证券价格下跌。

所有的系统性风险最终会反映在证券市场平均利率的提高上，因此，所有的系统性风险几乎都可以归结为利率风险。利率风险是由于市场利率变动引起证券价值变化的可能性，市场利率反映了社会平均报酬率，投资者对证券投资报酬率的预期总是在市场利率基础上进行的，当证券投资报酬率大于市场利率时，证券价值才会高于证券市价。一旦市场利率提高，就会引起证券价值的下降，投资者就不易得到超过社会平均报酬率的超额报酬。

（二）非系统性风险

非系统性风险是指由于特定经营环境或特定事件变化引起的不确定性，从而对个别证券产生影响的特有风险。非系统性风险源于每个公司自身特有的营业活动和财务活动，与某个具体的证券相关联，同整个证券市场无关。非系统性风险可以通过投资证券的多样化来抵消，也称为可分散风险或公司特有风险。

非系统性风险具有如下三个特征：①这种风险是由于发行证券公司的个别特殊因素所引起的，如公司产品老化、资本结构不合理、债务危机等；②这种风险只影响投资者的某种证券市场价格的变动；③可以通过采取特别的措施将风险消除或者将大部分风险分散掉。

从公司内部管理的角度考察非系统性风险，主要表现形式是公司经营风险和财务风险。从公司外部的证券市场投资者的角度考察，公司经营风险和财务风险的特征无法明确区分，公司特有风险是以违约风险、流动性风险、破产风险等形式表现出来的。

违约风险是指证券发行者无法按时兑付证券利息和偿还本金的可能性。有价证券本身就是一种契约性权利资产，经济合同的一方违约会给另一方造成损失。违约风险是投资于收益固定型有价证券的投资者经常面临的，多发生于债券投资中。违约风险产生的原因可能是公司产品经销不善，也可能是公司现金周转不灵。

流动性风险是证券持有者无法在市场上以正常的价格平仓出货的可能性。持有证券的投资者，可能会在证券持有期限内出售现有证券投资于另一项目，但在短期内找不到愿意出合理价格的买主，投资者就会丧失新的投资机会或面临降价出售的损失。在同一证券市场上，各种有价证券的变现力是不同的，交易越频繁的证券，其变现能力越强。

破产风险是在证券发行者破产清算时投资者无法收回应得权益的可能性。当证券发行者由于经营管理不善而持续亏损、现金周转不畅而无力清偿债务或其他原因导致难以持续经营时，他可能会申请破产保护。破产保护会导致债务清偿的豁免、有限责任的退款，使得投资者无法取得应得的投资收益，甚至无法收回投资的本金。

二、单项证券投资的风险与报酬的计量

（一）β 系数的定义与计量

不可分散风险是系统性的，投资者一旦参与证券市场就不可避免地要承担不可分散风险，但是，证券市场上的所有个别股票是由众多功能不同的公司股票组成的，不同股份公司的经营环境、生产特点、管理特点不尽一致，系统性风险对各个股票价格变动的影响也是有区别的。在整个股市中，个别股票有的发生剧烈波动，有的则发生较小的变动，计量个别股票随市场移动的趋势的指标就是 β 系数。

1. β 系数的定义

β 系数是反映个别股票证券风险报酬率相对于所有股票证券平均风险报酬率变动程度的指标，其计算公式可表示如下：

$$\beta = \frac{\text{某种股票的风险的酬率}}{\text{证券市场上所有股票的平均风险的酬率}} \tag{7-8}$$

β 系数实质上只用于反映不可分散风险的程度，它是不可分散风险的指数。一般情况下，将整体证券市场的 β 系数规定为 1，如果某种个股的 β 系数为 3，则表明该股票的风险是整个股票市场平均风险的 3 倍。当所有股票的平均报酬率上涨 1% 时，则该个别股票的报酬率将上涨 3%；反之亦然。

对 β 系数的理解可表述如下：①某种股票 $\beta=0$，表明该股票的投资无风险，其投资报酬率就是无风险的时间价值率；②某种股票 $\beta<1$，表明该股票的投资风险低于整个股票市场的平均风险，其投资报酬率就小于股票市场的平均报酬率；③某种股票 $\beta=1$ 时，表明该股票的投资风险与整个市场的平均风险一致，其投资报酬率就等于整个股票市场的平均报酬率；④某种股票的 $\beta>1$ 时，表明该股票的投资风险大于整个市场的平均风险，其投资报酬率就大于整个证券股票市场的平均报酬率。

2. 单项股票 β 系数的计量

个别股票 β 系数的计算较为复杂，一般可利用股票投资收益率和证券综合指数收益率时间序列历史资料，运用回归方法定期计算求得，比较完善的证券市场上会有专业的咨询服务机构定期计算公布。在西方，β 系数的定期公布是很普遍的，而在我国，这样的机构还不多，目前仅有中国人民大学金融研究中心不定期地研究公布个别股票的 β 系数（简称中国人民大学 β 系数），相信随着市场经济的进一步完善，我国上市公司股票 β 系数的定期公布将会逐步走上正轨。

（二）单项证券投资收益与风险的计量

1. 单项证券投资收益的计量

企业投资者在一个时期内单一证券的投资回报（即投资收益率）是企业投资者的财富在这一时期内的变化率，即投资收益率。其计算公式如下：

$$R = \frac{P_i - P_{i-1}}{P_{i-1}} \quad (7-9)$$

式（7－9）中，P_i——期末财富；P_{i-1}——期初财富。

2. 单项证券投资风险的计量

影响证券投资风险的因素很多，既有政治上的、经济上的，也有心理上的。人们之所以冒险投资，是因为存在着与风险对等的预期回报。证券投资收益的变动被广泛用来代表风险，也就是说，投资风险的大小取决于其对于预期可能回报离散程度的大小。人们通常采用方差或标准差、标准离差率等方法对风险进行衡量。

证券分析中，根据不同证券各期收益率的资料求出标准差或标准离差率就可以反映证券投资收益率变动的大小，从而估算该证券的投资风险程度。如果标准差或标准离差率为0，说明没有风险；标准差或标准离差率越大，说明其风险越大。

3. 单项证券投资收益与风险计量举例

【例7－3】假设某企业拟在A股票与B股票之间进行投资选择。两股票的报酬率及概率分布如表7－3所示：

表7－3　A、B两种股票的投资报酬率及概率分布

A股票				B股票			
赚		赔		赚		赔	
概率	投资收益率	概率	投资收益率	概率	投资收益率	概率	投资收益率
50%	25%	50%	－1%	50%	50%	50%	－26%

（1）计算期望报酬率。

A股票期望报酬率计算如下：

$$\overline{R}_A = 50\% \times 25\% + 50\% \times (-1\%) = 12\%$$

B股票期望报酬率计算如下：

$$\overline{R}_B = 50\% \times 50\% + 50\% \times (-26\%) = 12\%$$

（2）计算标准离差。

A股票的标准离差计算如下：

$$\overline{\sigma}_A = \sqrt{(25\% - 12\%)^2 \times 50\% + (-1\% - 12\%)^2 \times 50\%} = 13\%$$

B股票的标准离差计算如下：

$$\overline{\sigma}_B = \sqrt{(50\% - 12\%)^2 \times 50\% + (-26\% - 12\%)^2 \times 50\%} = 38\%$$

本例中，因为A、B两种股票的期望投资报酬率相同，因此不需要进一步计算标准离差率（变化系数），可直接根据上述标准离差计算，得出结论：投资 B 股票的风险比投资 A 股票的风险要大。

三、证券投资组合的风险与报酬

（一）投资证券组合的相关理论

把资金同时投向几种不同的证券，称为证券投资组合。如果不考虑建立投资组合的交易成本，最大的投资组合是市场上所有的证券所构成的投资组合。按证券投资组合理论，理想的证券投资组合可以消除非系统性风险，所以，证券投资组合只考虑系统性风险，即市场风险问题。证券投资组合的目的是在适当的风险水平下通过多样化来获取最大的预期回报，或者获得一定的预期回报使风险最小。证券组合的形式很多，主要取决于投资者的风险偏好。以美国为例，其证券组合的种类有收入型组合、增长型组合、收入增长混合型组合、指数化证券组合等。

证券组合理论是美国纽约市立大学教授哈里·马柯威茨（Harry Markowitz）在一篇名为“证券组合选择”（Portfolio Selection）的论文中首先提出并发展起来的，在这篇论文中，他提出了投资者如何从一系列的可能证券组合中选择一个最优的证券组合。马柯威茨分别用期望收益率和收益的方差来衡量投资的预期收益水平和不确定性（风险），建立所谓的均值方差模型，阐述如何全盘考虑在追求预期收益最大化的同时，追求收益的最小不确定性或在一定风险水平下追求预期收益的最大化。

当回答“每个投资者都使用证券投资理论来经营他们的投资将会对证券定价产生怎样的影响”时，美国金融财务学家夏普（W. F. Sharpe）在 1964 年提出的风险资产价格决定理论，即资本资产定价模型（Capital Asset Pricing Model，CAPM），有效地描述了在市场均衡状态下单个证券的风险与期望报酬率的关系，为确定证券价值提供了计量前提。

当资本资产定价模型因无法用经验事实进行检验而受到批评后，1976 年，斯蒂夫·罗斯突破性地发展了资本资产定价模型，提出了套利定价理论。

（二）投资组合风险与报酬的计量

1. 证券组合的 β 系数计算

证券组合的 β 系数，即各证券 β 系数的加权平均数，可表示为：

$$\beta_p = \sum_{i=1}^{n} x_i \beta_i \qquad (7-10)$$

式（7-10）中，β_p——证券组合的 β 系数；x_i——第 i 种证券在组合中的投资比重；β_i——第 i 种证券的个别 β 系数；n——个别证券的个数。

2. 证券组合的风险报酬

证券组合的风险报酬是指投资者因承担不可分散风险而要求获得的那部分超过无风险时间价值的额外报酬。可表示为：

$$R_p = \beta_p \times (K_m - R_f) \qquad (7-11)$$

式（7－11）中，R_p——证券组合的风险报酬率；β_p——证券组合的综合β系数；K_m——证券市场的平均报酬率；R_f——无风险时间价值。

【例7－4】某企业持有A、B、C三种股票，投资比重分别为65%、25%、10%，β系数分别为2.5、1.5、0.5，无风险报酬率为6%，股票市场平均报酬率为12%，求该证券组合的β系数和风险报酬率。若其他条件不变，A、B、C三种股票投资比重分别为10%、25%、65%，则该证券组合的β系数和风险报酬率如何？

（1）第一种情况计算如下：

该证券组合的β系数：

$$\beta_p = 2.5 \times 65\% + 1.5 \times 25\% + 0.5 \times 10\% = 2.05$$

该证券组合的风险报酬率：

$$R_p = \beta_p \times (K_m - R_f) = 2.05 \times (12\% - 6\%) = 12.3\%$$

（2）第二种情况计算如下：

该证券组合的β系数：

$$\beta_p = 2.5 \times 10\% + 1.5 \times 25\% + 0.5 \times 65\% = 0.95$$

该证券组合的风险报酬率：

$$R_p = \beta_p \times (K_m - R_f) = 0.95 \times (12\% - 6\%) = 5.7\%$$

可以看出，改变比重后的证券组合风险比改变前的证券组合风险大大降低了，而改变比重后的证券组合风险报酬率也比改变前的组合风险报酬率降低了一倍多，这正是由于证券组合中，风险大的个股投资比重降低，而风险小的个股投资比重上升的缘故。

练习与案例

一、复习思考

1. 如何理解风险与不确定性？
2. 简述风险管理的程序。
3. 如何评价不同的风险管理策略？
4. 如何理解证券投资的系统风险与非系统风险？

二、计算分析

1. W公司现持有太平洋保险股票1 000万元，持有精准实业股票500万元，两种股票的报酬率及概率分布如下表所示。假设无风险报酬率为7%，太平洋保险股票的风险报酬系数为8%，精准实业股票为10%。根据以上资料计算两种股票的期望报酬率与风险报酬额。

表 7-4　两种股票报酬率及其概率分布

经济情况	太平洋保险股票		精准实业股票	
	报酬率	概率	报酬率	概率
衰退	20%	0. 20	0	0. 20
正常	30%	0. 60	30%	0. 60
繁荣	40%	0. 20	60%	0. 20

2. 某公司持有 A、B、C 三种股票构成的证券组合，三种股票所占比重分别为 50%、30% 和 20%，其 β 系数分别为 1. 2、1. 0 和 0. 8，股票的市场收益率为 10%，无风险收益率为 8%。要求计算：

（1）该证券组合的风险报酬率；

（2）该证券组合的必要收益率。

3. 某公司现有甲、乙两个投资项目可供选择，有关资料如下：

表 7-5

市场销售情况	概率	甲项目的收益率	乙项目的收益率
很好	0. 3	20%	30%
一般	0. 4	16%	10%
很差	0. 3	12%	-10%

要求：

（1）计算甲、乙两个项目的预期收益率、标准差和标准离差率；

（2）比较甲、乙两个项目的风险，说明该公司应该选择哪个项目；

（3）假设市场是均衡的，政府短期债券的收益率为 4%，计算所选项目的风险价值系数 b 的值；

（4）假设资本资产定价模型成立，政府短期债券的收益率为 4%，证券市场平均收益率为 9%，市场组合的标准差为 8%，计算市场风险溢酬、乙项目的 β 系数。

三、案例分析

项目风险防范转移案例

公司以融资租赁方式向客户提供重型卡车 30 台，用于大型水电站工程施工。车辆总价值 820 万元，融资租赁期限为 12 个月，客户每月应向公司交纳 75 万元，为保证资产安全，客户提供了足额的抵押物。合同执行到第 6 个月时，客户出现支付困难，抵押物的变现需时太长，不能及时收回资金。公司及时启动了预先部署的风险防范措施，与一家信托投资公司合作，由信托公司全款买断 30 台车，客户与公司终止合同，与信托公司重新签订 24 个月的融资租赁合同。此措施缓解了客户每月的付款压力，使其有能力继续经营；而信托公司向客户收取了一定比例的资金回报；公司及时地收回了全部资金，解除了风险。

——资料来源：引自百度博客

【分析与思考】

1. 请分析项目中导致客户不能按时支付租金的主要风险。
2. 请分析本案例中应有的风险监控措施。
3. 试分析本案例中的风险转移措施。
4. 本案例给你的启发是什么？

第八章　筹资的种类与方式

筹资是指企业筹集资金的过程。筹资是企业财务管理和生产经营活动的起点，在企业财务管理乃至企业管理中具有重要的地位。企业财务管理首先需要筹集一定数额的资金，然后才能进行投资、资本运营以及有效的收益分配。企业生产经营活动的开展必须以一定的资金为条件，其任何投资项目都必须以一定的资金作保障。本章着重介绍企业筹集资金的种类与方式。

第一节　筹资概述

筹资是指企业根据生产经营现状和未来发展要求，经过预测，选择合适的筹资渠道和筹资方式以取得一定额度资金的过程。

一、筹资的目的

企业产生筹资的需要十分广泛：新建企业需要获取资金以购买正常营运所需要的商品、设备及支付劳务性支出；企业在前景看好、产销两旺时，为在原有生产经营规模的基础上扩大生产和流通而需扩建分公司、扩大生产销售能力，从而需要购建厂房、设备，增加原材料及商品的库存等；由于市场情况变化引起商品积压，资金周转不灵，使资金的回收已无法维持正常经营规模时，需补充资金用以正常经营或转销资产；企业由于结算工作不顺，不能及时收回货款而造成资金的暂时短缺，需及时补足营运资金，等等。企业筹资的主要目的可归纳如下：

1. 新建性筹资动机

新建性筹资动机是指企业在新建时，为满足正常生产经营活动所需的资金而产生的筹资动机。企业新建时，要按照经营方针所确定的生产经营规模核定固定资金需要量和流动资金需要量，同时筹措相应数额的资本金——所有者权益，不足部分则需筹措其他形式的短期或长期资金。

2. 扩张性筹资动机

扩张性筹资动机是指企业因扩大生产经营规模或追加对外投资而产生的筹资动机。一般而言，处于成长期或者具有发展前景的企业会产生这种筹资动机。扩张性筹资的直接结果是企业资产总额及筹资总额增加，最终使企业生产规模得以扩大。

3. 调整性筹资动机

调整性筹资动机是指企业为调整现有的资本结构而产生的筹资动机。资本结构是指企业各类资金来源的构成与数量比例关系，或者说是自有资金与借入资金的比例关系。

随着环境的改变，企业资本结构可能发生变化，需要进行一定的调整使之趋于合理。

4. 混合性筹资动机

在实际操作中，企业扩大经营规模的同时，往往伴随着资本结构的调整，这种同时满足扩大经营规模和调整资本结构而产生的筹资动机称为混合性筹资动机。

5. 临时性筹资动机

临时性筹资动机是指企业为维持现有规模而筹措临时资金的动机。

6. 偿债性筹资动机

偿债性筹资动机是指企业为偿还到期债务或调整债务结构而形成的筹资动机。这种筹资结果不是扩大了企业资金规模，而是调整了企业的资本结构，企业资金总量不受筹资行为的影响。

二、筹资的种类

按照不同的标准，筹资可分为不同类型。

（一）按照资金的来源渠道不同，分为权益筹资和负债筹资

1. 权益筹资

权益筹资是企业依法筹集并长期拥有、自主支配的资金。企业通过发行股票、吸收直接投资、内部积累等方式而筹集的资金都属于企业的权益筹资。

2. 负债筹资

负债筹资是企业依法筹措并依约使用、按期偿还的资金。企业通过发行债券、向银行或非银行金融机构借款、融资租赁等方式而筹集的资金都属于企业的负债筹资。

（二）按照所筹资金使用期限的长短，分为长期资金筹资和短期资金筹资

1. 长期资金筹资

长期资金是指需用期在 1 年以上的资金。企业筹集的长期资金主要用于满足购建固定资产、取得无形资产、对外长期投资等方面的资金需要。长期资金是企业长期、持续、稳定经营的前提和保证。长期资金主要通过吸收直接投资、发行股票、发行债券、长期借款等方式来筹集。广义的长期资金还可分为中期资金和长期资金，一般把期限在 1～5 年内的资金称为中期资金，把期限在 5 年以上的资金称为长期资金。

2. 短期资金筹资

短期资金是指需用期在 1 年以内的资金。短期资金主要用于满足企业生产经营中短期临时周转的需要，它主要通过短期借款、商业信用等方式来筹集。短期资金具有占用期限短、对短期经营影响大、资本成本相对较低等特点。

企业的长期资金和短期资金有时可相互融通。如可用短期资金来满足临时性的长期资金需要，或者用长期资金来解决临时性的短期资金之不足。在会计上，对于将在 1 年内到期的长期资金，需作为短期资金处理。如将 1 年内到期的长期债券在资产负债表中列入流动负债等。

（三）按照资金的来源范围不同，分为内部筹资和外部筹资

1. 内部筹资

内部筹资是指企业利用自身的储蓄（折旧和留存收益）转化为投资的过程。其具

有原始性、自主性、低成本性等特点。

2. 外部筹资

外部筹资是指吸收其他经济主体的闲置资金，使之转化为自己投资的过程。其包括股票、债券、商业信用、银行借款等筹资方式，具有高效性、灵活性、大量性和集中性的特点。

（四）按照是否通过金融机构为媒介，可分为直接筹资和间接筹资

1. 直接筹资

直接筹资是指企业不通过银行等金融机构，直接从资本所有者手中获得资金的一种筹资活动。资本所有者与筹资者（企业）之间直接建立起借贷关系或投资关系。直接筹资的主要形式是发行股票和发行债券。

2. 间接筹资

间接筹资是指企业通过金融中介机构进行的筹资活动。在间接筹资中，投资者并不直接投资于企业等筹资者，不与筹资者发生直接的经济关系，而是将手中多余的资金以存款等形式投资于有关的金融机构（如银行），这些金融机构再将集中起来的资金以贷款形式向企业投放。间接筹资的主要形式是银行贷款。

3. 直接筹资与间接筹资的比较

直接筹资具有资金来源广泛、形式多样等优点，但其筹资手续烦琐，且投资者要同时面对许多投资者，不但容易产生各种纠纷，而且一旦出现纠纷也较难解决。间接筹资具有手续简便，筹资数量和期限较为灵活，筹资者只需同一个或少数几个投资者打交道，纠纷较少且容易解决等优点，但也存在筹资数量有限、期限较短等缺点。目前在我国，间接筹资仍是主要形式，直接筹资的比重相对较小，但随着我国资本市场的发展，发行股票、债券等直接筹资方式将会成为主流筹资方式。

三、筹资渠道与方式

（一）筹资渠道

筹资渠道是指企业资金来源的方向与通道，体现着资金的来源与供应量。目前我国企业的筹资渠道主要有：

1. 国家财政资金

国家财政资金是我国国有企业的主要资金来源渠道，尤其是国有独资企业，其资本全部来源于国家财政资金。但随着我国市场经济体系的建立以及国有企业改革的进一步深化，国家对国有企业的投资在减少，国家减持上市公司的国有股，越来越多的国有企业股权多元化，通过多种渠道来筹集资金。

2. 银行信贷资金

银行对企业的各种贷款，是我国目前各类企业最为重要的资金来源。我国银行分为商业性银行和政策性银行两种。商业性银行是以盈利为目的，从事信贷资金投放的金融机构，它主要是为企业提供各种商业贷款；而政策性银行是为特定企业提供政策性贷款的银行机构，盈利不是其主要目的。过去，我国企业尤其是国有企业，有许多政策性贷款，现在政策性贷款在大幅下降，商业性贷款成为企业主要的信贷资金来源。

3. 非银行金融机构资金

非银行金融机构主要是指信托投资公司、保险公司、租赁公司、证券公司、财务公司等。它们所提供的各种金融服务，既包括信贷资金，也包括融物（如租赁），还包括为企业承销证券等金融服务。非银行金融机构所提供的资金量相对比银行要小，但其发展潜力很大。

4. 其他企业资金

企业在生产经营过程中，往往形成部分暂时闲置的资金，为达到一定目的而进行相互投资；企业间的购销业务可以通过商业信用方式来完成，从而形成企业间的债权债务关系，形成债务人对债权人的短期信用资金占用。企业间的相互投资和商业信用，也是企业资金的重要来源。

5. 居民个人资金

城乡居民个人的节余货币，作为“游离”于银行及非银行金融机构之外的社会资金，可用于对企业进行投资，形成民间资金渠道，为许多中小企业提供资金来源渠道。

6. 企业自留资金

企业自留资金是指企业内部形成的资金，也称企业内部资金，主要包括计提的折旧、提取的盈余公积金和未分配利润等。这些资金无需企业通过一定的方式去筹集，而直接由企业内部自动形成。

7. 外商资金

外商资金是指外国投资者及我国香港、澳门、台湾地区投资者投入的资金，它是我国外商投资企业重要的资金来源渠道。

（二）筹资方式

筹资方式是指企业筹措资金时可采用的具体筹资形式。如果说筹资渠道属于客观存在，那么筹资方式则属于企业主观能动行为。企业筹资管理的重要内容是如何针对客观存在的筹资渠道，选择合适的筹资方式筹资。正确认识筹资方式的类型及各种筹资方式的属性，有利于企业选择适宜的筹资方式并有效地进行筹资组合，达到降低筹资成本的目的。

目前我国企业筹资方式主要有吸收直接投资、发行股票、发行债券、银行借款、融资租赁、商业信用等。

（三）筹资渠道与筹资方式的对应关系

筹资渠道在于了解资金有没有的问题，筹资方式则解决通过何种方式取得资金的问题，它们之间存在着必然的联系和一定的对应关系。一定的筹资方式可能只适用于某一特定的筹资渠道，但是同一渠道的资金往往可采用不同的方式取得。它们之间的对应关系可用表 8－1 表示：

表 8－1 筹资渠道与筹资方式的对应关系

	吸收直接投资	发行股票	借款	发行债券	商业信用	融资租赁
国家财政资金	√	√				
银行信贷资金			√	√		
非银行金融机构资金			√	√		
其他企业资金	√	√		√	√	√
居民个人资金	√	√		√		
企业自留资金	√					
外商资金	√	√		√	√	√

注：表中“√”表示在一般情况下，某种筹资方式可利用的相关筹资渠道的资金，或表示取得某种筹资渠道的资金可利用的筹资方式。

筹资方式与筹资渠道的对应关系不是一成不变的，而是受一定的区域、时间及具体法规影响的。如我国现行商业银行法规定，分业经营，其信贷资金不能购买股票，但随着混业经营的实行，这种限制会被打破。而且，随着市场经济的发展，我国企业的筹资渠道和筹资方式将会越来越多。

四、筹资的原则

企业通过不同筹资渠道和不同筹资方式筹集资金，其具体过程是不相同的，需具备的条件和考虑的因素也不尽一致。但是，无论通过哪种筹资渠道和筹资方式筹集资金，通常会遵循以下原则：

1. 规模适度原则

资金不足会影响企业正常的生产经营发展，资金过剩则会导致资金浪费，降低资金的使用效率。企业筹资规模受到注册资本限额、企业债务契约约束、企业投资规模大小等多方面因素的影响，且企业的资金需求量并不是一个常数，在不同时期有不同需求量。企业财务人员要认真分析生产经营状况、增长率和投资需求，采用一定的方法，预测资金的需求数量，合理确定筹资规模。

2. 筹措及时原则

企业财务人员在筹集资金时必须熟知资金时间价值的原理和计算方法，并根据资金需求的具体情况，合理安排资金的筹集时间，适时获取所需资金。这样既能避免过早筹集资金形成资金投放前的闲置，又能防止取得资金的时间滞后，错过资金投放的最佳时机。

3. 结构合理原则

所谓结构，即资本结构，主要是指权益资本和借入资金的比例关系。一般说来，完全通过权益资本筹资是不明智的，不能得到负债经营的好处；但负债比例大，风险也大，企业随时可能陷入财务危机。因此，筹资决策的一个重要内容就是考虑适度负债，确定最佳资本结构。

4. 方式经济原则

在确定筹资数量、筹资时间、资金来源的基础上，企业在筹资时还必须认真研究各种筹资方式。企业筹集资金必然要付出一定的代价，不同筹资方式条件下的资本成本有高有低。筹资决策追求的就是低资本成本。为此，需要对各种筹资方式进行分析、对比，选择经济、可行的筹资方式。

第二节　负债资金筹集方式

按照所筹资金的渠道不同，负债筹资可以分为银行借款、商业信用、融资租赁和企业债券等。

一、借款

（一）短期借款和长期借款

按照借入时间的长短，借款可分为短期借款和长期借款。

1. 短期借款

短期借款是指企业向银行或其他非银行金融机构借入的期限在一年以内的借款。短期借款的成本通常就是借款的利率。

2. 长期借款

长期借款是指企业向银行或其他非银行金融机构借入的使用期超过一年的借款。长期借款主要用于购建固定资产和满足企业经常性流动资产占用的需要。

企业取得长期贷款的基本程序为：首先，由企业向金融部门提出借款申请；其次，金融部门根据企业的借款申请，针对企业的财务状况、信用情况、盈利的稳定性、发展前景、借款投资项目的可行性等进行审查，核准企业申请的借款金额和用款计划；再次，签订借款合同。金融部门经审查同意贷款后，再与借款企业进一步协商贷款的具体条件，明确贷款的种类、用途、金额、利率、期限、还款的资金来源及方式、保护性条件、违约责任等，其后由金融部门与借款企业签订借款合同；最后，借款企业取得借款和偿还借款。借款合同生效之后，企业便可以根据借款合同从金融部门取得借款和偿还借款。

由于长期借款期限长、风险大，按照国际惯例，银行通常向借款企业提出一些有助于保证贷款按时足额偿还的条件。这些条件写进贷款合同中，形成了合同的保护性条款。

（1）一般性保护条款。

一般性保护条款应用于大多数借款合同，但根据具体情况会有补充与调整，简列如下，以作参考：

①对借款企业流动资金保持量的规定，其目的在于保持借款企业资金的流动性和偿债能力；

②对支付现金股利和再购入股票的限制，其目的在于限制现金外流；

③对资本支出规模的限制，其目的在于减少企业“日后不得不变卖固定资产以偿还贷款”的可能性，着眼于保持借款企业资金的流动性；

④限制其他长期债务，其目的在于防止其他贷款人取得对企业资产的优先求偿权；

⑤借款企业定期向银行提交财务报表，目的在于及时掌握企业的财务情况；

⑥不准在正常情况下出售较多资产，以保持企业正常的生产经营能力；

⑦如期缴纳税金和清偿其他到期债务，以防被罚款而造成现金流失；

⑧不准以任何资产作为其他承诺的担保或抵押，以避免企业过重的负担；

⑨不准贴现应收票据或出售应收账款，避免或有负债；

⑩限制租赁固定资产的规模，以防止企业因负担巨额租金而削弱偿债能力。

（2）特殊性保护条款。

特殊性保护条款针对某些特殊情况而出现在部分借款合同中，主要包括：

①贷款专款专用；

②不准企业投资于短期内不能收回资金的项目；

③限制企业高层职员的薪金和奖金总额；

④要求企业主要领导人在合同有效期内担任领导职务；

⑤要求企业主要领导人购买人身保险等。

（3）长期借款的成本构成。

长期借款的成本主要包括利息和其他有关费用。

长期借款的利息率通常高于短期借款，但信誉好或抵押品的流动性强的借款企业也可以争取到利率较低的长期借款。长期借款利率有固定利率和浮动利率两种。浮动利率通常有最高限和最低限，并在借款合同中予以明确。从企业理财的角度来看，若预测市场利率将上升，应与银行签订固定利率合同；反之，则应与银行签订浮动利率合同。

除了利息之外，金融部门还会向借款企业收取其他费用，如执行周转信贷协定所收取的承诺费，要求借款企业在银行中保持补偿余额所形成的间接费用，等等。

（4）长期借款的偿还方式。

长期借款的偿还方式由金融部门与借款企业共同商定。从一般情况来看，主要有以下四种方式：

①定期支付利息、到期一次性偿还本金的方式。这是最一般的、最具代表性的长期借款的偿还方式。采用这种方式，对于借款企业来说，由于利息分期支付，支付利息的压力较小，但它会加大企业借款到期后偿还本金的压力。

②定期等额偿还方式。该偿还方式的优点是减轻了一次性偿还本金的压力。但是，由于可供借款企业使用的借款额会逐期减少，因此会提高企业使用借款的实际利率。

③平时逐期偿还小额本金和利息、期末偿还余下大额本金的方式。该偿还方式综合了前面两种方式的优缺点。

④到期一次还本付息的方式。该偿还方式的优点是平时没有利息和本金的偿还，有利于借款企业合理安排资金的使用，改善现金流转状况，但到期偿还本金和利息的压力较大。

企业应该根据自身的实际情况，选择合适的偿还方式。

（二）信用借款和抵押借款

按有无担保，借款可分为信用借款（无担保借款）和抵押借款（担保借款）。

1. 信用借款

信用借款是指不需要抵押品的借款，其具有自动偿还的特点。这种借款一般只适用于信誉好、规模大的公司，满足其应收账款和存货占用资金的需要。信用借款具体有以下三种形式：

（1）信用额度贷款。信用额度贷款是银行和企业之间商定的，在未来一段时间内银行向企业提供无担保贷款的最高限额。企业在商定的信用额度内可以随时向银行申请借款，但银行并不承担必须提供全部信用额度贷款的义务，如果企业信誉恶化，企业可能得不到信用额度内的贷款。此时，银行不会承担法律责任。信用额期限通常为一年，信用额度的数量一般由银行对企业信用进行详细调查后确定。这种借款的最大优点是为企业提供了较大的筹资弹性，借款只要不超过限额，借款和还款都比较灵活。

（2）周转信贷协定。周转信贷协定也称限额循环周转证，是银行具有法律义务承诺提供不超过某一最高限额的贷款协定。它是另一种信用额度，即由银行和企业共同确定借款的最高限额，在限额内，借款可以或多或少地周转使用。它与信用额度贷款的区别在于：一是贷款有效期不同。周转信贷协定的贷款期限超过一年，具有短期贷款和长期贷款的双重特征，并且贷款期限可以一再延长；而信用额度贷款的有效期通常为一年或低于一年。二是法律约束力不同。周转信贷协定要求银行履行法律义务，遵守限额贷款协议，如果银行拒绝贷款就是违约，需负法律责任。也正是这一原因，企业需要为其在最高限额内未使用的部分（贷款）支付一定的“承贷费”（或承诺费）。而信用额度贷款一般不具法律约束力，因此也就没有该项费用。

（3）贸易贷款。贸易贷款是指为满足某项特定贸易的资金需要，由企业向银行借入的一次性贷款。银行在对借款人的信用状况及经营情况进行个别评价后，确定贷款的数量、期限和利率。

2. 抵押借款

抵押借款是指企业以提供担保品为条件向银行取得的借款。银行在发放贷款时，为降低贷款风险，通常要求那些财务状况较差的借款企业必须有担保品作抵押。担保品价值的大小通常取决于借款企业的信用状况和担保品的变现能力。如果企业不能履行偿还义务，银行可以出售担保品，以其变现价值抵偿借款。如果担保品的变现价值超过借款本金和应付利息，多余部分应退还借款企业；如果担保品的变现价值低于借款本金和应付利息，差额部分则为无担保借款。所以，这也是银行在发放贷款时往往不按担保品的估价（或市价）足额发放的根本原因（一般为抵押品价值的30%～90%，这一比例取决于抵押品的变现能力和银行对风险的偏好）。在短期抵押借款中，用作担保品的资产通常是应收存货等易于变现的流动资产。在长期抵押借款中，用作担保品的资产通常是固定资产、不动产等。此外，企业也可以用股票、债券、第三者担保等作为抵押，取得借款。

（三）借款筹资的优缺点

1. 借款筹资的优点

（1）筹资速度快。借款的手续比发行股票、债券要简单得多，因此得到借款所花费的时间也就比较短。

（2）筹资弹性较大。借款时企业与银行等金融部门直接交涉，有关条件可以经过谈判确定，用款期间若发生变动，也可以与金融部门协商。因此，借款筹资对借款企业来讲，具有较大的灵活性，这是发行股票和债券筹资所没有的。

（3）成本较低。借款利率一般低于债券利率，筹资费用也较低。另外，与股票等权益筹资方式相比（债券筹资也有同样的特点），由于借款的利息属于可以在所得税前列支的费用，因而能给借款企业带来所得税的节省。

（4）具有财务杠杆作用。企业利用借款筹资，与发行债券筹资一样，可以发挥财务杠杆的作用。

2. 借款筹资的缺点

（1）借款的限制性条件较多。企业从金融部门取得借款，要受到许多限制性条款的限制，尤其是长期借款的限制性条款很多，这可能会影响到企业日后的财务活动。

（2）筹资风险较大。借款通常有固定的利息负担和固定的本金偿还期，因而借款企业采用该筹资方式的筹资风险较大。

（3）筹资数量有限。借款筹资一般不像发行股票、债券那样能够一次性筹集到大量资金。

二、商业信用

商业信用是指商品交易中以延期付款或延期交货（预收货款）进行购销活动而形成的借贷关系，是一种自然筹资方式。赊销、赊购在市场经济发达的国家已被普遍采用，成为企业短期资金的重要来源。一些小企业由于银行借款受到的限制较多，对商业信用的依赖程度更高。

（一）商业信用的形式

企业利用商业信用筹资的具体形式一般有应付账款、应付票据和预收账款。

应付账款是由于赊购商品而形成的最典型、最常见的商业信用形式。当买卖双方发生商品交易，买方收到货物后，可在双方认可的情况下，推迟一定时期再付款。

应付票据是企业进行延期付款商品交易时，以书面形式载明债务人有义务按规定期限向债权人无条件支付货款的一种凭证。

预收账款是卖方在正式交付货物之前向买方预先收取部分或全部货款的信用形式。它相当于卖方向买方预先借用资金，然后用货物来抵偿。通常，购买企业对于紧俏商品乐意采用这种形式，以便顺利获得所需商品。另外，生产周期长、成本及价格高的商品，如轮船、飞机等，生产企业通常向订货者分次预收货款，以缓解资金占用过多的矛盾。

（二）商业信用条件

所谓信用条件，是指销货人对付款期限和现金折扣所作的具体规定。如“2/10，

1/20，n/30"，分别表示"10 天内付款可享受 2% 的现金折扣，20 天内付款可以享受 1% 的现金折扣，不享受现金折扣且必须在 30 天内付款"。从总体上看，信用条件主要有以下三种形式：

1. 预收货款

销货方要求购货方预先垫支一笔资金，一段时间以后再发货。在这种信用条件下，销货方可以得到暂时的资金来源，购货方则要先垫支一笔资金。

2. 延期付款，但不提供现金折扣

销货方允许购货方在交易发生后一定时期内按发票面额支付货款，但早付款没有现金折扣，如"n/30"，是指全部货款必须在发票开出后 30 天内付款。在这种信用条件下，购货方因延期付款而取得资金来源。

3. 延期付款，但早付款有现金折扣

销货方允许购货方在交易发生后一定时期内付款，对购货方提前付款，销货方可给予一定的现金折扣，如"2/10，n/30"。在这种商业信用条件下，购货方如在折扣期内付款，既可获得短期的资金来源，又能得到现金折扣；若放弃现金折扣，则可获得较长时间的资金来源。现金折扣在西方企业的交易活动中被广泛地应用。现金折扣一般为发票金额的 1% ~5%。

（三）商业信用的成本

当卖方的信用条件中没有给出现金折扣时，商业信用一般没有成本；当卖方给出了现金折扣，而买方也在折扣期内付款，享受了现金折扣时，商业信用也没有成本；但是，如果卖方给出了现金折扣，而买方没有在规定的折扣期内付款，未能获得现金折扣，则商业信用有成本，这就是买方放弃折扣而产生的商业信用筹资的机会成本。

【例 8 -1】某企业采购原材料，卖方给出的信用条件为"2/10，n/30"，发票金额为 100 000 元。如果企业在卖方开出发票以后的第 10 天或更早付款，则只需付 100 000 × 98% =98 000 元；如果企业在卖方开出发票以后的第 1 ~30 天内付款，则需要付 100 000 元。这等于企业占用卖方 98 000 元资金 20 天或少于 20 天，便要付出相当于 2 000 元的利息。其利率可计算如下：

$$\text{年利率}=\frac{2\ 000}{98\ 000}\times\frac{360}{20}\approx 36.73\%$$

商业信用的成本可用以下公式计算：

$$K=\frac{d}{1-d}\times\frac{360}{N}$$

上式中，K——商业信用的年成本率；d——卖方给出的现金折扣率；N——在放弃现金折扣后延期付款的天数。

仍用上述资料，如企业在卖方开出发票的第 30 天付款，可以得出：

$$K=\frac{2\%}{1-2\%}\times\frac{360}{20}\approx 36.73\%$$

如企业在卖方开出发票以后的第20天付款，则商业信用的成本率为：

$$K=\frac{2\%}{1-2\%}\times\frac{360}{10}\approx 73.47\%$$

如企业在卖方开出发票以后的第50天付款，则商业信用的成本率为：

$$K=\frac{2\%}{1-2\%}\times\frac{360}{40}\approx 18.37\%$$

由以上计算可看出，企业一旦放弃了现金折扣，就尽可能地延期付款，以降低商业信用的成本率。但是，超过信用期限后付款，尽管可以降低商业信用的成本率，但会使购货企业的信誉和形象受到影响，甚至可能导致企业今后丧失取得商业信用的机会，这是得不偿失的。因此，企业在利用商业信用筹资时，要比较放弃现金折扣的成本率是否高于其他筹资渠道的成本，如果是的话，则不应放弃现金折扣。如果企业资金紧张，又无法从其他渠道及时筹得资金成本率低的资金，那么企业就只好放弃现金折扣了。企业一旦放弃现金折扣，最明智的做法就是在卖方规定的付款期的最后一天付款。

（四）商业信用筹资的优缺点

1. 商业信用筹资的优点

（1）易于取得。因为商业信用与商品买卖同时进行，属于一种自然融资，并不需要以资产作抵押，不需要办理任何复杂的手续就能取得。

（2）灵活性大。企业可以在现金折扣期内付款，获得现金折扣，也可以放弃现金折扣，在支付期限的最后一天付款。如果在支付期限的最后一天仍不能付款，还可通过与供货单位协商，在销货方的产品供过于求的时候，请求推迟一段时间再支付是完全可能的，因为商业信用的筹资风险一般要低于短期银行借款的风险。

（3）筹资成本低。如果没有现金折扣，或不放弃现金折扣，则利用商业信用筹资不会发生资金成本。

2. 商业信用筹资的缺点

（1）利用时间短。商业信用的利用时间一般较短，如果企业取得现金折扣，时间就更短；如果放弃现金折扣，则要支付非常高的成本；如果到期不支付货款，过长时间地拖欠则会影响企业的信誉，对今后购货和筹资不利。

（2）利用数量有限。商业信用是不可能无限利用的，它受到外部环境的影响。如在求大于供时，卖方就很可能不愿提供商业信用；此外，在与卖方交往不多，或本身信用不是很佳时，也难以取得商业信用。

三、融资租赁

租赁是指出租人以收取租金为条件，在契约或合同规定的期限内将其所拥有的资产租借给承租人使用的一种经济行为。现代租赁的种类很多，按租赁的性质或目的，租赁通常可以分为经营租赁和融资租赁两大类。经营租赁又称服务性租赁，其目的在于获得租赁物的使用权，通常为短期租赁；融资租赁又称资本租赁或财务租赁，属于长期租赁，是一种特殊的筹资方式。这里只介绍融资租赁。

（一）融资租赁的含义及特点

1. 融资租赁的含义

融资租赁是指出租人按照承租人的要求融资购买设备，并在契约或合同规定的较长期限内提供给承租人使用的一种信用性租赁业务。这种租赁的目的是融通资金，即通过获取资产的使用价值来达到融资的目的。融资租赁是现代租赁的主要形式。

2. 融资租赁的特点

融资租赁通常为长期租赁，可以满足承租企业对设备的长期需要，故又称为资本租赁或财务租赁。融资租赁的目的不仅是获得租赁物的使用权，而且往往是为了租赁物的所有权，租赁只不过是一种融通资金的方式而已。融资租赁的主要特点是：

（1）租赁物一般由承租人选择，然后由出租人代为购买并租给承租人使用。

（2）租赁期限较长，一般为租赁资产寿命的一半以上。

（3）租赁合同较为稳定，不能中途随意取消。

（4）出租人仍然保留租赁资产的所有权，但与租赁资产有关的全部风险和报酬实质上已经转移。

（5）融资租赁的租金通常包括出租人支付的租赁设备的价格、利息费用和手续费用。一般情况下，出租人只需通过租赁就可以收回其全部投资并取得合理的利润。

（6）租赁期满后，承租人有优先享受廉价购买租赁资产的权利，或者采取续租方式，或者将租赁资产退还给出租人。

可见，融资租赁既可以使承租人获得适合需要的机器设备，又可以解决其资金上的困难，而且，如果想继续租用或拥有这项设备时，可以订立续租合同或按“名义价格”买下。适用融资租赁的资产主要有不动产、医疗设备、办公设备、飞机、轮船等。

（二）融资租赁的形式

融资租赁的形式可以按租赁业务的不同特点具体细分为：

1. 直接租赁

直接租赁是指承租人直接向出租人承租其所需的资产并向出租人交付租金。直接租赁的出租人可以是制造商、租赁公司或金融公司等。除制造商外，其他出租人都是向制造商或供应商购买租赁资产后，再出租给承租人。

2. 售后租回

售后租回是指承租人根据协议将其资产卖给出租人，然后又将其租回使用并按期向出租人支付租金的一种租赁形式。在这种形式下，承租人可以获得出售资产的资金，同时也可以获得资产的使用权。

3. 杠杆租赁

杠杆租赁是国际上比较流行的一种融资租赁形式，它一般涉及承租人、出租人和贷款人三方当事人。从承租人的角度看，这种租赁与其他融资租赁形式并无区别，同样是按租赁契约的规定，在租赁期内获取资产的使用权，并按期支付租金。但是，出租人却不同，出租人只需拿出购买资产的部分资金（一般占总资金的20%～40%）作为自己的投资，其余部分资金（一般占总资金的60%～80%）以该租赁资产为担保向贷款人借入。因此，杠杆租赁的出租人既是出租人又是借款人（债务人），他同时拥有对租赁资产的所有权，既要收取租金又要偿付债务。如果出租人不能按期偿还债务，资产的所有权就会被转移给资金的出借者（即债权人，一般情况下，这种贷款属于无追索权贷款，只能以租赁资产的残值作为抵押）。由于出租人的租金收入一般高于借款成本支出，从而可以获得财务杠杆利益，所以这种租赁被称为杠杆租赁（也称借款租赁）。这种租赁一般用来满足对价值特别大、租赁期长的资本密集型设备的融资需要，如飞机、输油管道、卫星系统等。

（三）融资租赁租金的计算

在融资租赁筹资方式下，由于租金的数额和支付方式对承租人的未来财务状况有着直接的影响，因此，租金的计算是租赁筹资决策的重要依据。

1. 租金的构成

融资租赁的租金一般由租赁设备的价款（购置成本）和租息两部分构成。租赁设备的价款（购置成本）是构成租金的主要内容，它包括设备的买价、运杂费和途中保险费等。租息又可以分为出租人的融资成本、租赁手续费等。融资成本是指出租人为购买租赁资产所筹资金的成本，即租赁公司为融资所应计的利息。租赁手续费包括出租人承办租赁所花费的营业费用和一定的盈利。租赁手续费的高低一般无固定的标准，主要由租赁双方协商确定。

2. 影响租金的因素

影响融资租赁租金的因素主要有：

（1）构成融资租赁租金的内容。

（2）预计租赁设备的残值。

（3）租赁期限。租赁期限的长短既影响租金总额，也影响每期租金的数额。

（4）租金支付方式。租金支付方式影响到每期租金的数额。支付次数越多，每次支付额越小。常用的支付方式有以下几种：按支付间隔期不同，可以分为年付、半年付、季付和月付；按在期初还是期末支付，可以分为先付租金和后付租金；按每期支付数额不同，可以分为等额支付和不等额支付。

3. 租金的计算方法

租金的计算方法有很多种，通常有等额年金法、平均分摊法、附加率法、浮动利率法等。目前，在融资租赁实务中，多采用等额年金法。

等额年金法是指运用年金的计算原理计算每期应付租金的方法。在后付等额租金的情况下，每期租金的计算可以根据普通年金现值的计算公式，推导出等额租金情况下每年年末支付金额的计算公式，即

$$R=\frac{PVA_n}{(P/A,\ i,\ n)} \tag{8-1}$$

式（8-1）中，R——每次支付租金；PVA_n——等额租金现值；$(P/A,\ i,\ n)$——等额租金现值系数；n——支付租金期数；i——租费率。

【例8-2】某企业融资租入设备一台，价款为200万元，租期为4年，到期后设备归企业所有，租赁期内贴现率为15%，采用普通年金方式支付租金，则每年应付租金

额可计算如下：

$$每年应付租金R=\frac{200}{(P/A,\ 15\%,\ 4)}=\frac{200}{2.855}\approx 70.05\ (万元)$$

(四) 融资租赁筹资的优缺点

1. 融资租赁筹资的优点

(1) 融资与融物相结合，能迅速获得所需资产。租赁筹资往往比借款筹资取得资金之后再购置设备更迅速、更灵活，因为在这一方式下，筹资与设备购买是同时进行的，因而可以缩短设备的购进、安装时间，使企业尽快形成生产经营能力，有利于企业尽快占领市场，打开销路。

(2) 融资租赁筹资可以提供一种新的资金来源（或称之为追加的资金来源）。有些企业由于种种原因，如负债比率过高、银行借款信用额度已用完、资信较弱等，阻碍了企业向外部再度筹集资金；采取融资租赁筹资方式则不必支付大量资金就能得到所需设备，从而可以解决这类企业的筹资困难，并且可以达到全额筹资的效果。

(3) 融资租赁筹资的限制较少。企业采取发行股票、债券以及长期银行借款等筹资方式往往有相当多的条件和条款限制，相比之下，租赁筹资的限制要少一些。

(4) 融资租赁筹资能减少设备陈旧、过时的风险。在当今社会，科学技术发展迅速，固定资产更新周期日期缩短，企业设备陈旧、过时的风险日益增大。采取租赁筹资方式则可以减少这一风险。

(5) 租金在整个租期内分摊，不用到期归还大量本金，可减少到期不能归还的风险。

(6) 租金属于免税费用。租金可以在所得税前扣除，从而减少企业的所得税支出。

(7) 租赁可提供一种新的资金来源。资产负债率过高的企业很难向外界筹集大量资金，采用租赁形式可使企业在资金不足又急需设备时，不付出大量资金就能及时得到设备的使用权。

2. 融资租赁筹资的缺点

(1) 资金成本较高。与发行债券和借款等筹资方式相比，租赁筹资的租金通常要高于利息费用。若承租企业发生财务困难，固定支付的一笔租金就会构成其一项沉重的负担。

(2) 采取租赁筹资方式，承租企业不能享有设备的残值，这可能也是承租企业的一种损失。

四、企业债券

债券是债务人依照法定程序发行的、约定在一定期限内向债权人还本付息的有价证券。债券是一种债务凭证，反映了发行者与购买者之间的债权债务关系。一种质地优良的债券必须集收益性、安全性和流动性于一体。

债券是世界上各个国家、各个地区政府、企业等向社会大众筹资的重要手段之一。当前，世界上所有的国家在建设资金短缺时，几乎都是通过发行债券来筹集所需资金的。债券是一种重要的筹资手段，在市场经济体制中发挥着重要作用。另外，债券筹资也是政府和企业在经常性收入不能弥补经费开支时的一种补充手段。

（一）债券的种类

公司债券的种类很多，按不同的标准有不同的分类，一般有以下几种：

1. 按是否记名，债券可以分为记名债券和无记名债券

（1）记名债券。记名债券是在债券券面上载明债券持有人的姓名或者名称的债券。发行公司对记名债券上的记名人偿还本金，持券人凭印鉴支取利息。记名债券的转让，由记名债券上的记名人以背书方式或者法律、行政法规规定的其他方式转让，并由发行公司将受让人的姓名或者名称及住所记载在公司债券存根簿上。

（2）无记名债券。无记名债券是在债券券面上不载明债权人的姓名或名称的债券。无记名债券的转让，由债券持有人在依法设立的证券交易所将该债券交付给受让人后，即发生转让后的效力。

2. 按有无特定的财产担保，债券可以分为抵押债券和信用债券

（1）抵押债券。抵押债券又称担保债券，是指发行公司用特定财产作为担保品而发行的债券。按担保品的不同，抵押债券又可以分为：

①一般抵押债券，即以公司的全部产业作为抵押品而发行的债券；

②不动产抵押债券，即以公司的不动产作为抵押品而发行的债券；

③动产抵押债券，即以公司的动产作为抵押品而发行的债券；

④证券信托抵押债券，即将公司持有的股票、债券以及其他担保证书交付给信托公司作为抵押品而发行的债券等。

（2）信用债券。信用债券又称无担保债券，是指发行公司没有抵押品作担保，完全凭信用发行的债券。信用债券通常只有信誉卓著的大公司才能发行。由于信用债券没有财产担保，所以在债券契约中一般规定有负抵押条款，即不准公司把财产抵押给其他债权人，以保证公司财产的完整性，进而保障信用债券持有人的债权的安全。

3. 按能否转换为公司股票，债券可以分为可转换债券和不可转换债券

（二）发行债券的资格与条件

1. 发行债券的资格

我国《公司法》规定，股份有限公司、国有独资公司和两个以上的国有企业或者其他两个以上的国有投资主体投资设立的有限责任公司有资格发行公司债券。

2. 发行债券的条件

根据我国《公司法》的规定，发行公司债券，必须符合下列条件：

（1）股份有限公司的净资产额不低于人民币 3 000 万元，有限责任公司的净资产额不低于人民币 6 000 万元；

（2）累计债务总额不得超过公司净资产额的 40%；

（3）最近三年年平均可分配利润足以支付公司债券一年的利息；

（4）所筹集的资金投向符合国家产业政策；

（5）债券的利率不得超过国务院限定的利率水平；

（6）国务院规定的其他条件。

（三）债券的发行方式

企业债券的发行方式有私募发行和公募发行两种。

1. 私募发行

私募发行即由发行公司直接向社会发行公司债券。

2. 公募发行

公募发行即由发行公司与承销机构签订承销合同，通过承销机构向社会发行公司债券。承销机构一般是证券经营机构或投资银行。承销又有代销和包销两种方式。代销即由承销机构代为销售公司债券。在约定期限内，承销机构可以将未售出的公司债券退还给发行公司，承销机构不承担发行风险。包销是由承销机构先购入发行公司拟发行的全部债券，然后再出售给社会上的认购者。如果承销机构在约定的期限内未能将债券全部售出，则未售出债券由承销机构负责认购。

公募发行是世界各国普遍采用的一种公司债券发行方式。在我国，根据有关法规，公司发行债券必须与证券经营机构签订承销合同，由其承销。

（四）债券的发行价格

同股票相同，债券发行价格也有三种：溢价、折价和平价。债券价格的形成受多种因素的影响，主要包括票面金额、票面利率、市场利率和债券期限等。一般而言，债券发行价格与票面金额和票面利率呈正向关系，与市场利率和债券期限呈反向关系。即票面金额越大、票面利率越高，债券发行价格越高；市场利率和债券期限越高，债券期限越长，债券发行价格越低。为了协调债券购销双方在债券利息上的利益关系，就要调整发行价格。即当票面利率高于市场利率时，债券溢价发行；当票面利率低于市场利率时，债券折价发行；当票面利率等于市场利率时，债券平价发行。

债券发行价格的计算公式如下：

$$\text{债券发行价格}=\frac{\text{票面金额}}{(1+\text{市场利率})^{n}}+\sum_{t=1}^{n}\frac{\text{票面金额}\times\text{票面利率}}{(1+\text{市场利率})^{t}} \quad (8-2)$$

式（8－2）中，n——债券期限；t——付息期限。

【例8－3】某公司拟发行面值为1 000元、年利率为12%、期限为2年的债券一批，每年付息一次，假设有三种市场利率，分别为10%、12%、14%。我们可以测算该债券在下列市场利率下的发行价格如下：

市场利率为10%时的债券发行价格

$$=\frac{1\,000}{(1+10\%)^{2}}+\frac{1\,000\times12\%}{1+10\%}+\frac{1\,000\times12\%}{(1+10\%)^{2}}\approx1\,034.71\text{（元）}$$

市场利率为12%时债券发行价格

$$=\frac{1\,000}{(1+12\%)^{2}}+\frac{1\,000\times12\%}{1+12\%}+\frac{1\,000\times12\%}{(1+12\%)^{2}}\approx1\,000\text{（元）}$$

市场利率为14%时债券发行价格

$$=\frac{1\,000}{(1+14\%)^{2}}+\frac{1\,000\times12\%}{1+14\%}+\frac{1\,000\times12\%}{(1+14\%)^{2}}\approx967.07\text{（元）}$$

（五）发行企业债券筹资的优缺点

1. 发行企业债券筹资的优点

（1）债券的利息具有节税效应，与股票相比，其成本较低。

（2）债券筹资可以利用财务杠杆，无论公司盈利多少，债券持有人一般只收取固定的利息，更多的收益用于分配给股东或留于公司，从而增加股东和公司的财富。

（3）债券持有人无权参与公司的经营管理，因此，发行债券筹资不会分散现有股东对公司的控制权。

（4）发行债券有利于公司主动地、合理地调整资本结构。

2. 发行企业债券筹资的缺点

（1）债券有固定的到期日和固定的利息费用，当企业经营状况较差时，易使企业陷入财务困境。

（2）发行债券的限制条件较多，可能对企业财务的灵活性形成不良影响。

（3）公司利用债券筹资一般受一定额度限制，所筹资金数额有限。

第三节　权益性资金筹资方式

一、吸收直接投资

吸收直接投资是指企业按照“共同投资、共同经营、共担风险、共享利润”的原则吸收国家、其他法人单位、个人和外商投入资金的一种筹资方式。吸收直接投资不以证券为中介，直接形成生产能力，是非股份制企业筹集自有资金的一种主要方式。

（一）吸收直接投资的种类

吸收直接投资有多种类型，企业可以按照规定选择、筹措所需要的资金。

1. 按所形成的资本金分类

现代企业制度要求企业产权明晰，所以企业吸收直接投资要按投资主体进行分类和产权登记。按所形成的资本金分类，吸收直接投资可以分为以下四种：

（1）吸收国家的直接投资，主要为国家财政拨款，由此形成国家资本金。吸收国家直接投资是国有企业常见的一种筹资方式，也是其权益资本的重要来源。随着国有资本从竞争行业的战略性退出和对民营资本和外资的进一步开放，这种筹资方式将逐渐减少。在原国有企业的股份制改造中，属于国家拨款、投资及其增值的部分和拨改贷后用税前利润还贷及减免税的部分，均应界定为国家投资。

（2）吸收其他企业、事业单位等法人的直接投资，由此形成法人资本金。随着企业对外投资、相互持股的增多，吸收法人投资这种筹资方式的运用也越来越广。对于投资企业来说，可以加强与被投资企业的经济关系，达到降低风险、获取更多投资收益的目的。

（3）吸收企业内部职工和城乡居民的直接投资，由此形成个人资本金。目前，我国金融工具种类明显不足，筹资渠道单一，因此，以较好的投资收益吸引社会公众的直接投资，不失为一种筹资良策。同时，吸收个人投资也有利于调动社会个人关注该企业，尤其是内部职工关心本企业经营管理的积极性，有利于转换企业经营机制。

（4）吸收外国投资者和我国港澳台地区投资者的直接投资，由此形成外商资本金。

2. 按出资者的出资形式分类

按出资者的出资形式分类，吸收直接投资可以分为吸收现金投资和吸收非现金投资。

（1）吸收现金投资。它是企业吸收直接投资时所乐于采用的形式，企业一般争取投资者以现金方式出资。各国法规大都对现金出资比例作了具体规定，或者由融资各方协商确定。我国《公司法》对现金出资的比例没有明确规定，实际中往往由投资各方协商确定。

（2）吸收非现金投资。吸收非现金投资主要有两种形式：一是吸收实物资产投资，即投资者以房屋、建筑物、设备等固定资产和材料、燃料、产品等流动资产作价投资。实物资产投资可以直接形成企业的生产能力，但必须进行资产评估，办理产权过户，手续较为复杂。二是吸收无形资产投资，即投资者以专利权、商标权、商誉、非专利技术、土地使用权等无形资产作价投资。由于无形资产未来收益具有很大的不确定性，所以必须进行评估核资。另外，我国《公司法》规定，企业吸收投资者的无形资产（不包括土地使用权）的出资额不得超过注册资本的20%，因特殊情况需要超过的，应报有关部门审批。

（二）吸收直接投资的优缺点

1. 吸收直接投资的优点

（1）吸收直接投资所筹资本属于企业的自有资本，与借入资本相比，它能提高企业的资信等级和借款能力。

（2）吸收直接投资不仅可以筹集现金，而且能够直接获得所需要的先进设备和技术，与只筹集现金的筹资方式相比，它能尽快地形成生产经营能力，迅速开拓市场。

（3）吸收直接投资的财务风险较低。

2. 吸收直接投资的缺点

（1）同负债筹资相比，其所吸收的直接投资为权益资本，资金成本较高。

（2）由于没有证券为媒介，吸收直接投资时产权关系有时不明晰，不便于进行产权交易。

（3）吸收直接投资的投资者的资本进入容易退出难，因此难以吸收大量的社会资本，融资规模受到一定的限制。

（4）控制权易分散。企业的直接投资者数量越多，企业的控制权越分散，尤其是新增投资比例越高，对原股东控制权的稀释就越明显，可能不利于企业的长期规划与发展。

二、发行普通股

（一）股票及其相关概念

1. 股票及其特征

（1）股票的概念。

股票（Stock）是股份有限公司为筹措自有资本而发行的、投资者持有以表示其所有权的有价证券，是持股人拥有公司股份的凭证。持股人即为公司股东，以其投资额对公司承担有限责任。发行股票筹资是股份有限公司筹措股权资本的基本形式。

股票的种类很多。按股东的权利和义务划分，股票可分为普通股和优先股。按票面有无记名，股票可分为记名股票和无记名股票。按有无面额，股票可分为有面额股票和无面额股票。不同类型的股票具有许多共性，也具有各自明显不同的特点。股份有限公司可以根据公司的需要并考虑投资者的需求，选择发行不同类型的股票来筹集资金。

（2）股票的基本特征。

①盈利性。股票的盈利性特征一方面是指股票持有者有权按照公司章程从公司领取股息和分享公司的经营红利，另一方面则是指股票持有者在证券市场上获取的价差。前者取决于公司的经营状况、盈利水平及分配方式；后者取决于证券市场上股票的价格波动。很明显，不论是股利还是证券市场上的价差收益，都具有不确定性，所以习惯上人们称股票为不确定收益证券。

②风险性。股票盈利的不确定性体现了股票所具有的风险性，股票持有者从认购之日起就承担了这种风险。股票的风险性表现在两个方面：一方面，如果股份公司经营不善，股票持有者就会少得甚至得不到股利；另一方面是股票价格下跌的风险，股票持有者会因为股票贬值而蒙受损失。在极端情况下，若股份公司破产，股票持有者甚至会血本无归。

③流通性。股票是一种流通性很强的证券，股票持有者可以在证券市场上随时转让股票。股票没有期限，也不能返还给发行公司，公司要想变现，只能通过证券市场进行转让。股票的这一能在证券市场上流通、转让的特征，使其流通性大大加强。

④价格波动性。与其他商品一样，股票这种特殊的商品也有自己的价值和价格。股票价格的高低不仅与股份有限公司的经营状况和盈利水平紧密相关，而且要受国际及国内政治、经济、社会等多种因素的影响。与其他商品不同，股票价格的波动幅度较大。

⑤权益稳定性。股票所代表的是一种所有权，只要持有股票，投资者的股东（Stock Holder）身份就不会改变，这样，股份公司就与股东通过股票这一纽带被牢牢地拴在一起。股东作为投资者，根据其投入公司的资本额享有相应的权利。根据企业章程，股东有参加或监督企业的经营管理、选择管理者、分享股利等权利，并依法承担以购股额为限的企业经营亏损的责任。但是，股东没有对其出资的直接支配权，也没有退股的权利。虽然股票可以在市场上进行转让，但新的股东仍将延续上述权益关系，从而保证了股票权益的稳定性。

2. 股票发行

股份有限公司在设立时要发行股票，设立之后为扩大经营、改善资本结构也会增发新股。股份的发行实行公开、公平、公正的原则，必须同股同权、同股同利。同时，发行股票还应接受国务院证券监督管理机构的管理和监督。

（1）股票发行的规定与条件。

股票发行必须遵照并符合我国《公司法》的有关规定。当前，我国股份有限公司发行股票应符合以下主要规定或条件（当然，随着社会经济的发展变化，我国《公司法》亦会适时作出调整，因此，详细、具体的规定还应查阅最新《公司法》）：

①每股金额相等。同次发行的股票，每股的发行条件和价格应当相同。

②股票发行价格可以按票面金额，也可以超过票面金额，但不得低于票面金额。

③股票应当载明公司名称、公司登记日期、股票种类、票面金额、股份数和股票编号等主要事项。

④向发起人、国家授权投资的机构、法人发行的股票，应当是记名股；对社会公众发行的股票，可以是记名股，也可以是无记名股。

⑤设立发行股票，必须具备下列条件：发起人认缴和社会公开募集的股本达到法定资本最低限额；发起设立需由发起人认购公司应发行的全部股份；募集设立的，发起人认购的股份不得少于公司股份总额的35%，其余股份应向社会公开募集；发起人应有5人以上，其中须至少3人在中国境内有住所。

⑥公司增资发行新股，必须具备下列条件：前一次发行的股份已募足，并间隔一年以上时间；公司在最近三年内连续盈利，并可向股东支付股利；公司在最近三年内财务会计文件无虚假记载；公司预期利润率可达同期银行存款利率。

（2）设立发行股票的程序。

设立发行股票是指股份公司设立时，为募集资本而发行股票，也称首次发行股票。其程序如下：

①发起人认足股份，交付资金。

②提出募集股份申请。如向社会公开募集资金，发起人须向国务院证券管理部门递交募股申请，并投递相关文件。

③公告招股说明书，制作认股书，签订承销协议和代收股协议。

④招认股份，缴纳股款。

⑤召开创立大会，选举董事会、监事会。

⑥办理设立登记，交割股票。

（3）增资发行新股的程序。

①由股东大会作出发行新股的决议。

②由董事会向国务院授权的部门或省级人民政府申请并批准。属于向社会公开募集的，须经国务院证券管理部门批准。

③公告招股说明书和财务会计报表及附属明细表，与证券经营机构签订承销合同，定向募集时向新股认购人发出认购公告或通知。

④招认股份，缴纳股款。

⑤改组董事会、监事会，办理变更登记并向社会公告。

（4）股票发行方式。

股票发行方式是指公司通过何种途径发行股票。总的来讲，股票的发行方式可分为以下两类：

①公募。公募是指通过中介机构，公开向社会公众发行股票。我国《公司法》规定，股份有限公司向社会公开发行股票必须与依法设立的证券经营机构签订承销协议，由证券经营机构承销。股票承销又分为包销和代销两种方法。包销是根据承销协议商定的价格，证券经营机构一次性全部购进发行公司公开募集的全部股份，然后以较高的价格出售给社会上的认购者。代销是指证券经营机构代替发行公司销售股票，并由此获取一定的佣金，但不承担股款未募足的风险。公募发行方式的发行范围广、发行对象多，易于足额募集资本；股票的变现性强，流通性好；股票的公开发行还有助于提高发行公司的知名度和扩大其影响力。但手续繁杂，发行成本高。

②私募。私募是指不经中介机构承销，由发行公司向少数特定的对象直接发行股票。这种发行方式是由发行公司直接控制发行过程，实现发行目的，可以节省发行费用；但其往往筹资时间长，发行公司要承担全部发行风险，且要求发行公司有较高的知名度、信誉和实力。

(5) 股票发行价格。

股票发行价格是指投资者认购股票时所支付的价格。股票发行价格通常由发行公司根据股票面额、公司盈利状况、股市行情和其他有关因素决定。以募集设立方式发行的股票价格由发起人决定；公司增资发行新股的价格由股东大会决定。股票发行价格一般有以下三种：

①等价。等价即以股票的票面金额为发行价格，也称为平价发行，一般在股票初次发行或在股东内部分摊增资的情况下确定。等价发行容易推销，但无股票溢价收入。

②时价。时价即以本公司股票在流通市场上买卖的实际价格为基准确定的股票发行价格。其原因是股票在第二次发行时已经增值，收益率已经发生变化。

③中间价。中间价就是以时价和等价的中间值确定的股票发行价格。按时价或中间价发行股票，股票发行价格会高于或低于其面额。前者称为溢价发行，后者称为折价发行。如属溢价发行，发行公司所获的溢价款应列入资本公积。

我国《公司法》规定，股票发行价格可以等价，也可以溢价，但不得折价。

3. 股票上市

股票上市是指股份有限公司公开发行的股票经批准在证券交易所进行挂牌交易。经批准在交易所上市交易的股票称为上市股票，其股份有限公司则称为上市公司。按照国际通行做法，只有公开募集发行并经批准上市的股票才能进入证券交易所流通转让。

(1) 股票上市的条件。

我国《公司法》规定，股份有限公司申请其股票上市，必须符合下列条件：

①股票经国务院证券管理部门批准已向社会公开发行。

②公司股本总额不少于人民币 5 000 万元。

③最近三年连续盈利。

④持有股票面值人民币 1 000 元以上的股东不少于 1 000 人，向社会公开发行的股份占公司股份总数的 25% 以上；公司股本总额超过人民币 4 亿元的，其向社会公开发行股份的比例为 15% 以上。

⑤公司在最近三年无重大违法行为，财务会计报告无虚假记载。

⑥国务院规定的其他条件。

具备上述条件的股份有限公司经申请，由国务院授权的证券管理部门批准，其股票方可上市。股票上市必须公告其上市报告，并将其申请文件存放在指定的地点供公众查阅。上市公司还必须定期公布其财务状况和经营情况。

(2) 股票上市的暂停与终止。

股票上市公司有下列情形之一的，由国务院证券管理部门决定暂停其股票上市：

①公司股本总额、股权分布等发生变化，不再具备上市条件（限期内未能消除的，终止其股票上市）。

②公司不按规定公开其财务状况，或者对财务报告作虚假记载（后果严重的，终止其股票上市）。

③公司有重大违法行为（后果严重的，终止其股票上市）。

④公司最近三年连续亏损（限期内未能消除的，终止其股票上市）。

另外，公司决定解散、被行政主管部门依法责令关闭或者宣告破产的，由国务院证券管理部门决定终止其股票上市。

（二）普通股及其权利

股份有限公司根据筹资与投资的需要，可发行各种不同种类的股票。股票按股东权利和义务分为普通股和优先股。普通股股票与优先股股票的分类是最基本的股票分类，它是以股东所承担的义务和所享有的权利作为标准而划分的。我国目前尚未普遍发行优先股股票。

普通股是享有普通权利、承担普通义务的股票，即股份有限公司发行的具有管理权而股利不固定的股票。普通股符合一般股权的基本标准，是公司资本结构中的基本部分。普通股的持有者享有以下权利：

(1) 投票选举权。股东有权参与公司的经营决策，这种经营决策权利包括在股东大会上选举董事、发表意见、投票表决等。普通股的多寡常常成为股东大会上各种决议顺利通过的有效力量，所以一些具有雄厚实力的单位和个人可以通过其控股地位，达到控制股份有限公司的目的。普通股股东出席或委托代理人出席股东大会，并依公司章程规定行使表决权。

(2) 收益分配权。普通股的股利分配位于优先股之后，股利分配取决于公司的盈利状况和分配政策。

(3) 优先认股权。当股份有限公司为增加公司资本而决定发行新股票时，现有的普通股股东有权优先认购，以保持其在公司中的股份权益比例。公司增发新股时，普通股股东有权按照其持股比例优先认购同样比例的新股。当然，普通股股东可以按照自己意愿放弃或转让这一权利。

(4) 资产分配权。当股份有限公司破产或解散清算时，普通股股东在公司资产满足了公司债权人和优先股股东分配剩余资产的请求权之后，有权参与公司剩余资产的分配，其参与资产分配的权力依其持有股票份额的多少而不同。

（三）发行普通股筹资的优缺点

发行普通股票筹资是一种重要的筹资方式，与其他筹资方式相比，它具有以下优缺点：

1. 发行普通股筹资的优点

（1）发行普通股筹资没有固定的股利负担，股利支付与否和支付多少，视公司有无盈利和经营需要而定，经营波动给公司带来的财务负担相对较小。由于普通股筹资没有固定的到期还本付息的压力，所以财务风险较小。

（2）发行普通股筹资具有永久性，无到期日，除非公司清算时必须予以偿还，否则不需归还。这对保证公司最低资本的需要、维持公司长期稳定发展极为有益。

（3）由于投资普通股只需承担有限责任，且股票流动性好，交易方便，因而资金来源面广，能迅速筹集到大量资金，增强公司的财务实力和举债能力。发行普通股所筹集的资金是公司资金的主体，也是采取其他方式筹集资金的基础。它反映了公司实力，尤其是它为债权人提供了防止损失的保障，增强了公司的举债能力。

（4）发行普通股筹资可以吸引大量投资者，形成多元投资主体，从而引入公众监督机制，便于转换企业经营机制，优化法人治理结构。发行普通股筹资比其他方式更容易吸收资金。这主要是因为：一是它能够给投资者带来比优先股股票和公司债券更高的预期收益；二是它给投资者提供了比按固定股利支付率的优先股和按固定利息率的债券更好的防止通货膨胀的保值方法（通常在通货膨胀期间，不动产升值时普通股也会随之升值）。

（5）发行普通股筹资，尤其是配股，使得社会资金流向经济效益好的行业，从而优化社会资源配置。

2. 发行普通股筹资的缺点

（1）普通股筹资的资本成本较高。首先，从投资者的角度看，投资于普通股风险较高，相应地要求有较高的投资报酬率；其次，对筹资公司来讲，普通股股利从税后利润中支付，不具有抵税效应；再次，普通股的发行费用一般也高于其他筹资方式。

（2）普通股筹资会增加新股东，可能会分散老股东对公司的控制权和收益权。正因如此，小公司经常避免发行新股筹资。

（3）普通股股价可能下跌。一方面，发行新股可能被投资者视为一种消极的信号，从而对该公司丧失信心；另一方面，新股东分享公司发行新股前积累的盈余，会降低普通股的每股净收益，从而可能引起股价的下跌。

另外，上市交易的普通股股票增强了对社会公众股东的责任，上市公司的财务状况和经营成果均要公开，以接受社会公众股东的监督。一旦公司经营出现问题或者遇到财务困难，公司就有被他人收购的风险。

三、发行优先股

优先股（Preferred Stock）是特别股票中的一种主要类型。特别股票是股份有限公司出于特定的需要和为满足投资者的不同需求而发行的股票，如优先股、后配股、混合股等。优先股具有自有资金和借入资金的双重属性，是一种混合性有价证券。一方面，优先股在某些方面比普通股优先享有股利，因此常常被普通股股东视为一种负债；另一方面，发行优先股股票获得的是自有资金，因而又常常被债权人视为权益资本。但其基本性质属于自有资金。

（一）优先股的权利

优先股的优先权是相对于普通股而言的，其特点是预先明确股息率。具体表现在：

（1）领取股息的优先权。公司分配税后盈利的顺序，首先是优先股，其次才是普通股，而且有可能出现普通股股息较少甚至没有而优先股仍照常分配股息的情况。

（2）分配剩余资产的优先权。当公司解散或者破产清算时，优先股股东有先于普通股股东参与公司剩余资产分配的权利。

优先股的不利之处表现在：

（1）股息率事先确定。即使公司当期盈利猛增，普通股股东可能获得较高的收益，优先股股息却不会因此而提高。

（2）优先股表决权受到限制。大多数优先股股东没有选举权和被选举权，不能参与公司的经营管理。但是，当公司研究与优先股有关的问题时有权参加表决。我国《公司法》规定，三年未分得股利的优先股股东享有投票表决权。

（3）优先股股东一般无优先认购新股的权力。

（二）优先股的种类

（1）按企业以往营业年度未能发放的股利是否可以累积起来于以后年度一并发放，优先股可以分为累积优先股和非累积优先股。

累积优先股是指当年未支付的股利可累积到以后年度一起支付的优先股，积欠的股利一般不加利息。公司只有在发放完历年积欠的全部优先股股利后，才能发放普通股股利。这种股利积累对优先股股东形成一种利益上的保护，保证了投资者的投资安全性。

非累积优先股是指欠发的股利不再补发的优先股。若公司某年因故无法支付优先股股利，今后盈利时只需付清当年的优先股股利后即可发放普通股股利，以前积欠的优先股股利不需补发。

（2）按取得股利后是否可以在盈利较多时参与额外股利的分配，优先股可以分为参与优先股和非参与优先股。

参与优先股是指优先股股东在获取定额股利后，还有权与普通股股东一起参加剩余利润的分配。各参与优先股在参与利润分配中按参与程度不同，可分为部分参与优先股和全部参与优先股。部分参与优先股是指优先股股东有权按规定额度与普通股股东共同参加利润分配；全部参与优先股是指优先股股东有权与普通股股东共享本期剩余利润。

（3）按是否在一定年限内以一定的比例调换为普通股，优先股可以分为可转换优先股和不可转换优先股。

可转换优先股是指按发行契约规定，可以在未来一定时期内按一定比例转换为普通股的优先股。转换比率是按普通股和优先股现行价格确定的，是否转换完全取决于投资者的意愿及当时普通股和优先股的价格变化程度。如果普通股价格上升，优先股股东可行使转换权利，从中获利；如果普通股价格下跌，优先股股东便不行使这一权利，继续享受优先股的优惠。可转换优先股可使其股东在公司收益不稳定时受到保护，在公司盈利时可分享更多的利润，处于有利的地位。但这种优先股在出售时价格较高，公司可筹到更多的资金。反之则为不可转换优先股，它只能获得固定股利，不能获得转换收益。

（4）按优先股发行方是否有权按一定的价格购回优先股股票，优先股可以分为可赎回优先股和不可赎回优先股。

一般来说，优先股股票没有规定的到期日，但是有时企业并不考虑把优先股股票作为一种永久性的筹资手段，在发行时会附有赎回条款，条款中规定回购价格。这种事先赋予回购条款的优先股能确保公司资本的弹性，增强公司财务的灵活性。这种优先股的选择权在发行公司而非股东方面，所以其发行价格较低。

（三）发行优先股的动机

筹集自有资金只是股份有限公司发行优先股的目的之一，但往往还有其他动机：

（1）防止公司股权被分散。由于优先股股东一般没有表决权，无权参与公司的经营管理，发行优先股可以避免公司股权被分散，保证公司原有股东的控制权。

（2）调剂现金余缺。公司可以在需要现金资本时发行优先股，在现金充裕时将可赎回优先股部分或全部收回，从而调剂现金余缺。

（3）改善公司的资本结构。公司在处理借入资本与自有资本的比例关系时，可以较为便利地利用优先股的发行、转换、赎回等手段进行资本结构和自有资本内部结构的调整。

（4）维持举债能力。公司发行优先股，有利于巩固其自有资本的基础，维持乃至增强公司的举债能力。

（四）发行优先股筹资的优缺点

1. 发行优先股筹资的优点

（1）优先股一般没有到期日，不需要偿付本金。发行优先股筹集资金，实际上近乎得到了一笔永久性的负债，而且公司没有还本义务。只有在有利于公司的根本利益时，公司才会赎回优先股。公司在优先股的赎回、股利支付等方面较为主动，使得公司在资金使用上具有较大的弹性，增强了公司财务的机动性，有利于形成灵活的资本结构，便于掌握公司的资本结构。

（2）股利的支付具有灵活性。一方面，优先股有固定的股息支付率，从而使其筹资具有财务杠杆作用，即当公司的资本收益率高于优先股股利支付率时，可以提高普通股股本收益率，这样，普通股股东就可以获得财务杠杆收益的好处；另一方面，对优先股股利的支付并不构成公司的法定义务，公司可以根据盈利情况适当地对其加以调整。如果公司的财务状况不佳，可以暂时不支付优先股股利。

（3）优先股股东在一般情况下没有表决权，因此，一方面，发行优先股不会引起普通股股东的反对，使公司的筹资活动得以顺利地进行；另一方面，发行优先股不会分散原有股东对公司的控制权。

（4）发行优先股所筹资金属于公司自有资金，这增强了公司的资金实力，提高了公司的举债能力。而且优先股股东也是公司的所有者，优先股股本属于股权资本，能增加公司的自有资本和信誉，提高公司的举债能力。

2. 发行优先股筹资的缺点

(1) 资金成本高。优先股的股利不能作为应税收益的抵减项目，从公司税后利润中支付，所以其成本核算虽然低于普通股，但一般要高于债券成本。

(2) 发行优先股筹资后对公司的限制因素较多。例如，公司不能连续三年拖欠股利，公司的盈利必须先分配给优先股股东，公司举债额度较大时要先征求优先股股东的意见，等等。

(3) 可能形成较重的财务负担。优先股要求支付固定股利，当公司盈利下降时，优先股股利可能会成为公司一项沉重的财务负担，有时不得不延期支付，从而会影响公司的形象。

四、认股权证

(一) 认股权证的概念

认股权证是公司发行的一种长期股票买入选择权，允许其持有人（投资者）有权利但无义务在指定的期限内，以事先确定的价格直接向发行公司购买普通股的证券。认股权证本身不是股票，既不享受股利收益，也没有投票权，但它赋予了其持有者在规定的时间内按照确定的价格购买一定数量的公司股票的权利。从本质上看，认股权证是以股票或其他有价证券为原生资产的一种买权，买权的买方为投资者，买权的卖方为发行认股权证的公司。与股票期权相比，认股权证期权条款的行使会增加流通在外的股票数量，导致公司现金流量变化；而股票期权的行使，只是使流通在外相关股票的所有者发生了变更，并不会使流通在外的股票数量发生变化，也不会引起任何的现金流动。

(二) 认股权证的特征

认股权证主要具有如下特征：

1. 认股权证是一种股票购买权

发行认股权证的主要目的是吸引广大投资者购买公司发行的债券或优先股。认股权证往往是按购买债券或优先股股票数量的某种比例以较低的价格配售给投资者的。这样，投资者不仅能获得所购债券或优先股的固定利息收入，而且还能根据认股权证规定的优惠价格在适当的时间购买普通股。

2. 认购的普通股股数是固定的

每股认股权证所能认购的普通股股数是固定的，其固定数目应列示在认股权证上。当认股权证持有人行使认股权时，应把认股权证交回公司。认股权证上还应规定认购普通股股票的价格，该价格可以是固定的，也可以按普通股股票的市场行情进行调整。

3. 认股权证的行使对股票价格有稀释作用

执行认股权证时将会增加公司流通在外的普通股股数，因此会对股票的市场价格产生稀释作用。认股权证实质上是一种股票买权。执行普通股股票买权时，买权的出售方向执行方交付的股票是已经在市场上流通的股票，不是新发行的股票，不存在股票价格的稀释效应。而认股权证的持有者在行使其权利时，公司向其交付的股票是新发行的股票，因此，执行认股权证将增加公司流通在外的股票数量。又由于认股权证的持有者在行使其权利时向公司交付的款项低于股票的市场价格，否则其持有者将不会行使这一权利，这样，认股权证的行使必然会对股票的市场价格产生稀释作用。

4. 认股权证的有效期较长

认股权证的有效期较长，比普通期权长得多，因而认股权证在股票拆分和送红股时，发行者可通过认购比例的调整保证认股权证的价值不受这种变化的影响，但如果公司股票有现金股利时，认股权证将不会受到保护，届时它的价值会发生变动。

（三）认股权证的种类

在国内外筹资实务中，认股权证的形式灵活多样，可分为不同种类：

（1）按照允许购股的期限的不同分为长期与短期认股权证。长期认股权证购股期限通常持续几年，有时甚至是永久性的。短期认股权证认股期比较短，一般在 90 天以内。

（2）按照发行方式的不同可分为单独发行和附带发行。单独发行比较容易理解，附带发行是指依附于债券、优先股、普通股或短期票据发行的认股权证。

（3）按照附带的认股权的不同可以分为备兑认股权证和配股权证。备兑认股权证是指每份备兑证按一定比例含有几家公司的若干股股票。配股权证是指确认老股东配股权的证书，它按照股东持股比例，赋予其以优惠价格认购公司一定份数的新股。

（四）认股权证的价值

认股权证具有理论价值和市场价值。到目前为止，人们尚无法事先对某一公司的认股权证的理论价值作出相当准确的计算。一般认为，认股权证的理论价值就是标的股票的市场价格与认股权证的预购股票价格之间的差额。即：

$$认股权证的理论价值 = 标的股票的市场价格 - 预购股票价格$$

认股权证的市场价值受到标的股票价格、剩余期限、无风险利率及权证行权价格等因素的影响。

（五）认股权证筹资的优缺点

1. 认股权证筹资的优点

认股权证通常与债券一起发行，这样，附有认股权的公司债券就兼有负债及股东权益的特色。如果公司发展景气，投资者可以通过行使认股权而获得股票投资的好处；而当公司发展不景气，投资者不行使认股权仍可以取得利息。因此，认股权证对于投资者来说是一种有利的投资工具，而对于公司来说无疑也是一种有效的筹资工具。

从发行公司的角度来看，其优点主要表现在：

（1）吸引投资者。认股权证为投资者提供了一个以小搏大的投资理财工具，可以有效地刺激投资者的投资欲，使公司较容易筹集到所需资金。

（2）筹资成本较低。由于认股权证具有价值，因此，附有认股权证债券的票面利率比纯债券利率低，而且当认股权证被行使时，还可增加公司的现金流量。

（3）套期保值。发行公司可以利用认股权证的期权性为手中持有的股票进行套期保值。

（4）有利于解决代理问题。公司中股东和经理的目标不一致，经常发生利益冲突，引起公司成本增加，降低公司价值。通过发行经理期权，使用认股权证将经理的收入与提高公司价值密切地联系在一起，有助于解决代理问题。

2. 认股权证筹资的缺点

认股权证筹资的缺点主要表现在：

（1）稀释了每股普通股收益。当认股权证被行使时，普通股股份增多，每股收益下降。

（2）减弱了原有股东对公司的控制。认股权证行使期权的时间不确定，会使公司处于既有潜在的资金来源又无资金可用的困境之中。

（3）高资金成本风险。认股权证持有者一旦迟迟不行使认购权，如果公司陷于既有潜在资金来源又无资金可用的困境时，公司可能会通过提高普通股股利的措施来刺激认股权证持有者行使认股权，以筹措资金，从而使资金成本提高。

第四节　其他筹资方式

随着经济全球化的发展和企业竞争的日益激烈，资金对企业生存和发展的约束越来越大，传统的债务融资和股权融资的方式由于受到各种因素的限制，不一定能够满足企业多样化的融资需求，而金融市场的繁荣使金融创新层出不穷，由此产生了许多新的融资方式，拓宽了企业的融资渠道。本节我们主要介绍可转换债券、信托、表外融资这三种筹资方式。

一、可转换债券

可转换债券是根据发行公司债券募集办法的规定，债券持有人在一定时期内可以按某一固定的价格或一定的比例将所持债券转换为一定数量的普通股的债券。发行可转换债券的公司应制定转换办法。根据我国《公司法》的规定，发行可转换为股票的公司债券，应当报请国务院证券管理部门批准。发行可转换为股票的公司债券的企业，除具备发行公司债券的条件外，还应当符合发行股票的条件。

可转换债券具有债券和股票的双重属性，它实际上是由普通的公司债券与股票的买入期权这两部分复合而成，无论是对发行公司还是对投资者，都赋予了一定的选择权，因而显得比普通的债券和股票具有更大的灵活性。

（一）可转换债券的特征

1. 期权性

可转换债券具有鲜明的期权性质——可转换的选择权。在规定的转换期限内，投资者可以按转换价格（即期权的敲定价格）转换为一定数量的股票，也可放弃转换权利。但是，可转换债券只赋予投资者将来买入股票的权利，而不赋予其卖出的权利，所以可转换债券只是一种股票看涨期权，尽管其同样可分为美式期权和欧式期权两类。

2. 债券性

债券性体现在可转换债券具有定期息票和本金的偿还上。投资者购买的可转换债券，若在转换期间未将其转换成股票，则发债公司到期必须无条件还本付息。

3. 股权性

可转换债券赋予投资者按一定价格买入一定数量股票的权利。因此，只要投资者认为时机成熟，便可以在规定的期限内将持有的可转换债券转换为股票。

4. 赎回性

有些可转换债券中带有回购条款，它规定发行债券公司可在可转换债券到期之前按一定条件赎回债券。由于可转债的利息率普遍低于一般债券，发行者行使赎回权的目的是为了迫使投资者将债权转换为股权，所以回购性体现了发债公司享受的一种权利。但是行使回购权的条件一般较为严格，并且通常为保护投资者利益，回购条款不能明显地赋予发行公司过大的权利，所以回购性只能作为可转换债券的一个隐含属性。

（二）可转换债券的基本要素

公司发行的可转换债券包含了若干重要因素，这些要素基本上决定了该可转换债券的总体特征、价值及其属性。

1. 基准股票

发行公司首先要确定一种基准股票，即发行公司准备发行的是何种股票，如 A 股、B 股、H 股或 ADR 等，以决定未来可将其转换成何种类型的股票。

2. 票面利率

由于可转换债券除了利息收入外，还附加了转换成股票的期权收益部分，这就给了投资者较大的灵活性。因此，可转换债券的票面利率通常比不可转换债券的利率低。在确定可转换债券的票面利率时，既要考虑市场利率的高低，还要考虑转换价格与基准股票未来的市场表现。如果预计未来基准股票价格高出转换价格越多，票面利率就可设置越低；反之，则票面利率就应设置越高。

我国《可转换公司债券管理暂行办法》第九条规定，可转换债券的利率不超过银行同期存款的利率水平。

3. 转换价格

能将多少债券转换成一股股票，在发行时就已确定。如转换价格为 25 元，则一张 100 元的债券到时可转换成 4 股股票。转换价格的确定直接涉及投资者与公司现有股东之间的利益关系。转换价格定得过高，会降低债券的投资价值，从而失去对投资者的吸引力，增大发行风险；而转换价格定得过低，尽管能使债券具有较高的投资价值，从而有效地吸引投资者认购，但加大了公司股权的稀释程度，会损害公司原有股东的利益。所以，转换价格的确定，不仅要兼顾债券投资者和原有股东双方的利益，有效地降低发行风险，同时还要在一定程度上降低转换风险。在发行可转换债券时所确定的转换价格一般应高于基准股票当时市价的 5% ~20%。转换价格一般应随着公司股票派息、送股、转增股、配股、增发新股等政策的变化而作出相应调整，其计算公式为：

$$新转换价格=\frac{(原转换价格-股息)\times 原股本+新股价\times 新增股本}{增股后的总股本} \quad (8-3)$$

4. 转换期限

一般来说，转换期限较长，将有利于持券人选择时机行使选择权，也有利于发行公司比较主动地应付期限之内出现的情况。转换期限通常有以下四种：一是发行后某日至到期前某日；二是发行后某日至到期日；三是发行日至到期前某日；四是发行日至到期日。在前面两种情况下，可转换债券有一段时间的锁定期限，在这段时间内，债券持有人不可以将债券转换成股票。发行公司在发行后某日才受理债权转股权的事宜，是不希望过早地将负债变成股权，从而过早地稀释原有股东的权益。由于在发行时转换价格通常高于基准股票当时的市场价格，因此，投资者一般不会在可转换债券发行后立即行使转换权。我国《可转换公司债券管理暂行办法》第十四条规定，可转换债券的最短期限为三年，最长期限为五年。目前我国发行的可转换债券多为五年。该法第二十六条规定，上市公司发行的可转换公司债券，在发行结束六个月后，持有人可以依据约定的条件随时转换股份。重点国有企业发行可转换公司债券，在该企业改建为股份有限公司且其股票上市后，持有人可以依据约定的条件随时转换股份。

5. 赎回条款

赎回条款是指可转换债券的发行公司可以在债券到期日之前提前购回债券的规定。发行公司为避免利率下调所造成的利率损失和加速转换过程，以及为了不让可转换债券的投资者过多地享受公司效益大幅度增长所带来的回报，通常设计赎回条款，这是保护发行公司及其原有股东利益的一种条款。在同样的条件下，附加此种条款时，发行公司通常要在提高票面利率或降低转换价格等方面向投资者适当让利，这也是发行公司向投资者转移风险的一种方式。

一般来讲，赎回条款包括不可赎回期、赎回期、赎回价格和赎回条件等要素。不可赎回期是指从可转换债券发行时开始，不能执行赎回的一段时间。这段时间通常为1～3年。设立不可赎回期的目的在于保护债券持有人的利益，防止发行公司滥用赎回权。不可赎回期结束后即进入赎回期。在赎回期内，发行公司可按照赎回价格赎回债券。赎回价格一般高于债券面值，赎回价值与面值之间的差额称为赎回溢价，赎回溢价随到期日的临近而减少。赎回条件是对可转换债券发行公司赎回债券的情况要求，即需要在什么样的情况下才能赎回债券，分为无条件赎回和有条件赎回。无条件赎回是指在赎回期内发行公司可随时按照赎回价格赎回债券。有条件赎回是指对赎回债券有一些条件限制，只有在满足了这些条件之后发行公司才能赎回债券。有条件赎回实际上带有强制性转换的作用。

6. 回售条款

回售条款是指当公司股票价格表现不佳时，投资者有权按照高于债券面值的价格将可转换债券出售给债券发行方的有关规定。这种规定有利于保护投资者的利益，使他们免受过大的投资损失，从而降低投资风险。合理的回售条款可以使投资者具有安全感，因而有利于吸引更多的投资者。

7. 转换调整条件

在发生重大资本调整行为时，如股利分配、增资扩股、资产重组、股权融资、并购等，会引起公司股票价格下跌，此时应将可转换债券的转换价格进行调整。一般来说，最多向下修正到原转换价格的80%，故又称“向下修正条款”。此条款是保护发行人和投资人的双向条款。通过调整转换价格，使转股的可能性提高。

（三）可转换债券的发行条件

根据我国《可转换公司债券管理暂行办法》的规定，目前我国只有上市公司和重点国有企业具有发行可转换公司债券的资格。

根据《可转换公司债券管理暂行办法》以及中国证监会颁发的有关文件，上市公司发行可转换公司债券应当符合下列条件：

（1）最近三年连续盈利，且最近三年净资产利润率平均在10%以上；属于能源、原材料、基础设施类的公司可以略低，但不得低于7%。

（2）经注册会计师核验，公司扣除非经常性损益后，最近三个会计年度的净资产利润率平均值原则上不得低于6%。公司最近三个会计年度净资产利润率平均低于6%的，公司应当具有良好的现金流量。

（3）可转换公司债券发行后，资产负债率不高于70%。

（4）上市公司发行可转换公司债券前，累计债券余额不超过公司净资产的40%；本次可转换公司债券发行后，累计债券余额不得超过公司净资产额的80%。公司的净资产额以发行前一年经审计的年报数据为准。

（5）募集资金的投向符合国家产业政策。

（6）可转换公司债券的利率不超过银行同期存款的利率水平。

（7）可转换公司债券的发行额不少于人民币1亿元。

（8）中国证监会规定的其他条件。

重点国有企业发行可转换公司债券，除须符合上述（1）~（8）项条件外，还应符合以下条件：

（1）最近三年连续盈利，且最近三年的财务报告已经过具有从事证券业资格的会计师事务所审计。

（2）有明确、可行的企业改制和上市计划。

（3）有可靠的偿债能力。

（4）具有代为清偿债务能力的保证人的担保。

（四）可转换债券筹资的优缺点

1. 可转换债券筹资的优点

（1）筹资成本较低。可转换债券提供给债券持有人一种选择权，即期权，故其利率较低，降低了公司的筹资成本。此外，在可转换公司债券转换为普通股时，公司无须另外支付筹资费用，又节约了股票的筹资成本。

（2）筹资面较广。可转换债券一方面使得投资者获得固定利息；另一方面又向其提供了转为普通股的权利。这对投资者具有一定的吸引力，有利于债券的发行，便于资金的筹集。

（3）有利于稳定股票价格，减少对原股东权益的稀释。由于可转换债券规定的转换价格一般要高于发行时的公司股票价格，因此，在发行新股票或配股时机不佳时，可以先发行可转换公司债券，然后通过转股实现较高价位的股票筹资。这样，一方面避免了股票市价的降低；另一方面，即使将债券转股，由于可转换债券的转换价格高于其发行时的股票价格，转换而成的股票股数会较少，相对而言就降低了因为增发股票对公司每股收益的稀释度。

（4）减少原有债权人的限制。由于日后会有相当部分投资者将其持有的可转债转换成普通股，发行可转债不会过多地增加公司的偿债压力，所以其他债权人对此的反对较小，受其他债权的限制性约束较少。

2. 可转换债券筹资的缺点

（1）股价上扬风险。虽然可转换债券的转换价格高于发行时的股票价格，但如果转换时股票价格大幅度上扬，公司只能以较低的固定转换价格换出股票，从而会降低公司的股权筹资额。

（2）财务风险。发行可转换债券之后，如果公司业绩不佳，股价长期低迷，或虽然公司业绩尚可，但股价随大盘下跌，持有者没有如期转换成普通股，则会增加公司偿还债务的压力，加大公司的财务风险。特别是在订有回售条款的情况下，公司短期内集中偿还债务的压力会更加明显。

二、信托

（一）信托的定义

信托制度起源于英国，从诞生至今已有几个世纪的历史。1985 年在荷兰召开的国际司法会议上通过的《关于信托的承认及其法律适用的国际公约》中，提出了一种能够被不同法系国家理解和适用的概念，即将信托定义为：一个人即委托人在生前或死亡时创设的一种法律关系，委托人为受益人的利益或者为某个特定目的，将其财产置于受托人的控制之下。

我国 2001 年出台的《中华人民共和国信托法》（以下简称《信托法》）中，对信托进行了如下定义：信托是指委托人基于对受托人的信任，将其财产权委托给受托人，由受托人按委托人的意愿，以自己的名义为受益人的利益或者特定目的进行管理或者处分的行为。这个定义包含四个方面的含义：

（1）委托人对受托人的信任，是信托关系成立的基础。

（2）信托财产是成立信托的第一要素。信托是一种以信托财产为中心的法律关系，没有特定的信托财产，信托就无法成立。所以，委托人在信任受托人的基础上，必须将其财产权委托给受托人。所谓财产权，是指以财产上的利益为标的的权利。原则上，就委托人设立信托来说，除身份权、名誉权、姓名权之外，其他任何权利或者可以用金钱计算价值的财产权，如物权、债权以及专利权、商标权、著作权等知识产权，都可以作为信托财产，设立信托。委托人以信托经营机构为受托人，以法律、行政法规确定的财产或财产权设立信托。

（3）受托人以自己的名义管理、处分信托财产是信托的一个重要特征。委托人将信托财产委托给受托人后，对信托财产没有直接控制权，受托人完全以自己的名义对信托财产进行管理和处分，不需要借助委托人或受益人的名义。

（4）受托人以自己的名义管理、处分信托财产还有两个基本前提：一是必须按照委托人的意愿进行管理或者处分，不得违背委托人的意愿。委托人的意愿是受托人行为的基本依据。二是管理或者处分信托财产的目的，必须是为了受益人的利益（如果是公益信托，必须是为了某个或者某些特定的公益目的），不能为了自己或者其他第三人的利益，受托人也不能从信托财产取得个人利益。

信托成为企业融资的一种渠道，是与资产证券化（资产证券化的内容在后面有介绍）作为一种项目融资方式日益盛行分不开的。资产证券化使得可用于信托的产品日益增多，占用企业资金的长期资产几乎都可以予以证券化，从而使信托业日益发达。

（二）信托融资的主要运作模式

从信托的定义可以看出，信托融资灵活性很强，实务中可以根据目标企业或投资项目的特点和需求设立多种不同的信托产品。根据信托资金的运用方式的不同，信托为企业融资的主要运作模式有以下三种：

1. 债权投资（信托贷款）

债权投资模式与商业银行传统的贷款模式类似，所不同的是两者的资金来源不同。信托计划的资金主要是靠发行信托计划筹集，其运作流程一般是：信托公司向投资者发行信托募集资金，将信托资金以信托公司的名义贷给企业，用于投资项目的开发与经营，信托期满则收回信托本金和信托收益，信托收益为贷款利息，同时采取相应的抵押和担保风险控制措施。而贷款作为一种传统业务，其业务流程相对简单，风险控制方法比较成熟，也是目前出现频率最多的融资方式。信托贷款的偿还方式比银行贷款灵活性大，企业与信托公司协商偿还方式，可以采取等本息、利随本清、到期一次性支付本息等。

2. 股权信托

股权信托又被称为阶段性股权投资，是指信托公司运用信托资金对目标企业进行股权投资，成为其股东，为目标企业提供资本金支持，以股息、红利所得或到期转让股权方式作为信托收益的一种资金运用形式。与贷款类信托相比，股权信托中，信托公司作为名义股东，可以通过股东大会或者董事会监控投资对象，及时了解投资的用途，以规避管理者的道德风险。其具体运作流程如下：

第一步，企业与信托公司就股权融资进行沟通及调查，形成融资方案；

第二步，按约定条件（一般指原股东或关联方签署股权回购协议及/或股权回购担保合同等）设计信托产品，并得到监管部门认可；

第三步，向社会投资者发行资金信托计划，募集资金；

第四步，信托公司以阶段性股权投资方式向企业注入资金，成为“优先”股东（即在信托期间内该股权只要求取得一个合理回报，无须与企业投资者分享最终利润，若公司清算则其优先级高于其他股东）；

第五步，企业运作项目，信托公司对现金流进行管理监控（有的甚至向企业关键岗位派驻人员，控制企业经营风险）；

最后，原股东或关联方在信托期满按约定的一定溢价方式回购股权，信托资金退出并实现收益。

这种模式的优点是既实现了企业的融资目的，又增强了企业的信用等级，通过增加企业的资本金，在不提高公司资产负债率的情况下优化了公司的资本结构，在某种情况下，使企业更容易达到或实现商业银行的贷款条件，促成了优质项目的顺利开发。

3. 受益权转让投资

受益权转让投资是一种以交易为基础的财产信托，一般是把具有可预测稳定现金流收入的财产的受益权通过信托转让给社会投资者，实现融资目的。信托收益来源于其稳定的现金流收入或者有保证条款的受益权溢价回购。这种受益权转让投资的运作流程如下：

第一步，财产持有者与信托公司就其财产设立受益权转让信托进行沟通及调查，形成转让方案；

第二步，将财产产权或收益权信托给信托投资公司，并委托信托公司把受益权转让设计成信托产品，并得到监管部门的认可；

第三步，向社会投资者发行受益权转让信托计划，募集资金；

第四步，信托公司将募集资金支付给财产持有者以购买受益权，并对资金运用进行监控，保证资金运用于约定用途；

最后，信托期满，由原持有者或其关联方回购受益权，资金退出并实现收益。

除了以上三种主要的融资模式以外，还有债权与股权的组合融资、针对购买者设计的消费信托等多种信托形式。

目前在我国，信托产品还处于试点阶段。按照我国现行信托法规体系（即《信托法》和两个管理办法），目前信托产品的发行机制基本上是市场化操作，整个信托产品的设计和发行均由企业和信托公司自主协商决定，发行前无须相关的主管部门审批，只要在发行成功后向中国人民银行进行备案即可。

（三）信托融资的优缺点

1. 信托融资的优点

（1）应用范围广。信托具备连接货币市场、资本市场和产业市场的综合融资平台优势，通过一系列制度安排，实现企业或项目的组合融资。信托可以与银行互补互动，银行具有资金优势，信托具有制度优势和灵活的创新性，可以参与到企业投资的全过程。

（2）供给方式十分灵活。信托公司可以针对企业本身的运营需求和具体项目设计个性化的信托产品，从而扩大市场供需双方的选择空间。

（3）相对于银行贷款而言，信托融资方式不但可以降低企业整体的运营成本，节约财务费用，还有利于企业资金的持续运用和公司的发展。

（4）提高了企业的知名度。信托公司在为企业融资的过程中，将会对社会做一定宣传，能够帮助提高企业在社会公众中的知名度。

（5）促进企业规范管理。信托公司以股权方式融资，还能够在完善企业法人治理结构、规范管理等方面产生良好的促进作用。

（6）优化了企业的资本结构。根据信托的法律特点，公司可以在不提高资产负债率的情况下实现融资，从而优化了企业的资产负债结构。

2. 信托融资的缺点

（1）无法获得追加融资。信托贷款与银行贷款相比，没有明显的优劣势。信托公司也不期望与合作者按照出资比例分享利润，但一般要求按照事先约定的固定费率（承诺购回股权的利率）支付相应报酬，类似于西方国家的优先股股东。但是，如果企业融资对象是银行，那么遇到资金困难时还可能申请追加贷款以保证项目顺利销售后还本付息。如果企业的融资对象是信托投资机构和分散的投资者，一般来说，若项目遇到困难，企业很难得到追加融资，一旦陷入困境，就很容易产生恶性循环。

（2）部分信托成本比银行高。一般来说，对于部分信托产品，信托公司要求的资金成本略高于银行。如对于股权信托，信托公司提供的利率要略高于同期银行贷款利率。这是因为，信托公司发行信托基金向企业融资比银行面临的风险大。一旦企业无力偿还，信托公司也就对社会投资者失信，其品牌形象将遭受重大影响，再发行其他信托基金几乎不可能。

（3）信息的透明性要求高。信托公司对社会募集资金，然后再融资给企业，这一过程决定了信托融资的项目信息必须能够公开、透明，只能暗箱操作的项目不可能指望信托融资。从这个角度来说，根据风险与收益平衡原则，信托公司要求的资金成本是合理的。

三、表外融资

资产负债表外融资（Off-balance-sheet Financing），简称表外融资，是指不需要在资产负债表中反映的企业筹资行为。所谓不需在资产负债表反映的筹资行为，即该项融资既不在资产负债表的资产方表现为某项资产的增加，也不在负债及所有者权益方表现为负债的增加。自 20 世纪 70 年代以来，企业愈来愈多地采用复杂而巧妙的表外融资方式来融通资金，特别是最近几年，国际金融市场上出现了以表外业务为主的金融工具创新浪潮，而这些创新的金融工具在资产负债表上大多不需反映。

（一）企业表外融资的主要方式

1. 租赁

租赁是一种传统的、现在仍然流行的表外融资方法。大多数租赁形式属于表外筹资，如经营租赁、维修租赁、杠杆租赁和返回租赁等都属于企业的表外筹资。只有融资租赁属于表内筹资。现行会计准则要求资产负债表对融资性租赁的资产与负债予以反映。经营租赁是出资方以自己经营的设备租给承租方使用，出租方收取租金，承租方由于租入设备扩大了自身生产能力，这种生产能力并没有反映在承租方的资产负债表中，承租方只为取得这种生产能力支付了一定的租金。当企业预计设备的租赁期短于租入设备的经济寿命时，经营租赁可以节约企业开支，避免设备经济寿命在企业的空耗。

在现实中，为了获得表外融资的好处，承租人往往会绞尽脑汁地与出租人缔结租赁协议，想方设法地进行规避，使得实质上是融资租赁的合同被视为经营租赁进行会计处理。例如，将租赁期规定得稍短于准则限定的年限（融资租赁的租赁期为资产使用年限的大部分，如 75% 以上），会使得尽管从经济实质上考虑，与租赁资产所有权相关的风险和利益已基本转让给承租人，但是承租人仍可作为经营性租赁处理。

2. 合资经营

合资经营是指一个企业持有其他企业相当数量的股票，但未达到控股程度的经营方式，后者被称为未合并企业（Unconsolidated Entities），由于该企业并不控制未合并企业，因此只需将长期投资作为一项资产予以确认，而不必在资产负债表上反映未合并企业的债务。人们通过在未合并企业中安排投资结构，从事表外业务，可获得完全控股的好处，而且又不至于涉及合并问题，不必在资产负债表上反映未合并企业的债务。还有一种流行的形式叫特殊目的实体（Special Purpose Entity，SPE），即一个企业作为发起人成立一个新企业，后者被称为特殊目的实体，其经营活动基本上是为了服务于发起人的利益而进行的。通常，SPE 的负债相当高，所有者权益尽可能地低，发起人尽管在其中只拥有很小甚至没有所有者权益，但承担着所有的风险。

3. 资产证券化

资产证券化是指将缺乏流动性，但能够产生可预见的稳定现金流的资产，通过一定的结构安排，进而转换为在金融市场上可以出售和流通的证券的过程。证券化融资业务通常是对银行的信贷资产、企业的交易或服务应收款这类金融资产进行证券化的业务。例如，出售有追索权的应收账款，本质上它是一种以应收账款为抵押的借款。但在现行会计实务中，企业将售出的应收账款作为资产转让，而不确认负债。

资产证券化作为一种项目融资方式，起源于 20 世纪 70 年代初，首先在美国被用于推广住宅按揭融资。到了 80 年代，这种融资方式在全世界范围内得到了广泛应用。实行证券化的资产通常包括：住宅按揭、信用卡、汽车贷款、应收账款、租赁应收款等。其操作方式通常是融资方将某项资产的所有权转让给金融机构，该金融机构再以此项资产的未来收益为保证，在债券市场上以发行债券的方式向投资者进行融资。虽然资产证券化在经济实质上属于一种融资活动，但从法律角度来看，它只是某项资产的转让，所以也不被要求在资产负债表上进行反映。当然，资产证券化的过程非常烦琐，并涉及大量的法律、外汇管理、会计处理等各方面的问题，特别是在我国，实施起来难度较大。

4. 创新金融工具

21 世纪是创新金融工具大爆炸时期，这些金融工具包括掉期、嵌入期权、复合期权、上限期权、下限期权、上下限期权等。由于环境的变化、竞争的加剧和对于风险进行控制的需要，使得金融工具创新的势头不减，并将持续下去。然而，会计准则的制定并没有跟上创新金融工具发展的步伐，因此，按现行会计准则规定，创新金融工具在财务报表上大都得不到体现，企业通过创新金融工具进行融资所产生的负债在资产负债表中自然也没有反映。因此，运用创新金融工具在某种程度上也能达到表外融资的目的。如美国的安然公司在 1995 年被《财富》杂志评为“最富创新能力”的公司，它的创新成就主要就是对金融工具的“创造性运用”。

5. 母子公司之间财务转移

母子公司之间财务转移是一种更为隐蔽的表外融资方式。母公司通过财务转移，用子公司的负债代替母公司负债，可使母公司表内负债保持在合理的限度内。最常见的方式是母公司投资于子公司和附属公司，母公司将自己经营的元件、配件拨给一个子公司和附属公司经营，子公司和附属公司将生产出的元件、配件销售给母公司。附属公司和子公司实行负债经营，这里，附属公司和子公司的负债实际上是母公司的负债。本应由母公司负债经营的部分由于母公司负债限度的制约而转给了附属公司，使得各方的负债都能保持在合理的范围内。例如，某公司自有资本1 000万元，借款1 000万元，该公司欲追加借款，但目前表内借款比例已达到最高限度，再以公司名义借款已不可能，于是该公司以500万元投资于新公司，新公司又以新公司的名义借款500万元，新公司实质上是母公司的一个配件车间。这样，该公司总体上实际的资产负债比率不再是50%，而是60%，两个公司实际资产总额为2 500万元，有500万元是母公司投给子公司的，故两个公司共向外界借入1 500万元，其中在母公司会计报表内只反映1 000万元的负债，另外的500万元反映在子公司的会计报表内，但这500万元却仍为母公司服务。现在，许多国家为了防止母公司与子公司的财务转移，规定企业对外投资如占被投资企业资本总额的半数以上，应当编制合并报表。但是，许多公司为了逃避合并报表的曝光，采取了更加迂回的投资方法，使得母公司与子公司的控股关系更加隐蔽。

此外，代销商品、来料加工、产品筹资协议、应收票据贴现等也是常见的表外融资方式。

（二）企业表外融资的优缺点

1. 企业表外融资的优点

（1）优化企业财务状况。企业通过表外融资，甚至将表内融资转移到表外，将优化企业的财务状况，使资产负债表的质量得到明显改善。这时，根据资产负债表计算出来的有关财务比率，如负债权益比率将会相对降低，至少从表面上改善了企业的财务状况，增加了企业的偿债能力，使借款人处于有利的地位。更重要的是，这样做可以防止那些不利于借款人的财务比率出现，从而避免形成其他更为不利的发展趋向，如信用等级下降、借款成本提高等。

（2）扩大企业经营成果。表外融资筹措的资金以及形成的资产并不在资产负债表内直接反映，而其所形成的费用及所取得的经营成果却在损益表中反映出来，扩大了企业的经营成果。当企业未来投资利润率高于举债成本率时，表外融资加大了财务杠杆作用，提高了自有资金利润率；另外一些反映盈利能力的比率，如总资产利润率、固定费用利润率等看起来也更乐观。

（3）规避借款合同限制。借款合同往往对借款人增添债务明确规定种种限制，如规定不得突破某一负债权益比率。于是，借款人通过将某些债务置于资产负债表之外，来规避借款合同的限制。当然，拟订借款合同的债权人也越来越精明，他们可能在判断是否履行了特定的借款合同时，将某些表外债务（如租赁）与资产负债表上的债务同等对待，而这种压力同时又将进一步催生新的更富于创新精神的表外融资方式。

（4）应付通货膨胀压力。在通货膨胀情况下，历史成本计量模式很可能造成资产负债表上的许多项目被严重低估。当企业的所有者权益及相应的资产被严重低估时，企业的举债能力就会大大降低。因此，作为对这类资产被低估价值的抵消，可通过表外融资，将部分债务置于财务报表之外，以应付通货膨胀对企业财务状况和举债能力造成的压力。

企业之所以热衷于表外融资，通常来自于以上四个方面的动因。当然，现行会计准则也使得企业表外融资成为可能，如安然公司利用 SPE 高估利润、低估负债，就是因为按照美国现行会计惯例，如果非关联方在一个 SPE 权益性资本的投资中超过 3%，即使该 SPE 的风险主要由上市公司承担，上市公司也可以不将该 SPE 纳入合并报表的编制范围。

2. 企业表外融资的缺点

（1）表外融资的隐蔽性可能使所有者无从了解企业实际投资收益率，难以辨清企业的经营状况。由于表外融资对所有者的双重影响，导致所有者的双重反应，当所有者能够明确预见企业未来投资收益率高于举债成本率时，所有者对表外融资会采取支持态度；反之，则持反对态度。

（2）对企业债权人而言，表外融资带来的主要是危害。首先，债权人受资本的保护作用降低。表外融资加大了企业实际负债比率，使得企业资本负债比率相对加大，所有者投资对债权人投资的保护作用降低。其次，表内债权人利益受到表外债权人利益的侵害。表外债权人本金受法律保护的程度低、风险大，因而表外债权人往往通过提高资金使用费来补偿风险，加大了表内债权人收回本息的风险。因此，债权人对表外融资主要持反对态度。

（3）表外融资对潜在投资者也是不利的。由于表外融资不能提供企业的实际财务状况，对市场的潜在投资者会产生误导作用。因此，潜在投资者对表外融资也持反对态度。

练习与案例

一、复习思考

1. 试述企业筹集资金的原因。
2. 试比较企业筹集资金的方式。
3. 试述普通股与优先股的区别。
4. 试述影响公司债券发行价格的因素。
5. 试述借款筹资的优缺点。
6. 试述融资租赁的优缺点。
7. 试述信托融资的主要方式。
8. 试述表外融资的优缺点。

二、计算分析

2009 年 3 月 9 日，A 公司发行在外普通股 10 000 万股，股票市价为 15 元/股。当日，该公司新发行了 10 000 万份认股权证，规定每份认股权证可按 10 元认购 1 股普通股股票，且认股权证的售价与理论价值一致。同日，甲投资者用 15 000 元购买了该公司股票，乙投资者用 15 000 元购买了该公司的认股权证。假定不考虑投资者的交易费用。要求：

（1）计算发行时每份认股权证的理论价值。

（2）假定该认股权证行权时 A 公司股票市价为 15 元/股，计算全部认股权证行权后该公司的股权总价值。

(3) 当A公司股票市价为18元/股时，计算：

①甲投资者股票投资的收益率；

②乙投资者认股权证投资的收益率。

三、案例分析

北京华远债券筹资

北京市华远房地产股份有限公司是公司信用等级为AA级的一家中外合资股份制的大型综合性房地产开发企业。其前身是北京市西城区华远建设开发公司，1994年年底改组为中外合资的股份有限公司。目前的公司股东中，既有国内大型工商企业、金融机构，又有海外投资人——坚实发展有限公司。发行人股东中还有北京市华远集团公司、中国银行北京市分行等。近三年来，发行人的开复工面积平均为100多万平方米，每年的竣工面积平均达30多万平方米，年主营业务收入达7.5亿元，年均税后利润3.1亿元，截至1997年年底，其总股本达13亿元，总资产63亿元，净资产34亿元。

筹集资金的目的：弥补其在建的、计划于2001年竣工的西区工程（即北京市西城区东官英小区危旧房改造工程，其投资额约为19亿元。该项目是北京市第二批危改小区项目之一，由西城区政府划拨给发行人进行开发建设）的后期资金缺口。

企业债券发行的有关情况如下：

(1) 债券名称：北京市华远房地产股份有限公司企业债券。

(2) 发行总额：1.2亿元人民币。

(3) 债券期限：三年，自1998年8月8日至2001年8月8日。

(4) 债券利率：7.2%，单利计息，到期一次还本付息，逾期不另计付利息。

(5) 发行方式：实名制记账式，使用中央国债登记结算有限责任公司统一印刷的托管凭证。

(6) 发行范围和对象：境内的法人和自然人。

(7) 发行人：北京市华远房地产股份有限公司；法人代表：任志强。

(8) 主承销商：中信政权有限责任公司。

(9) 债券托管人：中央国债登记结算有限责任公司。

在本债券公开发行结束后，发行人和主承销商向各级申请，争取在上海或深圳交易所上市流通。

(10) 债券的担保人：北京市华远集团公司（以下称保证人；法人代表：任志强）为本债券提供不可撤销的连带责任担保。保证人承诺本期债券到期后，在发行人不能兑付到期全部本息时，其有义务代为偿还。

北京市华远集团公司建于1993年，其领域涉及面很广，在立足房地产主营业务的基础上，实施多元化经营战略。该公司是发行人的第二大股东，截至1997年年底，拥有13.125%的股份，它目前还是新华人寿保险股份公司的第二大股东（持股10%）、北京市商业银行的第二大股东（持股3%）。

保证人同时获得新世纪金融租赁有限责任公司提供的不可撤销的反担保。新世纪金融租赁有限责任公司是一家经中国人民银行批准设立的、在上海市注册的金融租赁公司。

（11）发行人和保证人最近三年的财务状况，参见经审计的附表，即表8－2和表8－3。

表8－2　合并资产负债表

北京市华远房地产股份有限公司　　单位：人民币千元

资产	1997年	1996年	1995年	负债及权益	1997年	1996年	1995年
流动资产				流动负债			
货币资金	657 330	663 150	325 225	短期借款	842 100	633 000	494 660
短期投资	280 300	10 000	100	应付账款	41 989	29 282	41 230
应收账款	1 084 686	408 710	321 324	预收账款	371 454	226 076	340 047
减：坏账准备	10 720	4 087	3 213	其他应付款	156 413	200 454	254 788
应收账款净额	1 073 966	404 623	318 111	应付福利费	234	20	231
预付账款	164 501	144 571	156 157	应付股利	299 224	18 317	73 074
其他应收款	909 954	495 962	344 211	应缴税金	142 864	118 108	235 981
存货	2 651 118	2 135 225	1 735 633	预提费用	83 800	84 824	1 086
待摊费用	8	165	48	年内到期长期负债	55 000	30 000	107 909
流动资产合计	5 737 177	3 853 696	2 879 485	流动负债合计	1 993 078	1 340 081	1 549 006
				长期负债			
长期投资				长期借款	1 164 889	566 998	30 000
长期投资	499 593	376 556	321 848	其他长期负债	4	0	1 076
				长期负债合计	1 164 893	566 998	31 076
固定资产				负债合计	3 157 971	1 907 079	1 580 082
固定资产原值	107 496	105 086	100 598	少数股东权益	19 618	300	307
减：累计折旧	16 193	11 405	7 033	股东权益			
固定资产净值	91 303	93 681	93 565	股本	1 300 000	1 000 000	781 250
				资本公积	1 563 219	872 319	468 531
其他资产				盈余公积	235 498	188 565	143 138
其他递延支出	0	36	173	其中：公益金	73 203	57 559	42 416
其他资产合计	0	36	173	未分配利润	321 758	355 806	332 762
				股东权益合计	3 420 475	2 416 690	1 725 681
资产合计	6 328 073	4 323 969	3 295 071	负债及权益总计	6 598 064	4 324 069	3 306 070

表 8－3　合并利润表

北京市华远房地产股份有限公司　　　　单位：人民币千元

项目	1997 年	1996 年	1995 年
经营收入	851 160	580 051	619 468
减：经营成本	493 642	351 134	232 326
经营税金及附加	43 396	28 922	30 918
经营费用	15 133	11 666	295
经营利润	298 989	188 329	355 929
加：其他业务利润	897	0	0
减：管理费用	38 918	36 718	37 909
财务费用	9 298	17 930	709
营业利润	251 670	133 681	317 311
加：投资收益	195 587	190 692	142 250
营业外收入	74	66	5 132
减：营业外支出	836	573	411
加：以前年度损益调整			16 189
利润总额	446 495	323 866	480 471
减：所得税	135 135	56 879	124 902
少数股东权益	2 320	0	7
净利润	309 040	266 987	355 562

资料来源：中国证券报，1998－08－06

【分析与思考】

1. 北京华远筹资规模是否恰当？应从哪几个方面分析？

2. 北京华远筹资期限、利率与偿还方式是否合适？

3. 如何进行债券融资决策？在我国，企业发行债券应符合哪些条件？遵循哪些具体规定？

第九章　长期筹资决策

长期筹资决策面临两大问题：一是筹资总额，二是资本结构。这两大问题存在的共同原因在于：资金有成本，且来自不同渠道的资金的成本并不相同。如长期资金与短期资金的成本不同、权益资金与负债资金的成本不同。因为资金有成本，所以长期筹资不能多多益善而需要较为准确地预测资金的需求量；因为权益资金成本与负债资金成本不同，所以有可能利用杠杆原理优化企业资金结构，从而有可能寻求加权资本成本最低点，即最优资本结构。因此，本章重点介绍资金需求的定量预测方法、资本成本及其计算、杠杆原理及其应用、资本结构理论与决策。

第一节　增长率与资金需求

销售增长和对资金需求的不断增加是任何谋求长远发展的企业都无法回避的问题。企业增长的财务意义是资金增长。企业在拟筹措资金时面临的首要问题就是筹资规模。从客观上讲，企业所使用的每一分资金都存在相应的成本，因此，如果筹集资金过多、超过需求量，则会造成资金浪费；筹集资金过少，则会影响企业的发展与增长。所以，企业在筹资之前应当采用一定的方法预测资金的实际需求量。根据用量筹集资金，既满足生产经营的需要，又不至于闲置浪费资金。本节主要介绍资金需求的定量预测方法。

一、销售增长与资金需求量的关系

企业的发展与增长，在很大程度上体现在企业销售规模的增长，由于销售增长通常会引起存货和应收账款等资产的相应增加，所以企业销售规模的增长必然会导致资金需求量的增加。销售增长越多，需要的资金就越多。

从资金来源上看，公司资金的增长有以下三种实现方式：

1. 外延式增长

外延式增长主要依靠追加外部资金来支撑公司的销售增长，包括增加债务和追加股东投资。主要依靠外部资金增长较难持久，这是因为：①增加负债会导致公司财务风险上升、筹资能力下降；②增加股东投资会分散控制权、稀释每股盈余，除非增加的投资具有更高的回报率，否则不能增加股东财富。

2. 内涵式增长

内涵式增长完全依靠内部资金积累来实现增长。通常小公司在无法取得必要的借款时，主要依靠内部积累实现增长。但因内部财务资源的有限性，企业发展往往受到限制，不能够抓住机会实现快速发展。

3. 平衡式增长

平衡式增长是通过保持目前的财务结构和适度财务风险，将外部融资和内部资金积累结合起来统筹安排以满足公司增长。一般在保持目标财务结构相对稳定的情况下，依据股东权益增长情况确定借款增加额。该增长方式一般不会过度消耗公司的财务资源，是一种可持续的增长政策。

二、资金需求的定量预测方法

企业无论采取哪种增长政策，都必须首先明确在一定销售增长的前提下，所需资金需求的增长量和筹集形式。企业资金需求量的预测方法有定性预测法和定量预测法两种。定性预测法特别适用于缺乏统计数据和原始资料的场合、需要对许多相关因素作出判断的场合以及在以经营活动过程中有关人员的主观因素起主要作用的场合。定性预测法在本书第四章第二节有详细介绍。本节重点介绍定量预测法的相关原理与技术。

（一）销售百分比法

1. 销售百分比法的基本原理

销售百分比法是根据销售与资产负债表和利润表各个资金项目与销售收入总额之间的依存关系，按照预测期销售额的增长情况预测追加资金的一种方法。尽管影响资金需求量的因素很多，但影响程度最大的莫过于预测期的预测销售收入。因此，这种方法是建立在良好的销售预测基础之上的。

销售百分比法的基本原理是将资产负债表上与销售收入变动有关的各项目除以基期销售收入，计算出各项目与销售收入的百分比，然后再用各项目的百分比乘以预测的销售收入，即可得到资产负债表上与销售收入有关的各项资金需求量。

销售百分比法预测资金需求量需要建立在以下假设前提的基础上：①资产负债表中大部分项目与销售收入存在直接正比例关系；②目前销售水平及预测期销售水平在当前各资产经营能力范围之内；③预测期销售结构与价格水平与基期保持一致。

销售百分比法的主要优点在于能为企业提供短期预计报表，以适应外部筹资需要，易于使用。缺点是：如上述假设前提与事实出入较大，则据以预测会得到错误结果。

2. 销售百分比法的具体步骤

第一步，分析研究资产负债表各个项目与销售收入之间的关系。

资产类项目分析：流动资产中的货币资金、应收账款和存货等项目，一般都会随销售收入的增减而相应地增减；固定资产项目如在原有的生产经营能力所及范围之内，则不需要增加固定资产投资；如因销售增长超出了企业原有的生产能力，则需要追加固定资产投资；其他长期资产项目，如无形资产、对外长期投资等项目，则与销售收入的增长无关。

负债类项目分析：通常，短期借款、应付账款、应付职工薪酬、应缴税费等流动负债项目都会随销售收入的增长而自动增加；长期负债项目一般与销售收入的增减无关。

所有者权益项目分析：实收资本与资本公积项目与销售收入增长一般无关；盈余公积和未分配利润项目一般与销售收入增减变化发生相应的增减变动。此外，预测期按既定方法提取的折旧，通常可作为预测期追加资金的内部来源。

第二步，计算基期资产负债表中与销售收入有关的各项目占销售收入的比例。

第三步，按以下公式计算确定预测期所需要追加的资金数额：

$$预测期需要增加的资金数 = \left[\sum_{i=1}^{n}\frac{A_i}{S_0} - \sum_{i=1}^{n}\frac{L_i}{S_0}\right] \times (S_1 - S_0) - D_1 - S_1R_1(1 - d_1) + M \quad (9-1)$$

式（9-1）中，A_i——第 i 个与销售收入有关的资产项目；L_i——第 i 个与销售收入有关的负债项目；S_0——基期销售收入；S_1——计划期销售收入；D_1——预测期预计计提的折旧额；R_1——预计税后销售利润率；d_1——按预计股利分配政策确定的每一元税后利润中要分配的股利或上缴的利润比例；M——预测期中其他方面所要追加的资金数和其他方面收回资金（如对外长期投资、偿付长期负债、增加固定资产投资、转让出售无形资产等）的差额。

【例 9-1】2006 年某公司简化的资产负债表，如表 9-1 所示：

表 9-1　2006 年资产负债表　　　　**单位：万元**

资　产		负债及所有者权益	
货币资金	20	短期借款	20
应收账款	180	应付账款	80
存货	400	其他流动负债	100
流动资产小计	600	流动负债小计	200
长期投资	150	长期负债	300
固定资产（净额）	600	投入资本	300
无形资产	50	盈余公积	600
资产总计	1 400	权益总计	1 400

2006 年，该公司实现销售收入 1 亿元，2007 年预计可达 1.2 亿元。根据预测，2007 年税后销售利润率为 5%，董事会讨论决定的股利分配比例可为 40%。另外，销售收入增加后，原有的生产能力已不够使用，预计追加固定资产投资 300 万元。为保证原料供应，拟与原料供应商合作投资 200 万元。固定资产按原有方法折旧，预计 2007 年度提折旧 100 万元。2007 年度即将到期的长期负债为 50 万元。根据上述资料，采用销售百分比法，按以下步骤预测 2007 年该公司所需资金量。

第一步，计算与销售收入成正比例变化的各项目比例，详见表 9-2。

表 9－2　2006 年资产负债表　　单位：万元

资产项目		权益项目	
货币资金：$\frac{20}{10\ 000}\times 100\% = 0.2\%$		短期借款：$\frac{20}{10\ 000}\times 100\% = 0.2\%$	
应收账款：$\frac{180}{10\ 000}\times 100\% = 1.8\%$		应付账款：$\frac{80}{10\ 000}\times 100\% = 0.8\%$	
存货：$\frac{400}{10\ 000}\times 100\% = 4\%$		其他流动负债：$\frac{100}{10\ 000}\times 100\% = 1\%$	
长期投资	间接相关	长期负债	无关
固定资产（净额）	间接相关	投入资本	无关
无形资产	无关	盈余公积	间接相关
合计	6%	合计	2%

第二步，预测 2007 年该公司资金需求量为：

$$2007\text{ 年需增加的资金}=\left[\sum_{i=1}^{n}\frac{A_i}{S_0}-\sum_{i=1}^{n}\frac{L_i}{S_0}\right]\times(S_1-S_0)-D_1-S_1R_1(1-d_1)+M$$
$$=(6\%-2\%)\times(12\ 000-10\ 000)-100-12\ 000\times 5\%\times(1-40\%)+(300+200+50)$$
$$=170\text{（万元）}$$

根据预测，该公司 2007 年度需要追加资金 170 万元。追加的资金数一旦确定，公司就可根据最佳资金结构确定的筹资方式筹措资金。

假如该公司 2007 年度销售增长不需要增加固定资产投资，也不需要为保证原料供应去合资，那该公司不但不需要为销售增长去追加资金，反而可剩余资金 330 万元（假定固定资产折旧不变）。具体计算方法如下：

$$2007\text{ 年需增加的资金}=(6\%-2\%)\times(12\ 000-10\ 000)-100-12\ 000\times 5\%\times(1-40\%)+50$$
$$=-330\text{（万元）}$$

追加的资金数为负，表示有资金剩余。剩余资金数一旦确定，公司即可作出相应的金融资产投资计划，以最大限度获得收益。

（二）资金习性预测法

1. 资金习性预测法的基本原理

所谓资金习性，是指资金的变动同产销量变动之间的依存关系。按照资金同产销量之间的依存关系，可以把资金区分为不变资金、变动资金和半变动资金。

不变资金是指在一定的产销量范围内，不受产销量变动的影响而保持固定不变的那部分资金。这部分资金包括厂房、机器设备等固定资产占用的资金，以及为维持经营而占用的最低数额的现金及原材料的保险储备、必要的成品储备等。

变动资金是指随产销量的变动而同比例变动的那部分资金。这部分资金一般包括直接构成产品实体的原材料、外购件等占用的资金。

半变动资金是指虽然受产销量变化的影响，但不与其成同比例变动的资金，如一些辅助材料占用的资金。半变动资金可采用一定的方法划分为不变资金和变动资金两部分。

资金习性预测法的基本原理就是通过资金习性分析，把资金划分为变动资金和不变资金两部分，建立数学模型反映资金需求量与产销量之间的关系，从而预测不同产销量水平下所需要的资金量。

2. 资金习性预测法的基本步骤

第一步，分析资料，将资金划分为变动资金和不变资金两部分。

第二步，根据变动资金与不变资金占用与产销量之间的关系建立数学模型。

通常建立的直线模型为：$Y = a + bX$

上式中，Y——资金需要量；a——不变资金；b——单位变动资金；X——产销量。

第三步，根据历史资料的 X、Y 值，采用一定的方法确定模型中 a 和 b 的值。

确定 a 值和 b 值的方法通常有高低点法和二元一次直线回归法。

（1）高低点法。

高低点法根据历史上企业资金占用总额与产销量之间的关系，选出业务量的最高点和最低点及相应的资金占用量，建立二元一次方程，通过求解确定 a 值和 b 的值。下面举例说明高低点法下 a 值和 b 值的计算方法。

【例 9－2】某公司近六年现金占用与销售收入之间的关系如表 9－3 所示。根据资料，采用高低点法来计算 a、b 值，建立直线模型。

表 9－3 现金与销售收入变化情况表　　单位：万元

年度	销售收入 X_i	现金占用 Y_i
2001	200	11
2002	240	13
2003	260	14
2004	280	15
2005	300	16
2006	230	12

$$b = \frac{Y_{高} - Y_{低}}{X_{高} - X_{低}} = \frac{16 - 11}{300 - 200} = 0.05 \text{（万元）}$$

$$a = Y_{高} - bX_{高} = 16 - 0.05 \times 300 = 1 \text{（万元）}$$

存货、应收账款、流动负债等均可根据历史资料建立上述直线模型。

（2）二元一次直线回归法。

二元一次直线回归法是应用数理统计中最小平方原理，通过确定一条能正确反映自变量 x 与因变量 y 之间误差平方和最小的直线，即回归直线来进行预测的方法。下面举例说明二元一次回归法下 a、b 值的计算方法。

【例9－3】某公司近六年产销量和资金变化情况如表9－4所示，根据该表资料编制资金需求量预测表，见表9－5。

表9－4　某公司销售收入资金占用表

月份	产销量（X）（万件）	资金占用（Y）（万元）
1	120	100
2	110	95
3	100	90
4	120	100
5	130	105
6	140	110
合计	720	600

表9－5　资金需求量预测表（按总额预测）

年度	产销量 X_i（万件）	资金占用 Y_i（万元）	X_iY_i	X_i^2
1991	120	100	12 000	14 400
1992	110	95	10 450	12 100
1993	100	90	9 000	10 000
1994	120	100	12 000	14 400
1995	130	105	13 650	16 900
1996	140	110	15 400	19 600
合计 $n=6$	$\sum X_i=720$	$\sum Y_i=600$	$\sum X_iY_i=72\ 500$	$\sum X_i^2=87\ 400$

将表9－5中的 n、$\sum X_i$、$\sum Y_i$、$\sum X_iY_i$、$\sum X_i^2$ 代入下式，求出 a、b 值。

$$b=\frac{n\sum x_iy_i-\sum x_i\sum y_i}{n\sum x_i^2-(\sum x_i)^2}=\frac{6\times 72\ 500-720\times 600}{6\times 87\ 400-720^2}=0.5\text{（万元）}$$

$$a=\frac{\sum y_i-b\sum x_i}{n}=\frac{600-0.5\times 720}{6}=40\text{（万元）}$$

第四步，根据计算出的 a、b 值，建立资金预测模型。

根据【例9－2】有关资料计算出的 a、b 值分别为1和0.05，即其现金需求量预测模型为 $y=1+0.05x$；根据【例9－3】有关资料计算出的 a、b 值分别为40和0.5，即其资金需求量预测模型为 $y=40+0.5x$。

第五步，根据资金需求量预测模型预测计划期的资金需求量。

如【例9－2】中，该公司2007年预测的销售收入为400万元，则其现金需求量为：

$$1+0.05\times400=21\text{（万元）}$$

如【例9－3】中，该公司2007年预测的产销量为150万件，则其资金需求量为：

$$40+0.5\times150=115\text{（万元）}$$

第二节　资本成本

在商品经济条件下，投资者将资金投入企业，最根本的目的是获得投资报酬。因此，企业从各种途径筹集到的资金都不能无偿使用，而要付出代价，即向投资者支付资金报酬。企业因筹集和使用资金而付出的代价，就是资本成本（Cost of Capital）。资本成本是筹资决策需要重点考虑的因素，直接影响到企业资本结构的安排与财务目标的实现。

一、资本成本概述

（一）资本成本的概念及性质

企业因筹集和使用资金而付出的代价，就是资本成本。显然，这里的“资本”既包括企业投资者投入的资金（权益资本），也包括企业向债权人借入的资金（债务资本）。

资本成本通常以百分率表示，即支付给投资者的报酬与筹集到的资金额相比，称为资本成本率，简称资本成本或资金成本。本章及其他各章提到的资本成本，均指资本成本率。

资本成本是商品经济条件下资金所有权与使用权分离的产物，是企业作为资金使用者，因占用资金而向资金所有者，即投资者支付的占用费。可见，资本成本也是企业的一项支出。但这种支出与企业在生产经营过程中发生的各种生产、经营性支出又具有完全不同的性质，它不属于耗费性支出，没有垫支的性质，不构成产品成本或经营费用的组成部分。可以认为，企业不论是通过利息、股息向资金所有者支付报酬，还是直接向投资者分配利润，在本质上都属于收益分配范畴。

（二）资本成本的构成

资本成本包括资金筹集费和资金占用费两部分。资金筹集费是指在资金筹集过程中支付的各项费用，如发行股票、债券，支付的印刷费、发行手续费、律师费、资信评估费、公证费、担保费、广告费等。资金占用费是指占用资金支付的费用，是企业支付给投资者的投资报酬，如股票的股利、银行借款和企业债券的利息等，这是资本成本中最主要、最带有本质特性的部分。

企业支付给投资者的报酬中，又包括以下两部分内容：

1. 无风险报酬

无风险报酬是指投资者将资金投向没有风险的地方，如国库券、政府公债、存入银行等所能得到的报酬。这里所说的无风险，指的是无违约风险，但并不意味着没有其他风险。在通货膨胀的情况下，投资者出让资金使用权，便面临着未来收回的资金购买力下降的风险。因此，事实上，无风险报酬中也包含了两部分内容：一是投资者出让资金使用权取得的报酬；二是通货膨胀补偿。其中，出让资金使用权而取得的报酬的高低，取决于资本市场的资金供求状况；通货膨胀补偿的高低，则取决于一定时期的通货膨胀率。资本市场供求关系越紧张，通货膨胀率越高，无风险报酬率就会越高；反之，则越低。然而，无论是资本市场的供求情况还是通货膨胀率，都是由企业无力左右的客观经济环境决定的。因此，资金成本中的这一组成部分，是企业无力控制的成本。

2. 风险报酬

由于客观经济环境的不确定性，所有的企业都是在一定的风险环境中经营的。投资者一旦将资金投入企业，便要在一定程度上分担风险，如企业可能因经营不善发生亏损，因而无力支付股利；企业一旦破产清算，投资者可能丧失投资本金，等等。投资者之所以愿意冒风险投资于企业，目的在于获得较高的投资回报。投资因冒风险而要求的高于无风险报酬的那部分回报，称为风险报酬，亦称为风险溢价。投资者要求的风险报酬率的高低，取决于投资风险的大小，而投资风险的大小则与企业的投资项目、财务状况和经营业绩、举债情况等因素有关，这些因素决定着企业经营风险和财务风险的高低。企业管理者若能不断提高经营管理水平，有效地控制经营风险和财务风险，给投资者以更强的信心，便有可能降低他们所要求的风险报酬，从而降低企业的资本成本。

（三）资本成本的作用

资本成本的大小是企业筹资、投资决策的主要依据。只有当投资项目的投资报酬率高于资本成本时，资金的筹集和使用才能为企业带来收益。

1. 资本成本在企业筹资决策中的作用

资本成本是企业选择资金来源、拟订筹资方案的依据。不同的资金来源具有不同的成本。为了以较低成本获得企业所需资金，就必须掌握各种资本成本的构成，并加以合理配置。资本成本对企业筹资决策的影响主要有以下四个方面：

（1）资本成本是影响企业筹资总额的重要因素。随着筹资数额的增加，资本成本不断变化。当企业筹资数额很大，资金的边际成本超过企业承受能力时，企业便不能再增加筹资数额。因此，资本成本是影响企业筹资数额的一个重要因素。

（2）资本成本是企业选择资金来源的基本依据。企业的资金可以从多方面来筹集，就长期借款来说，可以向商业银行借款，也可向保险公司或其他金融机构借款，还可向政府申请借款。企业究竟选用哪种来源，首先要考虑的因素就是资本成本的高低。

（3）资本成本是企业选用筹资方式的参考标准。企业可以利用的筹资方式是多种多样的，在选用筹资方式时，需要考虑的因素很多，其中必须考虑资本成本这一经济标准。

（4）资本成本是确定最优资本结构的主要参数。不同的资本结构，会给企业带来不同的风险和成本，从而引起公司市值的变动。在确定最优资本结构时，考虑的因素主要有资本成本和财务风险。

资本成本并不是企业筹资决策中所要考虑的唯一因素。企业筹资还要考虑财务风险、资金期限、偿还方式、限制条件等。但资本成本作为一项重要的因素，直接关系到企业的经济效益，是筹资决策时需要考虑的一个首要问题。

2. 资本成本在投资决策中的作用

资本成本对企业投资项目的可行性分析与投资方案的选择具有重要的作用。

（1）在利用净现值指标进行投资决策时，常以资本成本作折现率。净现值为正，则投资项目可行；否则，项目不可行。因此，采用净现值指标评价投资项目时，离不开资本成本。

（2）在利用内部收益率指标进行决策时，一般以资本成本作为基准收益率。即只有当投资项目的内部收益率高于资本成本时，投资项目才可行；反之，则不可行。因此，国际上通常将资本成本视为投资项目的“最低收益率”，或是否采用投资项目的取舍率，是比较、选择投资方案的主要标准。

二、个别资本成本的计算

个别资本成本是指使用各种长期资金的成本。企业因资金来源渠道不同而具有不同性质，由企业所有者投入的资金称为权益资本，企业向债权人借入的资金称为债务资本。除此之外，企业还可以有一些同时具有权益和债务双重特征的资金，如企业通过发行优先股而筹集的资金。

企业对不同性质的资金拥有不同的权利和义务，向投资者支付投资报酬的方式也不相同，因而各来源不同的资金，其成本的计算方法也不尽相同。下面主要介绍长期债务资本成本和权益资本成本的计算。

（一）长期债务资本成本的计算

企业的长期债务资金主要来自长期银行借款和发行公司债券。长期债务资金有以下特点：一是投资报酬以利息的形式支付，且不论企业经营业绩如何，企业必须按时向债权支付利息；二是利息率通常固定不变；三是利息支出是纳税减项；四是债务本金有确定的归还日期。由债务资金的上述特点可知，利息支出构成债务资金成本的最基本内容。由于利息率一般固定不变，因此，债务资金的成本也比较容易确定。此外，利息支出是纳税减项，利息支出减去因抵减利息费用而少纳所得税之后的净额，即税后成本，才是债务资金的实际成本。不过，只有业绩好、有足够利润的企业才能获得这一减税好处；没有利润的企业，因为得不到减税好处，其债务资金的税前成本就是实际成本。

从理论上说，长期债务资金的税前成本率就是使企业因融资而发生的未来现金流出（支付利息和偿还本金）现值之和等于企业现行因融资取得的现金流入（实际筹到的资金）的贴现率。

1. 长期借款成本的计算

长期银行借款的成本包括借款利息及银行手续费两部分。通常，银行手续费的数额相对来说很小，可以忽略不计。这样，企业融资取得的现金流入即为长期银行借款额，因融资而导致的现金流出就是未来支付的利息与偿还的本金。因此，银行要求的年利率即为长期借款的税前资本成本。

【例9－4】某企业取得5年期长期借款200万元，年利率为8%，每年付息一次，到期一次还本（小额银行手续费忽略不计），企业所得税率为33%。

则该项长期借款的税前资本成本为8%。

税后资本成本为：

$$8\% \times (1-33\%)=5.36\%$$

上述计算长期借款资本成本的方法比较简单，但如果长期借款手续费相对较高，又或者银行要求企业一年多次付息，则应求解融资现金流入等于相应现金流出现值的折现率，此折现率即为长期借款的税前资本成本。税前资本成本可用以下公式计算：

$$B(1-F_i)=\sum_{t=1}^{n\times m}\frac{I}{(1+\frac{k}{m})^t}+\frac{B}{(1+k)^n}$$

或

$$B-F=\sum_{t=1}^{n\times m}\frac{I}{(1+\frac{k}{m})^t}+\frac{B}{(1+k)^n} \tag{9-2}$$

式（9-2）中，B——企业长期银行借款名义借款额，即将来应偿还的本金；F_i——银行长期借款手续费率；F——银行长期借款手续费；k——所得税前长期借款资本成本；m——银行要求企业一年中的付息次数；t——借款所涉时间（以年为单位）；I——企业每次实际支付的利息额。

上式左边表示企业实际筹到的款项，右边代表未来现金流出的现值。以此计算折现率k，也就是长期借款的税前资本成本。以税前资本成本扣除所得税即为税后资本成本。

2. 债券成本的计算

债券成本由债券利息和债券发行费用两部分构成。债券的筹资费用较高，一般不可忽略不计。从理论上说，债券的税前成本就是使企业因发行债券而得到的现金流入（实际筹到的资金）等于其未来现金流出（支付利息和偿还本金）现值之和的折现率，由以下公式计算：

$$P-F=\sum_{t=1}^{n}\frac{I}{(1+k)^t}+\frac{B}{(1+k)^n} \tag{9-3}$$

式（9-3）中，P——债券的实际发行价格；F——债券的发行手续费；I——企业每期实际支付的利息；B——将来偿还的本金数；t——债券期限；k——债券的税前资本成本。

【例9-5】某公司以110元的价格发行面值100元的债券5万张，票面利率为10%，发行费率为5%，每年付息一次，10年到期后一次还本。公司所得税率为33%。该债券的税前资本成本计算如下：

$$110\times(1-5\%)=\sum_{t=1}^{10}\frac{10}{(1+k)^t}+\frac{100}{(1+k)^{10}}$$

计算具体步骤如下：

①移项，使等式变形为：

$$110\times(1-5\%)-\sum_{t=1}^{10}\frac{10}{(1+k)^t}-\frac{100}{(1+k)^{10}}=0$$

②尝试一个较低的折现率。因为票面利率10%尚可溢价发行，说明实际折现率定低于10%，试用9%折现率折现，得到如下结果：

$$104.5-10\times6.4177-100\times0.4224=-1.917$$

③调高折现率到10%，再次尝试，得到如下结果：

$$104.5-10\times6.1446-100\times0.3855=4.504$$

④使用内插法，求解 k 为：

$$\frac{0-(-1.917)}{k-9\%}=\frac{4.504-(-1.917)}{10\%-9\%}$$

$$k=9.29\%$$

债券税后成本以 k_b 表示，所得税税率以 T 表示，则

$$k_b=k(1-T)=9.29\%\times(1-33\%)\approx6.22\% \tag{9-4}$$

由于上述内插法只是一种近似值计算，为使测算结果尽可能准确，在测算时，应尽可能选用净现值接近零的折现率。正负两个净现值差距越小，计算结果越准确。

此外，需要注意的是，如果债券不是一年付息一次，而是一年付息多次，则将导致未来每次现金流出量及时点发生变化，上述公式便不能直接运用，需要作相应的调整。

（二）权益资本成本的计算

权益资金是企业所有者投入企业的资金。权益资金的成本由投资者要求的报酬及筹资手续费构成。不同组织形式的企业，其向投资者支付报酬的方式不同，资本成本的计算方法也就有所不同。但权益资金资本成本的计算亦遵循企业因融资而发生的未来现金流出（支付股息或分配利润）现值之和，与企业因融资现在取得的现金流入（实际筹到的资金）的现值之和两者相等的思路。现金流入之和的现值与现金流出之和的现值相等时的贴现率即为资本成本。

1. 优先股成本的计算

优先股是享有某种优先权利的股份，其同时又具有债券的某些性质，如股利率固定等。与债券不同的是，优先股没有固定的到期日。优先股的成本包括企业支付给优先股股东的股利及发行费用。公司发行优先股筹资需支付发行费用，优先股股利通常是固定的。在假设企业永续经营的情况下，优先股股利事实上成为永续年金，因而其未来现金流出按永续年金进行折现，根据资本成本计算原理可得：

$$P-F=\frac{D_p}{k_p}$$

整理后则有：

$$k_p=\frac{D_p}{P-F} \tag{9-5}$$

式（9－5）中，P——优先股发行价格；F——优先股发行费用；D_p——优先股股利；k_p——折现率，即优先股资本成本。

【例9－6】某公司发行面值1元，股息率12%的优先股200万股，按1.1元溢价发行，发行费率为4%，优先股成本可计算如下：

$$k_p=\frac{200\times 12\%}{220\times(1-4\%)}\approx 11.36\%$$

优先股股利需在税后支付，因此，以上计算的成本即为优先股的实际成本。企业破产时，优先股股东的求偿权位于债券持有人之后，其风险大于债券持有人的风险，这就使得优先股的股利一般大于债券的利息率。另外，优先股股利要从税后利润中支付，不减少公司的所得税，这也导致优先股成本高于债务成本。

2. 普通股成本的计算

普通股是股份公司的基本股份。从理论上说，普通股成本是普通股股东在一定风险条件下所要求的最低投资报酬率，即为令企业未来现金流出量（支付股利）现值等于企业现在资金流入量的折现率。但由于企业未来支付给普通股的股利不确定，在计算普通股成本时，必须对未来股利加以估计，进而近似地计算其成本。

由于对股利分配政策的估计不同，普通股成本的计算方法也就有所不同。

（1）固定股利支付政策。若普通股股利将无限期地在某一水平上固定不变，普通股股利的支付在量与时间上就完全与优先股股利的情形一样，因而其成本可参照优先股成本的方法来计算。其计算公式如下：

$$k_c=\frac{D_c}{P-F} \tag{9-6}$$

式（9－6）中，D_c——固定每股股利额；P——普通股每股发行价格；F——发行费用；k_c——普通股成本。

【例9－7】某公司目前普通股股利为每股2元，发行价为25元，发行费率为5%，根据公司的经营特点，预计普通股股利将在一个相当长时期内保持不变，则该公司普通股成本可计算如下：

$$k_c=\frac{D_c}{P-F}=\frac{2}{25-25\times 5\%}\approx 8.42\%$$

（2）稳定增长股利政策。若假设普通股股利将在现在水平上按某一固定比率g增长，且增长率g小于普通股的成本率，这样，根据计算现金流入量现值等于未来现金流出量现值时的折现率而确认资本成本的原理，可得到普通股资本成本的理论公式如下：

$$P-F=\sum_{t=1}^{\infty}\frac{D_0(1+g)^t}{(1+k_c)^t}$$

化简为：

$$k_c=\frac{D_1}{P-F}+g \tag{9-7}$$

式（9-7）中，F——普通股发行费用；P——普通股发行价格；D_0——基期（上年度）的每股股利额；g——固定增长率；k_c——折现率，即普通股成本。

【例9-8】某股份公司普通股的发行价为28.5元/股，发行费用为每股0.5元，上年度股利额为1.8元/股，预计今后每年将以2%的固定速度增长。该公司普通股的成本可计算如下：

$$k_c = \frac{D_1}{P-F} + g = \frac{1.8\ (1+2\%)}{28.5-0.5} + 2\% \approx 8.55\%$$

（3）先随机波动，后稳定增长的股利政策。根据计算现金流入量现值等于未来现金流出量现值时的折现率来确认资本成本的原理，可得到普通股资本成本的理论公式如下：

$$P - F = \sum_{t=1}^{m} \frac{D_t}{(1+k_c)^t} + \left(\sum_{t=m+1}^{\infty} \frac{D_m\ (1+g)^{t-m}}{(1+k_c)^{t-m}} \right) \times \frac{1}{(1+k_c)^m} \qquad (9-8)$$

普通股股利在税后支付，因此，按以上公式计算出来的资本成本即为普通股的实际成本。

以上给出了三种股利分配政策下普通股成本的计算公式。公司采用的股利分配政策很多，股利分配政策不同，其成本的计算方法也就有所不同。读者可运用所学过的知识计算其他股利分配政策下的普通股成本，这里不再一一列示。

3. *留存收益成本的计算*

留存收益是指留存于企业的税后利润，包括企业的盈余公积及未分配利润。留存收益可用来弥补亏损，也可以用作未来的利润分配，还可以作为企业的资本积累。将留存收益再投资，称为留存收益资本化，是企业一项重要的筹资手段。留存收益的所有权属于企业所有者，就股份公司而言，属于普通股东。因此，可将资本化的留存收益视作普通股东对企业的再投资。对于这一部分投资，投资者同样要求有一定的投资报酬率，因此，留存收益必须计算成本。对企业而言，如果留存收益用于再投资所获得的收益率低于股东自己进行另一项风险相似的投资的收益率，企业就不应该保留留存收益，而应将其分派给股东。

从企业筹资角度看，留存收益资本化与发行普通股这两种筹资手段具有相互替换的作用。二者的区别仅仅在于将留存收益资本化，不需经过资金市场，因而不需支付发行费用，而发行普通股则需支付发行费。因此，留存收益成本的计算同样需要考虑未来股利变化情形，但不需考虑发行费用，可参照普通股成本的计算原理进行。

以预计未来股利按固定比例 g 增长为例，留存收益成本计算公式如下：

$$k_S = \frac{D_c}{P_c} + g \qquad (9-9)$$

式（9-9）中，k_S——留存收益成本；D_c——预期年股利额；P_c——普通股市价；g——普通股利年增长率。

【例9-9】某公司普通股目前市价为45元/股，估计年增长率为5%，上年发放股利 2 元，则：

$$D_c = 2 \times (1 + 5\%) = 2.1\ (元)$$

$$k_S = \frac{2.1}{45} + 5\% \approx 9.67\%$$

读者可以根据成本计算原理自行推演其他股利支付情况下的留存收益成本。

三、加权平均资本成本

前面讨论了企业各种单项资金成本的计算方法。对于大部分企业来说，其资金都不可能从单一途径筹集。加权平均资本成本，就是指企业以不同途径的资本金额占全部资本金额的比重为权数而加权平均所求得的全部资本的平均成本。加权平均资本成本的计算公式为：

$$K_W = \sum_{j=1}^{n} K_j W_j \tag{9-10}$$

式（9－10）中，K_W——加权平均资本成本；K_j——第 j 种个别资本成本；W_j——第 j 种个别资本占全部资本的比重（权数）。

【例 9－10】 某公司账面反映的长期资金共 500 万元，其中，长期借款 100 万元，应付长期债券 50 万元，普通股 250 万元，留存收益 100 万元。各项长期资金的个别成本分别为 6.7%、9.17%、11.26%、11%。该公司的加权平均资本成本为：

$$K_W = 6.7\% \times \frac{100}{500} + 9.17\% \times \frac{50}{500} + 11.26\% \times \frac{250}{500} + 11\% \times \frac{100}{500} \approx 10.09\%$$

加权资本成本的计算，需要特别注意以下两个问题：

（1）加权权重的确定。上述计算中的个别资本占全部资本的比重，是按账面价值确定的，其资料容易取得。但当资本的账面价值与市场价值差别较大时，如股票、债券的市场价格发生较大变动，计算结果会与实际有较大的差距，从而贻误筹资决策。为了克服这一缺陷，个别资本占全部资本比重的确定还可以按市场价值或目标价值确定，分别称为市场价值权数和目标价值权数。

①市场价值权数。市场价值权数是指债券、股票以市场价格确定权数。这样计算的加权平均资本成本能反映企业目前的实际情况。同时，为弥补证券市场价格变动频繁的不便，也可选用平均价格。

②目标价值权数。目标价值权数是指债券、股票以未来预计的目标市场价值确定权数。这种权数能体现期望的资本结构，而不是像账面价值权数和市场价值权数那样只反映过去和现在的资本结构，所以目标价值权数计算的加权平均资本成本更适用于企业筹措新资金。然而，企业很难客观合理地确定证券的目标价值，又使这种计算方法不易推广。

（2）成本计算时点的一致性。通常债务成本（利息）在税前列支，股权成本（股利）在税后列支。而前面给出的债务成本的计算公式通常是计算税前成本的公式，因此必须特别注意应将债务成本转成税后成本，才是真正的成本，才能够与股权成本口径一致，进行加权平均成本的计算。

四、边际资本成本

（一）边际资本成本的概念

企业无法以某一固定的资本成本来筹措无限的资金，当其筹集的资金超过一定限度时，原来的资本成本就会增加。在企业追加筹资时，需要知道筹资额在什么数额上会引起资本成本的变化。这就要引入边际资本成本的概念。

严格地说，边际资本成本是指企业新筹集资金，当所筹资金的增量 $\Delta x \to 0$ 时，资本成本的增量 Δy 与资本增量 Δx 的比值。但这个定义在财务管理中的实用意义较小，故一般将边际资金成本定义为：企业每新增 1 元资金，即 $\Delta x = 1$ 时所增加的资金成本。实务中通常还简单地将新增资金总额的成本率称为边际资本成本率。边际资本成本是按加权平均法计算的，是追加筹资时所使用的加权平均成本。

（二）边际资本成本的计算

由于边际资本成本是一个动态的概念，其计算也应从一个动态的过程来考虑，具体可分以下几种情况来讨论：

（1）如果各项新增资金成本与原有同类资金成本相同且在任何筹资范围内都能保持不变，则：

①当新增资金结构与企业原有资金结构相同时，无论企业增筹多少资金，其加权平均边际资本成本都会等于原加权平均资本成本。

②当新增资金结构与企业原有资金结构不同时，其加权平均边际资本成本不等于原资本成本，加权平均资金成本可根据各项新增资金成本及其在新增资金总额中的比重计算。

（2）如果各项新增资金的成本将随着筹资规模的扩大而上升，则加权平均边际资本成本需按以下三个步骤来计算：

第一步，分析资本市场的资金供需状况，以确定各种筹资方式的资本成本分界点。所谓成本分界点，是指使资本成本发生变动的筹资金额。例如，当企业新发行债券少于 15 万元时，债券成本为 10%；如果新发行债券超过 15 万元，则超过部分的成本就要上升为 12%，那么，15 万元就是该种筹资方式的成本分界点。

第二步，确定新筹资金的结构。

第三步，根据已定的资金结构及各种筹资方式的成本分界点，计算筹资突破点，并列出与之对应的筹资范围。

这里，筹资突破点是指使某项资金成本发生变动的筹资总额。例如，若企业确定的新筹资金结构为债务资金 40%，发行债券的成本分界点为 20 万元，那么，企业筹资总额在 50 万元之内时，债券成本不会上升；而超过 50 万元，按 40% 债券比例，债券发行量就会超过 20 万元，债券成本就要上升。这里，50 万元就是针对债券成本而言的筹资突破点。因此，筹资突破点的计算公式可列示如下：

$$TF_i = \frac{B_i P_i}{W_i} \tag{9-11}$$

式（9-11）中，TF_i——针对某种筹资方式而言的筹资突破点；B_iP_i——该种筹资方式的成本分界点；W_i——该种资金在筹资总额中的比重。

【例9-11】佳华公司拥有长期资金400万元。其中，长期借款100万元，资本成本7%；长期债券40万元，资本成本11%；普通股260万元，资本成本16%。平均资本成本为13.25%。由于扩大经营规模的需要，现拟筹集新资金。

第一步：分析资本市场的资金供需状况，确定资本成本分界点。如表9-6所示：

表9-6 资本市场资金供需状况

筹资方式	筹资方案成本分界点（万元）	资本成本（%）
长期借款	0~25 25~60 超过60	7 9 12
长期债券	0~15 15~30 超过30	11 13 15
普通股	0~58.5 58.5~84.5 超过84.5	16 18 20

第二步：确定资本结构。公司管理层经分析，确定新筹集资金的结构与原有资本结构保持一致。这意味着公司新筹集的资金结构为长期借款25%、长期债券10%、普通股65%。

第三步：计算筹资突破点，列出对应的筹资范围。

根据上述资料，可计算突破点。如表9-7所示：

表9-7 筹资方案突破点及对应的筹资范围

筹资方式	资本成本（%）	筹资方案成本分界点（万元）	筹资方案突破点（万元）	筹资总额范围（万元）
长期借款	7 9 12	0~25 25~60 超过60	25/0.25=100 60/0.25=240 ——	0~100 100~240 超过240
长期债券	11 13 15	0~15 15~30 超过30	15/0.1=150 30/0.1=300 ——	0~150 150~300 超过300
普通股	16 18 20	0~58.5 58.5~84.5 超过84.5	58.5/0.65=90 84.5/0.65=130 ——	0~90 90~130 超过130

根据以上计算，可列出各个筹资突破点之下的以下 7 组筹资范围：0 ~ 90 万元、90 万 ~ 100 万元、100 万 ~ 130 万元、130 万 ~ 150 万元、150 万 ~ 240 万元、240 万 ~ 300 万元、300 万元以上。

下面列表计算各个筹资范围的加权平均边际资本成本，如表 9 – 8 所示：

表 9 – 8

筹资范围（万元）	筹资方式	资本结构（W_i）（%）	资本成本（%）	边际资本成本（%）
0 ~ 90	长期借款	0.25	7	7 × 0.25 = 1.75
	长期债券	0.10	11	11 × 0.10 = 1.1
	普通股	0.65	16	16 × 0.65 = 10.4
		加权平均边际资本成本		13.25
90 ~ 100	长期借款	0.25	7	7 × 0.25 = 1.75
	长期债券	0.10	11	11 × 0.10 = 1.1
	普通股	0.65	18	18 × 0.65 = 11.7
		加权平均边际资本成本		14.55
100 ~ 130	长期借款	0.25	9	9 × 0.25 = 2.25
	长期债券	0.10	11	11 × 0.10 = 1.1
	普通股	0.65	18	18 × 0.65 = 11.7
		加权平均边际资本成本		15.05
130 ~ 150	长期借款	0.25	9	9 × 0.25 = 2.25
	长期债券	0.10	11	11 × 0.10 = 1.1
	普通股	0.65	20	20 × 0.65 = 13
		加权平均边际资本成本		16.35
150 ~ 240	长期借款	0.25	9	9 × 0.25 = 2.25
	长期债券	0.10	13	13 × 0.10 = 1.3
	普通股	0.65	20	20 × 0.65 = 13
		加权平均边际资本成本		16.55
240 ~ 300	长期借款	0.25	12	12 × 0.25 = 3
	长期债券	0.10	13	13 × 0.10 = 1.3
	普通股	0.65	20	20 × 0.65 = 13
		加权平均边际资本成本		17.3
超过 300	长期借款	0.25	12	12 × 0.25 = 3
	长期债券	0.10	15	15 × 0.10 = 1.5
	普通股	0.65	20	20 × 0.65 = 13
		加权平均边际资本成本		17.5

第三节　杠杆原理及其应用

“杠杆作用”一词源于力学，指通过一定的工具（杠杆），使较小的力对受力物体产生较大的作用力。财务管理中的杠杆作用，则是指由于固定费用（包括生产经营方面的固定费用和财务方面的固定费用）的存在，业务量或负债资本发生较小的变化而对利润或股东权益所产生的较大影响。解决财务中的杠杆理论问题，首先应了解成本习性、成本类型及其与企业权益的关系。

一、成本习性及其与企业权益的关系

（一）成本习性

所谓成本习性，是指成本总数与相关业务量的数量关系。按成本习性对企业成本进行分类，可将企业的成本划分为变动成本、固定成本和混合成本三类。

1. 固定成本

固定成本是指成本总额在一定时期和一定业务量范围内，不受业务量增减变动影响而变动的成本。直线法下的固定资产折旧费、财产保险费、管理人员工资等均属于固定成本。这些费用年支出总额基本相同，且不随产销量的变化而变化。而当产销量增加时，单位业务量所分担的固定费用就越少；反之，则增加。所以，就单位业务量的固定成本而言，其与业务量的增减变化成反比例变动。

2. 变动成本

变动成本是指在特定的业务量范围内，成本总额与业务量呈正比例增减变动的成本。企业产品制造过程中发生的直接材料费、计件工资制下的生产工人工资等均属于变动成本。单位业务量中的变动成本同其成本总额不同，它是相对固定的，不随同业务量的增减变化而变动。

3. 混合成本

在企业的成本费用中，除固定成本和变动成本外，相当一部分成本费用处于两者之间的混合状态。这种同时兼有变动成本和固定成本性质的成本称作混合成本，如企业质量检查人员的工资属于混合成本。这类成本的基本特征是，其发生额受业务量变动的影响，但其变动的幅度并不同业务量的变动保持严格的比例关系。

为了满足企业生产经营决策与成本控制的需要，企业应采用一定的方法将混合成本分解为固定成本与变动成本。

4. 成本习性模型

根据变动成本和固定成本的性质，可以得出如下成本习性模型：

$$y = a + bx$$

上式中，y——总成本；a——固定成本；b——单位变动成本；x——产销量。

该成本模型在企业成本预测、成本决策和其他短期生产经营决策中具有重要的作用。

（二）边际贡献与息税前利润

1. 边际贡献

边际贡献也称边际收益，是指销售收入减去变动成本后的差额。其计算公式为：

$$M=S\times p-b\times S=S\times(p-b)=S\times m$$

上式中，M——边际贡献总额；S——产销量；p——产品销售单价；b——单位变动成本；m——单位边际贡献。

2. 息税前利润

息税前利润是指支付利息和缴纳所得税之前的利润。在成本习性分类的基础上，息税前利润可按以下公式计算：

$$EBIT=(p-b)\times S-a=M-a$$

上式中，$EBIT$——息税前利润；p——产品销售单价；b——单位变动成本；S——产销量；a——固定成本；M——边际贡献总额。

二、经营杠杆理论及其应用

（一）经营杠杆的概念及原理

一定的产销量范围中，产销量的增加一般不会改变固定成本总额，但会降低产品单位固定成本，从而提高产品单位利润，使息税前利润的增长率大于产销量的增长率；反之，产销量的减少会提高产品单位固定成本，降低产品单位利润，息税前利润的下降率大于产销量的下降率。也就是说，由于固定成本的存在，使息税前利润的变动率与产销量变动率不一致。这种因固定成本的存在所产生的息税前利润变动大于产销量变动的杠杆效应称为经营杠杆效应。

（二）经营杠杆的计量

上述分析可知，只要企业存在固定成本，就一定存在经营杠杆效应。所不同的是，由于企业的成本构成不同，经营杠杆作用的程度也就不同。对企业经营杠杆的作用程度是用经营杠杆系数或经营杠杆度来表示。所谓经营杠杆系数，是指息税前利润变动率相当于产销量变动率的倍数。其计算公式为：

$$经营杠杆系数=\frac{息税前利润变动率}{产销量变动率}$$

或

$$DOL=\frac{\Delta EBIT/EBIT}{\Delta S/S} \tag{9-12}$$

式（9－12）中，$EBIT$——变动前的息税前利润；$\Delta EBIT$——息税前利润的变动额；S——变动前的产销量；ΔS——产销量的变动额。

上面的公式是完全符合定义的，称为理论公式。但该公式只在期末才能根据有关实际数据计算建立，因而不能用于经营预测。为了满足预测的需要，可以由理论公式推导出便于应用的计算公式，称为通用公式，其公式为：

$$DOL = \frac{基期边际贡献}{基期边际贡献 - 固定成本}$$

或
$$DOL = \frac{基期边际贡献总额}{基期息税前利润}$$

【例 9－12】某公司有关资料如表 9－9 所示，试计算该企业的经营杠杆系数。

表 9－9　　　单位：万元

项目	产销量变动前	产销量变动后	变动额	变动率（%）
销售额	10 000	12 000	2 000	20
变动成本	6 000	7 200	1 200	20
边际贡献	4 000	4 800	800	20
固定成本	2 000	2 000	—	—
息税前利润	2 000	2 800	800	40

根据理论公式计算的经营杠杆系数为：

$$DOL = \frac{800/2\ 000}{2\ 000/10\ 000} = \frac{40\%}{20\%} = 2$$

根据通用公式计算的经营杠杆系数为：

$$DOL = \frac{4\ 000}{2\ 000} = 2$$

（三）经营杠杆原理的应用

下面举例说明经营杠杆原理的应用。

【例 9－13】假定有 A、B 两家企业，生产完全相同的产品，目前的市场占有率亦完全相同，年均产销量为 15 万箱，每箱售价 30 元。两家企业的资产结构如表 9－10 所示：

表 9－10　　　单位：万元

资产	A 企业	B 企业
流动资产	700	1 200
固定资产原值	1 500	900
其他资产	200	300
合计	2 400	2 400

上述资产结构表明，两家企业的生产方式有所区别。A 企业投入更多的资金在机器设备方面，采用较为现代化的机械生产手段，雇用员工较少；B 企业则以手工操作为主，需要更多的流动资金。两家企业的资产结构不同，导致产品成本构成亦不相同。假

定A企业产品单位变动成本为7.5元，B企业产品单位变动成本为12元，两家企业的固定资产都按年直线法计提折旧，折旧期为10年，不计残值。则A、B企业每年固定成本总额分别为150万元和90万元。按成本习性模型 $y=a+bx$，两家企业产品总成本构成情况可计算如下：

$$Y_A=\frac{1\,500}{10}+7.5x=150+7.5x$$

$$Y_B=\frac{900}{10}+12x=90+12x$$

为了便于分析，A、B两企业有关指标的计算如表9－11所示：

表9－11

项目	A企业	B企业
单位边际贡献（单价－单位变动成本）	30－7.5＝22.5（元）	30－12＝18（元）
边际贡献率（单位边际贡献/单价）	22.5/30＝75%	18/30＝60%
保本销售量（固定成本/单位边际贡献）	150/22.5≈6.67（万箱）	90/18＝5（万箱）
保本销售额（固定成本/边际贡献率）	150/75%＝200（万元）	90/60%＝150（万元）
两企业在年产量15万箱时息税前利润：		
息税前利润（边际贡献－固定成本）	15×22.5－150＝187.5（万元）	15×18－90＝180（万元）
假设两企业产销量为16.5万箱（均增10%）时		
息税前利润	16.5×22.5－150＝221.25（万元）	16.5×18－90＝207（万元）
息税前利润增加额	221.25－187.5＝33.75（万元）	207－180＝27（万元）
息税前利润增加幅度	33.75/187.5＝18%	27/180＝15%

从以上计算可以看出：

（1）A企业由于固定资产投资比例较大，使其产品成本构成中固定成本的比重比B企业高，其保本销售量也就高。A企业保本销售量约为6.67万箱，B企业为5万箱。因此，当产品市场发生波动时，A企业较之B企业更容易发生亏损。可见，固定资产投资比例的大小或固定成本构成的高低直接影响企业经营风险的高低。

（2）B企业以手工操作为主，其产品成本构成中变动成本占较大的比重，边际贡献低于A企业。因此，B企业保本后，每产销1箱产品可获得18元利润；A企业保本后，每产销1箱产品则可获利22.5元。一旦该产品市场发生恶性商业竞争，在短期内，A企业产品降价的下限为7.5元，而B企业为12元，B企业竞争力明显不如A企业。可见，固定资产投资比例直接影响企业的获利能力，进而影响企业的竞争能力。

（3）当两家企业的产销量同时增加10%，即由15万箱上升到16.5万箱时，A企业的利润增加了33.75万元，增加幅度为18%；而B企业的利润只增加27万元，增加幅度为15%。A企业的利润上升幅度之所以较B企业大，是因为A企业的固定成本比例高而获得了比B企业更大的经营杠杆效应。

为进一步分析经营杠杆的特性与作用，表9-12给出了不同产销量时企业的经营杠杆系数。

表9-12

经营杠杆系数		
销售量	A企业	B企业
15万箱	$\frac{15\times22.5}{15\times22.5-150}=1.8$	$\frac{15\times18}{15\times18-90}=1.5$
18万箱	$\frac{18\times22.5}{18\times22.5-150}\approx1.59$	$\frac{18\times18}{18\times18-90}\approx1.38$
25万箱	$\frac{25\times22.5}{25\times22.5-150}\approx1.36$	$\frac{25\times18}{25\times18-90}=1.25$

由以上分析可知，只要企业存在固定成本，经营杠杆效应就存在，经营杠杆系数大于1，并随着固定成本的变动而同方向变动。经营杠杆系数越大，利润的变动越剧烈，企业的经营风险也就越大。在产销量上升时，经营杠杆越高，则获利能力就越强；在产销量下降时，经营杠杆越高，利润的下降也就越快。经营杠杆随着销售量的变动而反方向变动，如表9-12所示，随着产销量的上升，经营杠杆逐步下降。也就是说，当企业的固定成本确定后，产销量越大，经营杠杆越小，从而使企业的经营风险越小；反之亦然。

三、财务杠杆理论及其应用

（一）财务杠杆的概念

债务利息和优先股股利与普通股股利不同，不论企业营业利润多少，它们通常是固定不变的，而不像普通股股利会随着企业盈利的多少而增减变化。这样，当息税前利润增大时，每1元盈余所负担的固定财务费用和优先股股利就会相对减少，而每股普通股则会获得更多的盈余；反之，当息税前利润减少时，每1元盈余所负担的固定财务费用和优先股股利就会相对增加，而每股普通股盈余就会减少。这种因利息和优先股股息的固定性而导致的普通股收益变动大于息税前利润变动的杠杆效应称为财务杠杆。下面，通过A、B两公司的有关资料对财务杠杆原理作具体说明。

【例9-14】假定有A、B两家股份有限公司，经营业务及经营条件基本相同，资本总额均为1 000万元。在资本结构上，A公司有普通股600万股，每股1元，另有年利率10%的公司债400万元；B公司全部为普通股，共1 000万股，每股1元。两公司所得税税率同为40%，两家公司的经营业绩、每股收益情况及变化情况如表9-13所示：

表 9-13

项目	A 公司	B 公司
目前经营状况：		
息税前利润（万元）	250	250
息税前利润率	25%	25%
利息支出（万元）	40	0
税前收益（万元）	210	250
所得税（万元）	84	100
税后收益（万元）	126	150
每股收益（税后收益/股数）（元）	126/600 = 0.21	150/1 000 = 0.15
权益资金收益率	21%	15%
假定公司息税收前利润上升 30%		
息税前利润（万元）	325	325
息税前利润率	325/1 000 = 32.5%	325/1 000 = 32.5%
利息支出（万元）	40	0
税前收益（万元）	285	325
所得税（万元）	114	130
税后净收益（万元）	171	195
每股收益（元）	171/600 = 0.285	195/1 000 = 0.195
权益资金收益率	28.5%	19.5%
每股收益上升幅度（%）	（28.5 - 21）/21≈35.71	（19.5 - 15）/15 = 30
权益资金收益率上升幅度（%）	35.71	30

由以上计算结果可知，当两家公司息税前收益均为 250 万元时，由于 A 公司存在债务资金，在支付了固定利息及所得税之后，权益资金收益率达 21%；而 B 公司由于没有债务资金，其权益资金收益率只有 15%。当两公司的息税前利润均上升 30% 时，A 公司的权益资金收益率上升 35.71%；B 公司的权益资金收益率则与企业息税前利润同步增长。A 公司的权益资金收益要高于 B 公司的权益资金收益，这就是财务杠杆作用的结果。

（二）财务杠杆的计量

从上述分析可知，只要在企业的资本构成中有债务资本和优先股，就会产生财务杠杆效应。但不同的企业，其财务杠杆的作用程度有可能不同。表示财务杠杆作用程度的指标是财务杠杆系数。财务杠杆系数反映的是普通股每股利润的变动率为息税前利润变动率的倍数。其计算公式为：

$$财务杠杆系数 = \frac{普通股每股利润变动率}{息税前利润变动率}$$

或
$$DFL = \frac{\Delta EPS/EPS}{\Delta EBIT/EBIT} \tag{9-13}$$

式（9－13）中，DFL——财务杠杆系数；ΔEPS——普通股每股利润变动额或普通股利润变动额；EPS——基期每股利润或基期普通股利润；$\Delta EBIT$——息税前利润变动额；$EBIT$——基期息税前利润。

同经营杠杆系数的计算一样，上面给的计算公式是完全符合定义的，称为理论公式。它的缺陷同样在于不能用于相关的财务预测。为了满足预测的需要，可以由理论公式推导出便于应用的计算公式，称为通用公式，其公式为：

$$财务杠杆系数 = \frac{息税前利润}{息税前利润 - 利息 - \dfrac{优先股股利}{1 - 所得税税率}}$$

或
$$DFL = \frac{EBIT}{EBIT - I - \dfrac{D_p}{1-T}} \tag{9-14}$$

式（9－14）中，$EBIT$——息税前利润；I——固定利息支出；D_p——优先股股利；T——所得税税率。

【例9－15】如果公司的息税前利润为1 000万元，分别计算利息为0、200万元、400万元时的财务杠杆系数。

当利息为0时：

$$DFL = \frac{1\ 000}{1\ 000 - 0} = 1$$

当利息为200万元时：

$$DFL = \frac{1\ 000}{1\ 000 - 200} = 1.25$$

当利息为400万元时：

$$DFL = \frac{1\ 000}{1\ 000 - 400} \approx 1.67$$

由以上计算结果可知，企业的资本结构不同，财务杠杆系数也就有所不同。企业的负债比例越高，财务杠杆的作用度也就越大，对每股利润的影响也就越大。因此，在企业有良好的利润增长势头时，则可适当地提高负债比例，发挥财务杠杆的作用。当然，财务杠杆越高，也意味着财务风险越高，当企业利润下降时，每股利润减少得越快。

（三）财务杠杆原理的应用

为了加强对财务杠杆的理解，更好地发挥财务杠杆的作用，下面举例说明财务杠杆对企业权益资本收益的影响。

【例9－16】延用【例9－14】中A、B公司的有关资料，假定息税前利润分别为90万元、63万元时，两家公司权益资本收益情况如表9－14所示：

表 9－14

项目	A 公司	B 公司
息税前利润为 90 万元时：		
息税前利润（万元）	90	90
息税前利润与资金总额之比	9%	9%
利息支出（万元）	40	0
税前利润（万元）	50	90
所得税（万元）	20	36
税后利润（万元）	30	54
每股利润（元）	30/600＝0.05	54/1 000＝0.054
权益资金利润率	5%	5.4%
息税前利润为 63 万元（下降 30%）时：		
息税前利润（万元）	63	63
息税前利润与资金总额之比	6.3%	6.3%
利息支出（万元）	40	0
税前利润（万元）	23	63
所得税（万元）	9.2	25.2
税后利润（万元）	13.8	37.8
每股利润（元）	13.8/600＝0.023	0.037 8
权益资金利润率	2.3%	3.78%
每股收益下降幅度（%）	54	30
权益资金利润率下降幅度（%）	54	30

根据本例和【例 9－14】的计算结果，可以得出以下结论：

（1）只有当企业的总资本收益率大于负债利率时，财务杠杆才会产生正效应，即负债经营的企业可以提高权益资本收益率，且在息税前利润增加时，财务杠杆系数越高，权益资本收益率提高得就越快。

（2）当企业的总资本收益率低于负债利率时，财务杠杆则会产生负效应，即负债经营的企业的权益资本收益率会低于非负债经营企业的权益资本收益率，且在息税前利润下降时，负债经营企业的财务杠杆系数越高，权益资本收益率下降得就越快。

总之，财务杠杆的应用是有条件的，它可以使企业获得财务杠杆收益，产生好的效应；但也可能会加大企业的财务风险，降低股东收益。

四、复合杠杆理论及其应用

（一）复合杠杆的概念

由经营杠杆原理与财务杠杆原理得知：如果存在固定成本，则产生经营杠杆效应，使息税前利润的变动率大于业务量的变动率；同样，如果存在固定财务费用（或优先股股利），则产生财务杠杆效应，使企业每股利润的变动率大于息税前利润的变动率。复合杠杆就是指由于企业固定成本和固定财务费用的共同存在而导致的每股利润变动大于产销量变动的杠杆效应。

（二）复合杠杆的计量

表示复合杠杆作用程度的是复合杠杆系数。复合杠杆系数是指每股利润变动率相当于业务量变动率的倍数。其理论公式为：

$$复合杠杆系数 = \frac{每股利润变动率}{产销量变动率}$$

或

$$DCL = \frac{\Delta EPS/EPS}{\Delta S/S} \tag{9-15}$$

式（9－15）中，DCL——复合杠杆系数；EPS——变动前的每股利润；ΔEPS——每股利润变动额；S——变动前产销量；ΔS——产销量的变动额。

为便于预测与分析，可根据理论公式推导出下面的计算公式，称为应用公式，即

$$DCL = \frac{\Delta EPS/EPS}{\Delta S/S} = \frac{\Delta EPS/EPS}{\Delta EBIT/EBIT} \times \frac{\Delta EBIT/EBIT}{\Delta S/S} = DOL \times DFL$$

复合杠杆系数应等于经营杠杆系数与财务杠杆系数之积。

（三）复合杠杆原理的应用

因复合杠杆的作用，当企业经济效益好，息税前利润上升时，每股利润会大幅度上升；当企业经济效益差，息税前利润下降时，每股利润会大幅度下降。企业复合杠杆系数越大，每股利润的波动幅度就越大。由于复合杠杆的作用使每股利润大幅度下滑而造成的风险，称为复合风险。在其他因素不变的情况下，复合杠杆系数越大，复合风险越大；复合杠杆系数越小，复合风险越小。企业应根据自己的生产经营情况与财务状况，发挥复合杠杆的作用或相应地调整复合杠杆的影响。

第四节　资本结构

一、资本结构概念

资本结构是指企业各种资金的构成及其比例关系。资本结构有广义和狭义之分。广义的资本结构是指全部资本（包括长期资本和短期资本）的结构；狭义的资本结构仅指长期资本结构。

企业采用的方式及其筹资方式的组合不同，形成的资本结构也就不同（这里讲的资本结构是指长期资本结构）。企业长期筹资方式虽然很多，但总的来看可分为负债资本和权益资本两类。因此，长期资本结构的问题是负债资本的比例问题。企业的资本结构合理，有利于降低企业的财务风险和资金成本，提高企业的价值。因此，企业运用适

当方法确定与保持合理的资本结构是有重要意义的。

二、资本结构理论

（一）传统的资本结构理论

资本结构理论创立于20世纪四五十年代。1952年，美国学者杜兰特在美国国家经济研究局召开的“企业理财研究学术会议”上发表了一篇题为“企业债务和股权资本成本：趋势和问题的度量”的论文。文中提出了资本结构的三种理论观点：净收益理论、净营业收益理论和传统理论。这可以说是对早期资本结构理论研究成果的一次全面总结。

1. *净收益理论*（Net Income Theory，NI）

净收益理论认为，由于负债资本的风险低于股权资本的风险，税前负债成本低于股本成本，且负债成本具有节税效应，这样，增加负债比例就可以降低公司的加权平均资本成本。随着负债比例的提高，公司的价值也逐渐增大。

净收益理论的基本出发点是假定单项负债资本成本和股本成本不受负债比例变化的影响，无论公司负债程度多高，债务成本与股本成本均保持固定不变。因此，只要债务成本低于权益资本成本，随着负债比重的加大，加权平均资本成本将会逐渐降低，公司价值也随之增加。

这一理论是以权益资本和债务资本成本不变为前提的，没有考虑负债比重变化引起的财务风险的变化，最终得出的结论是当负债为100%时，资本结构处于最佳状态，此时，加权平均资本成本最低，公司价值最大。显然，这种理论假设的前提条件很难成立。

2. *净营业收益理论*（Net Operating Income Theory，NOI）

净营业收益理论认为，不论财务杠杆如何变化，公司加权平均资本成本都是固定的，因而公司的总价值也是固定不变的。这是因为公司利用财务杠杆增加负债比例时，虽然负债资本成本比股本成本低，但由于负债加大了权益资本的风险，使得权益成本上升，于是加权平均资本成本不会因负债比率的提高而降低，而是维持不变。因此，公司无法利用财务杠杆改变加权平均资本成本，也无法通过改变资本结构提高公司价值，资本结构与公司价值无关，而决定公司价值的是营业收益。可见，净营业收益理论和净收益理论在资本结构、资本成本和公司价值之间的关系认识上持有完全相反的观点。

3. *传统理论*

传统理论是介于上述两种理论之间的一种折衷理论。传统理论认为，适度负债并不会明显增加公司的财务风险，因为公司负债比例保持在一定限度之内时，由于财务杠杆的作用，负债会增加权益资本的报酬率，使公司股价上升，公司利用财务杠杆增加负债，尽管会因财务风险加大而导致权益成本上升，但财务风险和权益成本的增加速度不会很快，不会完全抵消因增加低成本的债务资本所获得的好处，因此，加权平均资本成本会有所下降，公司的总价值也会上升。但是，当公司的负债比例超过一定限度时，财务风险和权益成本的上升速度就会加快，并有可能将财务杠杆带来的正面效应抵消，加权平均资本成本便会上升，公司价值则会下降。公司加权平均资本成本达到最低点时公司价值最大，此时的资本结构为最佳资本结构。

（二）现代资本结构理论

1. MM 资本结构理论

1958 年 6 月，美国著名财务学家、金融学家莫迪格莱尼（Modigliani）和米勒（Miller）在他们的论文“资本成本、公司财务和投资理论”（载于《美国经济评论》）中首次提出并论证了公司的市场价值与资本结构无关，这就是最初的 MM 理论，它使得资本结构理论的研究进入了一个新阶段。MM 理论的观点与传统资本结构理论大相径庭，所以论文一经发表，立即在西方财务学界引起轰动，并引发了其后长达 36 年的激烈争论，两位学者也因这一理论的提出及其对财务理论的开创性贡献分别于 1985 年和 1990 年获得了诺贝尔经济学奖。

概括地说，MM 理论的发展经历了三个阶段：MM 的无税模型、考虑公司所得税的 MM 模型和米勒模型（同时考虑了公司所得税和个人所得税的 MM 模型）。

2. MM 资本结构理论研究的后续发展

MM 资本结构理论的产生借助于一系列理论假设。在理想环境下，MM 理论的逻辑推理是无可非议的，但在尚未达到理想状态的现实环境下，它却受制于这些假设，或者说，MM 资本结构理论的缺陷大多源自于其假设。理论的缺陷引发了许多学者的兴趣，他们从不同的角度出发，探索资本结构与企业价值之间的关系，寻求资本结构的优化途径，从而产生了资本结构理论的许多分支和流派，如权衡理论、融资优序理论、信号传递理论等，极大地丰富了资本结构理论。

（1）权衡理论。权衡理论认为，MM 理论的一个重大缺陷是该理论过于强调负债带来的节税收益。根据 MM 理论，在征税的条件下，公司应建立完全债务的资本结构。然而现实中的企业一般都是选择适当的债务比例，造成这种理论与现实出现差异的一个重要原因就是 MM 理论忽略了负债带来的风险和额外费用。在现实中，随着负债的增加，财务风险和费用都是不可避免的，即公司的负债规模是受到限制的。因此，有必要在 MM 理论中加入更多的现实因素，其中，财务危机成本和代理成本就是两种典型的风险、费用因素。引入了财务危机成本和代理成本的 MM 模型实际上就是通常所说的权衡模型。

权衡理论产生于 20 世纪 70 年代，它指出，负债可以为公司带来“税盾”（避税）的好处，但也会给公司带来财务危机成本和代理成本。当负债的比例在某一限度之内逐渐增加时，负债的避税效益大于因负债而增加的财务危机成本和代理成本，公司的加权平均资本成本会随着负债比例的提高而降低，公司价值会逐渐增大；当负债比例达到某一临界点时，边际负债的避税效益恰好与边际财务危机成本和代理成本相等，加权平均资本成本最小，公司价值在此时达到了最大化，此时的负债比例就是公司的最佳负债比例或最佳资本结构；当负债的比例超过这一临界点而继续提高时，财务危机成本和代理成本的上升速度会逐步加快，完全抵消甚至超过负债的避税效益，此时，加权平均资本成本会随着负债比例的提高而相应提高，公司价值将逐渐降低。从以上分析可知，财务危机成本和代理成本这两个重要的经济因素在现代企业资本结构的安排中扮演着重要的角色。

（2）融资优序理论。进入 20 世纪 70 年代以后，对信息不对称现象的研究逐渐渗透到经济学研究的各个分支领域，信息经济学、博弈论、委托代理理论等有关不对称信息的研究得到重大发展和突破。一些学者也开始从信息不对称的角度研究公司融资结构问题，并发表了一系列有代表性的文章，把公司融资理论的研究推向了一个新的阶段。这些理论研究利用信息不对称理论中的"信号"、"动机"、"激励"等范畴，着眼于公司"内部因素"，展开对公司融资问题的分析，将早期和现代公司融资理论中的权衡问题转化为结构或制度设计问题，为公司融资理论研究开辟了新的研究方向。

资本结构的融资优序理论认为，在公司投资机会方面，经理人员与普通投资者之间存在着信息的不对称，通常经理人员比投资者能够获得更多的与投资有关的信息，这种信息的不对称将直接影响公司的筹资顺序以及最佳资本结构。根据融资优序理论，公司筹资的顺序应当为：留存收益—发行公司债券—增发普通股。

融资优序理论并没有明确说明最佳资本结构的组合方式，这一理论将股权资本（留存收益和发行股票）列在选择顺序的两端，并且说明了盈利的公司之所以举债较少，是因为他们不需要外部资金，而不是因为这些公司的目标资本结构中负债比例较小。与之相反，一些盈利较低的公司，其负债比重较大。这是因为，一方面，这些公司没有足够的内部资金满足投资需要；另一方面，负债是他们进行外部筹资的首选方式。

（3）信号传递理论。在投资确定的条件下，公司的资本结构状况又会给外界传递某种信息或信号。罗斯于 1977 年发表论文指出，作为公司经营管理者的经理对公司的投资收益状况是了解的，而外部投资人并不了解，他们只能透过公司股票的市场价格来判断公司的经营状况和管理者的业绩。当公司股票市场价格高于其实际价值时，公司经理会因业绩被高估而受益；而如果公司破产，经理将会受到惩罚。因此，当公司提高负债时，外界会认为经理对公司未来负债经营的前景有良好的预期；否则，如果没有良好的未来投资收益预期，公司提高负债使财务危机成本上升，经理的个人利益同样不保。这从另一个侧面说明了为何公司在融资时增发债券要比增发股票率先考虑的原因。

（4）代理理论。1976 年，詹森和麦克林提出了著名的代理理论。他们认为，在现代公司制的企业中，存在着股东和经理，债权人和股东等利益冲突。当经理只持有公司较小比例的股权时，由于道德风险和逆向选择的存在，会产生"代理成本"。如果增加企业负债的比例，会使经理的持股比例相应增加，从而降低代理成本。而债权人和股东之间的利益冲突则表现为：随着企业负债比例的上升，股东可能会倾向于选择风险更大的投资项目以转嫁投资风险于债权人，但理性的债权人会合理地预期这一风险，当企业负债比例上升时，将会通过负债成本来约束股东的举债行为。企业的资本结构可以作为一种激励工具的延伸，利用资本结构的信号传递功能，通过调整企业的负债比例影响股东或代理人的行为，协调企业的各种利益关系。

3. 资本结构理论研究的新趋势

近年来，人们对 MM 理论的研究朝着更加广阔的领域延伸，一些学者从公司治理结构和法律、制度环境等角度对公司资本结构进行研究，将公司法、破产法及证券法等有关法律条款的制定和执行情况与公司治理和融资活动结合在一起，把公司资本结构与公司治理看做是外部投资者用以保护自身权益不受侵害的一种机制。还有一些学者认为，对于投资者权益的保护是公司治理的基本因素，而在公司治理体系中，股权结构十分重要，它决定着公司的股利政策，从而提出了公司代理关系下的股利政策产出模型的替代模型等，这些研究成果极大地丰富了资本结构理论。

三、资本结构优化分析与筹资决策

最佳资本结构是指企业在既定财务风险的条件下，使预期的综合资本成本最低、企业价值最大的资本结构。企业资本结构的优化分析就在于确定企业的最佳资本结构，但企业的实际资本结构安排会受到现实条件的诸多约束。基于此，资本结构的优化分析可以从以下两方面展开分析。

（一）财务两平点的计算

以股份公司为例，财务两平点是指使普通股东每股税后净收益等于零的息税前收益额，即普通股东的保本息税前收益额。可用公式表示如下：

$$\frac{(EBIT-I)\ (1-T)\ -D_p}{N}=0 \qquad (9-16)$$

化简得：

$$EBIT=I+\frac{D_p}{1-T}$$

式（9－16）中，I——固定不变的利息费用；D_p——优先股股息额；T——所得税率；N——普通股股数。

此时的 $EBIT$ 就是使每股税后净收益等于零，即财务两平点的息税前收益。

【例 9－17】某企业现有 12% 的公司债券 300 万元，10% 的优先股 450 万股，每股面值 1 元。若公司所得税税率为 40%，则公司财务两平点可计算如下：

$$EBIT=I+\frac{D_p}{1-T}=300\times 12\%+\frac{450\times 10\%}{1-40\%}=36+75=111\ （万元）$$

以上计算结果说明，该企业息税前收益如果只有 111 万元，那么在支付了利息、企业所得税和优先股股息之后，属于普通股的部分为零。财务两平点是在现有的资本结构上，相对于普通股股东而言的“保本点”，在这一点上，普通股股东没有任何收益，但他们在公司已有的财富也不会亏损，即不盈不亏。

计算财务两平点法，是分析、评价进而优化资本结构的基本方法之一。如果财务两平点过高，预计企业未来的息税前收益难以达到财务两平点的水平，说明现有资本结构中负债或优先股比重太大，有必要适当降低这两种资金的比重，以降低固定筹资支出；反之，若财务两平点太低，则说明企业未能充分运用具有杠杆作用的筹资手段，如负债或优先股筹资等。

（二）无差异分析与筹资决策

评价企业资本结构优劣的标志之一，是视其能否在一定的息税前收益水平下，为所有者提供较大的收益。在股份公司，普通股股东的收益大小是以每股税后净收益来衡量的，因此，分析不同资本结构下公司息税前收益与每股收益之间的关系，以及每股收益如何随息税前收益的变动而变动，是股份公司优化资本结构、进行筹资决策时的重要方法之一。

无差异分析就是通过无差别点的计算与分析，找出能在一定息税前收益水平下使每股收益最大的资本结构。所谓无差别点，是指使不同资金结构下的每股收益相等（无差别）的息税前收益（Earnings Before Interest and Tax，EBIT）。

当企业有多种筹资方案可供选择，也就是有多种资金结构可供选择时，通过无差别点的计算和分析，可以很快地确定适应于一定息税前水平的最佳资本结构。

【例 9－18】某股份公司现有资金 8 000 万元，资金结构为：普通股 5 000 万股，每股 1 元，10% 的公司债券 2 000 万元，8% 的优先股 1 000 万元。该公司为了扩大经营规模，拟筹集资金 4 000 万元，可供选择的筹资方案有：①增加普通股 4 000 万股，每股 1 元；②增发 12% 的公司债券 4 000 万元；③增发 10% 的优先股 4 000 万元。假定公司所得税税率为 35%，试分析企业应采用何种筹资方式，才对普通股股东最有利?

具体计算和分析过程如下：

（1）列出不同筹资方案筹资时企业新的资本结构。

方案①：普通股 9 000 万股，10% 的公司债券 2 000 万元，8% 的优先股 1 000 万元。

方案②：普通股 5 000 万股，10% 的公司债券 2 000 万元，12% 的公司债 4 000 万元，8% 的优先股 1 000 万元。

方案③：普通股 5 000 万股，10% 的公司债券 2 000 万元，8% 的优先股 1 000 万元，10% 的优先股 4 000 万元。

（2）计算各方案下每股收益。

$$EPS_1 = \frac{(EBIT - 2\,000 \times 10\%) \times (1 - 35\%) - 1\,000 \times 8\%}{9\,000}$$

$$EPS_2 = \frac{(EBIT - 2\,000 \times 10\% - 4\,000 \times 12\%) \times (1 - 35\%) - 1\,000 \times 8\%}{5\,000}$$

$$EPS_3 = \frac{(EBIT - 2\,000 \times 10\%) \times (1 - 35\%) - 1\,000 \times 8\% - 4\,000 \times 10\%}{5\,000}$$

（3）计算无差别点，令 $EPS_1 = EPS_2 = EPS_3$。

由 $EPS_1 = EPS_2$，有：

$$\frac{(EBIT - 2\,000 \times 10\%) \times (1 - 35\%) - 1\,000 \times 8\%}{9\,000} = \frac{(EBIT - 2\,000 \times 10\% - 4\,000 \times 12\%) \times (1 - 35\%) - 1\,000 \times 8\%}{5\,000}$$

解得 $EBIT \approx 1\,403.08$（万元），即方案①与方案②的无差别点约为 1 403.08 万元。

由 $EPS_1 = EPS_3$，有：

$$\frac{(EBIT - 2\,000 \times 10\%) \times (1 - 35\%) - 1\,000 \times 8\%}{9\,000} = \frac{(EBIT - 2\,000 \times 10\%) \times (1 - 35\%) - 1\,000 \times 8\% - 4\,000 \times 10\%}{5\,000}$$

解得 $EBIT \approx 1\ 707.69$（万元），即方案①与方案②的无差别点约为 1 707.69 万元。

由 $EPS_2 = EPS_3$，有：

$$\frac{(EBIT-2\ 000\times10\%-4\ 000\times12\%)\times(1-35\%)-1\ 000\times8\%}{5\ 000}$$

$$=\frac{(EBIT-2\ 000\times10\%)\times(1-35\%)-1\ 000\times8\%-4\ 000\times10\%}{5\ 000}$$

无解，说明方案②与方案③之间不存在无差别点。

按以上计算，可知当企业的息税前收益为 1 403.08 万元时，采用方案①或方案②，公司每股税后净收益相等，均为：

$$EPS_1=\frac{(1\ 403.08-2\ 000\times10\%)\times(1-35\%)-1\ 000\times8\%}{9\ 000}$$

$$=\frac{(1\ 403.08-200)\times65\%-80}{9\ 000}$$

≈ 0.078（元/股）

$$EPS_2=\frac{(1\ 403.08-2\ 000\times10\%-4\ 000\times12\%)\times(1-35\%)-1\ 000\times8\%}{5\ 000}$$

$$=\frac{(1\ 403.08-200-480)\times65\%-80}{5\ 000}$$

≈ 0.078（元/股）

当息税前收益等于 1 378.02 万元时，采用方案①或方案③，公司每股税后净收益也相等，均为：

$$EPS_1=\frac{(1\ 707.69-2\ 000\times10\%)\times(1-35\%)-1\ 000\times8\%}{9\ 000}$$

$$=\frac{(1\ 707.69-200)\times65\%-80}{9\ 000}$$

≈ 0.10（元/股）

$$EPS_3=\frac{(1\ 707.69-2\ 000\times10\%)\times(1-35\%)-1\ 000\times8\%-4\ 000\times10\%}{5\ 000}$$

$$=\frac{(1\ 707.69-200)\times65\%-80-400}{5\ 000}$$

≈ 0.10（元/股）

若将各个方案下企业的息税前收益与每股税后净收益的关系在坐标图上描绘下来（如图 9－1 所示），便能清楚地看出企业在各个不同的息税前收益水平上，应选用哪一个筹资方案进行筹资决策。

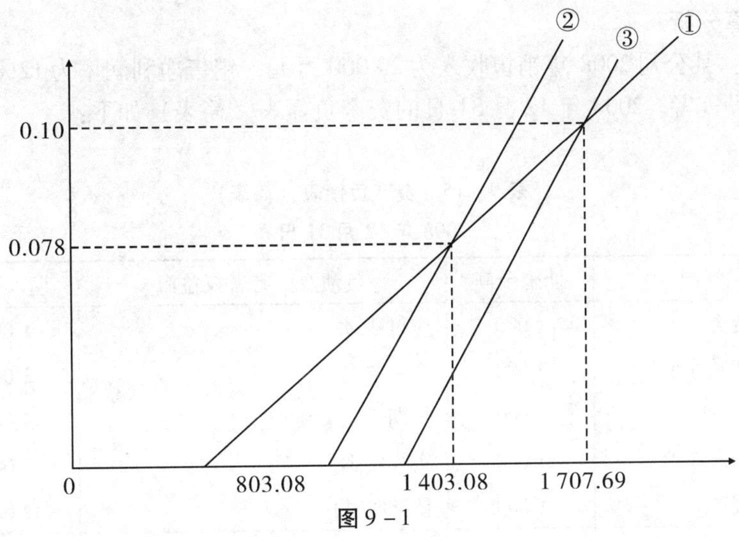

图 9-1

从图 9-1 可以看出，当企业的息税前收益预计将低于 1 403.08 万元时，采用方案①，即增发普通股能提供较大的每股净收益；息税前收益大于 1 403.08 万元时，增发债券能为普通股东提供较大的每股净收益。就方案①和方案③的比较来说，息税前收益预计低于 1 707.69 万元时，方案①提供的每股净收益更高；息税前收益大于 1 707.69 万元时，则应选择发行优先股方案③。从以上的计算及图解均可看出，发行债券和发行优先股之间没有无差别点，在任何息税前收益的水平上，发行债券均优于发行优先股。需要说明的是，以上计算分析均未考虑风险因素，才会得出发行债券总是优于发行优先股的结论。但实际上，企业过多地发行债券，会大大提高企业财务风险，过高的风险必然导致资金成本提高和每股收益下降，甚至股价的下降。在计算和分析无差别点并据此进行筹资决策时，必须考虑到这一点。

优化企业的资金结构是企业财务管理的重要内容，也是十分困难的管理环节，试图依靠任何单一的计算或分析来达到优化资金结构的目的都是不可能的。除了必要的计算之外，优化资金结构更多的是依靠管理者对企业的现状及未来发展的了解、预测和把握，以及对企业客观环境，尤其是资金市场变化情况的预见能力，同时也依赖管理者深厚的财务管理理论与丰富的实践经验。

练习与案例

一、复习思考

1. 资金需求量预测的定性分析法有哪些？试简述之。
2. 如何理解资本成本及资本成本的构成？
3. 什么是杠杆原理？企业生产经营过程中产生杠杆作用的根本原因是什么？
4. 如何理解经营杠杆、财务杠杆和复合杠杆？试简述它们之间的区别与联系。
5. 资本结构理论有哪些主要流派？如何评述之？

二、计算分析

1. 已知：某公司2008年销售收入为20 000万元，销售净利润率为12%，净利润的60%分配给投资者。2008年12月31日的资产负债表（简表）如下：

表9－15　资产负债表（简表）

2008年12月31日　　（单元：万元）

资产	期末余额	负债及所有者权益额	期末余额
货币资金	1 000	应付账款	1 000
应收账款净额	3 000	应收票据	2 000
存货	6 000	长期借款	9 000
固定资产净值	7 000	实收资本	4 000
无形资产	1 000	留存收益	2 000
资产总计	18 000	负债及所有者权益总计	18 000

该公司2009年计划销售收入比上年增长30%，为实现这一目标，公司需新增设备一台，价值148万元。据历年财务数据分析，公司流动资产与流动负债随销售额同比率增减。公司如需对外筹资，可用按面值发行票面年利率为10%、期限为10年、每年年末付息的公司债券来解决。假定该公司2009年的销售净利率和利润分配政策与上年保持一致，公司债券的发行费用可忽略不计，适用的企业所得税税率为33%。要求：

（1）计算2009年该公司需增加的营运资金。

（2）预测2009年该公司需要对外筹集的资金量。

（3）计算发行债券的资金成本。

2. 某可转换债券每张面值200元，期限3年，年利率2%，每年支付利息一次，到期后每张债券可转换普通股股票10股。假设债券发行时，该公司的股票市场价格为每股7元，债券转换时，股票市场价格为每股12元，市场利率为6%。要求：

（1）计算该可转换债券的转换价值、非转换价值和转换价格。

（2）分析该可转换债券的发行及转换对债券的持有者、原有股东及发行公司的影响。

3. 某股份有限公司发行5年期的债券，总面值50万元，票面年利率8.5%，该债券到期一次还本，每年计付利息一次。假设该债券溢价55万元发行，发行费率为债券面值的3%，企业所得税率为30%。试计算该债券的成本率。

4. 某股份有限公司为投资一大型项目需筹集一笔资金，经研究，确定新筹资金的资金结构为45%的债券，15%的优先股，40%的普通股，其中，普通股先由留存收益转，不够部分再发行新股。各项资金的成本为：债券6.2%，优先股9.4%，留存收益12%，新发普通股13.4%。

（1）若该公司有足够的留存收益的转增成本，则该投资项目的边际资金成本为多少？

（2）若该公司的留存收益一共只有 20 万元，则该公司为保持上述资金结构，在不发行新股的情况下一共能筹集到多少资金？

（3）若该公司要超过（2）中所计算的金额筹集资金，而且要保持确定的资金结构，则超过部分的资金成本是多少？

（4）若债券的发行金额超过 36 万元时，超过部分的成本上升为 7.8%，则该公司为保证债券的发行成本不上升，总共能筹集到多少资金？若要超过这一金额筹集资金，超出部分资金的边际资金成本上升为多少？

三、案例分析

东方汽车制造公司筹资决策案例

东方汽车制造公司是一个多种经济成分并存，具有法人资格的大型企业集团。公司现有 58 个生产厂家，还有物资、销售、进出口、汽车配件等 4 个专业公司，1 个轻型汽车研究所和 1 所汽车工业学院。公司现在急需 1 亿元的资金用于“七五”技术改造项目。为此，总经理赵广文于 1988 年 2 月 10 日召开由生产副总经理张伟、财务副总经理王超、销售副总经理李立、某信托投资公司金融专家周明、某研究中心经济学家吴教授、某大学财务学者郑教授组成的专家研讨会，讨论该公司的财务筹资问题。下面是他们的发言和有关资料。

总经理赵广文首先发言，他说：“公司‘七五’技术改造项目经专家、学者的反复论证后已被国务院于 1987 年正式批准。这个项目的投资额预计为 4 亿元，生产能力为 4 万辆。项目改造完成后，公司的两个系列产品的各项性能可达到国际 80 年代的先进水平。现在项目正在积极实施中，但目前资金不足，准备在 1988 年 7 月筹措 1 亿元资金，请大家讨论如何筹措这笔资金。”

生产副总经理张伟说：“目前筹集的 1 亿元资金，主要是用于投资少、效益高的技术改造项目。这些项目在两年内均能完成建设并正式投产，到时将大大提高公司的生产能力和产品质量，估计这笔投资在投产 3 年内可完全收回。所以应发行 5 年期的债券筹集资金。”

财务副总经理王超提出了不同意见，他说：“目前公司全部资金总额为 10 亿元，其中自有资金为 4 亿元，借入资金为 6 亿元；自有资金比率为 40%，负债比率为 60%。这种负债比率在我国处于中等水平，与世界发达国家如美国、英国等相比，负债比率已经比较高了。如果再利用债券筹集 1 亿元资金，负债比率将达到 64%，显然负债比率过高，财务风险太大。所以，不能利用债券筹资，只能靠发行普通股股票或优先股股票筹集资金。”

但金融专家周明却认为，目前我国金融市场还不完善，一级市场刚刚建立，二级市场尚在萌芽阶段，投资者对股票的认识尚有一个过程。因此，在目前条件下，要发行 1 亿元普通股股票十分困难。发行优先股还可以考虑。但根据目前的利率水平和市场状况，发行时年股息率不能低于 16.5%，否则无法发行。如果发行债券，因要定期付息还本，投资者的风险较小，估计以 12% 的年利息率便可顺利发行债券。

来自某研究中心的吴教授认为，目前我国经济正处于繁荣时期，但党和政府已发现经济“过热”所造成的一系列弊端，正准备采取措施治理经济环境，整顿经济秩序，到时汽车行业可能会受到冲击，销售量可能会下降。在进行筹资和投资时应考虑这一因素，否则盲目上马，后果将是十分严重的。

公司的销售副总经理李立认为，治理、整顿不会影响公司的销售量。这是因为公司生产的轻型货车和旅行车几年来销售情况一直很好，畅销全国29个省、市、自治区，市场上较长时间供不应求。1986年全国汽车滞销，但公司的销售状况仍创历史最高水平，居全国领先地位。在近几年全国汽车行业质量评比中，轻型客车连续夺魁，轻型货车两年获第一名，一年获第二名。李立还认为，治理整顿可能会引起汽车滞销，但这只可能限于质次价高的非名牌产品，公司的几种品牌汽车仍会畅销不衰。

财务副总经理王超补充说："公司属于股份制试点企业，执行特殊政策，所得税税率为35%，税后资金利润率为15%，准备上马的这荐技术改造项目，由于采用了先进设备，投产后预计税后资金利润率将达到18%左右。"所以，他认为这一技术改造项目仍应付诸实施。

来自某大学的财务学者郑教授听了大家的发言后指出：以16.5%的股息率发行优先股不可行。因为发行优先股所花费的筹资费用较多，把筹资费用加上以后，预计利用优先股筹集资金的资金成本将达到19%，这已高出公司税后资金利润率，所以不可行。但若发行债券，由于利息可在税前支付，实际成本为9%左右。他还认为，目前我国正处于通货膨胀时期，利息率比较高，这时不宜发行较长时期的具有固定负担的债券或优先股股票，因为这样做会长期担负较高的利息或股息。所以，郑教授认为，应首先向银行筹借1亿元的技术改造贷款，期限为1年，1年以后，再以较低的股息率发行优先股股票来替换技术改造贷款。

财务副总经理王超听了郑教授的分析后，也认为按16.5%发行优先股的确会给公司造成沉重的财务负担。但他不同意郑教授后面的建议，他认为，在目前条件下向银行筹借1亿元技术改造贷款几乎不可能；另外，通货膨胀在近1年内不会消除，要想消除通货膨胀，利息率有所下降，至少需要两年时间。金融学家周明同意王超的看法，他认为1年后利率可能还要上升，两年后利息率才会保持稳定或略有下降。

——摘自王化成．财务管理教学案例．北京：中国人民大学出版社

【分析与思考】

1. 如果你是该公司的决策人员，最后会选择何种筹资方式？说明理由。
2. 本案例对你有哪些启示？

第十章　项目投资决策

项目投资管理是企业财务管理中最重要的内容之一，这不仅是因为项目投资在企业资产总额中占有较大的比重，而且因为项目投资决策属于企业战略性决策，一旦投入资金，便难以在短期内予以改变。项目投资决策正确与否，在很大程度上决定着企业发展前景的好坏，有时甚至决定着企业的生死存亡。项目投资决策的主要内容包括：项目投资的现金流量分析、项目投资的评价及决策方法等。

第一节　投资概述

一、投资的概念与目的

投资是指特定经济主体为了在未来可预见的时期内获得收益或使货币增值，在一定时机下向一定领域的标的物投放足够数额的资金或实物等货币等价物的经济行为。

从投资的功能上可以将企业投资动机划分为以下四种类型：

(1) 获利动机，通过投资获取更大的收益。

(2) 扩张动机，通过投资扩大企业的生产经营规模或范围，开拓新领域。

(3) 分散风险动机，即把资金投放于不同的生产投资项目，以分散生产经营的风险；或者通过投资为暂时闲置的资金寻找出路，以便分散持有资金的风险。

(4) 控制动机，通过投资取得对其他企业或实体的控制权，以控制原材料或销售市场，进而取得控制物流环路的上游资源或下游市场。

二、投资的种类

根据不同的标准，投资可分为不同的类别。

(一) 直接投资和间接投资

按投资行为的介入方式，可将投资分为直接投资与间接投资。

1. 直接投资

直接投资是指由投资人直接介入的投资行为，即将货币资金或相应的等价物直接投入项目，形成实物资产或购买现有企业的资产的一种投资方式。直接投资的特点是：投资行为可以直接将投资者与投资企业对象联系在一起。通过直接投资，投资者便可以拥有全部或一定数量的企业资产及经营的所有权，直接进行或参与投资企业的经营管理，从而对投资企业拥有全部或较大的控制力。例如，投资设立工商企业需将资金投放于流动资产、固定资产乃至无形资产和递延资产上，企业才能开展正常的生产经营活动；而一个已经设立的工商企业，在经过一定时间的生产经营后，则要对已经达到寿命期的固定资产进行重置投资，以及对因为技术进步而需要更新换代的固定资产进行更新改造投资：更新是为了满足企业的简单再生产，改造则包含着扩大再生产的意义。此外，企业还需要适时进行基本建设项目投资以及添置设备，以满足企业外延式扩大再生产的需要。直接投资是结合上述特定项目进行的投资，因此也经常被称为项目投资。

2. 间接投资

间接投资是指投资者以其资本购买国债、公司债券、金融债券或公司股票等，以期获取一定收益的投资方式。由于其投资形式主要是购买各种有价证券（金融资产），因此也被称为证券投资。一般只有股票投资享有企业的生产经营管理权，其他投资都不享有企业的生产经营管理权。间接投资的方法灵活，比直接投资承担的风险低。直接投资和间接投资的本质区别在于：直接投资的资金所有者和资金使用者是相互统一的；而间接投资的资金所有者和资金使用者之间一般是相互分离的。

（二）实物投资和金融投资

按投资对象的不同，可以将投资分为实物投资和金融投资。

1. 实物投资

实物投资是指将资金投向具有实物形态资产的一种投资。实物投资的对象包括：厂房、机器设备、房地产、黄金、古玩文物、珠宝玉石等。该投资形成的实际资产看得见、摸得着、用得上或有收藏价值，价值相对稳定。

2. 金融投资

金融投资是指将资金投向金融资产（金融产品）的一种投资。金融投资的对象通常包括股票、债券、银行存款、外汇等。金融资产是一种抽象的无形资产，具有投资收益高、价值不稳定等特点。

（三）对内投资和对外投资

按照投资资金的流向，可以将投资分为对内投资和对外投资。

1. 对内投资

对内投资又称内部投资，它是将资金投放在企业内部以购置各种生产经营用资产的投资。

2. 对外投资

对外投资是指企业以货币资金、实物资产、无形资产等方式或者以购买股票、债券等有价证券方式向其他企业进行投资。

根据风险—收益均衡原理，由于对外投资的不可控因素多于内部投资，因此，对外投资的风险一般要大于内部投资；相应地，对外投资的收益要大于内部投资，否则就不会吸引企业去冒更大的风险。内部投资都一般都是直接投资；对外投资既可以是直接投资，也可以是间接投资。

三、项目投资的特点

1. 投资金额大

项目投资，特别是扩大生产能力的战略性投资，所投资产的单位价值较大，使用期限较长。其投资额往往是企业及其投资人多年的资金积累，在企业总资产中占有相当大的比重。因此，项目投资对企业的未来现金流量和财务状况都将产生深远的影响。

2. 影响时间长

长期投资项目发挥作用的时间比较长，需要几年、十几年甚至几十年才能收回投资。因此，长期投资对企业今后长期的经济效益，甚至对企业的命运和前途都有着决定性的影响。

3. 变现能力差

长期投资项目一旦完成，要想改变是相当困难的，不是无法实现就是代价太大，这是因为厂房和及其设备等固定资产及其他长期资产的用途一般不易改变，变现能力较差。

4. 投资风险大

由于项目投资的投资金额大、影响时间长和变现能力差，必然造成其投资风险比其他投资大，再加上固定资产存在有形损耗和无形损耗，其使用效益逐年减少，这些均加大了项目投资的风险性。

四、项目投资的原则

企业投资的根本目的就是获得效益，为企业创造价值。企业能否实现目标，关键在于企业能否在风云变幻的市场经济条件下，抓住有利时机，作出合理的投资决策。为此，企业在投资时需要坚持以下原则：

1. 认真进行市场调查，及时捕捉投资机会

捕捉投资机会是企业投资活动的起点，也是企业投资决策的关键。在市场经济条件下，投资机会处于不断的变化之中，它要受到诸多因素的影响，其中最主要的是受到市场需求变化的影响。企业在投资之前，必须认真进行市场调查和市场分析，寻找最有利的投资机会。企业应从动态的角度来调整和把握市场和投资机会的关系。正是由于市场的不断变化和发展，才有可能产生一个又一个新的投资机会。随着经济的不断发展，人们收入水平不断提高，故对消费的需求也发生了很大变化，无数的投资机会正是在这种变化中产生的。

2. 建立科学的投资决策程序，认真进行投资项目的可行性分析

在市场经济条件下，企业的投资决策都会面临一定的风险。为了保证投资决策的正确、有效，需要按照科学的投资决策程序，认真进行投资项目的可行性分析。投资项目可行性分析的主要任务是对投资项目技术上的可行性和经济上的有效性进行论证，运用各种方法计算出有关指标，以便合理地确定不同项目的优劣。财务部门是对企业的资金进行规划和控制的部门，财务人员必须参与投资项目的可行性分析。

3. 认真分析风险和收益的关系，适当控制企业的投资风险

风险和收益是共存的。一般而言，收益越大，风险也越大，收益的增加是以风险的增加为代价的，而风险的增加有可能会引起企业价值的下降，不利于财务目标的实现。企业在进行投资时，只有在风险和收益达到均衡时，才有可能不断增加企业的价值，实现财务管理的目标。

4. 及时足额地筹集资金，保证投资项目的顺利进行

企业的投资项目，特别是大型投资项目，建设工期长，所需资金多，一旦开工，就必须有足够的资金供应；否则，就会使工程建设中途下马，出现“半截子工程”，造成很大的损失。因此，在投资项目上马之前，必须科学地预测投资所需资金的数量和投资的最佳时机，采用适当的方法筹措资金，保证投资项目顺利完成，尽快产生投资收益。

第二节　投资项目的现金流量分析

一、现金流量的含义

在项目投资决策中，现金流量是指投资项目在其计算期内各项现金流入量与现金流出量的统称。现金流量是计算项目投资决策评价指标的重要信息和主要根据之一，也是评价投资方案可行与否时必须预先计算的一个基础性数据。按照现金流量在项目周期中发生的时间，可以将投资决策中的现金流量划分为以下三个部分：

1. 初始现金流量

初始现金流量是指在建设期内为进行投资项目的建设而发生的现金流量，主要包括固定资产投资、无形资产投资、开办费投资、流动资金投资和更新改造项目中处置固定资产的变价收入等。

2. 营业现金流量

营业现金流量是指投资项目投入使用后，在其寿命周期内由生产经营所带来的现金流入和流出的数量。

3. 终结现金流量

终结现金流量是指投资项目完成时所发生的现金流量，主要包括固定资产的残值收入或变价收入、收回垫支的流动资金和停止使用的土地变价收入等。

二、现金流量的内容

现金流量是指一项投资所引起的在未来可能产生的现金流入量和流出量的统称。

（一）现金流出量的主要内容

现金流出量是指投资项目所引起的各种现金支出的增量。投资项目从筹建、投产直到报废止，主要的现金流出量包括投资导致的现金流出量、经营活动导致的现金流出量和税金等其他事项导致的现金流出量。

1. 投资导致的现金流出量

项目在投资阶段发生的现金流出量主要有以下四项：

(1) 固定资产初始投资。包括设计、购建、运输、安装和调试固定资产等方面的成本和费用。

(2) 无形资产初始投资。包括购买专利技术所有权或使用权等方面的成本和费用。

(3) 开办费投资。

(4) 流动资金垫支。流动资金垫支是指在固定资产完工投产后相应增加的流动资产投资额，如占用于存货和应收账款等方面的资金。

前三项叫做建设投资。单纯固定资产投资和完整工业投资都要包含固定资产的初始投资，但是单纯固定资产投资项目一般不会发生无形资产投资及开办费投资；完整工业投资除包含固定资产投资以外，还可能发生无形资产投资和开办费等投资。

2. 经营活动导致的现金流出量

一个投资项目在经营期内所发生的成本费用，按照是否需要支付现金可分为付现成本和非付现成本。付现成本是指企业在经营期内以现金支付的成本费用。非付现成本是指未发生现金支付的成本，一般包括固定资产的折旧费、无形资产的摊销额、开办费的摊销额等。经营成本发生的现金流出量是指企业在经营期内以现金支付的成本费用，即付现成本。

3. 税金等其他事项导致的现金流出量

税金所引起的现金流出量包括所得税、营业税、资源税等流转税所导致的现金流出量。

其他事项所引起的现金流出量，如固定资产完工投产后的维修保养费用。

(二) 现金流入量的主要内容

现金流入量是指由投资项目引起的各种现金收入的增量。一般而言，投资项目从筹建、设计、施工到正式投产直到报废为止，主要的现金流入量包括：

1. 营业收入

以经营期各年度内所发生的现金流入量作为计量依据，营业收入应该是当年的现销收入加回收以前年度的应收账款。权责发生制下的营业收入等于当期的现销收入加当期的赊销收入，假设当期赊销收入等于当期回收的前期的应收账款的金额，那么就可以把权责发生制下的营业收入视为经营期间的现金流入量。

2. 投资回收额

投资回收所形成的现金流入量包括以下三项：

(1) 固定资产的净残值。它是指固定资产报废时发生的残值收入与清理费用的差额。

(2) 回收的流动资金。它是指在项目的终结点，回收的原来垫支的流动资金。

(3) 固定资产的变价净收入。它是指对旧固定资产进行处置发生的变价收入和清理费用的差额。旧固定资产的处置一般发生在固定资产更新改造中，在更新改造中，如果以新设备替代旧设备，将旧设备予以变卖，则会产生固定资产的变价净收入。

（三）现金净流量的主要内容

现金净流量又称净现金流量，是指在项目计算期内由每年现金流入量与同年现金流出量之间的差额所形成的序列指标，它是计算项目投资决策评价指标的重要依据之一。

在计算现金净流量的时候可以采取两种方法：一是通过编制现金流量表的方式（表格法）计算现金净流量；二是采用简化的方法（简算法）计算现金的净流量。

应用表格法时，某年净现金流量等于该年现金流入量减去该年现金流出量所得值。

【例 10－1】某固定资产项目需要依次投入价款 1 000 万元，资金来源为银行借款，年利息为 10%，建设期为 1 年。该固定资产可使用 10 年，按直线法折旧，期满有净残值 100 万元。投入使用后，可使经营期第 1～7 年每年产品销售收入（不含增值税）增加 903.9 万元，第 8～10 年每年产品销售收入（不含增值税）增加 793.9 万元，同时使第 1～10 年每年的经营成本增加 470 万元。该企业的所得税税率为 33%，不享受减免税待遇。投产后第 7 年年末，用税后利润归还贷款的本金，在还本之前的经营期内每年年末支付贷款利息 110 万元，连续归还 7 年。

要求：按表格法计算该项目净现金流量（中间保留一位小数）。

解：按表格法计算如下（如表 10－1 所示）：

表 10－1　（单位：万元）

项目计算期	建设期	经营期								合计
（第 t 年）	0	1	2	3	…	8	9	10	11	
1.0 现金流入量：										
1.1 营业收入	0	0	903.9	903.9	…	903.9	793.9	793.9	793.9	8 709
1.2 回收固定资产余值	0	0	0	0	…	0	0	0	100.0	100
1.3 现金流入量合计	0	0	903.9	903.9	…	903.9	793.9	793.9	793.9	8 809
2.0 现金流出量：										
2.1 固定资产投资	1 000	0	0	0	…	0	0	0	0	1 000
2.2 经营成本	0	0	470.0	470.0	…	470.0	470.0	470.0	470.0	4 700
2.3 所得税	0	0	73.9	73.9	…	73.9	73.9	73.9	73.9	739
2.4 现金流出量合计	1 000	0	543.9	543.9	…	543.9	543.9	543.9	543.9	5 439
3.0 净现金流量	－1 000	0	360.0	360.0	…	360.0	250.0	250.0	350.0	2 370

流入量项目主要是营业收入，流出量项目是经营成本和所得税。这是按照现金流入量和现金流出量的有关项目，以流入量抵扣流出量的项目计算求得的经营的现金净流量。这种方法叫做直接计算法。

（四）经营现金净流量的计算

项目投产后各年的经营现金净流量由投资项目产生的营业收入（销售收入）和各种相关的付现成本构成。

年经营现金净流量＝全年营业收入（销售收入）－全年付现成本　（10－1）

式（10－1）中的付现成本是指营业成本（包括各种费用，下同）中需要支付现金的部分，如购买原材料、支付工资及支付各种费用。营业成本中不需要支付现金的部分主要是固定资产折旧、大修改摊销等。因此，一般而言，

$$付现成本 = 营业成本 - 折旧等非付现成本 \quad (10-2)$$

将式（10－2）代入到式（10－1）中，并汇总计算，有：

$$年经营现金净流量 = 利润 + 折旧等非付现成本 \quad (10-3)$$

考虑所得税的影响后，式（10－3）则可表述为：

$$年经营现金净流量 = 税后利润 + 折旧等非付现成本 \quad (10-4)$$

如果我们需要分析的基础数据是以付现成本进行表述的话，那么式（10－4）还可以进一步表述为：

$$年经营现金净流量 = 营业收入 \times (1 - 所得税率) - 付现成本 \times (1 - 所得税率) + 折旧等非付现成本 \times 所得税率 \quad (10-5)$$

折旧等非付现成本包括固定资产的折旧、无形资产价值的摊销额及开办费的摊销额。

以上述方式计算的经营现金净流量的方法被视为一种简算法，又称为间接计算法。

【例 10－2】 某企业拟购建一项固定资产，需要投资 1 100 万元，按直线法折旧，使用寿命为 10 年，期末有 100 万元净残值。在建设起点一次投入，建设期为 1 年。预计投产后每年可获营业利润 110 万元（假定营业利润不变，不考虑所得税因素）。

要求：分析该项目的现金流量，并用简化的方法计算该项目各年经营净现金流量。

首先，分析该项目的现金流量：

现金流出分析

项目内容	流出金额（万元）	发生的时点
固定资产投资	1 100	现时（NCF_0）
大修理支出	无	
垫支的流动资金	无	

现金流出分析

项目内容	流入金额（万元）	发生的时点
经营期各年净利润	110	第 2～11 年年末
折旧	$\frac{1\,100-100}{10}=100$	第 2～11 年年末
摊销费用	无	
回收的固定资产净残值	100	11 年年末（NCF_{11}）
回收的流动资金	无	

经营净现金流量＝该年净利润＋该年折旧＋该年摊销

即 $NCF_{2\sim11}=110+100=210$ （万元）

【例10－3】某企业A项目设备投资33万元，另需垫支营运资金3万元，设备寿命为5年，按直线法计提折旧，5年后该设备有残值3万元，5年中每年的销售收入为24万元，付现成本每年为12万元。假定企业所得税率为30%。

要求：分析该项目的现金流量，并用简化的方法计算各年经营现金净流量。

现金流出分析

项目内容	金额（万元）	时间
初始固定资产投资	330 000	第1年年初（或0年）
垫支的流动资金	30 000	第1年年初（或0年）

现金流入分析

项目内容	金额（万元）	时间
税后销售收入	$240\ 000\times(1-30\%)=168\ 000$	1~5年
税后付现成本	$120\ 000\times(1-30\%)=84\ 000$	1~5年
折旧抵税	$\frac{330\ 000-30\ 000}{5}\times30\%=60\ 000\times30\%=18\ 000$	1~5年
设备残值回收税后金额	30 000	第5年年末
垫支流动资金回收	30 000	第5年年末

年经营现金净流量（$NCF_{1\sim5}$） $=168\ 000-84\ 000+60\ 000\times30\%=85\ 800$ （万元）

上述用以利润为起点的方式计算经营现金净流量的方法被视为一种简算法，又称为间接计算法。

第三节　项目投资的评价分析

投资决策评价指标是用来衡量投资方案可行性的标准和尺度，它由若干反映投资项目效益的指标所构成。用于项目投资决策评价的指标很多，本节主要介绍会计收益率、投资回收期、净现值、现值指数和内部收益率等指标。

一、评价指标的分类

1. 按是否考虑货币时间价值因素，分为动态评价指标和静态评价指标

静态评价指标是指在指标计算过程中不考虑货币时间价值因素，主要有会计收益率

和静态投资回收期指标，一般用于对众多投资方案的初选；动态评价指标是指在指标计算过程中考虑货币时间价值因素，主要有净现值、现值指数和内部收益率指标，一般用于对投资方案的最终选择。

2. 按指标性质不同，分为正指标和反指标

正指标是指在一定范围内数值越大越好的指标，如会计收益率、净现值、现值指数和内部收益率等均属于正指标；反指标是指在一定范围内数值越小越好的指标，如静态投资回收期就属于反指标。

3. 按指标重要性不同，分为主要指标和辅助指标

净现值、现值指数和内部收益率指标比较科学合理，为主要评价指标；会计收益率和静态投资回收期指标在一定程度上可以反映投资项目的优劣情况，为辅助指标。

二、确定情况下投资决策的评价分析

（一）静态评价指标

非折现指标不考虑时间价值，把不同时间的货币收支看成是等效的。这些指标在选择方案时起辅助作用。主要有投资回收期和会计收益率。

1. 投资回收期（PP）

投资回收期是指由投资项目引起的现金流入量累计到与投资额相等时所需要的时间。它表示收回投资项目的投资额所需要的年限。回收年限越短，投资方案越有利。

（1）投资回收期的计算。如果投资项目所需的投资额是一次支出，且每期现金流入量相等，则投资回收期的计算公式为：

$$\text{投资回收期}=\frac{\text{投资额}}{\text{每期现金净流入量}} \tag{10-6}$$

如果投资项目的现金流入量各期不相等或投资额非一次投入，则投资回收期的计算公式为：

$$\text{投资回收期}=\left(\begin{array}{l}\text{累计净现金流量}\\\text{开始出现正值的年份}\end{array}\right)-1+\frac{\text{上年累计净现金流量绝对值}}{\text{当年净现金流量}} \tag{10-7}$$

【例 10－4】假设 A 公司目前存在 3 个投资机会。有关资料如表 10－2 所示：

表 10－2　A 公司投资分析表　　**（单位：万元）**

期间	A 方案		B 方案		C 方案	
	净收益	现金流入量	净收益	现金流入量	净收益	现金流量
0		（10 000）		（10 000）		（20 000）
1	600	4 600	（1 800）	1 200	1 800	11 800
2	600	4 600	3 000	6 000	3 240	13 240
3	600	4 600	3 000	6 000		
合计	1 800	13 800	4 200	13 200	5 040	25 040

要求：计算各方案的投资回收期。

解：

$$PP_{\text{A}}=\frac{10\ 000}{4\ 600}\approx 2.17\ (\text{年})$$

$$PP_{\text{B}}=2+\frac{2\ 800}{6\ 000}\approx 2.47\ (\text{年})$$

$$PP_{\text{C}}=1+\frac{8\ 200}{13\ 240}\approx 1.62\ (\text{年})$$

(2) 投资回收期指标评价。一般而言，投资回收期越短，投资风险越小，投资方案就越佳。但在实际评价中，它需要一个参照系。这个参照系就是基准投资回收期。对于独立投资项目，只要投资项目的投资回收期小于或等于基准投资回收期，该投资项目就可以接受。假设上述【例 10－4】中，基准投资回收期为 2 年，那么只有 C 方案可以接受。对于互斥投资项目，从可行方案中选择投资回收期最短的方案。

(3) 投资回收期法的评价。投资回收期法计算简便，便于操作，但是回收期法没有考虑货币时间价值因素，也没有考虑投资回收期以后的现金流量和投资项目的整体效益，如果仅根据投资项目的投资回收期进行选择的话，有时会作出错误的判断。

2. 会计收益率（AROR）

会计收益率亦称投资利润率，是投资项目年平均利润额与原始或平均投资额的比率。

(1) 会计收益率的计算。会计收益率计算公式如下：

$$\text{会计收益率}=\frac{\text{年平均利润}}{\text{原始投资额}}\times 100\% \qquad (10-8)$$

上述公式的分母也可以使用平均投资额，尽管其计算结果不同，但是它不改变方案的优先次序。

【例 10－5】利用【例 10－4】的资料，计算各方案的会计收益率法。

$$\text{A 方案会计收益率}=\frac{600}{10\ 000}\times 100\%=6\%$$

$$\text{B 方案会计收益率}=\frac{(-1\ 800+3\ 000+3\ 000)\ \div 3}{10\ 000}\times 100\%=14\%$$

$$\text{C 方案会计收益率}=\frac{(1\ 800+3\ 240)\ \div 2}{20\ 000}\times 100\%=12.6\%$$

(2) 会计收益率指标的评价。一般而言，会计收益率越高，投资方案越好。但实际评价中，它需要一个参照系。这个参照系就是企业对投资项目要求达到的最低期望报酬率。对于独立投资项目，其投资项目的会计收益率大于最低期望报酬率，该投资项目就可以接受。上述【例 10－5】中，如公司要求达到的最低报酬率为 10%，则 B 方案和 C 方案可以接受，A 方案不可接受。对于互斥投资项目，可从可行方案中选择会计收益率最高的方案。上述【例10－5】中，应选择 B 方案。

（3）会计收益率法的评价。会计收益率法计算简便，易于理解和掌握，资料也易于搜集。但该法没有考虑货币时间价值因素，计算结果有可能发生误差，不能正确反映投资项目的真实收益。

（二）动态指标的计算与运用方法

1. 净现值（NPV）

净现值是指特定投资项目未来现金流入量现值与未来现金流出量现值之间的差额，亦即在项目的计算期内，按一定的折现率计算的各年净现金流量现值之和。

（1）净现值的计算。

净现值的计算公式为：

$$NPV=\sum_{t=0}^{n}\frac{I_t}{(1+i)^t}-\sum_{t=0}^{n}\frac{O_t}{(1+i)^t}=\sum_{t=0}^{n}\frac{NCF_t}{(1+i)^t} \tag{10-9}$$

式（10－9）中，n——投资涉及的年限；I_t——第 t 年的现金流入量；O_t——第 t 年的现金流出量；i——预定的折现率；F_t——第 t 年的净现金流量。

【例 10－6】仍以【例 10－4】的资料计算各方案的净现值。

$$\begin{aligned}NPV_A&=\sum_{t=0}^{n}\frac{NCF_t}{(1+i)^t}=4\,600\times(P/A,10\%,3)-10\,000\\&=4\,600\times2.487-10\,000\\&=11\,440-10\,000\\&=1\,440（元）\end{aligned}$$

$$\begin{aligned}NPV_B&=\sum_{t=0}^{n}\frac{NCF_t}{(1+i)^t}=\frac{1\,200}{1+10\%}+\frac{6\,000}{(1+10\%)^2}+\frac{6\,000}{(1+10\%)^3}-10\,000\\&=1\,200\times0.909\,1+6\,000\times0.826\,4+6\,000\times0.751\,3-10\,000\\&=10\,557-10\,000\\&=557（元）\end{aligned}$$

$$\begin{aligned}NPV_C&=\sum_{t=0}^{n}\frac{NCF_t}{(1+i)^t}=\frac{11\,800}{1+10\%}+\frac{13\,240}{(1+10\%)^2}-20\,000\\&=11\,800\times0.909\,1+13\,240\times0.826\,4-20\,000\\&=1\,669（元）\end{aligned}$$

（2）净现值指标的评价。对于独立投资项目，净现值大于零，说明投资项目的报酬率大于预定的报酬率，投资项目可以接受；反之，投资项目不可接受。上述【例 10－6】中，三个方案的净现值均大于零，都可以接受。对于互斥投资项目，应在所有可行方案中选择净现值最大的方案。上述【例 10－6】中，应该选择 C 方案。

（3）净现值法的评价。净现值法考虑了货币时间价值，因此具有广泛的适用性，在理论上也比其他方法更为完善。它与企业价值最大化目标一致。但是，在净现值法下，折现率的确定是一个复杂的问题，折现率的高低影响投资项目净现值的大小。净现值法只能说明投资项目的报酬率高于或低于预定的报酬率，而不能确定投资项目本身的收益率，而且净现值本身是一个绝对数，不利于对不同投资规模的投资方案进行比较。

2. 现值指数（PI）

现值指数是投资项目的未来现金流入量现值与现金流出量现值的比率。它表示单位投资未来可以获得的现金流入量现值的大小。

（1）现值指数的计算。现值指数的计算公式为：

$$PI=\sum_{t=0}^{n}\frac{I_t}{(1+i)^t}\div\sum_{t=0}^{n}\frac{O_t}{(1+i)^t} \tag{10-10}$$

【例10-7】仍使用【例10-4】的资料计算各方案的现值指数。

$$\begin{aligned}PI_A&=\sum_{t=0}^{n}\frac{I_t}{(1+i)^t}\div\sum_{t=0}^{n}\frac{O_t}{(1+i)^t}\\&=\frac{4\,600\times(P/A,10\%,3)}{10\,000}\\&=\frac{11\,440}{10\,000}\approx1.14\end{aligned}$$

$$\begin{aligned}PI_B&=\sum_{t=0}^{n}\frac{I_t}{(1+i)^t}\div\sum_{t=0}^{n}\frac{O_t}{(1+i)^t}\\&=\frac{\dfrac{1\,200}{1+10\%}+\dfrac{6\,000}{(1+10\%)^2}+\dfrac{6\,000}{(1+10\%)^3}}{10\,000}\\&=\frac{10\,557}{10\,000}\approx1.06\end{aligned}$$

$$\begin{aligned}PI_C&=\sum_{t=0}^{n}\frac{I_t}{(1+i)^t}\div\sum_{t=0}^{n}\frac{O_t}{(1+i)^t}\\&=\frac{\dfrac{11\,800}{1+10\%}+\dfrac{13\,240}{(1+10\%)^2}}{20\,000}\\&=\frac{11\,800\times0.909\,1+13\,240\times0.826\,4}{20\,000}\\&=\frac{21\,669}{20\,000}\approx1.08\end{aligned}$$

（2）现值指数指标的评价。对于独立投资项目，如果投资项目的现值指数大于1，说明项目的报酬率大于预定的报酬率，投资项目可以接受；反之，投资项目不可接受。上述【例10-7】中，三个方案的现值指数大于1，都可以接受。对于互斥投资项目，应在现值指数大于1的方案中选择数值最大的方案。上述【例10-7】中，应该选择A方案。但在项目具有追加投资的可能时，应在保证现值指数大于1的前提下，有必要考虑追加投资所得大小的问题。

（3）现值指数法的评价。现值指数法在一定意义上弥补了净现值法的缺陷，可以在投资额不同的方案之间进行获利能力的比较。现值指数是一个相对数指标，反映投资的效率；而净现值指标是绝对数指标，反映投资的效益。但是，现值指数依然不能显示投资项目本身的收益率，不能满足在初始投资额不同的项目之间进行比较的需要。

3. 内部收益率（IRR）

内部收益率又叫内含报酬率，是指能够使投资项目未来现金流入量的现值等于现金流出量的现值的折现率，也就是使投资项目的净现值等于零的折现率。

（1）内部收益率的计算。内部收益率的计算是一个求解一元 n 次方程的过程，即当 IRR 为多少时，净现值为零。

内部收益率满足下列等式：

$$NPV=\sum_{t=0}^{n}\frac{I_t}{(1+IRR)^t}-\sum_{t=0}^{n}\frac{O_t}{(1+IRR)^t}=\sum_{t=0}^{n}\frac{NCF_t}{(1+IRR)^t}=0 \qquad (10-11)$$

如果投资项目的现金流量模式是等额的年金型现金流量模式，可以先计算年金现值系数（P/A，i，n），然后，依据使净现值正负不同的相邻两个折现率 i，运用内插法求内部收益率。如果投资项目的现金流量模式是不等额的混合型现金流量模式，这时要采用“逐次测试法”计算内部收益率 IRR。首先估计使净现值由正值到负值相邻的两个折现率 i，如果 $NPV>0$，则 $i<IRR$；反之，如果 $NPV<0$，则 $i>IRR$。然后依据使净现值正负相邻的两个折现率，运用内插法计算内部收益率 IRR。其计算公式为：

$$IRR=i_1+(i_2-i_1)\times\frac{|NPV_1|}{|NPV_1|+|NPV_2|} \qquad (10-12)$$

【例 10－8】仍使用【例 10－4】的资料计算各方案的内部收益率。

A 方案：各期现金流入量相等，符合年金形式，可利用年金现值系数表来确定。

$$NPV_A=4\,600\times(P/A,\ i,\ 3)-10\,000=0$$

$$(P/A,\ i,\ 3)=\frac{10\,000}{4\,600}=2.174$$

查阅“1 元年金现值系数表”，在 $n=3$ 这一栏下寻找到最接近（P/A，i，3）＝2.174 的折现率是：$i=18\%$。

B 方案：测试过程如表 10－3 所示：

表 10－3　B 方案内部收益率测试表　　（单位：万元）

期间	现金净流量	贴现率 $i=12\%$		贴现率 $i=13\%$	
		贴现系数	现值	贴现系数	现值
0	（10 000）	1	（10 000）	1	（10 000）
1	1 200	0.893	1 072	0.885	1 062
2	6 000	0.797	4 782	0.783	4 698
3	6 000	0.712	4 272	0.693	4 158
净现值			126		（82）

$$IRR_B = 12\% + (13\% - 12\%) \times \frac{126}{126 + 82} = 12.61\%$$

C 方案：依据前面的计算结果，当 $i = 10\%$ 时，$NPV = 1\ 669$ 元，说明本方案的报酬率高于 10%，因此应提高贴现率进一步测试。测试过程及结果如表 10－4 所示：

表 10－4　C 方案内部收益率测试表　　（单位：万元）

期间	现金净流量	贴现率 $i=16\%$		贴现率 $i=18\%$	
		贴现系数	现值	贴现系数	现值
0	（20 000）	1	（20 000）	1	（20 000）
1	11 800	0.862	10 172	0.847	9 995
2	13 240	0.743	9 837	0.718	9 506
净现值			9		（499）

C 方案内部收益率：

$$IRR_C = 16\% + (18\% - 16\%) \times \frac{9}{9 + 499} = 16.04\%$$

（2）内部收益率指标的评价。对于独立投资项目，在应用内部收益率法时，必须寻找一个参照指标。这个指标就是最低期望报酬率。如果投资项目的内部收益率大于或等于最低期望报酬率，该投资项目就可以接受；反之，项目不可接受。上述【例 10－8】中，三个方案的内部收益率都大于最低期望报酬率（10%），都可以接受。对于互斥投资项目，应该从可接受方案中，选择内部收益率最高的方案。上述【例 10－8】中，应该选择 A 方案。

（3）内部收益率法的评价。内部收益率是根据投资项目的现金流量计算出来的，它可以显示投资项目本身的收益率。内部收益率法与现值指数法一样，虽然都是用相对数作为投资项目的评价指标，但是，内部收益率法不必事先选择折现率，根据内部收益率就能确定投资项目的优先次序，只是最后需要一个最低期望报酬率来判断投资项目是否可行。内部收益率法的缺陷是：如果采用手工计算内部收益率，其计算过程较麻烦；当中期大量投资时，可能出现多个内部收益率，使人们无法判别投资项目真实的内部收益率。

三、不确定情况下投资决策的评价分析

前边在讨论投资决策时，我们假定现金流量是确定的，即可以确知现金收支的金额及其发生时间。但实际上，投资活动充满了不确定性。如果决策面临的不确定性比较小，一般可忽略它们的影响，把决策视为确定情况下的决策。如果决策面临的不确定性和风险比较大，足以影响方案的选择，那么就应对它们进行计量并在决策时加以考虑。

投资风险分析的常用方法有风险调整贴现率法和风险调整现金流量法。

(一) 风险调整贴现率法

将与特定投资项目有关的风险报酬加入到资本成本或企业要求的最低投资报酬率中，构成按风险调整的贴现率，据以计算投资决策指标并进行决策分析的方法叫风险调整贴现率法。采用该方法的基本原理是：如果现金流量包含风险报酬，则贴现率就必须考虑风险报酬率，通过加大贴现率把现金流量中包含的风险影响（即风险报酬）予以消除，从而使指标能够满足无风险条件下的决策要求。

贴现率的调整有以下三种方法：

1. 用资本资产定价模型（CAPM）调整贴现率

由于企业投资往往面临两种风险，即可分散风险和不可分散风险，而不可分散风险又可以用β系数值表示。因此，特定投资项目按风险调整的贴现率可按下式计算：

$$K_i = R_f + \beta_i\ (K_m - R_f) \qquad (10-13)$$

式（10－13）中，K_i——第i种股票或第i种证券组合的必要收益率；R_f——无风险收益率；K_m——所有股票或所有证券的平均收益率；β_i——第i种或第i种证券组合的β系数。

2. 按风险等级调整贴现率

该方法的基本思路是对影响投资项目风险的各个因素进行评分，然后根据评分确定风险等级并据以调整贴现率。操作时，可以根据不同期间影响因素及其变动情况确定各因素得分，然后计算各期间的总得分；随总得分的增加，风险等级也随之增加，然后由专业人员根据经验等确定相应的贴现率。

该方法既可以用于多个方案贴现率的确定（此时对每一方案的整个期间而言，贴现率可以是一个，也可以对不同小期间对应不同的贴现率），也可以用于单个方案贴现率的确定。

3. 用风险报酬率模型调整贴现率

对于单项资产风险报酬率而言，任何一项投资的报酬率均由两部分组成，即无风险报酬率和风险报酬率，其计算公式如下：

$$K_i = R_f + b \times V \qquad (10-14)$$

式（10－14）中，K_i——第i种股票或第i种证券组合的必要收益率；R_f——无风险收益率；V——标准离差率；b——风险价值系数。

风险价值系数b的大小由投资者根据经验并结合其他因素加以确定。通常有以下三种方法：

（1）根据以往同类项目的有关数据确定。根据以往同类投资项目的投资收益率、无风险收益率和收益标准离差率等历史资料，可以求得风险价值系数。假设企业进行某项投资，其同类项目的投资收益率为10%，无风险收益率为6%，收益标准离差率为50%。

因　$$K_i = R_f + b \times V$$

有　$$b = \frac{K - R_f}{V} = \frac{10\% - 6\%}{50\%} = 8\%$$

（2）由企业领导层或有关专家确定。如果现在进行的投资项目缺乏同类项目的历史资料，不能采用上述方法计算，则可根据主观经验加以确定。可以由企业领导，如总经理、财务副总经理、财务主任等研究确定，也可由企业组织有关专家确定。这时，风险价值系数的确定在很大程度上取决于企业对风险的态度。如敢于冒风险的企业，往往把风险价值系数定得低些；而比较稳健的企业，则往往将其定得高些。

（3）由国家有关部门组织专家确定。国家财政、银行、证券等管理部门可组织有关方面的专家，根据各行业的条件和有关因素确定各行业的风险价值系数。这种风险价值系数的国家参数由有关部门定期颁布，供投资者参考。

【例 10－9】某企业有两个投资项目，投资额均为 2 000 万元，这两个投资项目的现金流量及其概率分布如表 10－5 所示：

表 10－5　投资项目现金流量及其概率分布（单位：万元）

年份	A 项目		B 项目	
	现金流量	概率分布	现金流量	概率分布
基年	－2 000	1.00	－2 000	1.00
第三年	1 500	0.20	3 000	0.10
	4 000	0.60	4 000	0.80
	6 500	0.20	5 000	0.10

假设无风险折现率为 6%，中等风险程度的项目变化系数为 0.5，通常要求的含有风险最低报酬率为 11%。下面采用风险调整折现率法计算 A 项目和 B 项目的净现值，并对投资项目进行评价。

（1）确定风险程度（标准离差率 V）。

首先，计算各个项目的期望值：

$$E_A = 1\,500 \times 0.20 + 4\,000 \times 0.60 + 6\,500 \times 0.20 = 4\,000 \text{（万元）}$$

$$E_B = 3\,000 \times 0.10 + 4\,000 \times 0.80 + 5\,000 \times 0.10 = 4\,000 \text{（万元）}$$

其次，计算各个项目的标准差：

$$\sigma_A = \sqrt{(1\,500 - 4\,000)^2 \times 0.20 + (4\,000 - 4\,000)^2 \times 0.60 + (6\,500 - 4\,000)^2 \times 0.20} = 1\,581 \text{（万元）}$$

$$\sigma_B = \sqrt{(3\,000 - 4\,000)^2 \times 0.10 + (4\,000 - 4\,000)^2 \times 0.80 + (5\,000 - 4\,000)^2 \times 0.10} = 447 \text{（万元）}$$

再次，计算各个项目的变化系数（$V = \frac{\sigma}{E}$）：

$$V_A = \frac{1\,581}{4\,000} = 0.4$$

$$V_B = \frac{477}{4\ 000} \approx 0.12$$

（2）确定风险价值系数（b）。

$$b = \frac{K - R_f}{V} = \frac{11\% - 6\%}{0.5} = 0.1$$

（3）确定风险调整贴现率。

$$K_A = 6\% + 0.1 \times 0.4 = 10\%$$
$$K_B = 6\% + 0.1 \times 0.11 = 7.1\%$$

（4）计算净现值。

$$NPV_A = \frac{4\ 000}{(1 + 10\%)^3} - 2\ 000 = 3\ 005 - 2\ 000 = 1\ 005 \text{（万元）}$$

$$NPV_B = \frac{4\ 000}{(1 + 7.1\%)^3} - 2\ 000 = 3\ 256 - 2\ 000 = 1\ 256 \text{（万元）}$$

（5）评价。根据净现值的决策准则，因 B 项目的净现值大于 A 项目，故应采用 B 项目。

从理论上说，风险调整贴现率法是一种较好的风险分析方法，该方法依据风险的大小直接调整贴现率，并据此对各期现金流量进行贴现。这意味着风险会随着时间的推移而增大，从而对远期的现金流量产生较大的影响。有时这与事实不符。例如果园、饭店等投资项目前几年的现金流量可能极不稳定，难以确定，而越往后反而越有把握、越确定。

（二）风险调整现金流量法

风险调整现金流量法又称肯定当量法。该方法的基本思路是先用一个系数把有风险的现金收支调整为无风险的现金收支，然后用无风险的贴现率去计算净现值，以便用净现值法的规则判断投资机会的可取程度。该方法下，投资项目的净现值的计算公式为：

$$NPV = \sum_{t=0}^{n} a_t \times NCF_t \times (P/F, i, t) \tag{10-15}$$

式（10－15）中，a_t——第 t 年现金流量的肯定当量系数，它在 0～1 之间；i——无风险的贴现率；NCF_t——第 t 年现金流量。

肯定当量系数是指不肯定的 1 元现金流量期望值相当于使投资者满意的、肯定的金额的系数，它可以把各年不肯定的现金流量换算成肯定的现金流量。

$$a_t = \frac{\text{肯定的现金流量}}{\text{不肯定的现金流量期望值}} \tag{10-16}$$

【例 10－10】中华公司计划投资 A 项目，该项目计算期为 5 年，各年现金流量及项目规划人员根据计算期内不确定因素测定的肯定当量系数如表 10－6 所示。另外，该公司无风险报酬率为 8%。对该项目的可行性作出评价。

表 10－6　A 项目现金及肯定当量系数表

t	0	1	2	3	4	5
NCF_t	－50 000	20 000	20 000	20 000	20 000	20 000
a_t	1.0	0.95	0.90	0.85	0.8	0.75
$(P/F, i, t)$	1.0	0.926	0.857	0.794	0.735	0.681

根据资料，采用肯定当量法计算该项目的净现值：

$$NPV = \sum_{t=0}^{n} a_t \times NCF_t \times (P/F, i, t)$$

$$= 0.95 \times 20\,000 \times 0.926 + 0.9 \times 20\,000 \times 0.857 + 0.85 \times 20\,000 \times 0.794 + 0.8 \times 20\,000 \times 0.735 + 0.75 \times 20\,000 \times 0.681 - 50\,000$$

$$= 68\,493 - 50\,000$$

$$= 18\,493 \text{（万元）}$$

由计算结果可知，A 项目可以进行投资。

风险调整现金流量法克服了风险调整贴现率法夸大远期风险的缺点，可以根据各年不同的风险程度，分别采用不同的肯定当量系数，当量系数的确定则是运用该方法有效与否的一个较为困难的问题。

第四节　项目投资评价方法的比较与应用

一、项目投资评价方法的比较

前面介绍了各种投资决策评价方法，包括动态评价法和静态评价法。静态的评价方法存在着固有的缺陷，只能作为动态评价法的辅助评价方法。这里只就几种折现评价法进行比较分析。

（一）净现值法与内含报酬率法的比较

在一般情况下，运用净现值法和内部报酬率法这两种方法得出的结论是相同的。这是因为，只要投资方案的内涵报酬率大于其资本成本率，其净现值就一定大于零。同时，对同一投资方案或彼此独立的投资方案而言，内含报酬率越高，在一定资金成本率条件下可获得的净现值也越大；但是，在互斥的投资方案决策中，用这两种投资决策评价方法评价方案时会得出相反的结论。下面举例说明。

【例 10－11】某公司有 A、B 两个互斥投资方案，各方案有关资料如表 10－7 所示，计算两方案在不同投资报酬率下的净现值。

表 10－7　　　　　　　　（单位：万元）

年份	A 方案净现金流量	B 方案净现金流量
0	－10 000	－10 000
1	7 000	2 000
2	3 000	3 000
3	2 000	8 000

求得 A、B 两方案的净现值如表 10－8 所示：

表 10－8　　　　　　　　（单位：万元）

投资报酬率	A 方案净现值	B 方案净现值
0	2 000	3 000
5%	1 115. 4	1 536. 2
10%	345. 5	307. 8
15%	－329. 5	－732. 5

从表 10－8 可以看出，随着投资报酬率的变动，两方案净现值的变动程度不同，A 方案的变动幅度小，B 方案的变动幅度大。折现率为 5% 时，A 方案的净现值小于 B 方案；折现率为 10% 时，A 方案的净现值大于 B 方案。由此可以断定，在 5% ～10% 之间的某一折现率会使两方案的净现值相等。设这一折现率为 i，计算结果如下：

$$\frac{7\,000}{1+i}+\frac{3\,000}{(1+i)^2}+\frac{2\,000}{(1+i)^3}-10\,000=\frac{2\,000}{1+i}+\frac{3\,000}{(1+i)^2}+\frac{8\,000}{(1+i)^3}-10\,000$$

整理得　$(1+i)^2=1.2$

解得　$i=9.55\%$

两方案之间折现率与净现值的关系，如图 10－1 所示：

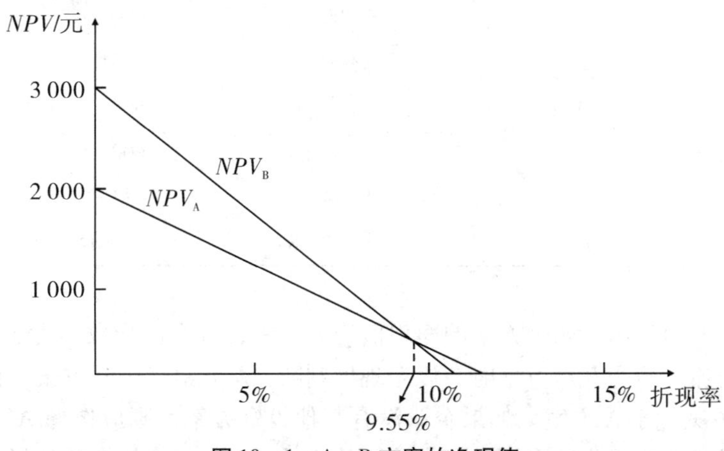

图 10－1　A、B 方案的净现值

从图 10－1 中可以看到两个方案的净现值交于 9. 55% 这一点上。当资金成本率大于 9. 55% 时，A 方案的净现值和内含报酬率都大于 B 方案。当资金成本率小于 9. 55% 时，净现值法下，B 方案优于 A 方案；内含报酬法下，A 方案优于 B 方案。这是因为 B 方案后期的现金流量远远大于 A 方案后期的现金流量，而后期的现金流量越大，其净现值受净现值变化的影响也越大。在【例 10－12】中，尽管在贴现率很低时，B 方案的净现值高于 A 方案的净现值；但当折现率提高时，B 方案的净现值的下降速度也快于 A 方案，当折现率提高到 9. 55% 时，B 方案的净现值与 A 方案的净现值相等；当折现率超过 9. 55% 时，B 方案的净现值反而低于 A 方案的净现值。

当折现率低于 9. 55% 时，尽管用两种方法得出了不同的结论，但正确答案只有一个。此时，应以净现值法作为评价标准，即应选择 B 方案。因为用净现值高的方案能为企业带来较多财富。

净现值法与内含报酬率法存在矛盾，根本原因是两者对再投资的假设不同。即假设企业用投资期产生的现金流量进行再投资时，会产生不同的利润率。净现值法假设产生的现金流入量重新投资，会产生相当于企业资本成本的利润率；而内部报酬率法假定现金流入量重新投资，产生的利润率与项目特定的内部报酬率相同。对于一般企业而言，获取的现金流量更有可能按照企业要求的必要报酬率进行再投资，所以净现值法的再投资假设比内含报酬率法的更合理。

（二）净现值法与现值指数法的比较

在一般情况下，采用净现值法与现值指数法评价投资方案的结论是一致的，但当投资方案的初始投资额不同时，两者也会产生矛盾。

【例 10－12】 有 A、B 两个投资方案，企业要求的必要报酬率为 15%，资料及计算结果如表 10－9 所示，试比较两个方案的可行性。

表 10－9　　　　**（单位：万元）**

年份	A 方案	B 方案
0	－1 000	－700
1	800	600
2	800	600
3	800	600
4	800	600
NPV	1 284	1 013
PI	2. 284	2. 447

从表 10－9 可看出，两个方案的净现值均大于零，且现值指数均大于 1，这两个方案均为可行方案。若为互斥方案时，以净现值判断，A 方案优于 B 方案；而以现值指数判断，则 B 方案优于 A 方案。如果企业没有其他投资方案，则应选择 A 方案，因为净现值最大反映企业在可供选择的投资中获取的收益大。如果企业有其他投资方案，选择

B方案后剩余的300万元还可以投资其他项目，这时应将两个投资方案结合起来考虑，评价的标准应是净现值总和最大。

综上所述，折现的评价方法优于非折现的评价方法，而在折现的评价方法中，净现值法可以反映投资项目的总收益情况，通过总收益的多少判断投资项目的优劣，故净现值法是一种应用较为广泛，较为理想的项目投资评价方法。

二、投资项目评价方法的应用

（一）独立方案财务可行性评价及投资决策

在财务管理中，将一组互相分离、互不排斥的方案称为独立方案。在独立方案中，选择某一方案并不排斥选择其他方案。

1. 方案是否完全具备财务可行性的判断条件

如果某一投资方案的所有评价指标均处于可行区间，即该投资方案无论从哪个方面看都具备财务可行性，那么该项目则为可行项目。

可行性满足的条件是：①净现值 $NPV\geqslant0$；②现值指数 $PI\geqslant1$；③内部收益率 $IRR\geqslant$ 行业基准折现率 i_c；④包括建设期的静态投资回收期 $PP\leqslant$ 项目计算期的一半；⑤不包括建设期的静态投资回收期 $PP'\leqslant P/2$（即经营期的一半）；⑥投资利润率 $ROI\geqslant$ 基准投资利润率 i（事先给定）。那么这个方案就是一个可行方案。

2. 方案是否完全不具备财务可行性的判断条件

所有评价项目可行性的财务指标，都认为项目是不可行的投资方案，那么这个方案就不可行。不可行的判断条件是：①净现值法 $NPV<0$；②现值指数法 $PI<1$；③内部收益率法 $IRR<i_c$；④包括建设期的静态投资回收期法 $PP>$ 项目计算期的一半；⑤不包括建设期的静态投资回收期 $PP'>P/2$；⑥投资利润率 $ROI<i$。那么这个方案就是不可行方案。

3. 方案是否基本具备财务可行性的判断条件

如果在评价过程中发现某项目的主要指标处于可行区间（如 $NPV\geqslant0$，$PI\geqslant1$，$IRR\geqslant i_c$），但次要或辅助指标处于不可行区间（如 $PP>n/2$，$PP'>p/2$ 或 $ROI<i$），则可以断定该项目基本上具有财务可行性。

4. 方案是否基本不具备财务可行性的判断条件

如果在评价过程中发现某项目出现 $NPV<0$，$PI<1$，$IRR<i_c$ 的情况，即使有 $PP\leqslant n/2$，$PP'\leqslant p/2$ 或 $ROI\geqslant i$ 发生，也可断定该项目基本上不具有财务可行性。

（二）多个互斥方案的比较决策

互斥方案是指互相关联、互相排斥的方案，即一组方案中的各个方案彼此可以相互代替，采纳方案组中的某一方案，就会排斥方案组中的其他方案。因此，互斥方案具有排他性。如企业有一笔闲置资金，可以投入家电业，也可以投入造纸业，但只能在家电业或造纸业两者中选择其中之一，那么投资家电业和造纸业就是两个互斥方案。

由于互斥方案在原始投资额、项目计算期等的条件不同，选择的决策方法也就有所不同。下面就互斥方案的投资情况，介绍互斥方案的比较决策方法。

1. *净现值法*

净现值法适应原始投资额相等、项目计算期相同的多个投资方案的比较决策。投资方案中净现值最大的为最优方案。

【例 10-13】 某个固定资产投资项目需要原始投资 200 万元，有 A、B、C、D 四个互相排斥的备选方案可供选择，各方案的计算期相同。要求：

（1）计算各方案的净现值。

（2）评价各方案的财务可行性。

（3）按净现值法进行比较决策。

A、B、C、D 各备选方案的 NPV 均大于零，假设 A、B、C、D 各方案的净现值分别为 46 万元、24 万元、41 万元、32 万元，且这些方案均具有财务可行性。

因为 $46>41>32>24$，所以 A 方案最优，其次为 C 方案，再次为 D 方案，最差为 B 方案。

2. *差额投资内部收益率法*

所谓差额投资内部收益率法，是指在两个原始投资额不同方案的差量净现金流量（ΔNCF）的基础上，计算出差额内部收益率（ΔIRR），并与行业基准折现率进行比较，进而判断方案孰优孰劣的方法。该法适用于原始投资不同但项目计算期相等的多方案的比较决策。

差额投资内部收益率的计算过程和计算技巧同内部收益率 IRR 完全相同，只是其所依据的是 ΔNCF。差额投资内部收益率法可用于上述情况的新项目的投资决策，也可以用于更新改造项目的决策分析。下面分别举例说明。

【例 10-14】 A 项目原始投资的现值为 150 万元，1～10 年的净现金流量为 29.11 万元；B 项目的原始投资额为 100 万元，1～10 年的净现金流量为 20 万元。行业基准折现率为 10%。

（1）计算差量净现金流量。

$$\Delta NCF_0 = -150-(-100) = -50\text{（万元）}$$
$$\Delta NCF_{1\sim10} = 29.11-20 = 9.11\text{（万元）}$$

（2）差额内部收益率 ΔIRR。

$$(P_A/A,\ \Delta IRR,\ 10) = 50/9.11 \approx 5.4885$$

因为 $(P_A/A,\ 13\%,\ 10) = 5.4262 < 5.4885$

$(P_A/A,\ 12\%,\ 10) = 5.6502 > 5.4885$

所以 $12\% < \Delta IRR < 14\%$。应用内插法：

$$IRR = 12\% + (5.6502-5.4885)/(5.6502-5.4262)\times(13\%-12\%) \approx 12.72\%$$

（3）用差额投资内部收益率法决策。

因为 $\Delta IRR = 12.74\% > i_c = 10\%$，所以应当投资 A 项目。

【例 10-15】 某企业打算变卖一套尚可使用 5 年的旧设备，另购置一套新设备来替代它。取得新设备的投资额为 180 000 元，旧设备的折余价值为 90 000 元，其变价净收入为 80 000 元，到第 5 年年末新设备与继续使用的旧设备届时的预计净残值相等。新旧设备的替换将在当年内完成（即建设期为零）。使用新设备可使企业在第 1 年增加营业收入 50 000 元，增加付现成本 25 000 元；第 2～5 年每年增加营业收入 60 000 元，增加付现成本 30 000 元。设备采用直线法计提折旧。企业所得税税率为 33%，假设处理旧设备不涉及营业税金，全部资金来源均为自有资金，行业基准折旧率为 8%。

（1）计算差额净现金流量。

经营期第 1～5 年每年因更新设备而增加的折旧为：

$$180\,000/5 - 80\,000/5 = 20\,000\text{（元）}$$

经营期第 1 年因旧固定资产提前报废发生净损失而抵减的所得税额为：

$$(90\,000 - 80\,000) \times 33\% = 3300\text{（元）}$$

$$\Delta NCF_0 = -(180\,000 - 80\,000) = -100\,000\text{（元）}$$

$$\Delta NCF_1 = (50\,000 - 25\,000 - 20\,000) \times (1 - 33\%) + 20\,000 + 3\,300 = 26\,650\text{（元）}$$

$$\Delta NCF_{2\sim5} = (60\,000 - 30\,075 - 20\,000) \times (1 - 33\%) + 20\,000 = 26\,650\text{（元）}$$

（2）计算差额内部收益率 ΔIRR。

$$(P/A, \Delta IRR, 5) = 100\,000/26\,650 = 3.752\,3$$

因为

$$(P/A, 10\%, 5) = 3.790\,8 > 3.752\,3$$

$$(P/A, 12\%, 5) = 3.6048 < 3.752\,3$$

所以 $10\% < \Delta IRR < 12\%$，应用内插法：

$$\Delta IRR = 10\% + (3.790\,8 - 3.752\,3) / (3.790\,8 - 3.604\,8) \times (12\% - 10\%) \approx 10.41\%$$

（3）用差额投资内部收益率法决策。

因为 $\Delta IRR = 10.49\% > i_c = 8\%$，所以应当更新设备。

3. 年等额净回收额法

年等额净回收额法是指通过比较所有投资方案的年等额净回收额（记作 NA）指标的大小来选择最优方案的决策方法。该法适用于原始投资不相同，特别是项目计算期不同的多方案比较决策。在此法下，方案中年等额净回收额最大的为优。

根据年金现值计算公式，如设基准折现率为 i_c，年等额回收额的计算公式则为：

$$NA = NPV \times (A/P, i_c, n)$$

或

$$= NPV \times \frac{1}{(P/A, i_c, n)}$$

【例 10－16】某企业拟投资建设一条新生产线，现有三个方案可供选择：A 方案的原始投资额为 1 250 万元，项目计算期为 11 年，净现值为 950 万元；B 方案的原始投资为 1 100 万元，项目计算期为 10 年，净现值为 920 万元；C 方案的净现值为－12.5 万元。行业基准折现率为10%。

（1）判断方案的财务可行性。

因A方案和B方案的净现值均大于零，故这两个方案具有财务可行性；由于C方案的净现值小于零，所以该方案不具有财务可行性。

（2）计算A、B方案的年等额净回收额，进行决策分析。

$$NA_{A}=NPV_{A}\times\frac{1}{(P/A,\ 10\%,\ 11)}$$
$$=950\times\frac{1}{6.4951}\approx146.26\ (\text{万元})$$
$$NA_{B}=NPV_{B}\times\frac{1}{(P/A,\ 10\%,\ 11)}$$
$$=920\times\frac{1}{6.4951}$$
$$\approx141.65\ (\text{万元})$$

因141.65<146.26，所以A方案优于B方案。

4. 计算期统一法

计算期统一法是指通过对计算期不相等的多个互斥方案选定一个共同的计算分析期，以满足时间可比性的要求，进而根据调整后的评价指标来选择最优方案的方法。该方法分为方案重复法和最短计算期法两种不同处理方法。

（1）方案重复法。方案重复法也称计算期最小公倍数法，是将各方案计算期的最小公倍数作为比较方案的计算期，进而调整有关指标，并据此进行多方案比较决策的一种方法。

应用此法，可采取以下两种方式：

①首先，将各方案计算期的各年净现金流量或费用流量进行重复计算，直到与最小公倍数计算期相等；其次，再计算净现值、差额内部收益率或费用现值等评价指标；最后，根据调整后的评价指标进行方案比较。

②首先，直接计算每个方案项目原计算期内的评价指标（主要是净现值）；其次，按照最小公倍数原理分别对其折现，并求代数和；最后，根据调整后的净现值指标进行方案比较。

【例10－17】A、B方案的计算期分别为10年和15年，有关资料如表10－10所示。基准折现率为12%。

表10－10　净现金流量资料　　单位：万元

年份 项目	0	1	2	3～9	10	11～14	15	净现值
A	－748	－980	480	480	600	—	—	756.04
B	－1 750	－1 700	－800	900	900	900	1 400	794.39

采用计算期统一法中的方案重复法进行投资决策，具体步骤如下：

①计算各计算期的最小公倍数。

A 方案的项目计算期为 10 年，B 方案的项目计算期为 15 年，两个方案计算期的最小公倍数为 30 年。

②调整净现值指标。

A 方案应重复两次，B 方案应重复一次，调整后的各方案净现值指标为：

$$NPV_A = 756.04 + 756.04 \times (P/F, 12\%, 10) + 756.04 \times (P/F, 12\%, 20) \approx 1\,077.89 \text{（万元）}$$

$$NPV_B = 794.39 + 794.39 \times (P/F, 12\%, 15) = 939.53 \text{（万元）}$$

③根据各方案调整的净现值指标进行决策。

因 $NPV_A = 1\,077.89$ 万元 $> NPV_B = 939.53$ 万元，所以 A 方案优于 B 方案。

（2）最短计算期法。

最短计算期法又称最短寿命期法，是指在将所有方案的净现值均还原为等额年回收额的基础上，再按照最短的计算期来计算出相应净现值，进而根据调整后的净现值指标进行多方案比较而作出决策的一种方法。

【例 10－18】采用【例 10－17】的有关资料进行计算分析。

①调整净现值指标。

A 方案的计算期最短为 10 年，其 NPV 为 756.04 万元，不需调整。B 方案调整后的净现值指标为：

$$NPV_B = NPV_B \times (A/P_A, 12\%, 15) \times (P_A/A, 12\%, 10) = 794.39 \times (A/P_A, 12\%, 15) \times (P_A/A, 12\%, 10) = 718.07 \text{（万元）}$$

②根据调整后的净现值指标进行决策。

因 $NPV_A = 756.04$ 万元 $> NPV_B = 718.07$ 万元，所以 A 方案优于 B 方案。

三、多投资方案组合的决策

在实际投资决策中，有时决策者会面临多个投资方案，这些方案之间不是相互排斥的关系，而是如何实现最优组合的问题。根据资金条件的不同，可分两种情况：一是在资金总量不受限制的情况下，可按每一项目的净现值 NPV 大小排队，确定优先考虑的项目顺序；二是在资金总量受到限制时，则需按获利指数 PI 的大小，结合净现值 NPV 进行各种组合排队，从中选出能使 $\sum NPV$ 最大的组合。

【例 10－19】A、B、C、D、E 五个投资项目为非互斥方案，有关原始投资额、净现值、净现值率和内部收益率数据如表 10－11 所示：

表 10－11 （单位：万元）

项目	原始投资	净现值	现值指数
A	300	120	0.4
B	200	40	0.2
C	200	100	0.5
D	100	22	0.22
E	100	30	0.3

分别就投资总额不受限制和投资总额受到限制两种情况作出多方案组合决策。

（一）投资总额不受限制时的多方案组合决策

按各方案现值指数的大小排序，并计算累计原始投资和累计净现值数据。其结果如表 10－12 所示：

表 10－12 （单位：万元）

顺序	项目	原始投资	累计原始投资	净现值	累计净现值
1	C	200	200	100	100
2	A	300	500	120	220
3	E	100	600	30	250
4	D	100	700	22	272
5	B	200	900	40	312

当投资总额不受限制或限额大于或等于 900 万元时，各方案优先考虑的顺序为 A、C、B、E、D。

（二）投资总额受限制时的多方案组合决策

（1）当限定投资总额为 200 万元时，可供选择的投资组合有 B、C、D + E。其中，C 方案所获净现值为 100 万元，大于其他两个组合的净现值，所以 C 项目最优。

（2）限定总额为 300 万元时，可供选择的投资组合有 A、B + D、B + E、C + D、C + E。其中，组合 C + E 的净现值为 130 万元，大于其他组合的净现值，所以 C + E 为最优方案。

练习与案例

一、复习思考

1. 简述长期投资决策中现金流量的构成。

2. 简述贴现现金流量指标各自的优缺点。

3. 试述在投资决策中使用现金流量的原因。

二、计算分析

1. 某企业拟投资A项目，在建设起点对固定资产一次性投资130万元，建设期为1年，建设期末必须投放流动资金25万元，该项目可使用5年，固定资产预计残值为10万元，该项目产品年收入预计为50万元，每年付现成本为8万，所得税税率为30%，企业要求的报酬率为8%，采用直线法计提折旧。要求：

（1）分析现金流量。

（2）计算*NPV*、*PI*并作出决策。

2. 某企业准备购入一设备以扩充生产能力。现有甲、乙两个方案可供选择。甲方案需投资20 000元，使用寿命为5年，采用直线法计提折旧，5年后无残值，5年中每年销售收入为15 000元，每年付现成本为500元。乙方案需投资30 000元，采用直线法计提折旧，使用寿命也是5年，5年后有残值收入4 000元，5年中每年销售收入为17 000元，付现成本第一年为5 000元，以后逐年增加修理费用200元，另需垫支营运资金3 000元。假设所得税税率为40%，资金成本为12%。要求：

（1）分别计算两个方案的现金流量。

（2）计算两个方案的净现值、现值指数、投资回收期。

（3）分析判断应采用哪个方案。

三、案例分析

浩兴控股调整资金投向案例

浩兴控股发布董事会公告，拟终止“热缩材料绝缘型低压母线槽”、“专用热熔胶研制生产项目”、“自黏性橡胶带生产线改造项目”及“热缩石油管道防腐制品项目”等四个募集资金的投向。

上述四个项目原计划投资10 623万元，已投入1 344万元。浩兴控股调整这四项募集资金投向的理由是：国外产品低价入侵国内市场，国内同行竞争加剧，行业的发展趋势已发生变化以及国外厂家在先进设备及技术上对中方实行封锁等。

据浩兴控股介绍，东南亚危机爆发后，国外同类产品的价格优势突显，形成了低价侵入我国市场的局面。如韩国货币贬值后，其主要生产厂家产品大幅降价，而过去在国内已占市场较大份额的日、美几家公司为巩固市场，相继把其产品在我国的销售价格削减了20%以上。为能与国外同行竞争，浩兴控股部分募集项目产品将不得不降价，部分产品价格调低了30%。另外，这一行业利润率比较高，毛利率一般在40%以上，因此吸引了众多国内厂家竞相投资于该行业，导致行业生产能力急剧扩大，市场竞争更加激烈，整个行业利润水平大幅下降。

上述项目终止后剩余的募集资金约9 697万元拟用于投资三个新项目：出资4 745万元收购联合铜箔有限公司40.79%的股权，成为其第一大股东；出资976万元与公司第一大股东莱兴科技总公司合资兴建青岛昌盛材料有限公司，长春热缩持股49%；出资3 976万元新建黏性内表面项目。根据有关资料，高档铜箔是现代电子信息产业的基础原材料，是用于计算机、电信、航空航天等高技术领域的重要产品。核产品和技术不久前通过了国家质量技术监督局主持的技术鉴定，并取得国家级新产品、新技术鉴定验收证书。而青岛昌盛的主导产品辐射交联聚乙烯泡沫管主要用于空调机上，属国内首创。

【分析与思考】

浩兴控股的资金投向变化有何特点？你如何评价这种变化？

第十一章　证券投资

企业筹集和积累的资金，除了用于自身的扩大再生产之外，还可以进行对外投资，即对其他单位进行投资。对外投资按投资方式可分为直接投资和间接投资，直接投资是指用现金、实物或无形资产直接对被投资企业进行投资；间接投资是指企业在证券市场上购买其他企业的股票或债券等有价证券的经济行为，因此，对外间接投资又称为证券投资或金融资产投资。在市场经济条件下，证券投资是企业投资的一个重要方面，它对如何有效利用企业资金、降低企业风险有着十分重要的意义。本章主要介绍证券投资的有关问题。

第一节　债券投资

一、债券的估价

投资者在进行债券投资时，首先遇到的问题就是所选择的债券价值是多少，其是否值得投资。债券估价就是对债券的价值进行评估。投资者进行债券投资都是预期在未来某段时期内可以取得一笔已经发生增值的现金流入，这笔现金流入主要包括将来收回的本金和利息。这样，债券的价值就是债券在存续期内所收到的本金和利息的现值。债券价值实际上表达了投资者为取得未来的现金流入希望目前投入的资金，它不同于债券市场价格，后者是当前债券市场上形成的债券交易价格。如果债券价值大于或等于债券市场价格，则表明投资于该债券是可行的，达到了投资者所要求的投资报酬率。下面介绍几种债券的估价模型。

（一）分期付息到期还本的复利债券价值估价模型

典型的债券有固定利率、定期计算并支付利息、到期偿还本金的特点。这种债券的价值估价模型如下：

$$V=\sum_{t=1}^{n}\frac{I}{(1+K)^{t}}+\frac{P_n}{(1+K)^{n}} \tag{11-1}$$

式（11-1）中，V——债券价值；I——定期计算的利息；K——投资者要求的必要报酬率；P_n——债券到期收回的本金；n——计息期数。

【例 11-1】 M 公司 2006 年 12 月 21 日欲购买宏达公司发行的 5 年期债券。该债券每张面值为 1 000 元，其票面利率为 10%，每年计息一次，到期一次还本。投资者要求的必要报酬率为 12%。M 公司准备在债券发行日以每张 920 元的价格购买该债券。问：

M 公司是否应该购买该债券？

宏达公司的债券价值为：

$$V=\sum_{t=1}^{5}\frac{1\ 000\times10\%}{(1+12\%)^{t}}+\frac{1\ 000}{(1+12\%)^{5}}$$
$$=100\times3.604\ 8+1\ 000\times0.567\ 4$$
$$=927.88\ (元)\ >920\ (元)$$

如果宏达公司公司发行的债券并不是每年计息一次，而是每半年计息一次，则宏达公司公司发行的债券的价值为：

$$V=\sum_{t=1}^{10}\frac{1\ 000\times\frac{10\%}{2}}{(1+6\%)^{t}}+\frac{1\ 000}{(1+12\%)^{5}}$$
$$=50\times7.360\ 1+1\ 000\times0.567\ 4$$
$$\approx935.41\ (元)\ >920\ (元)$$

因为该债券的价值大于该债券的市场价格，所以 M 公司应该购买该债券。

（二）一次还本付息的单利债券价值估价模型

在我国，公司发行债券通常规定到期一次还本付息（利随本清），且不计复利，这种债券的价值估价模型为：

$$V=\frac{I\times n+P_n}{(1+K)^{n}} \tag{11-2}$$

【例 11-2】三元公司于 2005 年 1 月 5 日以每张 1 020 的价格购买了誉丰公司刚发行的利随本清的公司债券。该债券每张的面值为 1 000 元，期限为 3 年，票面年利率为 10%，不计复利。该公司所要求的投资报酬率为 8%。试评价三元公司购买此债券是否合算？

该债券的价值为：

$$V=\frac{1\ 000\times10\%\times3+1\ 000}{(1+8\%)^{3}}=1\ 031.98\ (元)\ >1020\ (元)$$

由于该债券的价值（1 031.98 元）大于购买价格（1 020 元），故三元公司购买此债券合算。

（三）零息债券的价值估价模型

零息债券是指期内不计息、到期按面值偿还的债券。由于零息债券在到期前的各个期间都不向债券持有人支付利息，所以其发行价格大大低于面值。其价值估价模型如下：

$$V=\frac{P_n}{(1+K)^{n}} \tag{11-3}$$

【例 11-3】某公司于 2005 年 5 月 1 日发行面值 1 000 元，期限 5 年，期内不付息，到期按面值偿还的公司债券，投资者要求的必要报酬率为6%，求该公司债券的价值。

该公司债券的价格为：

$$V=\frac{1\ 000}{(1+6\%)^{5}}=1\ 000\times 0.747=747\ (元)$$

二、债券投资收益与收益率

债券投资收益主要包括债券利息收入、债券的价差收益和债券利息的再投资收益。其中，债券利息收入根据债券面值与票面利率计算而得；债券的价差收益是债券到期得到的偿还金额（即债券面值）或到期前出售债券的价款与投资时购买债券的金额之差；债券利息的再投资收益可以理解为用债券利息进行再投资所取得的收益，与前两项不同，它不是债券投资实际所取得的收入，通常在复利计息方式下才予以考虑，单利计息时一般不考虑该项收益。通常衡量债券投资收益的指标是债券投资收益率。从债券估价模型可知，债券估价取决于未来的现金流入（包括利息和到期收回的本金）、投资者要求的必要报酬率和到期期限。只要知道这四个变量中的任何三个变量，我们便能求出另一个变量。因此，假如知道债券的当前市场价格、未来的现金流入和到期期限，我们便能求出债券的到期收益率。

（一）分期付息到期还本的复利债券价值估价模型

我们可以采用试算法和近似法来计算到期收益率。试算法是指通过利用内插法检验几个不同的收益率直至求出能使债券市场价格等于债券内在价值的收益率。近似法则是指利用近似法公式求到期收益率。这里不加证明地给出近似法下的到期收益率的公式：

$$到期收益率=\frac{1+\dfrac{P_n-P_0}{n}}{\dfrac{P_n+P_0}{2}} \tag{11-4}$$

式（11-4）中，P_n——债券到期的偿还金额或到期前出售的价款；P_0——债券投资时购买债券的金额；I——债券年利息额；n——债券的持有期限（以年为单位）。

【例11-4】凌云公司于2009年1月1日发行每张面值为1 000元、10年期、票面利率为10%的债券，每年1月1日计算并支付一次利息，目前该债券的市场价格为1 080元，则凌云公司债券的到期收益率是多少？

1. 试算法

在例题中，取$K=8\%$时，求得$V=100\times 6.710+1\ 000\times 0.463=1\ 134$（元）；取$K=12\%$时，求得$V=100\times 5.650+1\ 000\times 0.322=887$（元）。于是，利用内插法公式，可以求出凌云公司债券的到期收益率为：

$$到期收益率=\frac{1\ 134-1\ 080}{1\ 134-1\ 000}\times(10\%-8\%)+8\%=8.81\%$$

2. 近似法

$$到期收益率=\frac{100+\frac{1\ 000-1\ 080}{10}}{\frac{1\ 000+1\ 080}{2}}=8.85\%$$

在上例中，我们利用近似法求得凌云公司债券的到期收益率为8.85%，这与试算法下得出的到期收益率8.81%相差无几。

（二）一次还本付息的单利债券和零息债券到期收益率的计算

到期一次还本付息的单利债券和零息债券的到期收益率的计算比较简单，在已知债券购买价格、票面利率、债券面值的情况下，只要通过开方运算便可计算出债券的到期收益率。

【例11-5】某公司2008年3月1日平价发行每张面值为1 000元的债券，2013年3月1日到期，其票面利率为8%，规定按单利计息，到期一次还本付息。甲投资者于2008年3月1日平价买入此债券，随后银行利率大幅度下调，债券价格大幅度上涨。乙投资者于2011年3月1日以1 080元的市场价格购进此债券。

要求：分别计算甲投资者和乙投资者投资该债券的到期收益率。

甲投资者的到期收益率计算公式为：

$$1\ 000=\frac{1\ 000\times(1+5\times 8\%)}{(1+K)^5}$$

$$K=6.97\%$$

乙投资者的到期收益率计算公式为：

$$1\ 080=\frac{1\ 000\times(1+2\times 8\%)}{(1+K)^2}$$

$$K=3.64\%$$

从上述计算结果可以看出，由于债券价格大幅度上涨，债券投资的到期收益率大幅度下降。

【例11-6】某投资者于2009年2月1日以681元购买了万凌公司发行的每张面值为1 000元的债券，期限为5年，期内不计息，到期按面值偿还。

要求：计算该投资者的到期收益率。

该投资者的到期收益率计算公式为：

$$681=\frac{1\ 000}{(1+K)^5}$$

$$K=8\%$$

投资者进行债券投资和债券评价时，都十分关注债券的到期收益率，即投资者以特定价格 P_0 购买某一债券并持有到期时所能获得的收益率。到期收益率是衡量某项债券能否给投资者带来收益的重要标准，如果到期收益率大于必要收益率，那么投资者将会获得额外的投资报酬，从而促使其购买该债券。

三、债券投资风险管理

在不考虑风险的情况下，可通过债券价值或债券到期收益率的水平作出买回、卖出或继续持有的决策。但是，债券投资是有风险的，所以，在决策过程中必须随时关注风险的变化并努力寻找规避风险的办法。

（一）债券投资的风险

1. 违约风险

违约风险是指债券发行人无法履行合约规定的义务，无力按期支付债券利息和偿还本金所带来的风险。不同种类的债券，其违约风险不同。国债因为有中央政府担保，一般被看做是无违约风险的债券。其他债券或多或少都有违约风险。因此，信用评估机构要对中央政府以外的金融机构和公司发行的债券进行评级，以反映其违约风险的大小。避免违约风险的方法是不要买质量差的债券。

2. 利率风险

债券的利率风险是指由于利率变动而引起的债券价格下跌使投资者遭受损失的风险。对于固定利率债券而言，债券价值随金融市场利率的变动发生反方向变化，当市场利率上升时，债券的价格会下降；反之，债券的价格会上升。而浮动收益债券的情况则恰恰相反。由于债券投资是沉没成本，投资人无法改变，为此，债券持有者最担心债券降价。如果能购买到价值持续提高的债券是最理想的，但因为市场利率受宏观经济形势变化及政府政策的影响而变化，即使是国库券，利率变动也可能给投资人带来损失。减少利率风险的办法是分散债券的到期日。

3. 再投资风险

再投资风险又称到期风险，是指投资者购买的债券到期时无法以相同的报酬率进行再投资的风险。这种风险往往发生在到期后利率下降的情况下。例如，长期债券的利率为 15%，短期债券的利率为 13%，为减少利率风险，投资者购买的是短期债券。当短期债券到期收回本金时，如果利率降到 11%，此时投资者只能找到报酬率大约为 11% 的投资机会；而当初如果投资于长期债券，现在仍可获得 15% 的收益。

需要强调的一点是，债券的利率风险和再投资风险有相互抵消的作用。因为利率风险是指利率上升，从而导致债券价格下降的风险；而再投资风险指的是利率下降导致再投资收益减少的风险。规避再投资风险的途径同样是分散债券的到期日。

4. 购买力风险

购买力风险是指由于通货膨胀的影响致使债券现金流入的购买力下降的风险。在通货膨胀期间，购买力风险对于投资者相当重要。投资者购买债券所获得的利息是事先约定的，通常为固定利率，但由于通货膨胀的影响，这笔现金收入的购买力也会下降。虽然包括国债在内的债券发行时已经考虑了通货膨胀的影响，但由于实际的通货膨胀率高于预期水平，致使货币的购买力下降，投资人因此蒙受推迟消费的损失。因此，在通货膨胀期间，投资者往往会投资于浮动收益证券或不动产，以减少通货膨胀损失。通货膨胀风险仅存在于固定收益债券，不变的收入无法适应不断变化的市场。

5. 变现力风险

变现力风险是指无法在短期内以合理价格卖掉资产的风险。这就是说，如果投资者遇到一个更好的投资机会，他必须在一定期限内出售现有的资产以便进行新的投资，但他找不到愿意出合理价格的买主，只好要么把价格压得很低，要么等很长时间。这样，投资者不是丧失新的投资机会，就是蒙受降价损失。变现力风险与企业债券的质量及其流动性强弱有关。一般情况下，国债及知名大公司的公司债券变现能力要强于相对无名、交易不活跃的公司债券。

（二）债券信用评级

债券信用评级是指专业化的信用评级机构对债券发行人所发行的债券的到期还本付息能力和可信任程度的综合评价。债券信用评级的作用主要有以下两个方面：

①便于投资者作出比较准确的债券投资决策。进行债券信用评级可以将债券发行人的信用水平和还本付息的可靠程度公之于众，使投资者可以在投资前了解债券的风险程度，以便于其作出比较准确的投资决策。

②有利于信誉较高的发行人降低融资成本。一般来说，信用等级越高，说明债券的风险越小，这样，投资者所要求的债券收益率就越低，从而降低发行人的融资成本；信用等级较低的债券，风险较大，投资者必然要求有较高的收益率。另一方面，债券信用评级能使债券发行人在与债券承销商进行发行价格方面的谈判时，处于较为有利的位置。

需要强调的一点是，信用评级机构作为信用评级主体，其是私营企业，独立于债券发行人和投资者而存在，也独立于政府和有关的金融机构。它进行信用评级时，仅仅是对各种债券目前的信用状况作出评价，向投资者提供债券发行人的一些信息，并不是向投资者提供债券买卖的建议，因而对投资者所作出的投资决策并不负有法律上的责任。也就是说，信用评级机构只是发表专业性的意见，供投资者决策时参考，对投资者可能遭受的损失不承担任何责任。

下面介绍国外通行的债券信用等级。

国外通行的债券等级，一般分为 3 等 9 级。这是由国际上著名的美国信用评定机构标准普尔公司（Standard & Poor's Corporation）和穆迪投资者服务公司（Moody's Investors Service）分别采用的债券评价等级。

表 11－1　债券信用等级表

标准普尔公司		穆迪投资者服务公司	
AAA	最高级	Aaa	最高质量
AA	高级	Aa	高质量
A	上中级	A	上中质量
BBB	中级	Baa	下中质量
BB	中下级	Ba	具有投机因素
B	投机级	B	通常不值得正式投机

（续上表）

标准普尔公司		穆迪投资者服务公司	
CCC	完全投机级	Caa	可能违约
CC	最大投机级	Ca	高质投机性、经常违约
C	规定盈利付息但未能盈利付息	C	最低级

现以表 11－1 中标准普尔公司评定债券的信用等级为例，说明其表示的具体含义。

AAA：表示最高级债券，其还本付息能力最强，投资风险最低。

AA：表示高级债券，有很强的偿还付息能力，但保证程度略低，投资风险略高于 AAA 级。

A：表示有较强的付息还本能力，但可能受环境和经济条件的不利影响而发生风险。

BBB：表示有足够的付息偿本能力，但经济条件或环境的不利变化可能导致其偿付能力的削弱。

BB：表示债券本息的支付能力有限，具有一定的投资风险。

B：表示投机性债券，风险较高。

CCC：表示完全投机性债券，风险很高。

CC：表示投机性最大的债券，风险最高。

C：最低级债券，一般表示未能付息的收益债券。

根据美国标准普尔公司和穆迪投资者服务公司的经验，世界各国、各地区结合自己的实际情况制定债券等级标准，这些标准在很大程度上相同。

对债券评级的过程从对发行公司的财务比率进行分析开始，在此基础上，评级机构根据它们对该公司掌握的所有信息进行综合分析，如市场状况及其他行为。例如，假设一家公司财务业绩良好，市场前景也不错，但是陷入一项较大的法律诉讼。如果这项法律诉讼很严重，那么就会降低该公司债券的等级。

信用评级并不完全是由数学公式分析出的结果确定的。尽管它们很大程度上依赖标准比例分析，但是还包含评级机构作出的定性判断。

（三）债券的风险衡量指标

衡量债券风险的指标有很多种，如前面提到过的债券信用评级，主要用来说明债券的违约风险。而通常所说的利率和期限多用于衡量债券价格的波动性和再投资风险。另外，也常用收益指标（如到期收益率）的标准差来衡量债券的总风险。除了这些指标外，目前常用的还有久期。

久期是指利率每变动 100 个基点（1 基点 = 0.01%）所带来的债券价格变动百分比。它一方面是债券的平均剩余年限，另一方面又是债券价格随市场利率变化反映的灵敏度。例如，若有两只债券，其久期分别为 3 与 5，那么当市场利率上升 1% 时，前者价格将下跌 3% 左右，而后者价格将下跌 5% 左右。

久期的计算公式如下：

$$D = 1 \times W_1 + 2 \times W_2 + 3 \times W_3 + \cdots + n \times W$$
$$= 1 \times \frac{C_1/\ (1+i)}{P} + 2 \times \frac{C_2/\ (1+i)^2}{P} + \cdots + n \times \frac{C_n/\ (1+i)^n}{P} \qquad (11-5)$$

式（11－5）中，D——久期；i——到期收益率；C_n——第 n 期现金流；P——该债券的现值或当前市场价格；W_n——第 n 期现金流的贴现值占总现值 P 的权重。

$$P = \frac{C_1}{(1+i)} + \frac{C_2}{(1+i)^2} + \cdots + \frac{C_n}{(1+i)^n} \qquad (11-6)$$

故
$$W = \frac{C_t}{(1+i)^t} \times \frac{1}{P},\ \sum_{t=1}^{n} W_t = 1 \qquad (11-7)$$

对式（11－7）进行整理，即

$$久期 = \sum（年数 \times 当年收益额）/\sum 当年收益额 \qquad (11-8)$$

所以，久期所表示的含义是给定到期收益率和市场价格时，该债券到期时间的长短。显然，对同一名投资人来说，相同价格的两种债券，久期越长其风险越大。从公式中可以看出，久期与偿还期限、票面利息率、到期日价格、到期收益率有关。具体来说，久期与期限正相关，与利息率和到期收益率呈负相关关系。

【例 11－7】 有 A、B 两种债券，当前的市场价格分别为 900.51 元和 907.43 元，票面利率分别为 6% 和 7%，面值均是 1 000 元，到期收益率为 10%，三年后到期，一次性偿还本金。利用公式可知：

$$D_A = \frac{\frac{60}{1+10\%} \times 1 + \frac{60}{(1+10\%)^2} \times 2 + \frac{1\ 060}{(1+10\%)^3} \times 3}{900.51} = 2.82（年）$$

$$D_B = \frac{\frac{70}{1+10\%} \times 1 + \frac{70}{(1+10\%)^2} \times 2 + \frac{1\ 070}{(1+10\%)^3} \times 3}{907.43} = 2.86（年）$$

久期等于利率变动一个单位所引起的价格变动单位数，如 A 债券的久期为 2.82，意味着市场利率变动 1%，债券的价格变动 2.82；B 债券的久期为 2.86，意味着市场利率变动 1%，债券的价格变动 2.86。可见，A 债券比 B 债券的风险小。

第二节 股票投资

这里所讲的股票投资主要是指股份有限公司发行的可在证券市场交易的法人股或个人股。

一、股票的估价

（一）股票估价的概念与意义

股票的估价是投资者对某种股票进行分析以后确定的估计价值，也称内在价值。理性的投资者在购买股票之前，首先要考虑的一个问题是要对自己将要购买的企业股票的内在价值进行估价。投资者对自己将要购买的某种股票的内在价值进行估价，是通过内在价值与现行市价的比较，以判断这项投资是否获得期望的收益，进而决定是否投资该种股票。

如何有效地评估股票的内在价值？经过长期的投资实践，投资者发现，尽管股价受多种因素的影响，但公司的内在品质，如公司的财务状况、盈利能力、成长性等，对股价有着举足轻重的作用。因此，有些学者就试图探索股票价值与公司的收益水平、股利风险和增长等因素的函数关系，由此形成了几种股票估价模型。下面主要介绍股票估价的基本模型——贴现现金流量模型。

（二）股票估价的基本模型

1938 年，美国财务管理学家威廉斯在《投资价值理论》一书中阐述了著名的股票估价的贴现现金流量模型，也称威廉斯公式。该模型基于这样的理论：股票价值应等于股票投资者预期能得到的未来现金流量的现值。股票投资的未来现金流量主要是股票持有期间的股利和将来出售股票的价款收入。所以，可以用以下公式来表示股票的价值：

$$V=\sum_{t=1}^{n}\frac{d_t}{(1+K)^t}+\frac{P_n}{(1+K)^n} \tag{11-9}$$

式（11－9）中，V——股票内在价值；P_n——未来出售时预计的股票价格；K——投资者要求的必要报酬率；d_t——第 t 期的预计股利；n——预计股票持有的期数。

因为投资者出售股票的价格等于以后各期预期股利的现值之和，所以股票的内在价值也等于所有未来预期股利的现值之和。也就是说，不管投资者什么时候出售股票，股票在 0 时点的内在价值都等于从第一期开始以后的所有股利的现值之和。举个例子来说，假如你购买一只股票并持有 1 年，那么在第一年年末你将得到第 1 年支付的股利和 1 年后出售股票所获得的价格。但是什么因素决定 p_1 呢？显然它是由第 2 年的股利和预期在第 2 年年末出售股票的价格 p_2 所决定的。而第 2 年股票的期望价格又是由第 3 年的股利和预期在第 3 年年末出售股票的价格所决定。依此类推，从而最终的结果就可用下式表述：

$$V=\frac{d_1}{1+K}+\frac{p_1}{1+K}=\frac{d_1}{1+K}+\frac{d_2}{(1+K)^2}+\frac{p_2}{(1+K)^2}=\cdots=\sum_{t=1}^{\infty}\frac{d_t}{(1+K)^t} \tag{11-10}$$

公式（11－10）是一个非常有用的公式，通常称为股息贴现模型，是股票估价的基本模型。它在实际应用中面临的主要问题是如何确定贴现率以及如何预计未来每年的股利。

贴现率的主要作用是把所有未来不同时间的现金流入折算成现在价值。贴现率应当是投资者所要求的收益率。那么，投资者要求的收益率应当是多少呢？一种方法是根据股票历史上长期的平均收益率来确定。这种方法的缺点是：过去的情况未必符合将来的发展；历史上不同时期的收益率高低不同，不好判断哪一个更适用。此外，也可以用债券的收益率，加上一定的风险报酬率来确定贴现率。还有一种更常见的方法，那就是直接使用市场利率。因为投资者要求的收益率一般不低于市场利率，市场利率可以作为贴现率。

股利的多少，取决于每股盈利和股利支付率两个因素。但在现实中，股利的支付遵循一定的变化规律。这些不同的变化规律形成不同类型的股票，主要包括：①零增长型股票；②固定增长型股票；③非固定增长型股票。运用股票估价的基本模型，我们可以根据不同类型的股票进行估价。

1. 零增长型股票

零增长型股票是指每年股利支付额相同的股票，类似于优先股，即 $d_1 = d_2 = d_3 = \cdots = d_0$。运用永续年金公式，零增长型股票的内在价值可由下列公式计算得出：

$$V = \frac{d_0}{K} \tag{11-11}$$

【例 11-8】M 公司是一家零增长型公司，该公司预期每年发放固定的股利，即 10 元/股，投资者要求的最低收益率为 10%，则该公司目前股票的内在价值为：

$$V = \frac{10}{10\%} = 100 \text{（元/股）}$$

如果该公司当前股票的市场价格为 90 元/股，说明它的股票存在被低估的可能，投资者应该购买该股票。

2. 固定增长型股票

随着企业经营规模的扩大，普通股的股利也会稳步成长。固定增长型股票是指每年支付的股利额都以稳定的增长率增长的股票，其股票估价模型也称高顿模型。运用增长年金公式，可将公式（11-9）进行简化，从而得出固定增长型股票的估价公式：

$$V = \sum_{t=1}^{\infty} \frac{d_t}{(1+K)^t} = \sum_{t=1}^{\infty} \frac{d_0 \times (1+g)^t}{(1+K)^t} = \frac{d_1}{K-g} \tag{11-12}$$

这里应该注意以下两点：

（1）只有增长率是正常的，即 $K > g$ 时，公式（11-12）才有意义。如果分母是负数或零，将会得到负的或者无法确定的价格，此时的价格是没有任何意义的。

（2）这个价值包括在 0 时期之后所有支付的股利的价值，而不包括 d_0，因为 d_0 已经被支付给股票当前的所有者。

【例 11-9】W 公司预期在以后年度将一直以每年固定的 6% 的增长率发展，最近支付的股利为每股 2.25 元。投资者要求的最低报酬率为 11%，则 W 公司目前股票的内在价值为：

$$V = \frac{2.25 \times 1.06}{0.11 - 0.06} = 47.7 \text{（元）}$$

3. 非固定增长模型

在现实生活中，一些公司的股利增长率不是固定不变的。例如，有的公司在创立初期高速增长，过一段时间后进入低速稳定增长时期；有的公司从异常的股利增长率向正常的股利增长率的转变可能要经过比上述两个阶段长的过程。在这种情况下，股票价值的计算应分为两个部分，第一部分是非正常增长时期内的预期股利的现值，而第二部分是正常增长时期内的预计股利的现值。

【例 11－10】某人持有 T 公司的股票，其要求的最低投资报酬率为 15%，预计 T 公司未来 3 年股利将高速增长，增长率为 18%，然后增长率降至正常水平 12%。公司最近一期支付的股利是 2.5 元，那么 T 公司股票内在价值的计算过程如下：

（1）计算非正常增长期的股利现值。

表 11－2　非正常增长期的股利现值计算表

年份（t）	股利（d_t）	现值系数（15%）	现值
1	2.5×（1＋18%）＝2.95	0.870	2.57
2	2.95×（1＋18%）＝3.48	0.756	2.63
3	3.48×（1＋18%）＝4.11	0.658	2.71
合计	—	—	7.91

（2）计算第 3 年年底的普通股内在价值。

$$V_3 = \frac{d_4}{K-g} = \frac{4.11\times(1+12\%)}{15\%-12\%} = 153.44\ (\text{元})$$

计算其现值：

$$V'_3 = 153.44\times(P/F,\ 15\%,\ 3) = 153.44\times 0.6575 \approx 100.89\ (\text{元})$$

（3）计算该股票目前的内在价值。

$$V_0 = 7.91 + 100.89 = 108.8\ (\text{元})$$

二、股票投资报酬与报酬率

投资者对所投资公司的未来盈利情况和股价的变动是靠预测来判断的，而预测总是难免出现偏差，因此，投资股票的未来收益具有很大的不确定性。为了加强股票投资管理，投资者需要计算和考核股票投资的短期报酬。计算考核股票投资的短期报酬必须将股价与收益结合起来进行衡量，通常用下面的公式来计算一年期的股票投资报酬率。

$$R = \frac{A + S_1 + S_2 + S_3}{P}\times 100\% \tag{11-13}$$

式（11－13）中，R——股票的投资报酬率；P——股票购买价格；A——每年收到的股利；S_1——股价上涨的收益；S_2——新股认购的收益；S_3——公司无偿增资的收益。

股票投资报酬率表明了投资某一种股票在一年期内所取得的综合收益，很显然，报酬率越高，说明股票投资的收益越好。

不同公司的股票，其投资收益会有较大的差异。有的公司股利比较优厚而稳定，其股价也比较稳定，投资于这种公司的股票，一般来说风险较低，并能定期获得稳定的股利收入，但在二级市场上的价差可能也不会太高，所以，这种股票比较适合于不想冒太大风险的投资者进行投资；有的公司股利不稳定，其经济效益具有较大的波动性，股价的起伏也较大，投资于这种股票的风险较大，但在二级市场上可能会取得较大的价差收益，因此，这种股票比较适合于敢于冒风险的投资者进行投资。投资者究竟应当选择哪一种类型的股票，应根据自身特点进行决策。

三、股票投资风险管理

股票投资风险的管理，是指利用各种技术方法和经济手段，对股票投资风险加以识别、评估和控制的过程。其目的在于以尽可能小的经济成本达到回避、分散、减轻、转移、抵补股票投资风险，保障投资者能够获得尽可能大的收益。

股票投资风险管理的全过程大体可分为三个阶段：第一阶段，股票投资风险的识别，即在实际的投资活动中根据种种社会经济、政治现象和市场情况去发现风险；第二阶段，股票投资风险的评估，即运用各种方法，测定一定时期内风险事件发生的概率以及可能造成的损失程度；第三阶段，股票投资风险的控制，即采取各种方法防范风险，减少或抵补风险造成的损失。

（一）股票投资风险的识别

1. 股票投资系统性风险的识别

股票投资中的系统性风险是由基本经济因素和政治因素的不确定性引起的，因而对系统性风险的识别就是对一个国家一定时期内宏观的经济状况和政治气候作出判断。具体来说，可以从以下八个方面的变化中进行分析：

（1）国民经济增长率。这是综合反映一国经济活动和经济景气循环状况的最概括、最重要的经济比率。

（2）国内投资动向。经济增长率是一种事后指标，需待一个生产周期结束之后才能有确定的结果；而投资动向则更直接地反映当前的经济活动状况。

（3）信贷资金供给。银行的信贷资金是社会资金总供给中的主要组成部分，也是影响货币供应量和物价水平的重要因素，它对股票市场的供求和价格变动有重要影响。

（4）消费资金与个人消费支出的变化。消费资金的增减和个人消费支出的变化可以从不同角度反映居民收入中用于消费的部分所占的比重，从而可以折算出居民储蓄资金的多少，进而计算出股票市场上个人投资的潜力及其对价格的影响。

（5）利率与通货膨胀率。利率及通货膨胀率与投资收益之间的相关程度极高，在各种利率中，尤其应注意中央银行的贴现率。

（6）政府财政收支。政府财政状况可通过每年公布的预算与决算表反映出来，政府财政状况如果不好，不仅会导致国债收益下降，还会诱发通货膨胀，使整个经济状况恶化。

（7）政府经济政策。政府经济政策的变动可以通过多种渠道了解到，如政府工作报告，政府颁布的法令、法规，以及官方报刊发表的重要经济类文章等。

（8）一国基本政治因素的状况。它体现在政治制度的稳定性、政府领导层的素质、政府的政治路线、政策的延续性、高层领导人的健康状况等方面。

2. 股票投资非系统性风险的识别

非系统性风险一般是由企业因素和市场因素的不确定性造成的。

（1）企业因素分析与风险识别。企业因素的变动会给投资者造成股票投资风险，因而，投资者可从各种途径去详细了解企业的真实状况。一般来说，最简单的办法就是通过企业发布的各种文件去了解，这些文件包括公司章程、招股说明书或上市公告书、董事会工作报告、公司财务资料审核报告等。

（2）市场因素分析与风险识别。基本因素、企业因素的变动与股票投资风险之间的因果关系，可以通过各种宏观经济数据、报道、文件资料等反映出来，而市场因素变化与投资风险之间的关系就比较复杂了。但是，人们在实践中发现，这种关系可以从大量的统计数据变动的轨迹中得到验证，也就是说，借助一些技术分析理论与方法，如道氏理论①、艾略特波段理论②、制图法③和移动平均数分析法④等，可以识别股票投资中的市场风险。

（二）股票投资风险的评估

股票投资风险管理的第二个步骤是进行风险评估。所谓风险评估，简单地说就是测算各种不确定因素所导致的股票投资收益水平减少的程度或可能给投资者造成经济损失的程度。风险评估的方法多种多样，主要取决于评估的意图、评估的对象和评估的条件。投资者可根据自己的情况作出选择，也可以综合运用多种方式来进行评估。目前比较常用的评估方法主要有以下三种：

1. 专家调查法

专家调查法又称特尔斐法。近年来，这种方法被人们普遍运用到股票风险评估之中，投资者利用这种方法广泛地听取有关专家的意见，如市场分析家、证券咨询人员、证券报刊的专栏撰稿人、证券业管理者和证券从业人员等的意见。特尔斐法调查的对象范围很广，这可以保证所搜集的信息具有权威性和普遍性；同时，它所进行的调查是单独进行的，可以避免专家的立场相互干扰，保证信息的代表性和客观性。

2. 经济计量评估法

经济计量评估法将计量经济学原理运用到股票投资风险评估中。它认为，投资者在

---

① 道氏理论是一种最古老、最著名的技术分析方法。这种理论认为，股票市场在任何时候都存在三种运动：一是日常变动；二是次级运动，即是在股价上涨的趋势中出现急剧下跌，或在股价下跌趋势中出现猛然上升的运动；三是主要趋势，即股票市场上出现长期看跌趋势。

② 艾略特波段理论继承了道氏理论关于股价运动三个阶段的观点，同时对这三个大趋势中的具体过程又作了进一步的分析。艾略特认为，在股价波动的一个大趋势中，还可以分出 8 个不同的大波段，其中有 5 个主要的波浪，3 个是次要的波浪。每个大波浪中又可分出中波，中波中还可以分出小波。在实际的分析中，波段划分得越细小，投资者对市场股价波动情况的掌握就越准确。

③ 制图法作为一种手段，发展成了一种独立的股市分析方法。所谓制图分析法，就是选择股市中一些指标绘制出某种图形，通过分析图形研究股市，预测股市发展趋势。

④ 移动平均数分析法是在时间序列分析中，依次取一定项数计算所得的一系列平均数，目的是略去原数列中一些偶然性的或周期性的波动，用一系列平均数形成一个变动起伏较小的新数列，以显示出研究对象的长期发展趋势。

从事股票投资时，对未来的收益状况都有自己的预期，而未来实现的收益与预期收益之间往往存在着差异，即实际收益可能大于或小于预期收益，预期收益呈负方向变动的可能性和变动的幅度就是股票投资风险。股票投资的预期收益变动的可能性及其变动幅度，可以借助数理统计中概率分布和标准差的概念来描述。这样，对股票风险的评估就转化为求预期收益的变动的概率分布与标准差的计量经济问题。股票未来收益的概率分布的均方差或标准差反映的是股票投资总体风险量。然而，总体风险是由系统性风险和非系统性风险两部分组成的，在许多情况下，分别判断系统性风险和非系统性风险对选择股票投资对象更重要。经济计量评估法运用多种数学模型，如资本资产定价模型、资产多样化模型等对此进行了测算，创立了以 β 系数测算单项金融资产系统性风险，进而测算出其非系统性风险的方法。经济计量评估方法评估股票投资风险的另一条途径是利用相关分析模型，探讨各种经济自变量与因变量股票风险之间的关系，从而在已知某些自变量数值的条件下，确定股票投资风险变量的值。

3. 财务指标评估法

对于大多数股票投资者来说，财务指标评估法是一种比较直观、容易掌握的风险评估方法，它主要用来评估股票的非系统性风险。财务指标评估法的基本原则是利用企业财务报表和市场价格提供的信息，编制或挑选一套指标体系，反映企业的经营业绩和企业发行的股票的质量，在此基础之上，通过比较分析和动态分析，加入评估者的主观判断，确定股票的风险程度。财务指标可以是绝对量指标，如反映股票收益量的指标；也可以是相对量指标，如反映股票收益变动水平、偿债能力大小的各类比率等指标。常用的财务指标一般有三类：第一类是股票盈利能力指标，它包括每股收益、派息率、每股股息、市盈率和投资收益率等；第二类是企业偿债能力指标，包括流动比率、速动比率、现金比率、应收账款周转率、存货周转率、自有资金比率、负债比率、股东权益对总资产比率、负债对股东权益比率、周转资金比率等；第三类是市场价格趋向指标，其中主要的指标是股票价格指数。

（三）股票投资风险的控制

股票投资风险具有明显的两重性，即它的存在是客观的、绝对的，又是主观的、相对的；它既是不可完全避免的，又是可以控制的。投资者对股票风险的控制就是针对风险的这两重性，运用一系列投资策略和技术手段把承受风险的成本降到最低限度。目前比较常用的风险控制方法主要有以下三种：

1. 技术分析法

所谓技术分析，是指投资者根据股票的市场价格和交易量变动的趋势及两者之间的联系，对市场未来行情作出预测，择机买卖股票以期免受价格下跌造成的损失并谋取投资收益，这种技能的主要依据是统计数据和图表。技术分析的理论基础是道氏理论，主要工具有价格走势图表、移动平均线、乖离率、相对强弱指标（RSI）、腾落线（ADL）、成交量分析（OBV）、价量经验法则等。

2. 投资组合法

投资组合法是最能体现分散风险原则的投资策略。投资组合又称资产组合或资产搭配，是指投资者将资金同时投入收益、风险、期限都不相同的若干种资产上，借助资产多样化效应，分散单个资产风险进而减少所承受的投资总风险。有效的投资组合应当具备以下三个条件：①所选择的各类资产，其风险可以部分地互相冲抵；②在投资总额一定的前提下，其预期收益与其他组合相同，但承受的风险比其他投资组合小；③投资总额一定，其风险程度与其他投资组合相同，但预期的收益较其他投资组合高。为了使自己所进行的投资组合满足这三个条件，投资者应当使投资多元化。投资多元化包括股票品种多元化、投资区域多元化和购买时间多元化。

3. 期货期权交易

期货期权是指在未来某个特定时间以特定价格买入或卖出一定数量的某种期货合约的权利。一般所说的期权通常是指现货期权，而期货期权则是指“期货合约的期权”。期货期权合约表示在到期日或到期日之前，以协议价格购买或卖出一定数量的特定商品或资产期货合同。期货期权的基础是商品期货合同。期货期权合同实施时要求交易的不是期货合同所代表的商品，而是期货合同本身。如果执行的是一份期货看涨期权，持有者将获得该期货合约的多头头寸外加一笔数额等于当前期货价格减去执行价格的现金；如果执行的是一份期货看跌期权，持有者将获得该期货合约的空头头寸外加一笔数额等于执行价格减去期货当前价格的现金。

股票指数期货简称股指期货，是一种新近推出的金融交易产品，交易对象是股票指数。股指期货是以股票指数的变动为标准，以现金结算为唯一结算方式，交易双方都没有现实的股票，买卖的只是股票指数期货合约。股指期货交易的实质是投资者将其对整个股票市场价格指数的预期风险转移至期货市场的过程，通过对股票趋势持不同判断的投资者的买卖，来冲抵股票市场的风险，以达到防范非系统性风险和系统性风险的目的。由于股票价格指数包括了一系列经过选择的股票，反映了整个股市的走向，且股指期货本身就是一种投资组合投资，投资者不必考虑购买哪一种股票以及承担的风险，所以，股指期货交易可以用来防范非系统性风险。股指期货还可以使投资者把将来某一日期买卖的股票价格固定下来。如果股价因为系统性风险而发生波动，从期货市场上得到的收益就可以补偿现货市场上的损失。因此，股指期货为打算定期购买和长期持有股票的投资者防范股票价格的系统性风险和进行保值创造了条件。

第三节　其他投资

一、投资基金

（一）投资基金的概念

投资基金，在美国称为共同基金，在英国称为信托单位，它是一种集合投资制度，由基金发起人以发行收益证券形式汇集一定数量的具有共同投资目的的投资者的资金，委托由投资专家组成的专门投资机构进行各种分散投资的投资组合。投资者按出资的比例分享投资收益，共同承担投资风险。

投资基金作为一种集合投资制度，它的创立和运行主要涉及四个方面，即投资人、发起人、管理人和托管人。投资人是出资人，也是受益人，它可以是自然人或者法人，大的投资人往往也是发起人。发起人根据政府主管部门批准的基金章程或基金证券发行办法筹集资金并设立投资基金，将基金委托于管理人管理和运营，委托于托管人保管和进行财务核算。发起人与管理人、托管人之间的权利与义务通过信托契约来规定。

投资基金作为一种有价证券，它与股票、债券的区别主要表现在：

（1）发行的主体不同，体现的权利、义务关系不同。投资基金证券是由基金发起人发行的，投资基金证券投资人与发起人之间是一种契约关系，投资人与发起人都不参与基金的运营管理，而是委托基金管理人进行运营。受托的管理人根据"受人之托，代人理财，忠实服务，科学运营"的原则，按基金章程规定的投资限制，对基金自主运用，以保证投资人有较丰厚的收益。发起人与管理人、托管人完全是一种信托契约关系。这种关系与股票、债券所体现的经济关系具有明显区别。

（2）风险和收益不同。投资基金是委托由投资专家组成的专门投资机构进行分散投资的投资组合，它可以分散风险，因此，投资基金的风险小于股票投资，但大于债券投资。投资基金证券的收益是不固定的，一般小于股票投资，而大于债券投资。

（3）存续时间不同。投资基金都规定有一定的存续时间，期满即终止，但是投资基金经持有人大会或基金公司董事会决定可以提前终止，也可以期满再延续。这一点与债券、股票都有明显的区别。

（二）投资基金的种类

投资基金的种类很多，可以按不同的标准进行分类，这里介绍一些比较重要的分类方法。

1. 按组织形式分类

根据组织形式的不同，可以把投资基金分为公司型基金和契约型基金。

公司型基金是通过发行基金股份将集中起来的资金投资于各种有价证券等特定投资对象。公司型基金在组织形式上与股份有限公司类似，基金公司资产为投资者所有，由股东选举董事会，由董事会委托基金管理公司和基金托管公司进行运作。

契约型基金是指依据信托契约，通过发行受益凭证而组建的基金。这类基金一般由管理公司、托管公司和投资者三方当事人订立信托契约而组建。契约型基金依据信托契约募集投资者资金，基金经理人根据信托契约进行基金管理活动，基金收益依据信托契约在当事人之间进行分配。我国目前的证券投资基金采取的是契约型基金形式。契约型基金又可分为单位型和基金型两种类型。前者是以某一特定的资本总额为限组成的基金，筹资额满就不再筹集，它往往具有一个固定期限，期满后契约解除，基金停止；后者在基金规模和期限方面都没有固定限制，可以无限扩大资本规模，也可以无限期延长期限。

2. 按投资基金能否赎回分类

根据投资基金能否赎回，投资基金可以分为封闭式投资基金和开放式投资基金。

封闭式投资基金是指在基金的存续时间内，不允许证券持有人赎回基金证券，不得随意增减基金证券，证券持有人只能通过证券交易所买卖证券。这种基金证券的资产比较稳定，便于经营，但价格受市场供求关系的影响较大。公司型的封闭式投资基金，其经营业绩对基金股东来说至关重要，在其经营业绩好时，股东可以通过超过基金净资产价值的证券价格而获得较高的收益；但在其经营业绩不好时，投资人则会承担较大的亏损，因此其投资风险也较大。

开放式投资基金是指在基金的存续时间内，允许证券持有人申购或赎回所持有的基金单位或股份。在基金发行新证券时，一般按基金的净资产价值加经销手续费出售基金证券，持有人赎回基金证券时，则按净资产价值减除一定比例的手续费作为赎回价格。开放式投资基金由于允许赎回，因此其资产经常处于变动之中，一般要求投资于变现能力较强的证券，如上市的股票或债券。一般来说，开放式投资基金的投资风险比封闭式投资基金要小。

3. 按投资目标分类

根据投资目标的不同，投资基金可以分为成长型基金、收入型基金和平衡型基金。

投资目标表明了证券投资基金对投资风险与收益目标的平衡。成长型基金是指主要投资于成长股票的基金，这种股票的股市价格预期上涨速度快于一般公司的股票价格预期上涨速度，或者快于股市价格综合指数的预期上涨速度。收入型基金是指以获得当期收入为目的，主要投资于可带来收入的有价证券。平衡型基金投资于两种不同类型的证券，在以取得收入为目的的债券及优先股和以资本增值为目的的普通股之间进行平衡。

4. 按投资对象分类

根据投资对象的不同，投资基金分为股票投资基金、债券投资基金、货币市场基金和混合投资基金、期货投资基金、期权投资基金、认股权证投资基金、房地产投资基金和贵金属投资基金、基金中的基金。

股票投资基金是以股票为投资对象的投资基金；债券投资基金是以债券为投资对象的投资基金；货币市场基金是以国库券、大额银行可转让存单等货币市场短期有价证券为投资对象的投资基金；期货投资基金以各类期货品种作为主要投资对象；期权投资基金主要投资于股票期权；房地产投资基金主要投资于与房地产或与房地产抵押有关的公司股票；贵金属投资基金主要投资于黄金、白银及其他与贵金属有关的证券和黄金期货，最典型的是投资于一些金矿公司的股票；基金中的基金是一种以其他投资基金的受益凭证或股票为投资对象的基金。专门以一种基金的受益凭证或股票为投资对象的投资基金称为“单投基金”，它是一种特殊的基金中的基金。

（三）投资基金的收益

投资基金的收益是指通过基金的经营运作所获得的经营利润，不论何种类型的基金，其收益的来源和方式不外乎利息、股利、资本利得等三种。

1. 利息收益

投资基金投资于政府债券、可转让定期存单、商业票据、企业债券等金融工具，其主要收益就是利息。另外，开放型基金为了应对投资者随时可能的赎回行为，按规定必须保持一定比例的现款（如我国台湾地区的规定是净资产值的5%），这些现款也会带来一定的利息收入。一般来说，债券基金和货币市场基金的收益主要来源于利息。

2. 股利收益

除了债券基金和货币市场基金外，绝大部分基金的投资方向都是股票，包括上市公司的股票和非上市公司的股权（如创业基金），股利收益是投资基金收益的定期来源。不过，许多投资基金都对投资于同一股份公司的持股份额有着投资限制，一般都不允许对所投资的股份公司控股。

3. 资本利得

基金投资的资本利得是基金所持的金融资产出售价格高于购买成本之间的差价利润。如果基金所持的金融资产出售价格低于购买成本，称为资本损失；如果基金目前没有出售所持的金融资产，其金融资产的市值高于购买成本的部分，称为资本增值。资本利得是基金投资收益中最重要而且是最主要的部分，因为绝大部分基金的投资目标就是谋取资本的迅速或长期增值，特别是对于成长型基金更是如此。基金投资是专家理财，比普通个体投资者更具有资金优势和信息优势，更易于正确判断投资对象的升值潜力，其获取资本利得的能力往往直接体现了基金经理人的管理水平。

（四）投资基金的风险

一般来讲，基金投资者面临的风险主要来自于以下五个方面：

1. 市场的风险

基金主要投资于证券市场，而证券市场中存在着系统性风险和非系统性风险。系统性风险除了运用减少仓位的办法外，不能通过分散投资或组合投资来规避；非系统性风险可以通过组合投资来分散，但难以完全消除。

2. 基金机构的风险

管理水平影响基金收益水平，不规范经营将给基金带来损失。不管赔赚，管理人都将收取较高的手续费，这样的制度大大增加了投资人的投资风险。

3. 流动性风险

封闭式基金的投资者，可能在某一价位上无法及时变现；开放式基金的投资者在赎回基金时，可能遇到暂停赎回的风险。

4. 法律风险

在20世纪30年代的美国，关联交易时有发生。于是，美国在1940年制定了《投资公司法》和针对管理人员的《投资顾问法》。我国必须立法，逐步完善有关法律，以避免有损基金投资者利益的关联交易的发生。

5. 其他风险

其他风险包括因战争、自然灾害等不可抗力可能导致的基金资产损失。

二、其他投资

（一）金融期货

金融期货是指以金融工具作为标的物的期货合约，合约上承诺在未来特定日期或期间内，以事先约定的价格买入或卖出特定数量的某种金融商品。

1. 标准金融期货合约的内容与条款

一份标准的金融期货合约通常包含以下内容和条款：

（1）交易品种；

（2）交易数量和单位；

（3）最小变动价位，报价须是最小变动价位的整倍数；

（4）每日价格最大波动限制，即涨跌停板；

（5）合约月份；

（6）交易时间；

（7）最后交易日；

（8）交割时间；

（9）交割标准和等级；

（10）交割地点；

（11）保证金；

（12）交易手续费。

2. 金融期货的特点

金融期货作为一种金融衍生工具，具有以下三个特点：

（1）标准化的合约。期货合约的交易品种、数量、质量、等级、交货时间、交货地点等条款是既定的，合约是标准化的，合约买卖双方只需关心合约的价格就可以了。第一个标准化的期货合约是 1865 年由芝加哥期货交易所（CBOT）推出的。合约的标准化大大降低了交易的成本，加快了交易的速度。

（2）在交易所内交易。期货合约是在期货交易所组织下成交的，具有法律效力。其价格是在交易所的交易厅里通过公开竞价方式产生的。同时，期货合约的履行由交易所担保，不允许私下交易。

（3）可以对冲交易。期货合约可通过对冲平仓了结履行责任，而不必像现货交易那样，一定要进行实物交割。买卖合约的交易者可以在规定的交割日期前的任何时候通过数量相同、方向相反的交易将持有的合约相互抵消。

3. 金融期货的分类

根据期货合约标的物的不同，可将金融期货分为以下三大类：

（1）利率期货。它是以某种固定收益证券为标的物的合约，市场利率的变化是影响合约价值的主要因素，具体有短期国库券期货合约、欧洲美元期货合约、中长期国债合约等。

（2）股票指数期货。它是以股票市场价格指数为标的物的期货合约，合约要求交易双方在未来一定日期内以一定价格交割相关指数所对应的现金。

（3）外汇期货。它以外汇为合约标的物，合约中规定了未来某一时间外汇交易的数量和汇价。

（二）金融期权

金融期权是指赋予某购买者在规定期限内，按双方约定的价格或执行价格购买或出售一定数量某种金融资产的权利的合约。金融期权与金融期货有着本质的不同。期权赋予买方进行某种交易的权利的同时，并不要求买方必须履行的义务；而在期货合约中，双方的权利与义务是对等的，即双方相互承担一定的义务，各自都有要求对方履约的权利。

1. 金融期权的要素

金融期权的要素包括：

（1）执行价格，即敲定价格，是指期权合同规定的购入或售出某种资产的价格；

（2）到期日，即期权合同规定的期权的最后有效日期；

（3）标的资产，即期权合同规定的双方买入或卖出的资产；

（4）期权费，也称为权利金，即买卖双方购买或出售期权的价格。

2. 金融期权的分类

金融期权可根据不同的标准分为以下类型：

（1）按照期权买者的权利，可以把期权分为看涨期权和看跌期权。看涨期权又称为买入期权，它给予期权的买方一种权利，即买方有权在给定的时间内，或者某一特定的时间点，按合约规定的价格买入一定数量的某种资产。看跌期权又称为卖出期权，是指期权的买方有权在一个特定时间或这个时间之前的任意时刻按合约规定的价格向卖方出售一定数量的某种资产。

（2）按照期权买者执行期权的时限，可以把期权分为欧式期权和美式期权。欧式期权是指只能在到期日执行的期权。美式期权是指从开始的购买日一直到到期日以前的任何时间都可以执行的期权。在美国，1985 年以前都是美式期权；但在 1985 年以后，逐渐引入欧式期权。

（3）按照期权合约标的资产的不同，可以分为现货期权和期货期权。其中，现货期权又可以分为利率期权、货币期权、股价指数期权和股票期权。期货期权的标的资产是期货合约，它赋予购买人在规定时间选择是否买卖期货合约的权利。期货期权在实施时要求交割的并不是期货合约所代表的商品，而是期货合约本身。期货期权也包括利率期货期权、外汇期货期权、股价指数期货期权等几种。

练习与案例

一、复习思考

1. 股票估价的基本模型是如何定义的？在不同的股利增长情况下，此模型应作如何调整？

2. 股票投资的风险控制方法有哪些？

3. 债券如何进行价值评估？

4. 债券的投资风险有哪些？

5. 债券如何进行信用等级评价？

6. 投资基金的收益包括哪些内容？

二、计算分析

1. A 公司欲在市场上购买 B 公司曾在 2000 年 1 月 1 日平价发行的债券，每张面值 1 000 元，票面利率 10%，5 年到期，每年 12 月 31 日付息。要求：

（1）假定 2004 年 1 月 1 日的市场利率下降到 6%，若 A 公司在此时欲购买 B 公司债券，则债券的价格为多少时才可购买？

（2）假定 2004 年 1 月 1 日的市场利率为 12%，此时债券市价为 950 元，A 公司是否应该购买该债券？

2. 假定无风险报酬率为10%，市场投资组合的必要报酬率为15%，而股票A的β系数为1.6。试问：

（1）若下年度的预期股利为2.50元，且股利成长率固定为每年4%，则股票A的每股价格为多少？

（2）若无风险报酬由10%降为8%，则股票A的股价会因此发生什么变化？

（3）若市场投资组合的必要报酬率由15%下降到12%，则此时股票A的股价为多少？

（4）若A公司改变经营策略，使该公司的固定股利成长率由4%上升为6%，而β系数也由1.6下降到1.4。那么，在发生了上述变化后，股票A的价格应为多少？

3. 甲企业计划利用一笔长期资金投资购买股票，现有M公司股票和N公司股票可供选择，甲企业只准备投资一家公司股票。已知M公司股票现行市价为每股9元，上年每股股利为0.15元，预计以后每年以6%的增长率增长。N公司股票现行市价为每股7元，上年每股股利为0.60元，股利分配政策将一贯坚持固定股利政策。甲企业所要求的投资必要报酬率为8%。

要求：（1）利用股票估价模型，分别计算M、N公司股票的价值。

（2）为甲企业作出合理的股票投资决策。

三、案例分析

资本结构：一个低负债的公司

马绍尔工业公司（Marshall Industries）是美国第四大电子和工业零部件经销商。半导体占其销售产品的大多数。公司的供应商包括德克萨斯仪器公司（Texas Instruments）、日立公司和富士公司。公司是在1954年由戈登·S. 马绍尔（Gordon S. Marshall）创立的。马绍尔先生仍是董事会主席，但他目前拥有不到2%的公司股份。直到最近，当公司宣布其购买电子经销商斯特林电子公司（Sterling Electronics）的意向时，马绍尔工业公司采用了极少量的长期债务。在1997年8月，公司的资本结构为：

项目	资金（美元）	比率
长期债务	55 000 000	8.5%
股票市场价值	593 000 000	91.5%
合计	648 000 000	100%

马绍尔工业公司的创始人及董事会主席戈登·S. 马绍尔（简称GSH）认为不需要债务，当公司能从留存收益中筹得发展资金时没有理由采用财务杠杆。这里面一个重要因素是他个人的谨慎个性，也是因为该公司是一家拥有重大无形资产的公司。马绍尔工业公司在历史上的成功依靠戈登·S. 马绍尔的领导能力——他的信誉和建立并保持关系的能力。戈登·S. 马绍尔已经是马绍尔工业公司股票的一个重要持有人。

以下是马绍尔工业公司的一份财务报告：

项目	1997 年
收入/百万美元	1 184
净收入/百万美元	40
长期债务/百万美元	55
股票的市场价值/百万美元	593
股利支付比率（%）	0
五年期平均权益收益率（%）	13.3
市值—面值比率（%）	1.6
债务占总资本比率（%）	8.5
五年综合收入年增长率（%）	16
机构投资者的持股比例（%）	87

——改编自［美］斯蒂芬·A. 罗斯等. 公司理财. 北京：机械工业出版社，2000

【分析与思考】

1. 如何看待马绍尔工业公司的资本结构问题？
2. 马绍尔工业公司资本结构有何特点？它对公司价值产生什么影响？

第十二章　营运资金管理

企业通过各种途径筹集到资金以后，必须运用这些资金，也就是必须进行投资，投资是企业筹资的目的。根据投资回收时间的长短，可将投资分为长期投资和短期投资。长期投资往往对应着项目投资；短期投资则多形成流动资产，包括现金、短期投资、应收及预付款项、存货等。流动资产上占用的资金又被称为营运资金，营运资金是企业财务管理中必不可少的组成部分，一个企业应当拥有多少营运资金是财务管理的重要内容。本章重点讨论营运资金的管理内容以及企业的营运资金管理策略；如何做好企业现金、应收账款和存货的管理；与营运资金相对应的短期筹资安排。

第一节　营运资金及其管理策略

营运资金是指在企业生产经营活动中占用在流动资产上的资金。企业营运资金管理得好，不仅可以减少企业对资金的需求，还可以降低企业所面临的风险，降低企业资本成本，提高资产报酬率。

一、营运资金的概念

营运资金有广义和狭义之分，包括两个主要概念——总营运资本和净营运资本。

广义的营运资金又称总营运资金，是指一个企业投放在流动资产上的资金总额。具体包括现金、有价证券、预付及应收账款、存货、预付费用等占用的资金。

狭义的营运资金是指流动资产与流动负债的差额。因此，营运资金的管理涉及流动资产与流动负债。营运资金的管理既包括流动资产的管理，也包括流动负债的管理。如果流动资产等于流动负债，则占用在流动资产上的资金可视作全部由流动负债形成的；如果流动资产大于流动负债，则与此相对应的“净流动资产”要以长期负债或股东权益的一定份额为其资金来源。

二、营运资金的特点

为了有效地管理企业的营运资金，必须研究营运资金的特点，以便有针对性地进行管理。营运资金一般具有如下特点：

1. 营运资金的周转具有短期性

企业占用在流动资产上的资金，周转一次所需要时间较短，通常会在1年或1个营业周期内收回，对企业影响的时间比较短。根据这一特点，营运资金可通过商业信用、银行短期借款等短期筹资方式来加以解决。

2. 营运资金的实物形态具有易变现性

短期投资、应收账款、存货等流动资产一般具有较强的变现能力，如果遇到意外情况，企业出现资金周转不灵、现金短缺等现象时，便可迅速变卖这些资产，以获取现金。这对财务上应付临时性资金需求具有重要意义。

3. 营运资金的数量具有波动性

流动资产的数量会随企业内外条件的变化而变化，时高时低，波动很大。季节性企业如此，非季节性企业也如此。随着流动资产数量的变动，流动负债的数量也会相应发生变动。

4. 营运资金的实物形态具有变动性

企业营运资金的实物形态是经常变化的，一般在现金、材料、在产品、产成品、应收账款、现金之间顺序转化。企业筹集的资金，一般都以现金的形式存在；为了保证生产经营的正常进行，必须拿出一部分现金去采购材料，这样便有一部分现金转化为材料；材料投入生产后，当产品最后完工脱离加工过程以前，便形成在产品和自制半产品；当产品进一步加工完成后，就成为准备出售的产成品；产成品经过出售，有的可直接获得现金，有的则因赊销而形成应收账款；一定时期以后，应收账款通过收现又转化为现金。总之，流动资金每次循环都要经过采购、生产、销售过程，并表现为现金、材料、在产品、产成品、应收账款等具体形态。为此，在进行流动资产管理时，必须在各项流动资产上合理配置资金数额，以促进资金周转顺利进行。

5. 营运资金的来源具有灵活多样性

企业筹集长期资金的方式一般比较少，只有吸收直接投资、发行股票、发行债券、银行长期借款等方式。而企业筹集营运资金的方式却较为灵活多样，通常有银行短期借款、短期融资券、商业信用、应交税金、应交利润、应付工资、应付费用、预收货款、票据贴现等。

三、营运资金管理的策略

营运资金管理的策略包括营运资金投资策略和营运资金筹资策略，它们分别研究如何确定营运资金持有量和如何筹集营运资金两个方面的问题。

（一）营运资金投资策略

营运资金持有量的高低影响着企业的收益和风险。较高的营运资金持有量，意味着在固定资产、流动负债和业务量一定的情况下，流动资产额较高，即企业拥有较多的现金、有价证券和保险储备量较高的存货，这会使企业有较大把握按时支付到期债务，及时供应生产用材料和准时向客户提供产品，从而保证经营活动平稳进行，风险性较小。但由于流动资产的收益性一般低于固定资产，所以较高的总资产拥有量和较高的流动资产比重会降低企业的收益性；而较低的营运资金持有量带来的后果则正好相反。较少的现金、有价证券量和较低的存货保险储备量会降低偿债能力和采购的支付能力，有时会造成信用损失、材料供应中断和生产阻塞，也可能由于不能准时向购买方供货而失去客户，这些都会加大企业的风险；但较低的总资产拥有量和较低的流动资产比重，会使企业的收益率增高。因此，营运资金持有量的确定，要在收益和风险之间进行权衡。

图 12－1 提供了三种营运资产投资策略。

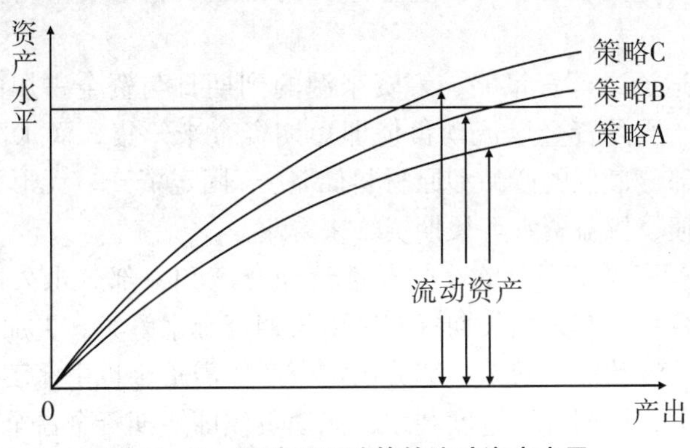

图 12－1　三种不同政策的流动资产水平

由图 12－1 可以看出，流动资产与销售水平之间呈非线形关系，表现为三条不同的曲线。这是因为，在流动资产的持有中存在着规模经济因素，即随销售水平的增加，流动资产将以递减的速度增加，特别是现金和存货。而且，随着销售水平的增加，这些方面的资金因时间、数量上的不一致性而可以相互调剂使用，由此，使占用于流动资产上的资金的增加速度小于销售的增加速度。

曲线 C 代表一种稳健（保守）的营运资金投资政策。在这一政策下，企业持有的流动资产占全部资产的比例相当大，此时要求相对较多的现金、可交易的证券和存货量，可以通过信用策略来刺激销售，应收账款持有水平较高。由于流动资产的收益率一般低于固定资产的收益率，因此，这一政策下的预期盈利能力将比较低。假定流动负债保持不变，则这一政策将使企业的营运资金增加，企业陷入无力清偿的负债风险比较低。

与策略 C 相反，策略 A 代表一种比较激进的营运资金投资政策。在此政策下，企业持有的流动资产占全部资产的比例相对比较少，企业持有低水平的现金、不持有证券、存货量少以及应收账款数额最小化，所以，营运资金相对较少。这一策略使企业在取得较高的预期盈利能力的同时，也承受较高的陷入财务困境的风险。

策略 B 则代表一种中庸的营运资金投资策略，其预期盈利能力和风险都居于策略 A 与 C 之间。

（二）营运资金筹资策略

营运资金的筹资策略主要是指如何安排临时性流动资产和永久性流动资产的资金来源的方针或方式。所谓临时性流动资产，是指那些受季节性、周期性规律影响的流动资产，如季节性存货、生产销售的淡旺季引起的应收账款金额的波动。所谓永久性流动资产，是指企业不管经营季节性如何变动，都需要经常占用的最低产品和原材料储备等流动资产。流动资产的融资来源有短期来源（流动负债）和长期来源（长期负债和权益资本），企业财务经理人员应对流动资产和流动负债各自的盈利能力、风险及它们之间相互影响、共同作用，对企业盈利能力和风险的综合影响进行分析，并确定以多大比例的流动负债和多大比例的长期负债或股东权益作为流动资产的正常资金来源，即判断如何正确地确定最优的筹资组合。可供企业选择的营运资金筹资策略大致可归纳为以下三种：

（1）中庸的营运资金筹资策略。筹资来源的到期日与资金占用的期限相匹配，也就是临时性流动资产所需资金以流动负债即短期资金来筹集，而永久性流动资产（指企业经常占用的一部分最低的产品和原材料储备）、固定资产、无形资产等长期资产所需资金则由长期负债、权益资本等长期资金来筹集。

（2）激进的营运资金筹资策略。临时性流动资产和一部分永久性流动资产由流动负债即短期资金来筹集，其余的长期资产则由长期资金来筹集。更加激进的表现是，有的企业所有的永久性流动资产乃至一部分固定资产所需资金也由流动负债即短期资金来筹集。在这种情况下，短期筹资过度利用，流动负债即短期资金占全部资产的比例大大提高。

（3）保守的营运资金筹资策略。全部长期资产以及部分临时性流动资产所需资金均由长期资金来筹集，其余临时性流动资产由短期资金来筹集。在这种情况下，短期筹资的利用不足，流动负债占全部资产的比例被限制在一个较低的水平上。

不同筹资战略下的风险和收益水平也有着明显的差异。在激进策略下，由于流动负债的比例大大提高，从而使企业的资金成本下降，利息支出减少，企业收益增加；但由于期限较短的流动负债的大量使用，导致企业流动比率下降，偿债压力较大，从而使企业面临的无力偿债风险也相应增加。在保守策略下，由于流动负债处于一个较低的水平，企业的流动比率较高，从而偿债风险相应降低；但由于长期筹资比重较高，使得资金成本上升，企业须承担大量的利息支出，导致收益水平下降。在中庸战略下，由于其流动负债比例在激进战略和保守战略之间，因此其风险水平和收益水平也介于两者之间。综合以上讨论，我们有以下结论：

不同的营运资金筹资策略	收益水平	风险水平
激进战略	高	高
中庸战略	一般	一般
保守战略	低	低

可见，在营运资金筹资策略的决策上，首要的问题是风险和收益的权衡。企业应根据自身的具体情况，结合其对风险的态度和对收益的偏好程度，作出以企业价值最大化为目标的相应选择。一般来说，不存在一种适用于所有企业的单一的最优营运资金筹资策略。

（三）营运资金管理策略组合

综合前面对营运资金投资策略和筹资策略的分析和考察，我们可以得出以下五种营运资金管理策略组合，如表 12－1 所示：

表 12－1　营运资金管理的策略组合

筹资 / 投资		筹资策略（流动负债比例）		
		激进（高）	中庸（一般）	保守（低）
投资策略（流动资产）	激进（低）	最激进	激进	中庸
	中庸（一般）	激进	中庸	保守
	保守（高）	中庸	保守	最保守

（1）最激进的营运资金管理策略。企业营运资金的筹资策略和投资策略均十分激进，这种情况下，企业的收益水平最高，但相应地，其风险水平也最高。

（2）激进的营运资金管理策略。具体可分为两种情况：①激进的筹资策略和中庸的投资策略的组合；②中庸的筹资策略和激进的投资策略的组合。在这两种情况下，企业的收益水平均较高，相应的风险水平也较高，但程度比最激进的营运资金管理策略时要低一些。

（3）中庸的营运资金管理策略。具体可分为三种情况：①激进的筹资策略和保守的投资策略的组合；②保守的筹资策略和激进的投资策略的组合；③中庸的筹资策略和中庸的投资策略的组合。在①和②两种情况下，流动负债比例以及流动资产比例对风险水平和收益水平的影响具有一种相互抵消的作用，从而使企业的风险水平和收益水平的表现均为一般。在第③种情况下，企业的风险水平和收益水平也均为一般。

（4）保守的营运资金管理策略。具体可分为两种情况：①保守的筹资策略和中庸的投资策略的组合；③中庸的筹资策略和保守的投资策略的组合。在这些情况下，企业的收益水平较低，相应的风险水平也较低，但程度比最保守的营运资金管理策略要高一些。

（5）最保守的营运资金管理策略。企业营运资金的筹资策略和投资策略均十分保守，在这种情况下，企业的收益水平最低，相应地，其风险水平也最低。

综合以上讨论，我们有以下结论：

不同的营运资金管理策略	收益水平	风险水平
最激进	最高	最高
激进	较高	较高
中庸	一般	一般
保守	较低	较低
最保守	最低	最低

第二节 现金管理

现金是流动性最强、变现能力最强的资产，可以用来满足生产经营开支的各种需要，是企业还本付息和履行纳税义务的保证。因此，拥有足够的现金对降低企业的风险、增强企业资金的流动性和债务的可清偿性具有十分重要的意义。

一、持有现金的目的与成本

（一）持有现金的目的

一个现金账户余额长期为零的企业是无法经营和生存的，企业持有现金的原因主要是满足支付性动机、预防性动机和投机性动机。

1. 支付性动机

支付性动机是指企业持有现金以满足日常支付的需要，如用于购买原材料、支付工资、缴纳税款、支付股利等。企业每天的现金收入和现金支出很少等额发生，保留一定的现金余额可使企业在现金支出大于现金收入时不至于中断交易。现金支付的数量取决于企业的销售水平。企业必须维持适当的现金余额，才能使业务活动正常地进行下去。

2. 预防性动机

预防性动机是指企业持有现金以应付意外事件的需求。企业预计的现金需求量一般是指正常情况下的需求量，但有许多意外事件会影响企业现金的收入与支出。例如，地震、水灾、火灾等自然灾害，生产事故，主要客户未能及时付款等，都会打破企业的现金收支计划，使企业现金收支出现不平衡。持有较多的现金，便可使企业更好地应付这些意外事件的发生。预防动机所需要现金的多少取决于以下三个因素：

（1）现金收支预测的可靠程度；

（2）企业临时借款能力；

（3）企业愿意承担的风险程度。

3. 投机性动机

投机性动机是指企业持有现金，以备满足某种投机行为的现金需要。例如，在适当时机购入低价有价证券的需要，大量购买廉价原料或其他资产的机会等。企业存续期间内有时会遇到各种瞬息即逝的获利机会，如果企业没有足够的现金，则只能坐视这些良机的流逝。因此，企业在满足交易性需要和预防性需要的同时，还需要另外保留一定的现金。投机动机只是企业确定现金余额时所需考虑的次要因素之一，其持有量的大小往往与企业在投资市场的投资机会及企业对待风险的态度有关。

企业除了以上三项原因而持有现金外，也会基于满足将来某一特定要求或者为在银行维持补偿性余额等其他原因而持有现金。企业在确定现金余额时，一般应综合考虑各方面的持有动机。但需要注意的是，由于各种动机所需要的现金可以调节使用，企业持有的现金总额并不等于各种动机所需现金余额的简单相加，前者通常小于后者。另外，上述各种动机所需保持的现金，并不要求必须是货币形态，也可以是能够随时变现的有价证券以及能够随时融入现金的其他各种存在形态，如可随时借入的银行信贷资金等。

（二）持有现金的成本

企业持有现金是要付出代价的。现金的持有成本是指企业为了持有一定数量的现金而发生的费用，或者现金发生短缺所付出的代价。它主要由以下四部分构成：

1. 机会成本

现金的机会成本是指企业因持有现金而丧失的潜在投资收益。企业持有现金就会丧失其他方面的投资收益，如因不能进行有价证券投资，由此所丧失的投资收益就是现金的机会成本。这种机会成本与现金的持有量成正比，持有量越大，机会成本越高。企业经营业务需要拥有一定的现金，付出相应的机会成本代价是必然的，但现金拥有量过多，机会成本大幅度上升就不合算了。因此，企业要在保持一定现金存量和不丧失投资获利的可能性之间进行合理的抉择，确定最合理的现金持有量。

2. 转换成本

现金的转换成本是指企业用现金购入有价证券以及转让有价证券换取现金时付出的交易费用。如买卖证券支付的佣金、委托手续费、证券过户费、证券交易的税金等。转换成本可以分为两类：一是与委托金额相关的费用，如买卖证券的佣金、证券交易的印花税等，这种费用一般按委托成交金额的一定比例支付，与成交金额成正比，而与转换的次数关系不大，属于变动转换成本；二是与委托金额无关，只与转换次数有关的费用，如委托手续费、过户费等，这种费用按交易的次数支付，每次交易支付的费用金额是相同的，属于固定转换成本。一般我们假定每次现金与有价证券转换的金额是相等的，则每次所发生的变动转换成本也是相等的，所以每次的转换成本总额是固定的。这样就可以说，现金的转换成本与现金的转换次数成正比，转换的次数越多，发生的转换成本就越多。

3. 管理成本

现金的管理成本是指对企业置存的现金资产进行管理而支付的代价。如要建立完整的企业现金管理内部控制制度、制定各种现金收支规定和现金预算执行的具体办法，支付给具体现金管理人员的工资费用、各种为保护现金安全而建立的安全防范措施及购入相应设备装置等。这种现金管理成本的高低与现金持有量之间无明显的比例关系，故大多数情况下被视为一种相对固定的成本。

4. 短缺成本

现金的短缺成本是指企业因缺乏必要的现金，不能应付业务开支所需，而使企业蒙受的损失或为此付出的代价。例如，企业不能按时缴纳税金而支付的滞纳金、不能按时还贷而支付的罚息等都属于现金的短缺成本。现金的短缺成本随现金持有量的增加而下降，随现金持有量的减少而上升。

二、最佳现金持有量

现金是一种流动性最强的资产，又是一种盈利性最差的资产。现金过多，会使企业盈利水平下降；而现金太少，又有可能出现现金短缺的情况，从而影响生产经营。因此，企业必须权衡收益和风险，来确定最佳现金持有量。确定最佳现金持有量的方法很多，下面介绍三种常用的方法：

（一）现金周转模式

现金周转模式是根据企业现金的周转时间来确定最佳现金持有量的方法。其步骤是：

1. 确定现金周转期

现金周转期是指企业从购买原材料支付货款起，至产品销售收回货款止所需的时间，即企业从支付应付账款时现金流出至收回应收账款时现金流入这段时间。其计算公式为：

$$现金周转期=存货周转期+应收账款周转期-应付账款周转期 \tag{12-1}$$

其中，存货周转期是指企业将原材料转化成产成品并出售所需要的时间；应收账款周转期是指企业将应收账款转换为现金所需要的时间，即从产品销售到收回现金的时间；应付账款周转期是指企业从收到尚未付款的材料开始到现金支出之间所用的时间。

2. 确定现金周转率

现金周转率是指现金在一定时期（通常为1年）内的周转次数。其计算公式为：

$$现金周转率=\frac{360}{现金周转期} \tag{12-2}$$

3. 确定最佳现金持有量

最佳现金持有量是企业年现金总需求量与现金周转率的比值。其计算公式为：

$$最佳现金持有量=\frac{年现金总需求量}{现金周转率} \tag{12-3}$$

【例12-1】某企业预计全年需要现金1 600万元，预计存货周转为85天，应收账款周转期为35天，应付账款周转期为30天，求该企业的最佳现金持有量。

$$现金周转期=80+40-30=90\ （天）$$
$$现金周转率=360/90=4\ （次）$$
$$最佳现金余额=1\ 600/4=400\ （万元）$$

现金周转模式简单明了，易于计算。但是这种方法隐含的假设前提是：①材料采购与产品销售产生的现金流量在数量上一致；②企业的生产经营过程在一年中持续稳定地进行，即现金需要和现金供应不存在不确定的因素。如企业实际运行情况与以上假设相去甚远的话，所求得的最佳现金余额将发生较大偏差。

（二）存货模式

存货模式又称鲍曼模式（Baumol Model），是由美国经济学家威廉·鲍曼于1952年提出的。他认为企业现金持有量在许多方面与存货相似，所以可以用企业管理存货的经济批量的原理来确定企业最佳的现金持有量。利用存货模式确定最佳现金持有量必须有以下基本假设：①企业的现金流入量和流出量是稳定并可预测的，也就是说，企业在一定时期内，现金收入和现金支出是均匀发生的，并能可靠地预测其数量；②在预测期内，企业不会发生现金短缺，也就是说不涉及短缺成本，因为企业可以通过出售有价证券来补充现金。图 12－2 说明了这一情况。

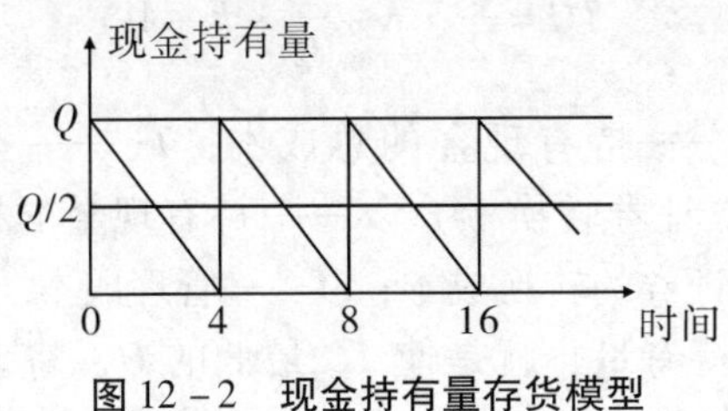

图 12－2　现金持有量存货模型

从图 12－2 可知，企业在一定时期内的现金需求量是一定的，并且现金的耗用是均匀发生的。企业的最佳现金持有量是 Q 元，在一个时期内均匀地耗完，然后出售 Q 元的有价证券来补充现金。以后每个时期不断重复。

企业持有现金量越大，其机会成本越高。所以，企业每次获得大量营业款时，都会投资于有价证券，以获取较高的投资收益，等到需要现金时，再将有价证券转换为现金。这样可以降低现金的持有成本。然而每次将有价证券转换成现金时，都要发生现金的转换成本。所以，运用存货模型来测算企业现金的持有量，就是要寻求企业现金持有的机会成本与现金转换成本两者总成本最低的现金持有量①。两者关系可用图 12－3 表示：

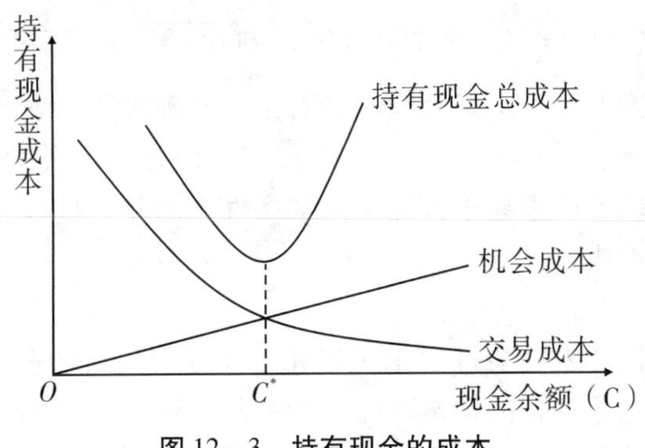

图 12－3　持有现金的成本

从图 12－3 可以看出，现金持有的机会成本与其转换成本的变化方向是相反的。持有现金机会成本随现金持有量的增大而增大，而转换成本随着现金持有量的增大而减小。在全年现金需求总量一定的情况下，现金的持有量越大，机会成本就越大，而转换成本就越小，现金与有价证券的转换次数就越少。现金的转换成本与转换次数成正比，与现金持有量成反比。在不考虑现金短缺成本且企业持有现金的管理成本固定为常数的情况下，这两种成本之和最低时的现金持有量就是企业最佳现金持有量。

---

①　持有现金的管理成本是一个固定的常数，通常与持有现金的数量无关，因此，持有现金的总成本可不考虑此类成本。

持有现金的总成本 = 机会成本 + 转换成本 + 管理成本

$$TC=\frac{Q}{2}\cdot K+\frac{T}{Q}\cdot F+M \tag{12-4}$$

式（12－4）中，TC——持有现金的总成本；T——一定时期的现金需求总量；Q——最高现金余额（每次证券转换额）；K——持有现金的机会成本（即有价证券的利率）；F——现金与有价证券的转换成本；M——管理成本。

显然，所谓最佳现金持有量，就是使 TC 最低的 Q。将上式对 Q 求导，并令其为零，即可解出令 TC 最低的 Q，用 Q^* 表示，即

$$Q^*=\sqrt{\frac{2TF}{K}} \tag{12-5}$$

把 $Q^*=\sqrt{\frac{2TF}{K}}$ 代入 $TC=\frac{Q}{2}\cdot K+\frac{T}{Q}\cdot F$，得：

$$\text{最佳现金持有量下的总成本 } TC(Q^*)=\sqrt{2T\times F\times K} \tag{12-6}$$

【例12－2】某企业预计全年现金需求量为520万元，现金与有价证券每次转换成本为1 000元，有价证券年利率为10%。则最佳现金持有量为：

$$Q^*=\sqrt{(2\times 5\ 200\ 000\times 1\ 000)\div 10\%}=322\ 490\text{（元）}$$

最佳现金持有量下的总成本为：

$$TC(Q^*)=\sqrt{2\times 5\ 200\ 000\times 1\ 000\times 0.1}=32\ 249\text{（元）}$$

存货模型可以精确地测算出最佳现金持有量和变现次数，表述了现金管理中基本的成本结构，它对加强企业的现金管理有一定作用。但是，这种模式以货币支出均匀发生、现金持有成本和转换成本易于预测为前提条件。因此，只有在上述因素比较确定的情况下才能使用此种方法。

（三）随机模式

随机模式是由默顿·米勒与丹尼尔·奥尔于1966年首次提出的，又称米勒—奥尔模型。这一模式假设企业每日的现金净流量为一随机变量，且无法事先预计，但企业可根据历史经验和现实需要，制定一个现金持有量控制区域，如图12－4所示：

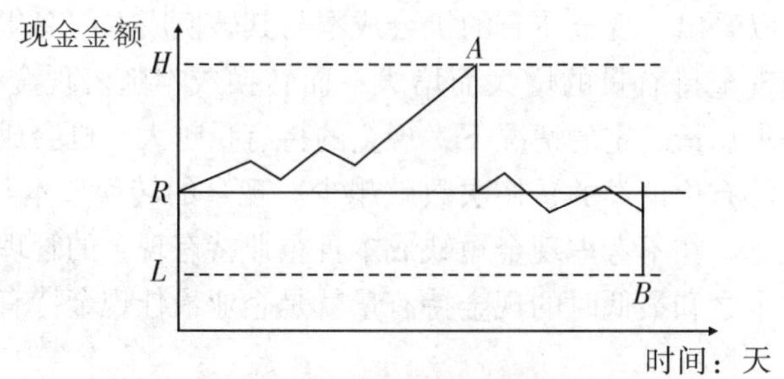

图12－4　现金持有量随机模式

在图 12-4 中，虚线 H 为现金存量的上限，虚线 L 为现金存量的下限，实线 R 为最优现金返回线（最佳现金持有量 R）。从图中可以看到，企业的现金存量（表现为现金每日余额）是随机波动的。当其达到 A 点时，即达到现金控制区域的上限时，企业应用现金购买有价证券，使现金量回落到现金返回线（R 线）的水平；当现金存量降到 B 点时，即达到了现金控制区域的下限时，企业则应通过转让有价证券换回现金，使其存量升至现金返回线的水平。

制定现金持有量控制区域的关键在于确定 R 值。由于现金流量是随机的，故 R 不仅受现金的机会成本和证券转换成本的影响，而且与现金余额的波动幅度有关。理想的 R 值可用下列公式计算：

$$R=\sqrt[3]{\frac{3F\sigma^2}{4i}}+L \qquad (12-7)$$

式（12-7）中，R——最佳现金余额；F——有价证券每次固定的转换成本；σ——每日现金余额的标准差；i——有价证券日利率；L——控制下限。

控制上限 H 的计算公式为：

$$H=3R-2L \qquad (12-8)$$

控制下限 L 主要取决于每日现金需求量、有价证券变现所需的时间和管理人员的风险倾向，可根据经验数据确定其大小。

【例 12-3】某企业每日现金余额的标准差为 800 元，证券每次固定转换成本为 85 元，有价证券年利率为 12%，控制下限为 1 000 元，则：

$$日利率=12\%/360=0.033\%$$

$$R=\sqrt[3]{\frac{3\times85\times800^2}{4\times0.033\%}}+1\ 000=5\ 967（元）$$

$$H=3\times5\ 967-2\times1\ 000=15\ 901（元）$$

即现金控制的范围为 1 000 ~ 15 901 元，当达到 15 901 元时，买进 9 934 元（15 901 ~5 967）的有价证券；当现金余额降到 1 000 元时，则卖出 4 967 元（1 000 ~5 967）的有价证券，使现金余额保持在 5 967 元的水平上。

由于随机模式是建立在企业的未来现金需求总量和收支不可预测的前提下，因此，计算结果比较保守，计算出来的现金持有量往往大于运用存货模式计算的结果。

三、现金日常收支的管理

企业在确定了最佳现金持有量后，还应采取各种措施，加强对现金的日常管理，以保证现金的安全、完整，最大限度地发挥其效用。

（一）现金的回收管理

为了提高现金的使用效率，加速现金周转，企业应尽量加速收款，即在不影响未来销售的情况下，尽可能加快现金的回收。如果现金折扣在经济上可行，应尽量采用，以加速账款的回收。企业加速收款的任务不仅要尽量使顾客付款，而且要尽快使这些付款转化为可用现金。为此，必须满足如下要求：①减少顾客付款的邮寄时间；②减少企业收到顾客开来支票与支票兑现之间的时间；③缩减资金存入自己往来银行的过程。为达到以上要求，可采用以下措施：

1. 集中银行

集中银行是指通过设立多个策略性的收款中心来代替通常在公司总部设立的单一收款中心，以加速账款回收的一种方法。其目的是缩短从顾客寄出账款到现金汇入企业账户这一过程的时间。具体做法是：

（1）企业以服务地区和各销售的账单数量为依据，设立若干收款中心，并指定一个收款中心（通常是设在公司总部所在地的收账中心）账户所在的银行为集中银行。

（2）公司通知客户将货款送到最近的收款中心而不必送到公司总部。

（3）收款中心将每天收到的货款存到当地银行，然后再把多余的现金从地方银行汇入集中银行——公司开立的主要存款账户的商业银行。

企业设立集中银行主要有以下优点：由各个收款中心向各地区客户寄发付款账单，客户付款直接邮寄到最近的收款中心，可以大大缩短账单和货款的邮寄时间；各个收款中心收到客户交来的支票，可以直接存入当地银行，从而缩短支票兑现的时间。但是这种方法也存在缺点：各个收款中心的地方银行都要求有一定的补偿性余额，这就增加了企业闲置的现金；设立收款中心需要一定的管理费用。所以，财务主管在决定采用集中银行法时，一定不能忽视权衡利弊。

【例 12－4】某企业当前在应收账款上平均占用现金 1 000 万元，企业准备改变收款方法，采用集中银行收账。经测算，收款中心预计每年多增加支出 10 万元，但是预计每年因加快应收账款的回收而节约的现金约为 120 万元，企业加权平均的资金成本为 10%，问是否应该采用集中银行法。

采用集中银行法，企业从节约现金获得的收益是 12 万元（120 × 10%），比增加的支出 10 万元多 2 万元。因此，采用集中银行法是比较有利的。

2. 锁箱法

锁箱法是指企业在业务比较集中的地区租用专门的邮政信箱，并通知客户将货款票据直接邮寄到指定的邮政信箱，以缩短从收到客户付款到存入当地银行的时间的一种现金管理办法。具体做法是：

（1）在业务比较集中的地区租用当地加锁的专用邮政信箱。

（2）通知顾客把付款邮寄到指定的信箱。

（3）授权公司邮政信箱所在地的开户行，每天数次收取邮政的汇款并存入公司账户，然后将扣除补偿余额以后的现金及一切附带资料定期送往公司总部。这就免除了公司办理收账、货款存入银行的一切手续。

采用锁箱法的优点是大大缩短了公司办理收款、存储手续的时间，即公司从收到支票到这些支票完全存入银行之间的时间差距消除了。这种方法的主要缺点是需要支付额外的费用。由于银行提供多项服务，因此要求有相应的报酬。这种费用支出一般来说与存入的支票张数成一定比例。所以，如果平均汇款数额较小，采用锁箱法并不一定有利。

因此，是否采用锁箱法要看节约资金带来的收益与额外支出的费用孰大孰小。如果增加的费用支出比收益小，则可采用此方法；反之，则不宜采用。

（二）现金支出管理

现金支出管理的目的在于提高现金使用效率，为达到这一目的，应当注意做好以下两方面工作：

1. 使用现金浮游量

现金浮游量是指企业账户上存款与银行账户上所显示的企业银行存款余额之间的差额。一般来讲，如果企业本身办理收款的效率高于接受其票据的企业收款效率，就会产生现金浮游量，使企业账户上的银行存款余额小于其银行账户上所显示的存款余额。有时，企业账户上的银行存款余额已经为零或者为负数，而其银行账户上，企业的存款余额还有许多。这主要是因为有些支票企业已经开出，但是顾客还没有到银行兑现。如果能正确预测现金浮游量并加以利用，可节约大量资金。

利用现金浮游量，公司可适当减少现金数量，达到节约现金的目的。但是，一家公司的利益，就是另一家公司的损失，因而，利用现金浮游量往往对供应商不利，有可能破坏公司和供应商之间的关系，这一因素应加以考虑。

2. 控制付款时间

企业在交易活动中要尽可能利用商业信用和延期支付货款的时间，这样可以最大限度地利用现金，提高现金使用效率，降低持有现金的成本。如企业在采购材料时，应尽可能地争取最大的信用期限，并尽可能在折扣期限或者信用期限的最后一天支付货款。

（三）现金收支的综合控制

对现金的日常管理，除了加速收款和延缓付款措施以外，加强对现金的综合性控制也是非常必要的。现金的综合性控制具体包括以下措施：

1. 力争现金流入与流出同步

如果企业能尽量使它的现金流入与现金流出发生的时间趋于一致，就可以使其所持有的交易性现金余额降到较低水平，这就是所谓的现金流量同步。基于这种认识，企业可以重新安排支付现金的时间，尽量使现金流入与现金流出趋于同步。

2. 及时进行现金的清理

在现金管理中，要及时进行现金的清理。库存现金的收支应做到日清月结，确保库存现金的账面余额与实际库存额相互符合；银行存款账户余额与银行对账单余额相互符合；现金、银行存款日记账数额分别与现金、银行存款总账数额相互符合。

3. 实行现金管理内部控制制度，按国家规定使用现金

在现金管理中，要实行管钱的不管账，管账的不管钱，使出纳人员和会计人员互相牵制，互相监督。凡有库存现金收付，应坚持复核制度，以减少差错，堵塞漏洞。出纳人员调换时，必须办理交接手续，做到责任清楚。

不超出国家规定的库存现金使用范围，做到合法管理与使用现金。

4. 做好银行存款的管理

企业超过库存现金限额的现金，应存入银行，由银行统一管理。加强对银行存款的

管理，主要应做好以下工作：按期对银行存款进行清查，保证银行存款安全完整；当结算户存款结余过多，一定时期内又不准备使用时，可转入定期存款，以获取较多的利息收入；与银行保持良好的合作关系，使企业的借款、还款、存款、转账结算能顺利进行。

第三节　应收账款管理

应收账款是指因对外销售产品、材料、供应劳务及其他原因，应向购货单位或接受劳务的单位及其他单位收取的款项，包括应收销售款、其他应收款、应收票据等。应收账款在流动资产中占有很大的比重，应收账款管理是我国目前流动资产管理中的焦点。

一、应收账款的作用与成本

企业提供商业信用，采取赊销、分期付款等销售方式，可以扩大销售量，增加利润。但应收账款的增加也会造成资金成本、坏账损失等费用的增加。应收账款管理的基本目标，就是在充分发挥应收账款功能的基础上，降低应收账款机会成本，使提供商业信用、扩大销售所增加的收益大于有关的各项费用。

（一）应收账款的作用

1. 促进销售

在竞争激烈的市场经济中，采用赊销方式，为客户提供商业信用，可以扩大产品销售，提高产品的市场占有率。通常企业为客户提供的商业信用是不收取利息的，所以，对于接受商业信用的企业来说，实际上等于得到一笔无息贷款，这对客户具有极大的吸引力。与现销方式相比，客户更愿意购买采用赊销方式的企业的产品。因此，应收账款具有促销的作用。

2. 减少存货

赊销促销的同时，企业库存的商品数量自然会有所减少，这加快了企业存货的周转速度。一般来讲，企业的应收账款所发生的相关费用与存货的仓储、保管费用相比相对较少。因此，企业通过赊销的方式，将产品销售出去，资产由存货形态转化为应收账款形态，这样可节约企业的支出费用。

（二）应收账款的成本

持有一定数量的应收账款，必然有成本支出，主要包括如下三类：

1. 应收账款的机会成本

应收账款的机会成本是指企业资金因占用在应收账款上而丧失的其他投资收益。机会成本的大小与企业应收账款占用资金的数量密切相关，占用的资金数量越大，机会成本就越高。这种机会成本一般按照企业的资金成本（或者投资者的最低报酬率）来计算，其计算公式为：

$$应收账款的机会成本 = 应收账款占用资金 \times 资金成本 \qquad (12-9)$$

应收账款占用资金 = 应收账款平均余额 × 变动成本率　　(12-10)

应收账款平均余额 = 日销售额 × 平均收账期　　(12-11)

2. 应收账款的管理成本

应收账款的管理成本是指企业对应收账款进行管理而发生的支出费用。主要包括：对客户的资信调查费用；搜集各种信息的费用；应收账款账簿记录费用；催收账款发生的费用；其他用于应收账款的管理费用。

3. 应收账款的坏账成本

应收账款的坏账成本是指由于应收账款无法收回，给企业造成的经济损失。应收账款是商业信用产生的结果，由于客户财务状况恶化等原因，无法收回应收账款，由此而产生的坏账会给企业带来经济上的损失。这种成本一般与企业的信用政策有关，并且与应收账款的数量成正比。一般来说，严格的信用政策产生坏账的概率比较小，过于宽松的信用政策比较容易产生坏账。

二、应收账款的事前管理

应收账款的事前管理是企业应收账管理的基础，也是企业出于全局性考虑制定信用政策的基础。可以说，应收账款事前管理的效果在很大程度上决定了企业应收账款的效率。应收账款事前管理的主要内容是通过信用调查搜集资料，采用一定的方法进行评估，最终确定信用额度。

（一）信用调查

信用调查就是对有关客户信用方面的资料进行搜集、整理的过程，其目的是为信用评估提供真实、可靠的基础材料。信用调查有以下两种方式：

1. 直接调查

直接调查是指调查人员直接与被调查单位接触，通过当面采访、询问、观察、记录等方式获取信用资料的方式。直接调查的优点是能保证搜集资料的准确性和及时性，但是若得不到被调查单位的合作，则会使调查资料不完整。

2. 间接调查

间接调查是指以被调查单位以及其他单位保存的有关原始记录和核算资料为基础，通过加工整理获得被调查单位信用资料的一种方法。这些资料的主要来源包括：

（1）财务报表。被调查单位的财务报表是信用资料的重要来源。通过财务报告提供的资料，可以基本掌握该单位的财务状况和盈利水平。

（2）信用评估机构。现在，许多国家都有信用评估的专门机构，定期发布有关企业的信用等级报告。我国的信用评估机构目前有三种形式：①独立的社会评估机构；②政策性银行负责组织的评估机构；③由商业银行组织的评估机构。

在评估等级方面，目前主要有两种形式：第一种是采用三类九级制（即把企业的信用情况分为 AAA、AA、A、BBB、BB、B、CCC、CC、C 九等，AAA 为最优信用级别，C 为最差信用等级）。第二种是采用三级制（即把企业的信用情况分为 AAA、AA、A）。

（3）银行。银行是信用资料的一个重要来源，因为许多银行都设有信用部门，为其顾客提供服务。但是，与国外不同，我国银行业的资料一般仅愿意在同业之间交流，而不愿向其他单位提供。

（4）其他相关部门。例如，财税部门、消费者协会、工商管理部门、企业的上级主管部门、证券交易所等。

（二）信用评估

搜集好信息资料后，要对这些资料进行分析，并对顾客的信用状况进行评估。信用评估方法很多，常用的有5C评估法和信用评分法。

1. 5C评估法

5C评估法是信用评估的定性分析方法。所谓5C，是指影响信用的英文字头均为“C”的五个因素。通过对这五个因素进行综合的、系统的分析，就可以基本上判断客户的信用状况，为最后决定是否同意客户赊购提供依据。这五个因素是：

（1）品德（Character）。品德是指顾客愿意履行其付款义务的可能性。顾客是否愿意尽自己最大努力来归还货款，直接决定着账款的回收速度和数量。品德因素在信用评估中是最重要的因素。

（2）能力（Capacity）。能力是指顾客偿还货款的能力。这主要根据顾客的经营规模和经营状况来判断。

（3）资本（Capital）。资本是指一个企业的财务状况。这主要根据有关的财务比率进行判断。

（4）抵押品（Collateral）。抵押品是指顾客能否为获取商业信用而提供担保资产。如有担保资产，则对顺利收回货款带来有利的影响。

（5）环境（Condition）。环境是指一般的经济状况对企业的影响，或某一地区的一些特殊情况对顾客偿还能力的影响。

2. 信用评分法

信用评分法是信用评估的定量分析方法，可以选用的定量分析模型很多，如加权信用评分法，它先对一系列财务比率和信用情况指标进行评分，然后加权平均并相加，进而得到客户的综合信用分数，并以此进行信用评估。其基本公式是：

$$Y = a_1x_1 + a_2x_2 + \cdots + a_nx_n = \sum_{i=1}^{n} a_ix_i \qquad (12-12)$$

在式（12－12）中，Y——对某客户的综合信用评分；a_i——加权权数；x_i——对第 i 种指标的评分。

【例12－5】A公司有关财务指标或信用品质的资料如表12－2所示：

表 12－2　A 公司信用评估表

项目	财务指标或信用品质	分数	权数	加权平均数
流动比率	1.8	90	0.20	18.00
资产负债率	50%	80	0.10	8.00
销售净利润	20%	90	0.10	9.00
信用评估等级	AA	85	0.25	21.25
付款历史	良好	75	0.25	18.75
企业发展前景	良好	75	0.05	3.75
其他	较好	85	0.05	4.25
合计	—	—	1.00	83.00

在进行信用评分时，分数在 80 分以上，说明企业信用良好；分数在 60～80 分之间，说明信用状况一般；分数在 60 分以下，说明信用状况较差。表 12－8 显示该公司的信用评分值是 83.00 分，说明其信用品质良好。

（三）确定信用额度

信用额度又称信用限额，包括总体信用额度和针对具体客户的信用额度两种。总体信用额度是指企业针对自身情况及外部环境而制定的赊销总规模，用于指导和控制日常的赊销决策。具体信用额度是指企业规定的客户在一定时期内可以赊购商品的最大限额。信用额度的规定虽不能提高客户付款的概率，但可以限制因客户不付款而引起的坏账损失。因此，企业至少应该对交易频繁且交易量大的主要客户确定其可享受的信用额度，以控制其赊购规模，避免因客户过度赊购而导致坏账损失。另外，确定信用额度后，企业就有了处理与客户信用往来的依据。在额度范围内的赊购，可由具体经办人员按规定办理；超出规定的信用额度时，则应由有关负责人批准后方能办理。信用额度还可以根据市场环境、客户信用等级等情况的变化进行适当的调整和修改。

具体信用额度的制定方法主要有：

（1）以全年从该客户处可能获得的收益额作为该客户每次赊购的额度。

（2）根据客户营运资本净额的一定比例确定。

（3）根据客户清算价值的一定比例确定。

（4）根据经验估计，将总体信用额度在各客户之间进行具体分配。

三、应收账款信用政策

应收账款信用政策的确定是企业在应收账款管理方面的全局性策略，通常每隔一年制定一次。信用政策又称应收账款政策，是指企业在采用信用销售方式时，为对应收账款进行科学规划和有效控制而确定的基本原则和规范，它是企业财务政策的一个重要组成部分，主要包括信用标准、信用条件和综合信用政策。

（一）信用标准

信用标准是指顾客为获得企业的交易信用所应具备的最低条件，通常以预期的坏账损失率来表示，它表明企业可接受的信用风险水平。如果企业制定的信用标准过高，将使许多客户因信用品质达不到设定的标准被拒之门外，其结果尽管有利于降低违约风险及收账费用，但是会影响企业市场竞争能力的提高和销售收入的扩大；相反，如果企业采用较低的信用标准，虽然有利于企业扩大销售，提高市场竞争能力和市场占有率，但同时也会导致坏账损失风险加大和收账费用的增加。企业应根据具体情况进行权衡。

【例 12－6】某公司原来的信用标准是只对预计坏账 5% 以下的客户提供商业信用。公司的销售利润率为 20%，变动成本率为 80%，应收账款的机会成本率为 10%。为了扩大销售，该公司拟修改原来的信用标准，决定降低信用标准，有关资料如表 12－3 所示：

表 12－3　两种不同的信用标准下的有关资料

项目	原方案	新方案
信用标准（预计坏账损失率）	5%	7.5%
销售收入	100 000 元	150 000 元
应收账款的平均收账期	45 天	75 天
应收账款的管理成本	1 000 元	1 200 元

根据表 12－3，计算两种信用标准对利润的影响，结果如表 12－4 所示：

表 12－4　信用标准方案的比较　　（单位：元）

项目	原方案	新方案	差异
销售利润	100 000 × 20% ＝20 000	150 000 × 20% ＝30 000	10 000
应收账款的机会成本	$\frac{150\ 000}{360}\times 45\times 80\%\times 10\%$ ＝1 000	$\frac{150\ 000}{360}\times 75\times 80\%\times 10\%$ ＝2 500	1 500
应收账款的管理成本	1 000	1 200	200
坏账成本	100 000 × 5% ＝5 000	150 000 × 7.5% ＝11 250	6 250
应收账款成本总额	7 000	14 950	7 950
净收益	13 000	15 050	2 050

从表 12－4 可知，选择原方案，可实现收益 13 000 元；而选择新方案，可增加收益 2 883.33 元。因此，该公司显然应该选择改变原有方案，而采用新方案。

（二）信用条件

信用条件是指企业要求顾客支付赊销款项的条件，包括信用期限、折扣期限和现金折扣。信用期限是企业为顾客规定的最长付款时间，折扣期限是为顾客提前付款时给予优惠的时间。如账单中的“2/10，n/30”就是一项信用条件，它规定如果在发票开出后 10 天内付款，可享受 2% 的现金折扣；如果不想取得折扣，这笔货款必须在 30 天内付清。在这里，30天为信用期限，10天为折扣期限，2%为现金折扣。提供比较优惠的信用条件能增加销售量，但也会带来额外的负担，如会增加应收账款机会成本、坏账成本、现金折扣成本等。

【例12－7】某公司为了在扩大销售的同时，尽快回收应收账款，拟采取现金折扣策略，现有A、B两个方案可供选择（如表12－5所示）。公司原有的销售额为800 000元，销售利润率为12%，变动成本率为70%，应收账款平均收现期40天，应收账款的机会成本为8%，坏账损失率为4%，试分析A、B方案是否可行。

表12－5 两种不同的信用条件下的有关资料

A方案		B方案	
信用条件	1/10，n/30	信用条件	2/10，n/30
采用现金折扣增加的销售收入	160 000元	采用现金折扣增加的销售收入	200 000元
应收账款平均收现期	30天	应收账款平均收现期	28天
应收账款的坏账损失率	3.5%	应收账款的坏账损失率	3%
新增应收账款增加的管理成本	600元	新增应收账款增加的管理成本	800元
折扣销售占总销售额比重	55%	折扣销售占总销售额比重	60%

信用条件变化（实施现金折扣）后的有关影响：

A方案：

$$\text{销售利润变化} = 160\ 000 \times 12\% = 19\ 200\ (\text{元})$$

$$\text{应收账款机会成本变化} = \left(\frac{30-40}{360} \times 800\ 000 + \frac{30}{360} \times 160\ 000\right) \times 8\% \times 70\% = -498\ (\text{元})$$

$$\text{坏账损失变化} = 960\ 000 \times 3.5\% - 800\ 000 \times 4\% = 1\ 600\ (\text{元})$$

$$\text{现金折扣成本} = 960\ 000 \times 55\% \times 1\% = 5\ 280\ (\text{元})$$

$$\text{增加的管理成本} = 600\ (\text{元})$$

$$\text{A方案增加的利润总额} = 19\ 200 + 498 - 1\ 600 - 5\ 280 - 600 = 12\ 218\ (\text{元})$$

B方案：

$$\text{销售利润变化} = 200\ 000 \times 12\% = 24\ 000\ (\text{元})$$

$$\text{应收账款机会成本变化} = \left(\frac{28-40}{360} \times 800\ 000 + \frac{28}{360} \times 200\ 000\right) \times 70\% \times 8\% = -622\ (\text{元})$$

$$\text{坏账损失变化} = 1\ 000\ 000 \times 3\% - 800\ 000 \times 4\% = -2\ 000\ (\text{元})$$

$$\text{现金折扣成本} = 1\ 000\ 000 \times 60\% \times 2\% = 12\ 000\ (\text{元})$$

$$\text{增加的管理成本} = 800\ (\text{元})$$

$$\text{B方案增加的利润总额} = 24\ 000 + 622 + 2\ 000 - 12\ 000 - 800 = 13\ 822\ (\text{元})$$

以上分析表明，该公司实施现金折扣的两个方案都能为公司增加利润，但B方案增加的利润更多，因此，选择B方案更为有利。

（三）综合信用政策

前面我们分析了单项的信用政策，但是制定最优的信用政策，应该把信用标准、信用期限、折扣政策和收账政策结合起来，考虑信用标准、信用条件和收账政策的综合变化对销售额、应收账款的机会成本、坏账成本和收账费用的影响。这里，决策的原则仍然是使赊销的总收益大于相关的总成本。综合决策的计算相当复杂，计算中的几个变量都是预计的，有相当大的不确定性。因此，信用政策的制定并不能仅靠数量分析，在很大程度上要由管理人员的经验来判断决定。制定综合信用政策时，应考虑的基本模式如表12－6所示：

表12－6　综合信用政策的基本模式

信用标准：预计坏账损失率（%）	信用条件	收账政策
0～0.5 0.5～1	从宽信用条件 （60天付款）	消极收账政策 （拖欠20天不催收）
1～2 2～5	一般信用条件 （45天付款）	一般收账政策 （拖欠10天不催收）
5～10 10～20	从严信用条件 （30天付款）	积极收账政策 （拖欠立即催收）
20以上	不予赊销	—

企业信用政策确定后，便可根据信用政策和预计的销售收入等指标来计算确定应收账款占用资金的数额。

四、应收账款的日常监控与事后管理

（一）应收账款日常监控

企业在向客户提供赊销之后，应该经常进行测算和分析，并随时了解和掌握客户的信用状况，以保证对应收账款的监控。其目的在于：①通过将实际持有的应收账款与最佳持有额度进行比较和分析，判断应收账款在总额上是否合理；②通过对应收账款的日常监控，保持应收账款在总资产中的合理比例以及应收账款内部的合理结构；③通过对应收账款的日常监控，为应收账款的催收工作指明方向。

在应收账款的监控过程中，可供采用的主要方法有：

1. 账龄分析法

账龄分析法是通过编制账龄分析表，以显示应收账款存账时间（账龄）的长短，并按时间长短进行排序。通过账龄分析可以发现：企业有多少应收账款尚在信用期内；企业有多少应收账款超过了信用期；不同账龄的过期账款各占多少比例；有多少应收账款可能会因拖欠时间太长而发生坏账损失。

2. 平均收账期法

平均收账期法是通过计算应收账款从形成到收回平均所经历的时间，并将其与目标值（如同行业有关数据等）进行比较分析，为加强应收账款的监控提供依据。其计算公式为：

$$具体客户的平均收账期=\frac{一定时期内每笔订货数额\times 该笔订货的收账天数}{一定时期的订货总额} \tag{12-13}$$

$$总体的平均收账期=\frac{（平均）应收账款余额}{平均每日赊销额} \tag{12-14}$$

（二）应收账款的事后管理与回收

应收账款的回收是应收账款日常管理中最关键的一环。因为若赊销后不能如期收回账款，则无法实现增加销售的收益，也无法将信用成本控制在预期的范围内。那么，既定的信用政策无法落实，严重的坏账损失将使企业财务陷入困境，造成偿债能力不足的危机。

应收账款的回收应包括如下两部分内容：

1. 确定合理的收账程序

催收账款的程序一般是：信函通知；电话催收；派人员面谈；法律行动。当顾客拖欠账款时，要先给顾客一封有礼貌的通知信件；接着，可寄出一封措词较直率的信件；进一步则可通过电话催收；如再无效，企业的收账员可直接与顾客面谈，协商解决；如果谈判不成，就只好交给企业的律师采取法律行动。

2. 确定收账政策

收账政策是指信用条件被违反时，企业采取的收账策略。企业如果采用较积极的收账政策，可能会减少应收账款投资，减少坏账损失，但要增加收账成本。如果采用较消极的收账政策，则可能会增加应收账款投资，增加坏账损失，但会减少收账费用。

一般来说，客户在超过企业允许的拖欠期限后，企业应有理、有利、有节地开展催收行动。在组织账款催收工作时，企业也必须权衡收账费用与预期催账收益的关系。一般情况下，收账费用越高，减少的坏账损失越大，但两者之间的关系并非线形的。通常情况是：①开始花费一些收账费用，应收账款和坏账有小部分降低；②收账费用继续增加，应收账款和坏账损失明显减少；③收账费用达到某一限度以后，应收账款和坏账的减少就不明显了，这个限度称为饱和点，如图 12-5 中的 P 点。在制定信用政策时，应权衡增加收账费用与减少应收账款机会成本和坏账损失之间的得失。

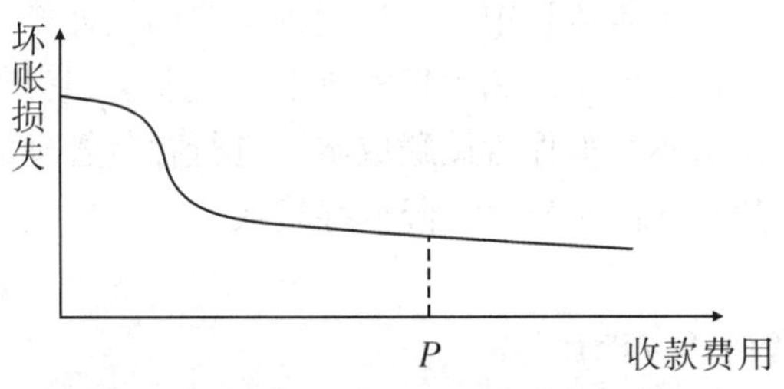

图 12-5　收账费用与坏账损失的关系

【例 12－8】某企业在现行收账方案的基础上拟定了 A、B 两个收账方案，假定企业应收账款机会成本为 20%，变动成本率为 60%，各方案有关资料及计算分析如表 12－7 所示：

表 12－7　收账政策方案的比较

收账方案 项目	现行方案	A 方案	B 方案
每年收账费用（万元）	8	10	15
平均收账期（天）	60	30	20
坏账损失率	4%	2%	1%
年赊销总额（万元）	144	144	144
应收账款平均余额（万元）	24	12	8
新方案减少机会成本（万元）	—	1.44	1.92
坏账损失额（万元）	5.76	2.88	1.44
新方案减少坏账损失（万元）		2.88	4.32
新方案增加收账费用（万元）	—	2	7
新方案净收益（万元）	—	2.32	-0.76

从表 12－7 可知，选择 A 方案，可实现收益 23 200 元；而选择 B 方案，将发生损失 7 600 元，显然应该选择 A 方案。

第四节　存货管理

存货是指企业在生产经营过程中为销售或耗用而储备的物资，包括原材料、燃料、低值易耗品、在产品、半产品、产成品、协作件、外购商品等。存货和应收账款一样，在企业的流动资产中占据很大比重，同时，存货又是变现能力较差的流动资产。

一、存货的作用与成本

在企业的购买—生产—销售流程中，存货起到重要的缓冲作用。如果不允许持有存货，则在原材料的进货、产品的生产和销售安排上，企业会损失很多灵活性。但是另一方面，持有存货也要付出成本，如保管储藏成本。进行存货管理的主要目的是要控制存货水平，在充分发挥存货作用的基础上，降低存货成本。

（一）存货的作用

1. 保证生产和销售的正常进行

一般来说，企业很难做到随时购入生产或销售所需要的各种物资。企业的供、产、销在数量上和时间上往往难以保持绝对的平衡。因此，如果没有一定的存货，一旦生产或销售所需物资短缺，就会影响企业生产和销售的正常进行，严重时会导致生产和销售的中断，如停工待料、停业待货等，造成惨重损失。

2. 获取规模效益

如批量采购原材料，可以获得价格上的优惠，也可以减少管理及采购费用；批量组织生产，可以使生产均衡，生产成本降低；批量组织销售，可以及时满足客户对产品的需求，有利于销售规模的迅速扩大。

（二）存货成本

存货成本是指与购买和维持存货有关的成本，主要有以下五项：

1. 采购成本

采购成本是指存货本身的价值，一般与采购数量成正比例变化。在一定时期内进货总量既定、物价水平不变、不存在商业折扣的情况下，无论企业采购次数如何变动，存货的采购成本通常是保持不变的，因而属于决策无关成本。

$$采购成本（DU）=全年存货需要量\times单价=D\times P \tag{12-15}$$

2. 订货成本

订货成本是指为订购材料、商品而发生的成本，如差旅费、邮资费、电话电报费等。订货成本有一部分与订货次数有关，如差旅费、邮资、电话电报费等费用，与进货次数呈正相关关系，这类变动性订货成本属于决策的相关成本；另一部分订货成本与订货次数无关，如专设采购机构的基本开支等，这类固定性订货成本则属于决策的无关成本。

$$\begin{aligned}订货成本（TC_a）&=固定性订货成本+变动性订货成本\\&=固定性订货成本+年订货次数\times每次订货的变动成本\\&=固定性订货成本+\frac{年需要量}{每次订货量}\times每次订货的变动成本\\&=F_1+\frac{D}{Q}\times K\end{aligned} \tag{12-16}$$

3. 储存成本

储存成本是指在存货储存过程中发生的仓储费、搬运费、保险费、占用资金支付的利息费等。与订货成本一样，储存成本也可以按照其与存储数额的关系，分为变动性储存成本和固定性储存成本两类。其中，固定性储存成本与存货储存数额的多少没有直接的联系，如仓库折旧费、仓库职工的固定月工资等，这类成本属于决策的无关成本；而变动性储存成本则与存货储存数额的增减呈正比例变动关系，如存货资金的机会成本和占用费、存货残损和变质损失、存货的保险费用等，这类成本属于决策的相关成本。

$$\begin{aligned}储存成本（TC_C）&=固定性储存成本+变动性储存成本\\&=固定性储存成本+平均储存量\times单位变动年储存成本\\&=F_2+\frac{Q}{2}\times K_C\end{aligned} \tag{12-17}$$

4. 短缺成本

短缺成本是指因存货中断或不足而给企业生产、销售造成的损失，包括由于材料供应中断造成的停工损失，产成品库存不足导致延误发货而造成的信誉损失、丧失销售机会的损失以及紧急采购而发生的紧急外购成本等。缺货成本能否作为决策的相关成本，应视企业是否允许出现存货短缺的不同情形而定。若允许缺货，则缺货成本便与存货数量反向相关，即属于决策相关成本；反之，若企业不允许发生缺货，因此时缺货成本为零，也就无需加以考虑。短缺成本可用 TC_s 表示。

5. 存货总成本

存货总成本表现为采购成本、订货成本、储存成本、缺货成本四者之和，其表达式为：

$$
\begin{aligned}
\text{存货总成本}（TC）&=\text{采购成本}+\text{订货成本}+\text{储存成本}+\text{缺货成本}\\
&=DU+TC_a+TC_c+TC_s\\
&=D\times P+F_1+\frac{D}{Q}\times K+F_2+\frac{Q}{2}\times K_c+TC_s \qquad (12-18)
\end{aligned}
$$

二、存货经济批量

存货管理的总成本是采购成本、订货成本、储存成本与缺货成本之和。经济进货批量是指能够使一定时期存货的总成本达到最低点的进货数量。与存货经济进货批量决策相关的成本项目主要包括变动性订货成本、变动性储存成本以及允许缺货时的缺货成本。不同的成本项目与进货批量呈现出不同的变动关系。减少进货批量，增加进货次数，在影响储存成本降低的同时，也会导致订货成本与缺货成本的提高；相反，增加进货批量，减少进货次数，尽管有利于降低订货成本与缺货成本，但同时会带来储存成本的提高。因此，如何协调各项成本间的关系，使其总和保持最低水平，是企业组织进货过程需要解决的主要问题。

（一）基本经济进货批量模式

基本经济进货批量模式存在以下假设条件：

（1）企业一定时期的进货总量可以较为准确地予以预测；

（2）存货的购买价格不变，不存在数量折扣；

（3）集中到货，而不是陆续入库，存货的耗用或者销售比较均衡；

（4）存货无中断供应的风险；

（5）企业资金充裕，不会出现因现金短缺而影响进货的情况。

在上述假设条件下，存货总成本 TC 的计量模型中，F_1、F_2、DU 均为已知常量，$TC_s=0$，则 TC 的大小完全由订货变动成本和储存变动成本决定，不考虑 F_1、F_2、DU、TC_s（因其均为常量），与批量有关的存货总成本的表达式为：

$$TC（Q）=\frac{D}{Q}\times K+\frac{Q}{2}\times K_c \qquad (12-19)$$

在 D、K、K_c 为已知常数时，TC 大小仅取决于 Q。故 TC 对 Q 求导后可求得 TC 最小时的经济批量：

$$Q^* = \sqrt{2KD/K_c} \tag{12-20}$$

根据经济批量 Q^*，还可以推算出以下公式：

$$\text{每年最佳订货次数：} N^* = \frac{D}{Q^*} = \sqrt{DK_c/(2K)} \tag{12-21}$$

$$\text{最佳存货总成本：} TC(Q^*) = \sqrt{2KDK_c} \tag{12-22}$$

$$\text{订货周期：} T = \frac{360}{N^*} \tag{12-23}$$

【**例** 12－9】某企业全年耗用某种材料 8 000 吨，材料每吨单价为 10 元，单位储存成本为 5 元，每次订货成本为 50 元。则：

$$Q^* = \sqrt{2KD/K_c} = \sqrt{\frac{2\times 8\,000\times 50}{5}} = 400\text{（吨）}$$

$$N^* = \frac{D}{Q^*} = \sqrt{DK_c/(2K)} = 8\,000/400 = 20\text{（次）}$$

$$TC(Q^*) = \sqrt{2KDK_c} = \sqrt{2\times 8\,000\times 50\times 5} = 2\,000\text{（元）}$$

$$T = \frac{360}{20} = 18\text{（天）}$$

经济订货批量也可以用图解法求得，其计算步骤是：先计算出一系列不同批量的各种有关成本，然后在坐标图上描述由各有关成本构成的订货成本线、储存成本线和总成本线，总成本线的最低点（或者是订货成本线和储存成本线的交接点）相对应的批量即为经济订货批量。基本经济批量模型下的存货流转过程如图 12－6 所示：

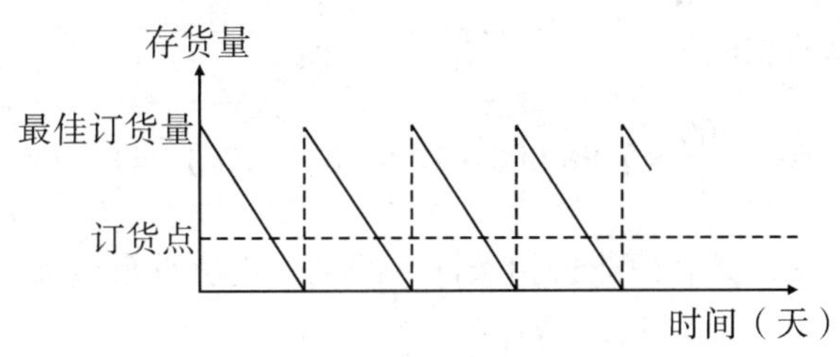

图 12－6　存货一次集中到货

相应的存货成本与批量的关系如图 12－7 所示：

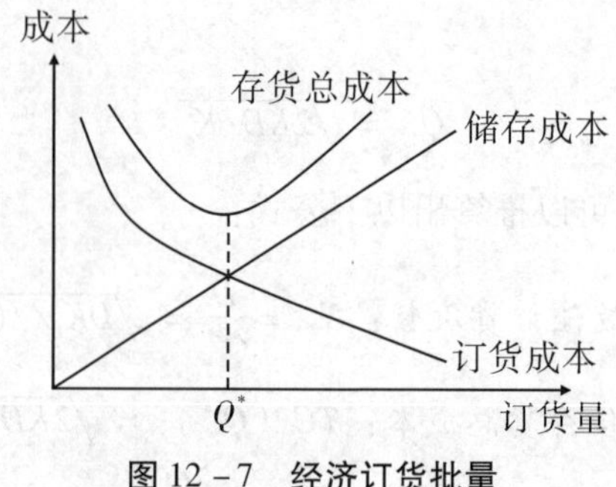

图 12-7　经济订货批量

（二）扩展经济进货批量模式

实际工作中，通常存在着商业折扣和允许一定程度的缺货等情形，不符合基本经济批量模型的假设。为了使基本经济订货批量模型符合实际情况，并具有较强的可用性，需要对其进行扩展。

1. 存在商业折扣条件下的经济订货批量

与基本经济进货批量模型不同的是，确定存在商业折扣条件下的经济订货批量时，除了变动性订货成本和年度性储存成本外，还应考虑存货的采购成本，因为此时的存货进价成本已经与进货数量的大小有了直接的联系，属于决策的相关成本。在基本经济订货批量的基础上，如果享受商业折扣后的采购成本或订货成本的降低数大于储存成本的上升数，则可以接受折扣方案；否则，则不能接受。

【例 12-10】 仍以上例资料为例。另外，假定供应商的价目表规定，一次订购 500 吨，可给予 2% 的商业折扣，求最佳经济进货批量。

在没有价格折扣时的经济进货批量为 400 吨，存货成本总额为：

$$2\ 000 + 8\ 000 \times 10 = 82\ 000\ (元)$$

按取得折扣计算的总成本：

$$\frac{8\ 000}{500} \times 50 + \frac{500}{2} \times 5 + 8\ 000 \times 10 \times (1 - 2\%) = 80\ 450\ (元)$$

通过比较可以发现，具有商业折扣条件下的经济进货批量应该为 500 吨，这时的总成本最低。

2. 存货陆续供应和使用条件下的经济进货批量

在基本模型中，我们假设存货一次性集中到货，陆续均匀使用。而事实上，各批存货可能是陆续入库，存量陆续增加。设每日送货量为 P，则送货期为 $\frac{Q}{P}$，送货期内的耗用量为 $\frac{Q}{P} \times d$。由于存货边送边用，故每批送完时，最高库存量为 $Q - \frac{Q}{P} \times d$。平均存货量为 $\frac{1}{2}\left(Q - \frac{Q}{P} \times d\right) = \frac{Q}{2}\left(1 - \frac{d}{P}\right)$。

显然，每日需求量 d 应小于每日送货量 P。那么，与批量有关的存货总成本为：

$$TC(Q) = \frac{D}{Q} \times K + \frac{Q}{2} \times K_c \times (1 - \frac{d}{P}) \quad (12-24)$$

经推导，此时的经济批量为：

$$Q^* = \sqrt{\frac{2KD}{K_c} \times \left(\frac{P}{P-d}\right)} \quad (12-25)$$

最佳存货总成本为：

$$TC(Q^*) = \sqrt{2KDK_c \times \left(1 - \frac{d}{P}\right)} \quad (12-26)$$

此时的存货流转过程如图 12－8 所示：

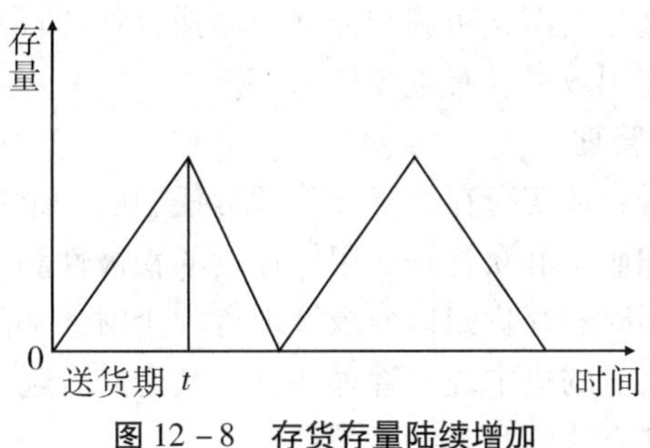

图 12－8 存货存量陆续增加

【**例** 12－11】某企业某种零件需用量为 144 000 件，每日送货量为 800 件，每日消耗量为 400 件，每次订货成本为 1 000 元，单位储存成本为 4 元，要求计算其经济进货批量及其总成本。

$$经济进货批量 = \sqrt{\frac{2 \times 1\ 000 \times 144\ 000}{4} \times \left(\frac{800}{800 - 4\ 00}\right)} = 12\ 000\ (件)$$

$$经济进货批量总成本 = \sqrt{2 \times 1\ 000 \times 144\ 000 \times 4 \times \left(1 - \frac{400}{800}\right)} = 24\ 000\ (元)$$

3. 订货提前期

一般情况下，企业的订货不能做到随时补充，这是因为存在运输、结算等过程。因此，企业需在本批存货用完之前就开始订货。这样，当企业再次发出订货单时，企业事实上尚持有一定数量的存货，这时的库存量称为再订货点。以 R 表示再订货点，则：

$$再订货点 = 订货提前期 \times 日平均需用量 = L \times d \quad (12-27)$$

在订货提前期条件下，当库存达到再订货点 R 时，就应组织再次订货了。此时，有关存货的经济进货订货批量、订货次数、订货周期等并无变化，与基本模型相同。

4. 保险储备

上述经济批量基本模型和订货提前期的扩展模型均假设存货的供需稳定而且确知，即每日的需求量不变。但实际情况并非完全如此，企业对存货的需求量经常会发生变动，交货时间由于某些原因也可能延误。这些不确定性因素的存在，要求企业持有一定的保险储备，以防止供应延误、存货短缺等造成的损失。此时，存货再订货点变为：

$$\begin{aligned}再订货点（R）&=订货提前期\times平均每日正常需要量+保险储备\\&=L\times d+B\end{aligned}\quad(12-28)$$

建立保险储备固然可以使企业避免缺货或供应中断造成的损失，但存货平均储备量加大却会使储备成本升高。研究保险储备的目的，就是要找出合理的保险储备量，使缺货或供应中断损失和储备成本之和最小。

三、存货的日常管理

存货的日常管理是指在日常生产经营过程中，企业按照存货管理的要求，对存货的采购、使用和销售情况进行组织、协调和控制。加强存货的日常管理，对于优化企业生产经营活动、提高资金使用效率具有重要作用。

（一）存货归口分级管理

存货归口分级管理是企业实行存货资金管理责任制的一个重要方法。它有利于调动各职能部门、各级单位和职工群众管好、用好存货的积极性和主动性，把存货管理同生产经营管理结合起来。同时，存货归口分级管理有利于财务部门面向生产，深入实际调查研究，总结经验，把存货的集中统一管理和分管紧密结合起来，使企业整个流动资金管理水平不断提高。这种方法的基本内容是：

（1）在厂长经理领导下，财务部门对存货资金实行统一管理。

（2）实行资金的归口管理。根据使用资金与管理资金相结合的原则，每项资金由哪个部门使用，就归哪个部门管理。

（3）实行资金的分级管理。各归口的管理部门要根据具体情况将资金计划指标分解，分配给所属单位或个人，层层落实，实行分级管理。

（二）ABC 控制法

ABC 控制法是意大利经济学巴雷特所创，这一方法经过不断改进，现已被广泛应用于存货的管理、成本管理和生产管理当中。对于一个大型企业来说，常有成千上万种存货项目，在这些项目中，有的价格昂贵，有的不值几文；有的数量庞大，有的寥寥无几。如果不分主次，面面俱到，对每一种存货都进行周密的规划、严格的控制，就抓不住重点，不能有效地控制主要存货资金。ABC 控制法正是针对这一问题而提出来的重点管理方法。

ABC 控制法是按照一定的标准，将企业的存货划分为 A、B、C 三类。最重要的存货为 A 类，一般存货为 B 类，不重要的存货为 C 类。通常分类的标准有两个：一是金额标准；二是品种数量标准。其中，金额标准是最基本的标准，品种数量标准仅供参考。

运用 ABC 控制法控制存货资金的具体做法如下：

（1）计算每一种存货在一定时间内（一般为 1 年）的资金占用额。

（2）计算每种存货的金额比重。

（3）按金额大小排序，并计算金额累计百分比。

（4）根据事前确定的标准，把存货划分成 A、B、C 三大类。

最重要的存货划为 A 类，对 A 类存货进行重点管理和控制；对 B 类存货进行次重点管理；对 C 类存货进行一般管理。A 类存货种类虽少，但占用的资金多，应集中主要力量管理，对其经济批量要进行认真规划，对收入、发出要进行严格控制；C 类存货虽然种类繁多，但占用的资金不多，不必耗费大量人力、物力、财力去管，这类存货的经济批量可凭经验确定，不必花费大量时间和精力去进行规划和控制；B 类存货介于 A 类和 C 类之间，也应给予相当的重视，但不必像 A 类那样进行非常严格的控制。

第五节　短期融资管理

基于自有资金的不足和负债经营的杠杆作用，以及风险与收益权衡思想的基本要求，企业通常以短期资金的筹集来融通临时增加的流动资产投资的需要。通过多种多样的短期筹资方式筹措的资金，形成了企业的流动负债。因而，短期融资管理就意味着对企业的流动负债进行管理。

一、短期银行贷款

短期银行贷款是指企业向银行和其他非银行金融机构借入的期限在一年之内的借款。它是筹集短期资金的重要方式。

（一）短期银行贷款的种类与形式

按照国际通行做法，短期贷款按偿还方式不同，分为一次性偿还借款和分期偿还借款。按照利息支付方法不同，分为收款法借款、贴现法借款和加息法借款。按有无担保品，分为抵押借款和信用借款。我国目前的短期贷款按照目的及用途不同可分为若干种，主要有生产周转借款、临时借款、结算借款、科技开发贷款、专项贷款和卖方信贷。企业在申请贷款时，应根据各种借款的条件和需要加以选择。

我国的短期贷款主要有以下三种形式：

1. 本票

当银行同意贷款给借款人时，借款人必须开出一张本票给银行，银行才会履行贷款协定。本票一般记载下列事项：贷款金额、贷款利率、偿还方式、担保品、其他银行与借款人共同认可的条件。

2. 补偿性余额

银行通常会要求借款人，必须将其活期存款账户中的平均余额维持在贷款金额的某特定百分比上面，这就是所谓的补偿性余额。它本质上提高了银行短期贷款的实际利率。

3. 回转信用协定

银行给予借款人的正式承诺，同意在未来某一特定时间内贷给借款人特定金额，而借款人每年必须支付一笔承诺费用给银行，借款人还必须就其所动用到的信用额度支付利息费用给银行。

（二）短期银行贷款的成本

短期银行贷款的成本体现为使用贷款的利率，它会随着借款人的类型、贷款的数额与时间不同而有所不同。因此，短期银行贷款的实际利率经常与名义利率存在差别。

1. 单利法

单利法是指企业在借款合同开始时得到了全部借款，在到期日企业以规定的利率计算利息，然后将本息一并支付给银行。借款合同上规定的利率为名义利率。当短期贷款期限等于 1 年时，名义利率与实际利率相等；当短期贷款期限小于 1 年时，实际利率会高于名义利率。而且，期限越短，实际利率与名义利率的差距越大。

【例 12－12】某企业从银行取得一笔总额为 10 万元的贷款，期限为 3 个月，年利息率为 12%，则：

$$实际利率=\left(1+\frac{12\%}{4}\right)^{4}-1=0.125\ 5=12.55\%$$

2. 贴现法

有些情况下，企业会从银行取得贴现贷款，即银行发放贷款时即将利息预先扣收。由于企业实际取得的可用贷款额小于贷款面值，因此实际利率就会高于名义利率，而且期限越短，实际利率越低，既实际利率与名义利率的差距越小。这与单利法正好相反。

$$贴现贷款的实际利率=\left(1+\frac{利息费用}{贷款面额-利息费用}\right)^{n}$$

【例 12－13】将上例改为 1 年期的贴现贷款，则该笔贷款实际利率为：

$$实际利率=\frac{12\%}{1-12\%}=13.64\%$$

3. 补偿性余额

在信用限额协议中，银行常要求债务人账户中的存款余额不得低于某一额度，这种必须保持的最低存款余额称为补偿性存款余额。由于补偿性余额的存在，债务人实际负担的贷款成本高于名义的贷款利率。

【例 12－14】某企业向银行取得一笔面值为 10 万元的贷款，名义利率为 10%，补偿性余额占借款总额的比例为 20%，银行活期存款利率为 3%，则该笔贷款的实际利率为：

$$实际利率=\frac{10\times10\%-10\times20\%\times3\%}{10\times(1-20\%)}=11.75\%$$

（三）短期银行贷款的评价

1. 短期银行贷款的优点

（1）银行资金充足，实力雄厚，能够随时为企业提供所需的资金，对于临时性和突发性较强的资金需求，银行短期贷款是一个最简洁、最方便的途径。

（2）银行短期贷款具有较好的弹性，借款还款的时间灵活，便于企业根据资金需求的变化安排何时借款、何时还款。

2. 短期银行贷款的缺点

（1）与其他短期融资方式相比，短期银行贷款的成本较高。与商业信用相比，在现金折扣期限内，利用商业信用没有利息成本；与短期融资券相比，因短期融资券是一种直接融资，因此其成本通常也低于短期银行贷款。

（2）向银行贷款限制条件较多。企业向银行取得贷款，除其信用条件外，银行还要对企业的经营状况和信用状况进行调查，要求企业的财务指标达到一定标准等。

二、商业票据

商业票据又称短期融资券、短期债券，是由大型工商企业或金融企业所发行的短期无担保本票，是一种新兴的筹集短期资金的方式。

1. 商业票据筹资的优点

（1）成本低。在西方国家，商业票据的利率加上发行成本，通常要低于银行的同期贷款利率。这是因为采用商业票据时，筹资者与投资者之间往往没有银行中介，节省了一笔原应付给中介的筹资费用。但目前我国商业票据的利率一般要比银行借款利率高。

（2）筹资数额比较大。银行一般不会向企业发放巨额的流动资金借款，例如，在西方，商业银行贷给个别公司的最大金额不能超过该公司资本的10%。因而，对于需要巨额资金的企业，商业票据这一方式尤为适用。

（3）能提高企业的信誉。由于能在货币市场上发行商业票据的公司都是著名的大公司，因而，一家公司如果能在货币市场上发行自己的商业票据，就说明该公司的信誉很好。

2. 商业票据短期筹资的缺点

（1）风险比较大。商业票据到期必须归还，一般不会有延期的可能。到期不归还，会产生严重后果。

（2）弹性比较小。只有当企业的资金需求达到一定数量时才能使用商业票据，如果数量小，则不宜采用商业票据方式。另外，商业票据一般不能提前偿还，因此，即使公司资金比较宽裕，也要到期才能还款。

（3）发行条件比较严格。并不是任何公司都能发行商业票据，必须是信用好、实力强、效益高的企业才能使用这种筹资方式，而一些小企业或信用不太好的企业则不能利用此方式来筹集资金。

3. 企业发行商业票据的程序

（1）公司作出采用短期融资券方式筹资的决策。

（2）公司财务人员对金融市场状况和企业筹资条件进行认真分析后，如果认为采用发行商业票据筹资比较合适，应提出申请，报总经理或董事会作出最后决策。

（3）办理发行商业票据的信用评级。

（4）向有关审批机关提出发行融资券的申请。

（5）正式发行商业票据，取得资金。

4. 商业票据的评估程序

信用评级是由专家、学者组成专门的机构，运用科学的综合分析方法，对企业的财务状况和信用情况进行评定和估价。

申请评估的企业与评估公司签订委托协议书，并按规定在3~5天内提供所需全部材料。协议书签订后，评估公司即可组建评估专家组。评估专家组由高级经济师、注册会计师以及有关行业专家组成，具体负责评估工作，在若干天内进行调查和研究，写出评估报告。评估公司根据企业经营的业务性质，组织有关专家和部分评估委员会对评估报告进行论证和审议，并按定量计分的方式对该企业融资券的信用等级作出评定。评估公司在此基础上，进一步综合分析有关情况，并确定该企业的商业票据等级。商业票据等级一般分四等七个级别。如表12-8所示：

表12-8　商业票据评价等级表

级别	等级含义
A	信用程度最好，风险最小，发展前景最好
A—1	信用程度好，风险很小，发展前景好
A—2	信用程度好，风险小，发展前景较好
A—3	信用程度好，风险较小，发展前景尚好
B	信用程度一般，有一点风险，尚有一些发展前景
C	信用程度还可以，风险大，无发展前途
D	信用程度最差，不准发行

委托人在接到评估公司的商业票据资信等级通知书后，3天内如无异议，则评级成立。委托人如果对评估结果有异议，应在接到信用等级通知书后3天内申述理由，提供补充材料，并申请复评，经评估公司认可，即重新组织评估；如委托人对复议仍有异议，除有正当理由外，一般不再复评。

练习与案例

一、复习思考

1. 现金管理的目的是什么？
2. 企业持有现金的动机有哪些？
3. 应收账款的日常管理包括哪些内容？
4. 什么是信用评估的“5C评估法”？
5. 存货成本包括哪些内容？
6. 存货日常管理的方法有哪些？

二、计算分析

1. A公司现金收支平稳，预计全年（按360天计算）现金需求量为250 000元，现金与有价证券的转换成本为每次500元，有价证券年利率为10%。计算：

（1）A 公司最佳现金持有量。

（2）A 公司最低现金管理总成本、转换成本、持有机会成本。

2. 某企业目前商品赊销净额为 5 400 000 元，应收账款的平均收款天数为 45 天，无现金折扣，坏账损失占赊销净额的 8%，全年的收账费用为 75 000 元。现计划考虑将信用条件调整为（5/10，2/30，n/60），预计有 30% 的客户在 10 天内付款，有 50% 的客户在 30 天内付款，有 20% 的客户在 60 天内付款。改变信用条件后，商品赊销净额可达到 7 200 000 元，坏账损失占赊销净额的 6%，应收账款平均收账期为 30 天，全年的收账费用为 52 000 元。企业的变动成本率为 65%，资金成本率为 14%。问：企业是否要改变信用标准?

3. 某企业每年需用甲材料 8 000 件，每次订货成本为 160 元，每件材料的年储存成本为 6 元，该种材料的单价为 25 元/件，一次订货量在 2 000 件以上时可获 3% 的折扣，在 3 000 件以上时可获 4% 的折扣。要求：计算确定对企业最有利的进货批量。

三、案例分析

南方公司于 2005 年注册登记成立，其主要经营范围是生产和销售家用电器。

公司的财务总监 F 先生属于风险的厌恶者，因而公司的信用政策制定得非常严格，对客户信用要求的标准高，以防止坏账损失。鉴于当时的市场情况，公司的销售并未受到很大影响。随着市场经济的发展，家电行业的竞争逐渐加剧，此时南方公司的销售开始出现下滑态势。公司管理当局为此召开会议。与会人员包括总经理 G 先生、财务总监 F 先生、技术总监 W 先生、销售部门经理 Y 先生等。经过调研取证、讨论分析，与会人员发表了各自意见。

技术总监 W 先生通过充分的证据论证认为，公司产品在质量、功能、品种、特性等方面处于行业前列，且公司的生产技术在不断地更新，已经采用的 FMS（弹性制造系统）可以依据市场需求的变化来调整生产，因而销售下滑的原因不是出于技术问题。

销售部门经理 Y 先生通过在销售过程中客户对产品的反馈意见，证实了 W 先生所说的确属实，并且 Y 先生依据销售部对市场进行的调研，提出公司售后服务工作周到，得到现有客户认可；公司销售环节采取了有奖销售、商业折扣等促销手段，然而成效不大，客户数量有减无增，其主要原因是公司信用政策制定过于严格，信用期间短，对于客户信用要求的标准太高，提供的信用优惠政策范围限制较大。

销售部门经理 Y 先生分析认为家电行业的主要客户是家电销售超市和销售公司，由于家电产品的单位价格都比较高，因而这些客户为了避免占用大量资金，在管理上倾向于先赊购商品，待商品销售后再结算货款。但是由于南方公司信用政策之严格，把一些客户拒之门外。因而 Y 先生建议适当调整现有信用政策，适当放宽优惠政策的范围，降低标准，以吸引更多客户。

F 先生对此陈述了自己的观点。F 先生认为放宽信用政策、延长信用期间、降低标准，虽然可以加大销售量，但会将一些信用度较低的客户引入企业，不利于公司管理，会加大发生坏账的可能性，增加公司占用的资金，增加公司的机会成本、呆账损失和后期的收账费用，因而这样做有可能会得不偿失。

最后，总经理 G 先生作出决定，由财务总监 F 先生、销售部门经理 Y 先生牵头组成工作小组，对放宽信用政策后公司收益变化的情况作出调研分析，并在三个月内提交分析报告，届时将依据该报告作出相应决策。

会后，工作小组成立，制订出工作计划，该计划的简要内容为：

(1) 首先由市场调研部门对现在市场的状况进行调查分析，搜集同行业企业信用政策信息，并进行归类总结以供参考；

(2) 由销售部门依据市场调研部门的调查结果及销售情况的历史资料，对不同信用政策情况下，本公司的销售状况进行市场分析预测，估算出赊销收入金额；

(3) 以销售部门的预测为基础，由财务部门会同信用管理等相关部门对不同信用政策情况下本公司的收益、成本费用等相关资料进行预测搜集，并进行计算分析；

(4) 依据财务部门的计算分析结果，形成分析报告提交管理当局决策。

两个多月后，小组成员采集的数据基本情况为：

(1) 公司目前执行的信用政策是：①信用期间为30天；②不提供现金折扣；③对信用等级评价为A^+、A的客户提供赊销。公司目前的年赊销收入额为2 000万元，坏账损失率为3%，年收账费用为50万元。公司的变动成本率为40%，资金成本率为15%。

(2) 公司可选择的信用政策有以下三种方案：

A：信用期间延长至60天，客户的信用标准放宽为A^+、A、A^-三个等级，不提供现金折扣。该信用政策下，预计公司的年赊销收入额将增至3 500万元，坏账损失率为5%，年收账费用为80万元。

B：信用期间延长至90天，客户的信用标准放宽为A^+、A、A^-、B^+四个等级，为在30天内付款的客户提供2%的折扣。该信用政策下，预计公司的年赊销收入额增至5 500万元，约40%的客户享受现金折扣优惠，此时的坏账损失率为10%，年收账费用为120万元。

C：信用期间延长至120天，客户的信用标准放宽为A^+、A、A^-、B^+、B^-五个等级，为在30天内付款的客户提供5%的折扣，为在60天内付款的客户提供2%的折扣。该信用政策下，预计公司年赊销收入额增至6 500万元，约有20%的客户享受5%的现金折扣优惠，约有30%的客户享受2%的现金折扣优惠，此时的坏账损失率为15%，年收账费用为250万元。

【分析与思考】

1. 依据工作小组提供的数据，请你作为该公司财务部门人员对其进行计算分析，并选择最佳方案。

2. 谈谈本案例给你的启示。

第十三章　收益分配

企业收益分配关系到企业各个股东之间的利益安排，关系到国家、股东、债权人、经营者和员工等各方面相关者的利益安排，关系到企业的长远发展和社会形象，关系到国家、企业、投资者、职工等多方面的利益，因此，企业收益分配对各方面的经济利益都会产生一定的影响。本章主要介绍收益分配的内容与形成、收益分配的程序、收益分配的政策及影响收益分配的因素、常用的股利分配政策等内容。

第一节　收益分配的意义与原则

收益分配是指将企业的净利润在投资者和企业的留存收益之间进行分配。收益分配是企业财务管理中一项十分重要的工作，它不仅影响企业的筹资和投资决策，而且涉及国家、企业、投资者、员工等多方面的利益关系；涉及企业长远利益与短期利益、整体利益与局部利益等关系的处理与协调。

一、收益分配的意义

做好收益分配工作，其重要意义主要有以下两点：

（一）收益分配关系到企业的生存和发展

企业的生存和发展离不开资金，而资金的来源一方面从企业外部融通，另一方面应当从企业盈利中补充。除了按照国家规定必须提取一定比例的盈余公积金外，企业还要根据自身发展需要和机会成本原则，制定相应的股利政策，确定留存企业的净利润和分配的股利（或利润）。留存的利润作为一项重要的资金来源，能为企业的发展奠定一定的物质基础。

（二）合理的收益分配能平衡企业与利益相关者的财务关系

收益分配政策直接关系到与企业存在经济利益关系的各类当事人，包括股东（所有者）、其他法人实体、债权人和企业员工等的切身利益。在企业财务管理中，制定合理的收益分配方案，最终的目的在于恰当地解决企业在发展中与各个所有者及其他方面之间的经济利益问题。从本质上讲，净利润属于所有者。但由于企业要考虑近期需要和长期发展的问题，以及不同的所有者利益要求的差异以及市场环境因素的不断变化，因此，企业将部分利润用于扩大生产经营需要的同时，还需根据财产所有关系及各个所有者的权益比例向他们分派股利（或分配利润），满足他们的利益要求，增强他们对企业发展的信心。

二、收益分配的原则

为合理地组织企业财务活动和正确地处理财务关系，企业在进行收益分配时应遵循以下原则：

（一）依法分配原则

利润分配涉及各方面的利益关系。为规范企业的收益分配行为，各国法律均对公司利润分配问题有着详细程度不同的规定。我国的公司法、企业会计制度、证券法等也都对公司利润分配的各个项目和程序有明确、具体的规定，因此，企业的收益分配必须依法进行，这是正确处理各方面利益关系的前提。对缴纳所得税以后的利润，企业必须按照项目依程序进行分配；同时，向股东分配利润时，必须保证股本的完整，不得用资本金支付股利，也不能影响企业的偿债能力。

（二）维护全体股东合法权益的原则

在我国，除了少数国有独资企业外，无论是有限责任公司还是股份有限公司，都拥有多个投资主体（股东）。在多元投资主体的企业中，每个股东都是独立、平等的主体，其合法权益都应当得到充分尊重和保护，因此，企业的收益分配必须坚持公开、公平和公正的原则，特别要防止和制止大股东侵占中小股东利益的现象。具体而言，收益分配方案的制订必须听取各方股东的意见，并由股东大会或股东会决议通过；一律按出资比例或持股比例享有合法权益，同股同权，不允许个别大股东损害中小股东的利益。

我国上市公司中，大股东损害中小股东利益的事件屡见不鲜。例如，一些以民营企业作为发起人改制上市的公司，大量派发现金股利，使得发起人尽快收回了自己的初始投资，大量现金股利的派发，势必影响到公司的长远发展；而不少国有企业作为发起人改制上市的公司，则在利润分配时不向股东派发现金股利或股票股利，相反还要让中小股东继续出钱来配股或购买增发的新股。上述做法都严重损害了中小股东的利益。

（三）兼顾各方利益的原则

收益分配是利用价值形式对社会产品进行分配，直接关系到各有关方面的利益，因此，要坚持全局观念，兼顾各方面利益。国家作为社会的管理者，为行使其自身职能，必须有充分的资金保证。这就要求企业以纳税的方式，无偿上缴一部分利润。这是每个企业应尽的义务，同时也是企业发展的保障。投资者作为资本投入者、企业所有者，依法享有收益分配权。企业的净利润归投资者所有，是企业的基本制度，也是企业所有者投资于企业的根本动力所在。但企业的利润离不开企业全体职工的辛勤工作，职工作为利润的直接创造者，除了获得工资及奖金等劳动报酬外，还要以适当的方式参与企业净利润的分配，提取公益金，用于职工集体福利设施的购建开支。可见，企业进行收益分配时，应统筹兼顾，合理安排。既要满足国家集中财力的需要，又要考虑企业自身发展的要求；既要维护投资者的合法权益，又要保障职工的切身利益。

（四）正确处理分配与积累的关系的原则

企业进行收益分配，应正确处理长远与近期利益的辩证关系，将两者有机地结合起来，坚持分配与积累并重。考虑未来发展的需要，增强企业后劲，企业除按规定提取法定盈余公积金以外，可适当留存一部分利润作为积累。这部分留存收益虽暂时未予分配，但仍归企业所有者所有。而且，这部分积累不仅为企业扩大再生产筹措了资金，同时也增强了企业抗风险的能力，提高了企业经营的安全系数和稳定性，有利于增加所有者的回报。通过处理收益分配和积累的关系，留存一部分利润以供企业未来分配之需，还可以达到以丰补歉，平抑收益分配数额波动幅度，稳定投资报酬率的效果。实践证明，投资者更青睐能够提供稳定回报的企业，而利润分配时高时低的企业隐含不稳定信息，对投资者的吸引力难免大打折扣。因而，企业在进行收益分配时应当正确处理分配与积累的关系。

（五）促进资本结构优化的原则

企业的收益分配政策可以直接影响其资本结构，而合理的资本结构对企业生产经营和资金周转都起着重要的促进作用，因此，股利政策的制定必须有利于资本结构的优化。

如果公司的资产负债率过高，或者具有良好的投资机会，公司可以少分甚至不分现金股利，而保留较多的现金，以降低财务风险，满足投资需要；反之，如果公司的资产负债率过低，则可以派发较多的现金股利，同时考虑增加负债，以提高企业的财务杠杆。合理的资本结构可以在一定的风险范围内使公司的资本成本达到最低，从而提高公司价值，保证公司的持续健康发展，最终实现股东利益最大化、企业价值最大化或相关者利益最大化的财务目标。

（六）投资与收益对等原则

企业分配收益应当体现“谁投资谁收益”、收益大小与投资比例相适应的原则，即投资与收益对等的原则，这是正确处理投资者利益关系的关键。这就要求企业在向投资者分配收益时，应本着平等一致的原则，按照各方出资的比例来进行分配，以保护投资者的利益。

第二节　收益分配的内容与形成

企业收益分配主要是确定净利润中有多少留存下来和有多少用来向股东（所有者）分配股利（利润）。本节简单介绍企业收益分配的项目内容。

一、以前年度亏损的弥补

以前年度亏损是指企业在过去历史时期形成的亏损。企业在收益分配时，首先要考虑以前年度形成的亏损，想办法予以弥补。一般来说，企业可以采取以下三种途径弥补以前年度亏损：

一是用税前利润弥补亏损。用税前利润弥补亏损时，仅适用于国家有关法律规定允许以税前利润弥补亏损的项目。如不属于国家法律规定允许税前补亏的项目范围，则需要以税后利润弥补。

二是用税后利润弥补以前年度亏损。用税后利润弥补以前年度亏损时，企业当年实现的利润从“本年利润”科目的借方转入“利润分配—未分配利润”科目的贷方，“利润分配—未分配利润”科目的贷方发生额与“利润分配—未分配利润”科目的借方余额自然抵补，不需要进行专门的账务处理。

三是用盈余公积弥补亏损。用盈余公积弥补亏损则需要作账务处理，借记“盈余公积”科目，贷记“利润分配—其他转入”科目。

二、企业留存收益

留存收益是指企业从历史实现的利润中提取并留存于企业的内部积累，它来源于企业的生产经营活动所实现的利润，包括企业的盈余公积和未分配利润两个部分。

（一）盈余公积金

盈余公积金，或称盈余公积，是从企业税后利润中提取的公积，企业的盈余公积金包括以下两部分：

1. 法定盈余公积金

法定盈余公积金是指企业按照法律规定的比例从净利润中提取的公积金，一般按照税后利润的10%提取。

2. 任意盈余公积金

任意盈余公积金是指企业经股东大会或类似机构批准从净利润中提取的盈余公积金，提取比例由企业自主决定。

企业的盈余公积金可以用于弥补亏损、转增资本（或股本）。用盈余公积金转增资本，转增后留存的盈余公积金数额不得少于注册资本的25%。符合规定条件的企业也可以用盈余公积金分派现金股利。

（二）公益金

公益金是指企业按照规定的比例从净利润中提取的用于职工集体福利设施的公益金，一般按税后利润的5%～10%提取。

三、对投资者分配的利润

企业实现的净利润在扣除公积金和公益金后，再加上年初未分配利润，即为向投资者分配的利润。因此，企业向投资者分配利润，要在提取盈余公积金、公益金之后。有限责任公司按照所有者的出资比例向其分配利润，股份有限公司应按照股东持股比例分配股利。公司原则上应从累积利润中向投资者分派利润，无盈利不得支付利润，即所谓“无利不分”的原则。但若企业用盈余公积金弥补亏损以后，为维护其股票信誉，经股东大会特别决议，也可用盈余公积金支付股利，不过这样支付股利后的法定盈余公积金不得低于注册资本的25%。必须指出，从提取盈余公积金开始，到向投资者分配利润为止，所有这些工作都属于公司利润分配的范畴。对于公司而言，可以自主决策的部分是可供投资者分配的利润。对这部分利润的决策是企业收益分配工作的重点。

第三节　收益分配的程序

本节介绍按我国《公司法》及其他相关法律规定的企业收益分配程序。

一、股份有限公司的收益分配程序

按照我国《公司法》和其他相关法律法规的规定，企业收益分配的程序如下：

1. 弥补企业以前年度亏损

企业发生亏损，可用下一年度的税前利润等补亏；下一年度利润不足弥补的，可以在5年内延续弥补；5年内不足弥补的，用税后利润等弥补。

2. 提取法定盈余公积金

法定盈余公积金按当年净利润的10%提取，当法定盈余公积金达到注册资金的50%时，可不再提取。盈余公积金可用于企业生产经营、弥补亏损或转赠资本金。

3. 提取法定公益金

法定公益金的提取基数与法定盈余公积金相同，提取比例为当年净利润的5%。

4. 提取任意公积金

经股东大会或股东会决议，企业可以提取任意盈余公积金，提取比例由公司自主决定。

5. 向股东分配利润

经股东大会决议，企业可以向股东分配股利。

可供投资者分配的利润，经过上述分配后的余额，为未分配利润。这部分利润可留待以后年度进行分配。

二、股份有限公司的股利支付程序

在股份有限公司，股利的发放方式有多种，比较常见的有现金股利、股票股利、财产股利和负债股利等。在我国，现金股利和股票股利是公司当前采用的主要发放方式，而财产股利和负债股利却很少使用。公司向股东支付股利要经历一定的程序。这一程序主要包括股利宣告日、股权登记日、除权日和股利发放日等重要日期。

1. 股利宣告日

股利宣告日是公司董事会将股利支付情况予以宣布的日期。宣布的公告中，包括每股支付的股利、股权登记期限、除去股利的日期和股利支付日期等信息。

2. 股权登记日

股权登记日是股东能够取得股利的时间期限，凡此日在公司股东名册上的股东都能获得此次分派的股利；而登记日之后才列入公司股东名册上的股东，则无权获得此次分配的股利。

3. 除权日或除息日

在证券交易电子化的情况下，股权登记日后的第一天就是除权日或除息日，这一天或以后购入该公司股票的股东，不再享有该公司此次分红配股的权利。由于在股权登记日拥有的股票是含权的，而次日即除权日或除息日购入的股票将不再参加利润分配，那么必须对股权登记日收盘时的股票市场价格进行除权，否则对后来购买股票的人不公平。除权除息价实际上是将股权登记日的股票收盘价予以变换。其变换公式如下：

若公司分配现金红利，则除息价是股权登记日收盘价减去每股股票应分得的现金红利，其计算公式为：

除息价=股权登记日的收盘价-每股股票应分得的现金红利

若公司分配股票股利，除权价是以股权登记日的收盘价格除去所含有的股权。除权前后的总市值是相等的。其计算公式为：

除权价=股权登记日的收盘价÷（1+每股送股率）

若公司在分红时既有现金红利又有红股，并且有配股，则除权除息价为：

除权除息价=（股权登记日的收盘价-每股应分的现金红利+配股率×配股价）÷（1+每股送股率+每股配股率）

4. 股利发放日

股利发放日是指公司正式向股东支付股利的日期。在这一天，公司可采用现金、汇款等不同方式向公司股东支付股利。在我国，上市公司支付给股东的股息、红利在支付日这天自动转入股东账户。

第四节　收益分配政策

所谓收益分配政策，即股利政策，是指公司对可供分配利润所进行的决策。企业收益分配政策制定的效果如何，直接关系到企业的短期和长期利益及股东的利益。合理的收益分配政策对企业具有特别重要的意义。

一、影响收益分配的因素

分配政策在一定程度上决定企业对外筹资的能力。这是因为：

（1）如果企业股利分配政策得当，则该政策的实施能直接增加企业积累能力。在利润一定的条件下，增加留存比例实质上能够增加企业筹资量。从这一角度看，分配政策也是再筹资政策。

（2）如果分配政策得当，能够吸引投资者（包括潜在的投资者）对企业进行投资，增强其投资信心，从而为筹资提供基础。

此外，分配政策在一定程度上决定企业市场价值的大小。分配政策的连续性在某种程度上反映了企业经营的连续性、稳定性和计划性。因此，确定较好的投资分红模式，并保持一定程度上的连续性，有利于提高企业的财务形象，提高股票的市价和企业的市场价值。影响收益分配政策的因素很多，主要因素有以下四种：

（一）法律因素

法律因素是指国家法律法规对企业利润分配的有关限制性规定。为了保护债权人和股东的利益，国家有关法规对企业收益的分配予以一定的硬性限制。这些限制主要体现在以下四个方面：

1. 资本保全规定

资本保全是财务管理的一项重要原则。它要求企业发放的股利或投资分红不得来源于原始投资（或股本），只能来源于企业当前的利润或留存收益。用公司股本发放股利的行为属于违法行为，董事会应对此负法律责任。该项规定的目的在于保护公司具有完整的产权基础，防止企业任意减少资本结构中所有者权益（股东权益）的比例，从而保护债权人的利益。

2. 留存收益规定

法律规定公司必须在提取足够的各种公积金的前提下，才能发放股利。另外，它要求企业在具体的分配政策上，贯彻“无利不分”的原则，即当企业出现亏损时，一般不分配利润。

3. 偿债能力规定

偿债能力是指企业按时足额地偿付各种到期债务的能力，公司如果无力偿还到期债务，或者发放股利后会影响公司偿债能力和正常经营时，则公司不得支付现金股利。

4. 过度积累限制

由于股利收入支付的所得税税率往往高于资本利得的所得税税率，公司保留盈余可以提高股票价格，股东在出售股票、获得收益的同时，还可以避开较高的股利收入所得税，因此，有些企业为避税而留存大量盈余和现金。为此，西方许多国家禁止企业过度地保留盈余。如果公司的留存收益超过法律认可的水平，则被视为过度积累，将被处以惩罚性税率。我国法律目前对此尚未作出规定。

（二）契约因素

提高股利发放水平可能加大公司的财务风险，损害债权人利益。为了保护自身利益，债权人通常会在公司借款合同、优先股协议以及租赁合约中加入关于股利政策的限制条款。对股利政策的限制条款主要表现在：公司盈利在一定水平下时，公司不得发放现金股利；当营运资本低于一定数额时，公司不得发放股利，等等。

契约对股利发放的限制，目的在于促使公司将利润的一部分进行再投资，增强公司的经济实力，保障债务本息如期偿还，维护债权人的利益。公司的股利政策不得违背此类契约规定。同时，契约限制容易被股东所接受，管理当局无须向股东详细解释保留利润的利弊得失。

（三）公司因素

收益分配政策的制定需要以保证公司正常生产经营活动的现金需求为前提。一般需要考虑以下几个方面：盈利能力、资产的流动性、投资机会、筹资能力以及股权控制要求等。

1. 盈利能力

盈利能力是公司股利分配的前提，因为只有当公司创造了利润，才可能有利润的分配。而且企业盈余是否稳定，也将直接影响其收益分配政策。具有稳定盈利能力的公司，为了稳定股价、维持良好市场形象，通常会采取较高的收益分配政策；反之，盈利能力不稳定的公司，一般采取低股利政策，以减少未来盈利下降而形成股利无法支付、股价下跌的风险。

2. 资产的流动性

股利通常以现金支付，因此，公司必须具备比较充分的现金流量，尤其是主营业务收入能够创造较多的现金流量，才能进行现金股利的分配。如果公司资产具有较强的变现能力，那么支付现金股利的能力就会较强。现实中，有的公司虽然具有很高的账面利润，但现金流量不足，资产变现能力很差，则公司支付现金股利的能力显然受到严重限制。同时，较多地支付现金股利，会减少企业现金持有量，使资产的流动性降低，而保持一定的流动性是企业经营的基础和必备条件。因此，若企业的资产流动性差，将不易分配过多的现金股利。

3. 投资机会

公司的股利政策应以未来的投资需求和资金来源为基础加以确定。具有较多、较好投资机会的公司，往往需要强大的资金支持。由于公司内部筹资成本低于公司外部筹资成本，因而公司倾向于将较大比例的盈余留存在公司内部，用于再投资。这样既满足了公司的资金需求，又避免了外部筹资的高成本对股东利益的损害，并且有助于改善公司的资本结构，提高公司的潜在筹资能力；反之，如果公司的投资机会不多，对资金的需求并不紧迫，则股东宁可将收到的现金股利投资于其他机会，这样反而可以获得比公司再投资更高的报酬率。所以，投资机会较多的企业，如处于成长阶段的公司，大多采取少分多留的政策；而陷入经营萎缩的企业则多采用多分少留的政策。

4. 筹资能力

企业的筹资能力包括向银行借款、发行债券、发行票据和增发新股等方面的能力。具有较强筹资能力的公司，可以容易地筹到所需资金，因而具有较强的股利发放能力。与一些快速发展的中小型公司比较，那些发展成熟的大公司通常具有更多的外部筹资渠道，因为这类企业有良好的信誉，可以较顺利地从银行获得贷款；同时由于其盈利的稳定性，债券的发行也比较容易。因此，这类公司往往采取高股利政策。而发展中的中小型公司，由于具有较大的经营和财务风险，信誉不足，筹资能力较弱，同时，其自身的发展也需要大量的资金投入，发放股利的能力往往较弱，所以一般采取低股利政策。

另外，公司所处的行业和公司的股本规模也会影响公司的股利政策。朝阳产业的成长速度远快于社会经济发展速度，公司可以大比例送股；而夕阳产业会随经济增长而萎缩，公司难以大比例地发放现金股利。股本规模较小的公司，比大公司有更大的股本扩张潜力，因而往往采取股票股利的分配形式。

（四）股东因素

合理的公司股利政策应尽可能满足公司绝大部分股东利益最大化的要求，所以收益分配政策的制定必须充分考虑股东的意愿。主要涉及的方面有控制权、避税、机会成本和规避风险等。

1. 控制权

股利政策会受到现有股东对公司控制权要求的影响。公司增发新股筹集资金，会稀释公司的控制权。现有股东为了维持自己在公司的既有控制地位，可能倾向于采取较低的股利支付率。

2. 避税

由于股利收入的所得税税率高于资本利得的所得税税率，一些高收入的股东出于避税考虑，往往要求限制股利的支付，而较多地保留盈余，以便从股价上涨中获利。

3. 机会成本

对股东而言，对外个人投资可得到的收益小于公司保留盈余的机会成本。公司在制定股利政策时需要对股东的外部投资机会与公司的投资机会进行比较。如果公司的投资报酬率预期高于股东单独将股利收入投资于其他机会的报酬率，公司应选择低股利支付率政策，将留存收益用于再投资以保障股东的长远利益；反之，公司应采取高股利支付率政策。

4. 规避风险

在某些股东看来，通过增加留存收益引起股价上涨而获得的资本利得是有风险的，而目前所得的股利是确定的，即便是现在获得较少的股利，也强于未来较多的资本利得，因此他们希望能发放较多的股利。

此外，通货膨胀因素也会影响到企业的收益分配政策。通货膨胀会带来货币购买力下降，造成固定资产重置资金来源不足，此时企业不得不考虑留用一定的利润，以弥补由于货币贬值而造成的固定资产重置资金缺口。因此，在通货膨胀时期，企业多采取较保守的分配政策。

总之，收益分配政策的制定必须考虑多方面因素，企业需要从自身实际情况出发，对自身所处的内外环境进行分析，尽量维持各种关系的均衡，作出合理的选择与决策，保障企业的长远、健康发展。

二、收益分配政策及其选择

不同的企业可能采取不同的收益分配政策，同一企业在不同时期也可能采取不同的分配政策。在理财实践中，股份公司经常采用的股利分配政策主要有以下四种：

1. 剩余股利政策

剩余股利政策是以 MM 理论为依据的。MM 理论认为，在有效资本市场条件下，公司的股利政策不影响股价，公司的股利不需人为刻意确定，而应由公司的投资、融资方案决定。公司股利的支付形式完全取决于公司的投资机会，股东对利润的留存或发放没有偏好，他们只关心公司的投资报酬率是否高于自身投资机会的报酬率。

由于股利分配政策直接影响公司的资本结构，奉行这种政策的公司在进行股利分配时更多地考虑将净利润用于增加股东权益，只有当增加的权益资本能够满足目标资本结构的需要时，才将剩余的利润用于股利分配。

剩余股利政策制定的具体程序为：

（1）设定目标资本结构。这是确定权益资本与债务资本的比例，在此资本结构下，加权平均资金成本应最低。

（2）确定目标资本结构下投资所需的权益资本数额。

（3）最大限度地使用保留盈余来满足投资方案所需的权益资本。

（4）投资方案所需的权益资本满足后，若还有剩余的盈余，再将其作为股利发放给股东。

可见，在这种股利分配政策下，股利分配成为新的投资机会的函数，随着投资需求的变化而变化。只要存在良好的投资机会，就应首先考虑其资金的需要，最后考虑股利的分配。这种政策的优点是能够充分利用筹资成本的资金来源，保持理想的资本结构，使平均资金成本最低。缺点是公司每股股利会随公司盈利水平和投资机会的波动而波动，不利于稳定的股利预期；而且剩余股利政策仅仅从公司的角度出发，没有考虑到其他因素，如法律、股东偏好、通货膨胀等因素对公司股利政策的影响。

2. 固定股利支付率政策

固定股利支付率政策是指公司将每年利润的某一固定百分比作为股利分配给股东，先考虑派发股利，再考虑保留盈余，股利支付率一经确定，一般不随意变更。每个年度的股利支付额则随公司盈利状况的变动而上下波动。

固定股利支付率政策以“一鸟在手”理论为依据。“一鸟在手”理论认为，投资者十分关心公司的股利政策，偏爱高股利发放率的股利政策。投资者对股利的关注会引起股票价格的变化，因此，股利政策与企业价值密切相关。

固定股利支付率政策使股利与公司盈利紧密配合，对各股东都比较公平，体现了风险与收益的对等原则。但是，股利会随着公司盈利状况的变动而波动，而波动的股利通常被投资者认为是公司经营不稳定、投资风险大。同时，固定股利支付率政策会给公司造成较大的财务压力，缺乏财务弹性，实施的难度比较大。

3. 固定或稳定增长股利政策

固定或稳定增长股利政策是公司将每年派发的股利额固定在某一水平上，在一段时间内，无论公司的盈利情况和财务状况如何，派发的股利额保持不变。只有当公司认为未来盈利的增加能够使其将派发的股利维持在一个更高的水平时，才会提高每股的股利额。

稳定增长股利政策的理论依据为“一鸟在手”理论和“股利信号”理论。“股利信号”理论认为，投资者可以直接从公司的股利政策中获得关于公司盈利状况、财务状况的信息，稳定增长的股利政策向投资者传递的是公司经营、财务状况良好的信息，使公司的股价容易维持在较高价位。

稳定增长股利政策的优点是有助于树立企业良好的形象，增强投资者的信心，保持股价稳定；能够为那些依靠股利收入而生活的股东支付不断上涨的生活费用，有利于他们计划安排收支；能够避免股利支付的大幅度、无序性波动，有助于预测现金流出量，便于公司事先进行资金调度和财务安排。但只升不降的股利政策也会给公司的财务运行带来压力，公司经营和财务出现暂时困难，股利派发的金额可能大于当年利润，此时，该政策将侵蚀公司的留存利润甚至资本，影响公司发展，因此，这种股利政策难以长期采用。

4. 低正常股利加额外股利政策

低正常股利加额外股利政策是指公司在一般情况下，每年只支付固定的、数额较低的股利；在盈利状况较好的年份，再根据实际情况向股东发放额外的股利。

该政策的理论依据是仍然是“一鸟在手”理论和“股利信号”理论。在公司盈利较少时派发低的经常性股利体现了“一鸟在手”理论；而在公司有较大盈利时，派发额外股利则体现了“股利信号”理论。

低正常股利加额外股利政策的优点是具有较大的灵活性，可给公司较大的弹性。由于正常股利发放水平较低，在公司净利润较少或需要保持较多的留存收益时，公司仍可以维持稳定的股利发放水平，避免股价下跌；而当公司的盈利水平较高时，可以通过发放额外股利的方式，将其分配给股东，也有利于股价的提高。对股东而言，既可以得到最低收益保障，又可以分享企业繁荣的成果，所以比较受欢迎。但是公司利润的变化导致额外股利的不断变化使得这种股利政策仍然缺乏稳定性，公司一旦取消额外股利，股东可能会认为这是企业财务状况出现问题，从而导致股价下跌。

练习与案例

一、复习思考

1. 试述影响收益分配的因素。

2. 常见的股利分配政策有哪些？分别适用于什么条件？

3. 公司股利政策会影响筹资决策和投资决策吗？为什么？

4. 在现代股利分配理论和实践中，配股方式和资本公积转增资本方式已成为股利分配的常用方式。为什么说它们也属于股利分配方式呢？

5. 试述以配股方式分配股利的法律限制。

二、计算分析

光华股份有限公司的有关资料如下：

（1）公司本年年初未分配利润贷方余额为181.92万元，本年税前利润为800万元，适用的所得税税率为33%。

（2）公司流通在外的普通股60万股，发行时每股面值1元，每股溢价收入9元；公司负债总额为200万元，均为长期负债，平均年利率为10%，假定公司筹资费用忽略不计。

（3）公司股东大会决定本年度按10%的比例计提法定公积金，按10%的比例计提法定公益金。本年按可供投资者分配利润的16%向普通股股东发放现金股利，预计现金股利以后每年增长6%。

（4）该公司股票的β系数为1.5，无风险收益率为8%，市场上所有股票的平均收益率为14%。要求：

（1）计算光华公司本年度净利润。

（2）计算光华公司本年应计提的法定公积金和法定公益金。

（3）计算光华公司本年末可供投资者分配的利润。

（4）计算光华公司每股支付的现金股利。

（5）计算光华公司现有资金结构下的财务杠杆系数和利息保障倍数。

（6）计算光华公司股票的风险收益率和投资者要求的必要投资收益率。

（7）利用股票估价模型计算光华公司股票价格为多少时投资者才愿意购买。

三、案例分析

四川长虹电器股份有限公司股利政策

1. 基本情况

四川长虹公司的前身是四川国营长虹机器厂，始建于1958年，是我国“一五”期间156项重点工程之一，位于中国西部被誉为“中国科技城”的四川西北交通枢纽——绵阳。1988年6月，国营长虹机器厂以部分账面净资产12 039.40万元入股，独家发起并控股成立四川长虹电器股份有限公司。1988年6月，倪润峰出任长虹公司第一届董事长兼总经理；同年7月，长虹公司按面值向社会公众发行3 600万元人民币普通股股票。1994年，长虹公司在上海证券交易所取得了上市资格。

1995—1997年，是长虹公司取得飞速发展的几年。1995年度，长虹公司全年实现销售收入67.64亿元，税后利润11.51亿元，国内市场占有率上升到22%。长虹公司的销售收入、利润总额、税后利润均居同行业第一名。

1996年，长虹公司紧紧抓住大屏幕彩电这个市场，实现主营业务收入105.87亿元，利润总额19.63亿元，净利润16.75亿元，市场占有率上升到27%。

1997年，彩电市场总体已趋于饱和，但长虹公司仍保持高速增长：实现主营业务收入156.73亿元，净利润26.12亿元；每股收益1.71元，居中国股市榜首；净资产收益率29.11%。

1998年后，中国家电行业市场竞争空前激烈，长虹公司开始进入调整期，但公司业绩依然喜人。1998年公司实现主营业务收入116.03亿元，净利润20.04亿元，仍居同行业首位；每股收益1.01元；净资产收益率18.28%，市场占有率仍居行业首位。1998年，经有关部门认定，长虹品牌价值达245亿元，连续四次成为中国电子行业的第一品牌。

1999年度，我国国民经济存在一定的通货紧缩状况，消费者持币观望情绪比较明显，彩电市场消费有效需求不足，彩电行业竞争更加激烈，国内彩电市场三次降价。公司产品利润空间下降。公司主营业务收入为100.95亿元，主营业务利润为15.72亿元，净利润为5.25亿元，每股收益下降到0.243元。但公司存货减少了19亿元，资金周转率提高了一倍以上，资产负债率下降到20%（同行业普遍在80%以上），财务风险得到了根本的化解，为公司的发展奠定了基础。

2000年，国家宏观经济形势总体向好，公司外部环境有所好转，仅2000年度上半年，长虹彩电出口额近1 000万美元，比去年增长2 500%。

2. 长虹公司历年有关财务指标

表 13－1　长虹公司历年有关财务指标

历年财务指标	2000 年中期	1999 年年末	1998 年年末
1. 总股本（万股）	216 421.14	216 421.14	198 896.82
2. 总资产（千元）	17 056 243.65	16 506 879.00	18 852 445.87
3. 流动资产（千元）	14 382 162.51	1 379 552.23	16 343 204.03
4. 固定资产（千元）	2 294 822.77	2 318 396.25	2 142 055.44
5. 无形资产（千元）	207 274.36	211 240.60	175 188.50
6. 长期投资（千元）	171 984.00	179 689.92	191 997.90
7. 流动负债（千元）	3 857 055.87	3 564 578.69	7 838 886.46
8. 长期负债（千元）	6 010.73	6 000.00	48 244.96
9. 资本公积金（千元）	4 077 048.88	4 077 048.88	2 539 336.84
11. 股东权益（千元）	13 182 768.83	12 925 279.84	10 965 314.44
12. 主营业务收入（千元）	4 526 869.01	10 095 155.59	11 602 666.52
13. 主营义务利润（千元）	784 769.73	1 571 540.72	3 161 337.13
14. 其他业务利润（千元）	82 568.95	146 001.55	130 508.32
15. 营业利润（千元）	307 022.13	635 500.24	2 285 144.37
16. 投资收益（千元）	－7 705.92	－16 110.74	41 236.03
17. 利润总额（千元）	304 379.26	620 942.37	2 328 723.22
18. 税后利润（千元）	257 488.99	525 318.23	2 003 950.87
19. 净利润（千元）	257 488.99	525 318.23	2 003 950.87
20. 未分配利润（千元）	209 804.19	1 840 315.21	1 637 926.65
21. 每股未分配利润（元）	0.969 32	0.850 34	0.823 51
22. 每股收益（元/股）	0.120 00	0.243 00	1.010 00
24. 每股净资产（元/股）	6.090 00	5.972 00	5.510 00
26. 股东权益比率（%）	77.29	78.30	58.16
27. 净资产收益率（%）	1.95	4.06	18.28

3. 长虹公司历年股利政策

（1）1995 年 4 月 18 号召开的 1994 年度股东代表大会通过以下决议：①1994 年度利润分配方案为：向全体股东每 10 股送红股 7 股并派现金 1 元，大会授权董事会根据有关规定执行本次分配方案。股权登记日为 1995 年 8 月 18 日，除权除息日及红股上市日为 1995 年 8 月 21 日。②1995 年增资配股方案为普通股每 10 股配售 2.5 股，社会公众股东除可按 10:2.5 配股，还可按 10:7.41 受让法人股转让的配股权，配股价为 7.35 元/股，配股权转让手续为 0.20 元/股，本次配股采用配股权证方式进行，股东大会授权董事会根据有关规定负责实施本次配股。股权登记日为 1995 年 7 月 28 日，除权日为 1995 年 7 月 31 日，配股缴款日期为 1995 年 7 月 31 日至 8 月 11 日，配股上市日为 1995

年8月14日。

（2）1996年6月7日召开股东大会，通过1995年度分红方案。

1995年度实现销售收入67.64亿元，税后利润11.51亿元，向全体股东每10股送6股。股票股权登记日为1996年7月2日，除权日及红股上市交易日为1996年7月3日。

（3）1997年3月26日召开股东大会，通过1996年度股利分配方案。

1996年度实现主营业务收入105.87亿元，利润总额19.63亿元，净利润6.75亿元，向全体股东每10股送6股。股票股权登记日为1997年5月23日，除权日及红股上市交易日为1997年8月10日。

1997年7月19日公布《配股说明书》通过1997年配股方案：按现有股本129 373.41万股为基数，每10股配1.875股，配股价为每股9.80元。股权登记日1997年8月1日，除权基准日8月4日，配股缴款日期8月4日至15日，配股募集资金主要用于红太阳一号工程、印刷电路板二期技术改造项目、回扫变压器（FRT）二期技术改造项目以及江苏、吉林两地控股生产企业的产品出口基地建设。

（4）1998年6月12日召开股东大会，审议通过1997年度分红方案。

1997年度利润总额30.51亿元，净利润26.12亿元，向全体股东每10股送红股3股，同时每10股派发现金红利5.8元（含税，扣税后每10股派4.04元），股权登记日为1998年8月7日，除权及红股上市日为1998年8月10日，派息日为1998年8月11日，余未分配利润3 477.45万元结转1998年度分配。

本次股东大会还通过了1998年度增资配股方案：向全体股东每10股配3股，配股价为16~22元/股，配股募集资金用于：①投资4.346亿元用于PC多媒体项目；②投资7.34亿元用于激光读写系列产品；③投资5.044 5亿元用于数字通信项目；④投资6.5亿元用于技术中心实验及中试线；⑤投资7.63亿元用于绿色环保电池项目；⑥投资4.60亿元用于市场网络建设。本次配股有效期为股东大会通过公告之日起半年。

（5）1999年6月28日召开股东会，审议通过1998年利润分配方案。

1998年净利润20.04亿元，分别提取10%法定公积金和10%法定公益金，加上年初未分配利润，1998年可供分配利润16.38亿元。本次不向股东分配股利，也不进行资本公积金转增股本。

1999年7月10日公布配股说明书，实施1999年2月8日股东会通过的配股方案：每10股配2.307 6股，配股价9.98元/股，国有法人股股东国营长虹机器厂承诺以现金方式认购应配股份中的2 617.32万股，其余放弃，配股股权登记日为1999年7月23日，除权基准日为1999年7月26日，配股缴款起止日期为1999年7月26日至1999年8月6日。配股可流通部分上市交易日为1999年8月24日。本次配股预计募集资金198 721.712万元，用于：①数字视频网络产品项目；②数字通信项目；③激光读写系列产品项目；④技术中心实验室及中试线项目；⑤绿色环保电池项目；⑥市场网络建设（即建设1 000家长虹专卖店）。

（6）2000年6月30日召开1999年度股东大会，审议通过1999年度利润分配方案和资本公积金转增股本方案。

公司1999年度实现主营收入100.95亿元，税后净利润为5.25亿元，分别提取法定公积金和公益金，加上年初未分配利润14.2亿元，1999年度可供分配的利润为18.4亿元。由于彩电市场竞争激烈，公司未来资金需求较大，决定1999年度不进行利润分配，也不进行资本公积金转增资本。

表13-2　长虹分红配股方案一览表

年份	每股收益	分红方案	配股方案
1993年	2.164元	每10股送2股派12元	
1994年	2.973元	每10股送7股派1元	
1995年	2.28元	每10股送6股	10股配2.5股，配股价7.35元
1996年	2.07元	每10股送6股	
1997年	0.72元（中期） 1.71元（全年）	每10股送3股派5.8元（含税）	每10股配1.875股，配股价9.80元
1998年	0.41元（中期） 1.01元（全年）	中期不分配，不转增 年度：不分配，不转增	每10股配3股，配股价16~22元（已过配股有效期无法实施）
1999年	0.22元（中期） 0.24元（全年）	中期不分配不转增 末期：不分配不转增	10股配2.3076股，配股价9.98元/股
2000年	0.12元（中期）	中期：不分配不转增	

——摘自吴安平等《财务管理学教学案例》

【分析与思考】

1. 长虹公司在历年进行股利分配时，采用了哪些股利支付形式？

2. 长虹公司在高速发展时期采用的是什么股利政策？这样的股利支付率对公司的哪些方面会产生影响？会产生什么样的影响？

3. 1998年度，长虹公司的每股收益为1.01元，可供股东分配的利润为16.38亿元，但公司股东大会却作出不向股东分配股利的决议。这是否合理合法？长虹公司是基于什么作出此决议？此决议对长虹公司有什么影响？

4. 1999年度，长虹公司的每股收益进一步下降为0.24元，公司仍不向股东支付股利，这是否会影响投资者对长虹公司的信心？

5. 长虹公司1999年度大调整之后，将公司资产负债率下降到20%，而同行业普遍的资产负债率却在80%以上。你认为长虹公司的此项调整是否合理？这是否是导致公司每股收益下降，进而使公司不能分配股利的原因之一呢？

6. 当前中国上市公司十分乐于采用配股方式进行利润分配，长虹公司也频频采用。与传统股利分配方式相比，配股分配方式的优越性有哪些？其缺点又何在？

7. 你认为目前我国有关股利政策及分配方式的法律规范是否健全？能否提出一些合理化建议？

第十四章　财务分析

财务分析是指人们利用财务报表等资料，从不同的侧面对企业的财务状况和经营成果作出进一步的剖析、比较和评价时所运用的一整套的技术和方法，揭示各相关数据之间的内在联系及其体现的经济含义，以评价企业的财务状况和经营成果，预测未来发展趋势，并据此进行财务决策。

财务分析以企业定期编制的财务报表为主要依据，故财务分析通常又称为财务报表分析。本章介绍几种基本的财务分析方法。

第一节　财务分析概述

一、财务分析的意义

财务分析是对企业一定时期财务活动结果的全面总结，为企业及其利益关系人进一步的财务预测和决策提供依据，是企业经济活动分析的重要组成部分，也是企业财务管理的一个重要环节。作好财务分析工作具有以下重要意义：

1. 有利于企业改善经营管理，提高经济效益

企业管理人员只有在全面掌握企业经营管理全过程的情况下，才能有效地进行指挥、控制和决策等管理活动；这些管理活动的最终结果可以通过财务指标反映出来。因此，企业管理的水平及其提高可以通过对财务报表的分析表现出来。企业财务管理人员运用财务分析的方法，将财务报表所表述的财务状况与经营成果和原决策方案、计划、预算、历史水平及同行业水平进行对比分析，揭示企业当前经营活动中存在的问题，分析出现问题的原因，以帮助企业管理人员和各责任部门从财务角度了解企业经营活动的现状和管理效果，并提出改进工作的建议和措施，从而使企业管理部门对采购、投资、销售等进行计划、监督和实施，提高企业经营管理的效率和效益。

2. 有利于利益关系人作出正确的决策

对不同的利益关系人来说，需要从财务报表中获取他们所需的信息；对投资者来说，要了解企业的财务状况和经营成果，以评价企业管理当局受托责任的履行情况，并据以作出买进、持有或卖出企业股份的决策；对债权人来说，他们需要利用财务报表来分析企业资产的状况及其流动性、负债偿还的可靠程度等有关信息；对企业员工来说，他们关心企业的盈利能力和发展能力，以评估企业提供报酬、福利和就业机会的能力；对顾客来说，他们主要关注企业产品的质量和售后服务以及经营持续性等的信息；对政府机构来说，他们要依据财务报表提供的信息进行宏观决策，并作出征税和管制等的决

策。上述信息需求必须通过财务分析才能满足。通过对财务指标的分析，可从财务角度揭示企业生产经营中存在的问题，增强财务信息的可靠性和清晰度，从而便于各利益关系人利用财务信息来评价企业的历史、现状和未来，并作出正确的决策。

3. 有利于评价企业管理者的经营绩效

通过财务分析，可以检查企业管理者和企业内部各职能部门（单位）完成财务目标的情况，考察他们的工作绩效，为确定其报酬、职位提供评价依据。同时，还可以借助这种评价，促使他们查找管理中存在的问题，总结成功的经验，吸取失败的教训，提高经营管理水平，促使企业经济效益进一步提高。

二、财务分析的基础

财务分析是以企业的会计资料为基础的，其中最重要的是财务报表。财务报表是企业向投资者、债权人及其他利益关系人提交的，反映企业一定时期的财务状况、经营成果和资金变动情况的书面文件。财务报表至少应当包括资产负债表、利润表、现金流量表、所有者权益变动表和附注。下面主要针对前三张报表进行分析。

（一）资产负债表

资产负债表，又称财务状况表，它是用以反映企业在某一特定时日（一般为会计报告期末，如月末、季末、年末）财务状况的报表。它提供的是企业在特定时日资产、负债、所有者权益及其相互关系的静态信息。资产负债表的格式如表 14－1 所示：

表 14－1　资产负债表

编制单位：星光股份有限公司　　2010 年 12 月 31 日　　（单位：元）

资产	行次	年初数	年末数	负债和所有者权益	行次	年初数	年末数
流动资产：				流动负债：			
货币资金		1 406 300	815 435	短期借款		300 000	50 000
交易性金融资产		15 000		交易性金融负债			
应收票据		246 000	46 000	应付票据		200 000	100 000
应收账款		299 100	598 200	应付账款		953 800	953 800
预付账款		100 000	100 000	预收账款			
应收利息				应付职工薪酬		110 000	180 000
应收股利				应交税费		30 000	200 034
其他应收款		105 000	5 000	应付利息			
存货		2 580 000	2 574 700	应付股利			32 215.85
一年内到期的非流动资产				其他应付款		6 600	6 600

（续上表）

资产	行次	年初数	年末数	负债和所有者权益	行次	年初数	年末数
其他非流动资产				一年内到期的非流动负债		1 001 000	
流动资产合计		4 751 400	4 139 335	其他流动负债		50 000	50 000
非流动资产：				流动负债合计		2 651 400	1 572 649.85
可供出售金融资产				非流动负债：			
持有至到期投资				长期借款		600 000	1 160 000
长期应收款				应付债券			
长期股权投资		250 000	250 000	长期应付款			
投资性房地产				专项应付款			
固定资产		1 100 000	2 231 000	预计负债			
在建工程		1 500 000	578 000	递延所得税负债			
工程物资		0	150 000	其他非流动负债			
固定资产清理				非流动负债合计		600 000	1 160 000
生产性生物资产				负债合计		3 251 400	2 732 649.85
油气资产				所有者权益：			
无形资产		600 000	510 000	实收资本		5 000 000	5 000 000
研发支出				资本公积			
商誉				减：库藏股			
长期待摊费用				盈余公积		100 000	131 185.15
递延所得税资产				未分配利润		50 000	194 500
其他非流动资产		200 000	200 000	所有者权益合计		5 150 000	5 325 685.15
非流动资产合计		3 650 000	3 919 000				
资产合计		8 401 400	8 058 335	负债和所有者权益合计		8 401 400	8 058 335

报表的左半部分列示资产。资产按其流动性排列，排在最前的货币资金是流动性最强的资产。而越往下的项目，其流动性就越差。例如，应收账款的变现需要一个步骤，它来自客户的欠款，可在一定期间内转换为现金；而存货变现则需要两个步骤，首先用

于产品的生产，这些产品必须先被出售以取得收款的权利，然后才能转换为现金。至于长期投资、固定资产、无形资产及其他长期资产因其流动性较差而列在最后。

报表的右半部分列示了负债和所有者权益。这些项目按照可能支付时间的先后顺序排列。流动负债应该在一年内偿还，而长期负债偿还期则超过了一年。所有者权益由实收资本、资本公积、盈余公积和未分配利润组成，它反映了企业所有者对企业净资产的要求权。

我们知道，资产负债表是根据“资产 = 负债 + 所有者权益”这一会计恒等式编制的。由于会计计量中采用的计量属性主要是历史成本，因此，资产负债表的数字不能反映企业的真正经济实力，我们需要深入了解数字背后的隐含信息，正确理解企业的财务状况。

（二）利润表

利润表，又称为收益表或损益表，它是反映企业在一定时期（如月份、季度、年度）内经营成果的报表。它依据“收入 - 费用 = 净利润（净损失）”这一会计恒等式，基于收入实现原则和配比原则来确认收入以及相关的费用编制的报表。利润表的具体格式如表 14 -2 所示：

表 14 -2　利润表

编制单位：星光股份有限公司　　2010 年度　　**（单位：元）**

项目	行次	本年累计数
一、营业收入		1 250 000
减：营业成本		750 000
营业税金及附加		2 000
销售费用		20 000
管理费用		158 000
财务费用		51 400
资产减值损失		0
加：公允价值变动收益		0
投资收益		31 500
其中：对联营和合营企业的投资收益		0
二、营业利润		310 000
加：营业外收入		50 000
减：营业外支出		49 700
其中：非流动资产处置损失		
三、利润总额		310 300
减：所得税费用		102 399
四、净利润		207 901

（续上表）

项目	行次	本年累计数
五、每股收益		
（一）基本的每股收益		
（二）稀释的每股收益		

企业的利润按收入与费用的不同配比可以分为三个层次：营业利润、利润总额和净利润。通过利润表所提供的信息，可以了解企业经营管理的有效性程度，作为考核评价管理当局受托经济责任的履行情况的重要依据。通过利润表所提供的收益的构成，以及多期利润表的比较，我们可以分析企业的盈利能力并预测企业在未来一定时期内的盈利变化趋势。另外，在分析利润表时，应注意企业的利润构成，不同来源的利润其质量是不同的。若利润主要来源于营业外收入而不是营业利润，则可能意味着企业利润的持久性难以维持。

（三）现金流量表

现金流量表的前身是财务状况变动表，它是反映企业在一定时期内为其活动（经营、投资、理财）所获得的资金来源及其运用情况，以全面说明企业财务状况变动情况的动态报表。1998 年 3 月 20 日，财政部正式颁布了《企业会计准则——现金流量表》（已经过 2001 年与 2006 年两次修订），需要企业在年末编制年报时编制现金流量表，不再编制财务状况变动表。编制现金流量表的目的，是为会计报表使用者提供企业一定会计期间内现金和现金等价物流入和流出的信息，以便于会计报表使用者了解和评价企业获取现金和现金等价物的能力，并据以预测企业的现金流量。现金流量表的具体格式如表 14－3 所示：

表 14－3　现金流量表

编制单位：星光股份有限公司　　2010 年度　　**（单位：元）**

项目	行次	金额
一、经营活动产生的现金流量		
销售商品、提供劳务收到的现金		1 342 500
收到的税费返还		0
收到的其他与经营活动有关的现金		0
经营活动现金流入小计		1 342 500
购买商品、接受劳务支付的现金		392 266
支付给职工以及为职工支付的现金		300 000
支付的各项税费		204 399
支付的其他与经营活动有关的现金		70 000
经营活动现金流出小计		966 665
经营活动产生的现金流量净额		375 835

（续上表）

项目	行次	金额
二、投资活动产生的现金流量		
收回投资所收到的现金		16 500
取得投资收益所收到的现金		30 000
处置固定资产、无形资产和其他长期资产所收到的现金净额		300 300
处置子公司及其他经营单位收到的现金净额		0
收到的投资活动有关的现金		0
投资活动现金流入小计		346 800
购建固定资产、无形资产和其他长期资产所支付的现金		451 000
投资支付的现金		0
取得子公司及其他经营单位支付的现金净额		0
支付的其他与投资活动有关的现金		0
投资活动现金流出小计		451 000
投资活动产生的现金流量净额		-104 200
三、筹资活动产生的现金流量		
吸收投资收到的现金		0
取得借款收到的现金		400 000
收到的其他与筹资活动有关的现金		0
筹资活动现金流入小计		400 000
偿还债务支付的现金		1 250 000
分配股利、利润和偿付利息支付的现金		12 500
支付的其他与筹资活动有关的现金		0
筹资活动现金流出小计		1 262 500
筹资活动产生的现金流量净额		-862 500
四、汇率变动对现金及现金等价物的影响		0
五、现金与现金等价物净增加额		-590 865
加：期初现金与现金等价物余额		0
六、期末现金与现金等价物余额		-590 865

为了正确分析现金流量表，首先必须理解现金流量表的几个重要概念：现金、现金等价物和现金流量。现金是指企业库存现金以及随时用于支付的存款，包括库存现金、银行存款和其他货币资金。需要注意的是，银行存款和其他货币资金中有些不能随时用于支付的存款，如不能随时用于支付的定期存款等，不应作为现金，而应列为投资。现

金等价物是指企业所持有的期限短、流动性强、易于转换为已知金额现金、价值变动风险很小的投资，如可在证券市场上流通的三个月内到期的短期债券投资等。现金等价物虽不是现金，但其支付能力与现金相差不大，可视为现金。现金流量是指企业现金和现金等价物的流入和流出，大致可分为三类：经营活动产生的现金流量、投资活动产生的现金流量和筹资活动产生的现金流量。需注意的是，企业现金形式的转换不会产生现金流入和流出，现金和现金等价物之间的转换也不属于现金流量。

通过分析现金流量表，使用者能够对企业涉及现金的经营、投资和筹资交易有一个相当详细的理解；通过对三部分现金流量的分析，可以帮助使用者估计企业当期和未来潜在的优势和劣势。某一时期企业产生经营活动现金流量的能力强，将被视为积极的信号；而差的经营活动现金流量将促使使用者分析企业的应收账款或（和）存货是否健康增长。但是，经营活动现金流量的生产能力强，未必就能够保证经营成功。另外，过多依靠外部资金来源来满足重复发生的资金需求可能是一个危险的信号。不过，要真正深入理解现金流量表的信息，必须将它和其他报表及其他资料结合起来使用。

三、财务分析的方法

（一）比较分析法

比较分析法是指将两个或两个以上的同一性质或类别的经济指标或数据进行对比分析，以揭示其增减变动情况的一种方法。比较分析法的主要作用在于，揭示客观存在的差距，找出问题，为进一步分析原因、挖掘潜力指明方向。一般地，比较分析法的主要形式有：与计划对比、与前期对比、与同行业对比。

1. 与计划对比

将本期的实际数与计划数进行比较，以分析计划的完成情况，为进一步的分析指明方向。在比较时，要同检查计划质量的分析结果结合起来。如果有大量超计划的差异，很可能是计划偏低的结果。

2. 与前期对比

将本期实际数和本企业历年同期的实际数相比较，以了解其变化的方向和幅度，评价其发展趋势。这实质上是一种趋势分析。

3. 与同行业对比

将企业本期的某些指标与同行业的平均水平或先进水平进行对比，以揭示企业的现状与差距，确定企业在同行业中的地位。

应用比较分析时，无论采取哪一种对比方式，都必须注意指标的可比性，即进行比较的指标必须是同性质或同类别的，而且在计算口径、计价基础、计算方法和时间单位等方面都应保持一致。在比较不同企业之间的同类指标时，还必须考虑它们之间在技术经济特点上的可比性，尤其是与国外企业比较时，应当充分考虑不同的社会经济条件。

（二）比率分析法

比率分析法是指通过计算、对比经济指标之间的比率，揭示经济指标之间相互关系来确定经济活动变动程度的分析方法。采用这种方法，可以把某些不同条件下不可比的指标转变为可比指标。这种分析方法是财务报表分析中被广泛使用的一种方法。根据分析的不同内容要求，比率指标可以有不同的类型：

1. 结构比率分析法

它是用于计算某项经济指标的各个组成部分与总体的比重，反映其部分与总体之间的关系。其典型计算公式为：

结构比率 = 某个组成部分数额 ÷ 总体数额

具体做法是：把报表中的各个数据与一个基本数据进行比较，得出各个百分率，编制共同比财务报表，以分析同一期财务报表上有关项目的相对重要性及其在总体中占据的份额。例如，把资产负债表换算成共同比报表的做法是：将报表上各项数字，除以资产总额，得出百分率，并按原有结构列示，如表 14 -4 所示：

表 14 -4 星光股份有限公司共同比资产负债表

2010 年度 （单位:%）

资产	行次	年初数	年末数	负债和所有者权益	行次	年初数	年末数
流动资产：				流动负债：			
货币资金		16.74	10.12	短期借款		3.57	0.62
交易性金融资产		0.18	0	应付票据		2.38	1.24
应收票据		2.93	0.57	应付账款		11.35	11.84
应收账款		3.56	7.42	应付职工薪酬		1.21	2.23
其他应收款		0.06	0.06	应付股利		0	0.40
预付账款		1.19	1.24	应交税费		0.36	2.48
存货		31.80	31.95	其他应交款		0.69	0.70
流动资产合计		56.46	51.37	一年内到期的长期负债		11.90	0
非流动资产：				其他流动负债		0.01	0.01
长期股权投资		2.98	3.10	流动负债合计		31.56	19.52
固定资产		13.09	27.31	非流动负债：			
在建工程		17.85	7.17	长期借款		7.14	14.40
工程物资		0	1.86	非流动负债合计		7.14	14.40
无形资产		7.14	6.70	负债合计		38.70	33.92
其他长期资产		2.40	2.48	所有者权益：			
				股本		59.51	62.05
				盈余公积		1.19	1.63
				未分配利润		0.60	2.40
非流动资产合计		43.45	48.63	所有者权益合计		61.30	66.08
资产合计		100.00	100.00	负债和所有者权益合计		100.00	100.00

利润表的换算方法是：将报表上各项数字除以主营业务收入，得出百分率，并按原有结构列示，如表 14－5 所示：

表 14－5　星光股份有限公司共同比利润表

2010 年度　（单位:%）

项目	行次	本年累计数
一、营业收入		100
减：营业成本		60
营业税金及附加		0.20
销售费用		1.60
管理费用		12.60
财务费用		3.30
资产减值损失		0
加：公允价值变动收益		0
投资收益		2.50
其中：对联营和合营企业的投资收益		0
二、营业利润		24.8
加：营业外收入		4.00
减：营业外支出		4.00
其中：非流动资产处置损失		0
三、利润总额		24.80
减：所得税费用		8.20
四、净利润		16.60

2. 效率比率分析法

效率比率分析法用于计算财务报表上有关所耗与所得数据之间的比率，是反映投入与产出关系的一种分析方法。例如，成本费用与其对应的销售收入的比率、净利润与销售收入的比率等，都属于效率指标。利用效率比率指标可以进行得失比较，考察经营成果，评价经济效益的水平。

3. 相关比率分析法

相关比率分析法是根据经济活动客观存在的相互依存、相互联系的关系，将财务报表上两个不同但又相关指标的数值相比来进行分析的一种方法。例如，负债总额与资产总额之间的比率、流动负债与流动资产之间的比率等。采用相关比率分析法，可以分析相关经济业务的安排是否合理，生产经营状况是否良好。

运用比率分析法，应注意选择相关的比率标准，通常采用的标准有：

（1）绝对标准或公认标准。这类标准是经过长期实践的检验，为人们共同接受，达到约定俗成程度的某些标准。典型的公认标准有流动比率2∶1的标准和速动比率1∶1的标准等。但是，这种所谓的“标准”存在许多局限性，不能给出一个绝对的最优值。一个特定比率的过高、过低、恰当取决于分析的角度以及公司的竞争战略。以流动比率为例来说明这一问题，以短期债权人的立场看，较高的流动比率表明公司具有较强的流动性，其清偿债务的可能性很大。但是公司的股东却可能认为公司资产的运用过于保守。从经营者的角度看，较高的流动比率可能是一种稳健竞争战略的表现。另外，不同行业之间的公认标准是不同的，像商品零售企业的流动比率就没有必要保持在2∶1的水平上。即使是处于同一行业内，各公司所面临的具体情况也不尽相同，偏离公认标准十分正常。因此，如果某一比率严重偏离公认标准，仅能说明在这一方面有进一步分析的必要。

（2）目标标准。目标标准是指企业在分析影响财务比率的各项主客观因素的基础上自行确定的，要求企业在某些方面应达到的目标。如果企业的实际财务比率达不到目标标准，企业就应分析产生差异的原因，以改进企业财务管理工作。

（3）行业标准。行业标准是指以企业所在行业的特定财务比率作为分析比较的标准。在实际分析中，具体运用时分为两种：一是行业平均水平，即以本企业的某项财务比率与同行业同一比率的平均水平对比，这种对比可以表明本企业在行业中所处的位置；二是行业先进水平对比，这种对比可以表明同先进水平的差距，发现本企业的潜力所在，促进企业挖掘潜力，提高经济效益。

采用比率分析法对企业财务经营成果进行分析时，除了要正确选择比率标准之外，还需注意以下事项：

（1）财务比率要具有相关性。比率指标从根本上说应是相关指标的比率，无关联指标的对比是毫无意义的。例如，资产利润率在经济上是有意义的，它可以用来评价可利用资产创造利润的能力；而将利润表中的所得税与企业总资产进行比较就没有意义。这也意味着，财务报表中所用的财务比率是有限的，常常只是若干重要的、处于关键地位的比率。因为从高度相关性角度来说，许多其他的比率已经包含在这些关键比率当中。

（2）财务比率的计算口径应该保持一致。所谓计算口径一致，是指计算财务比率的分子与分母所包含的内容、范围和时间跨度应保持一致，否则两者不具可比性。以应收账款周转率为例，应收账款是赊销的结果，而财务报表中的收入数字则包含了赊销收入与现销收入，这就使得计算口径不一致。这种计算方法上的偏差不一定会导致分析的无效，但在解释时就要注意这一问题。计算口径的一致还包括和相关比率标准的比较，如果财务比率和相关标准的计算口径不一致，就可能会导致错误的结论。

（三）趋势分析法

趋势分析法是指通过比较企业连续几期的财务报表中的相同指标或财务比率，分析它们的增减变动方向、数额和变动幅度的一种方法。采用这种分析方法，可以揭示企业财务状况和生产经营情况的变化，以便作出总的评价，分析引起变化的原因，预测企业未来的发展前景。

由于财务报表反映的是历史信息，主要是面向过去，而会计信息使用者需要的更多的是有关企业未来的信息，这使趋势分析法变得极为重要，并在实际分析中被广泛使用。具体来说，趋势分析法有以下三种运用形式：

1. 比较绝对金额财务报表法

比较绝对金额财务报表法是采用绝对数形式，通过比较企业连续几期财务报表上相同项目的历史数据，分析其增减变动的幅度及其原因，以判断企业财务状况的发展趋势。一般来说，比较的期数越多，分析结果的准确性就越高。表 14－6 列示了 A 公司的比较绝对金额的资产负债表。

表 14－6　A 公司比较绝对金额的资产负债表

项目	2008 年 12 月 31 日	2009 年 12 月 31 日	2010 年 12 月 31 日	2009 年 比 2008 年 +/－	2010 年 比 2008 年 +/－	2010 年 比 2009 年 +/－
资产：						
流动资产						
货币资金	500	550	620	50	120	70
应收账款	1 500	1 650	1 800	150	300	150
存货	2 200	2 400	2 620	200	420	220
流动资产合计	4 200	4 600	5 040	400	840	400
非流动资产						
固定资产	3 900	3 800	4 080	－100	180	280
无形资产	100	400	380	300	280	－20
资产合计：	8 200	8 800	9 500	600	1 300	700
流动负债						
短期借款	800	1 000	1 150	200	350	150
应付账款	200	400	550	200	350	150
应付职工薪酬	100	120	150	20	50	30
应付股利	300	250	350	－50	50	100
流动负债合计：	1 400	1 770	2 200	370	800	430
非流动负债						
长期借款	1 200	1 200	1 200	0	0	0
应付债券	680	730	400	50	－280	－330
非流动负债合计：	1 880	1 930	1 600	50	－280	－330
负债合计	3 280	3 700	3 800	420	520	100
实收资本	4 000	4 000	4 400	0	0	400
资本公积	200	200	250	0	50	50
未分配利润	720	900	1 050	120	330	150
所有者权益合计	4 920	5 100	5 700	180	780	600
负债与权益合计	8 200	8 800	9 500	600	1 300	700

从表14－6中可以看出A公司3年中各项目的变化情况。2009年A公司资产总额比2008年增加了600万元，主要是由应收账款和存货及无形资产的增加带来的；而2010年比2009年的资产总额增加了700万元，主要是由应收账款、存货和固定资产的增加引起的。从资产的来源来看，流动负债持续增长；长期负债变化不大，部分项目如应付债券呈负增长；所有者权益有所增长，但个别项目变化不大，如资本公积。从三年的发展趋势看，一方面，资产中存货与应收账款增长速度较快，占有资金较多；另一方面，流动负债增长较多，而所有者权益增长幅度相对缓慢，而长期负债略有下降，这说明企业资产的增加主要来源于流动负债。综上分析可知，公司资产的流动性降低，流动负债加大，可能造成企业偿债能力的下降。因此，企业应采取积极的收账政策，及时收回货款；扩大销售，控制存货，减少存货积压；同时，企业要增加长期资金的筹措，改善资本，努力扭转企业财务状况恶化的趋势。

2. 比较百分比财务报表法

比较百分比财务报表法是指把连续几年财务报表项目的增减变动的绝对数转化为百分比比率，以揭示不同时期各项目增减变动的程度，便于判断有关财务状况和经营成果的变动趋势。这种方法既可以用于同一企业不同时期财务状况和经营成果的纵向比较，也可以用于不同企业之间或行业平均数之间的横向比较。这种方法能消除不同时期（不同企业）之间业务规模变动的影响，有利于分析企业的耗费和盈利水平。表14－7列示了A公司比较百分比财务报表。

表14－7　A公司比较利润表　　（单位：万元）

项目	2008年	2009年		2010年	
		金额	比上年增加（%）	金额	比上年增加（%）
一、营业收入	240	270	12.5	290	7.4
减：营业成本	180	196	8.9	210	7.1
营业税金及附加	12	18.5	12.5	16	18.5
销售费用	16.8	18	7.1	25	38.9
管理费用	13.2	14	6.1	19	35.7
财务费用	1.8	2.4	33.3	2.3	－4.2
加：投资收益	11.4	12	5.3	11.8	－1.7
二、营业利润	27.6	33.1	19.9	29.5	－10.9
加：营业外收入	6	7	16.7	5.6	－20
减：营业外支出	5	4	－20	3.2	－20
三、利润总额	28.6	36.1	26.2	31.9	－11.6
减：所得税费用	7.15	9.025	26.2	7.975	－11.6
四、净利润	21.45	27.075	26.2	23.925	－11.6

从表14－7可以看到，A公司2009年与2008年相比，营业收入增长了12.5%。营业成本只增长了8.9%，其他项目的金额和变化幅度相对较小，使得2009年的净利润有较大幅度增长，达到了26.2%。而2010年和2009年相比，由于营业税金和附加、销售费用、管理费用有较大幅度增长，超过了营业收入增长对净利润的影响，从而使企业净利润下降了11.6%。通过上述分析可以看出，企业盈利能力有下降的趋势。要扭转这一趋势，企业必须加强对营业费用和管理费用的控制，降低费用开支。

第二节　财务比率分析

财务比率分析是指在同一财务报表不同项目之间或在不同财务报表的有关项目之间，用比率把有关数据结合起来，以反映它们之间的相互关系，据以评价企业的财务状况、经营成果和资金变动情况。在实务中，通常使用的财务比率主要有三种类型：盈利能力比率、营运能力比率和偿债能力比率。

一、盈利能力比率分析

企业是以盈利为目的的经济组织，盈利是企业生存和发展的物质基础。企业能够在市场经济条件下生存的前提是：企业通过产品的销售，获得足够的收入，以抵补各项固定费用与变动费用开支，并获得一定的盈利。如果企业不能盈利，就很难在市场竞争中生存，更谈不上发展。因此，企业的投资者、债权人、经营者以及其他利益关系人都十分关注企业的盈利能力。

在企业的所有盈利中，不同来源盈利的质量是不同的。以会计政策与会计估计变更的影响为例，企业可以通过变更会计政策与会计估计的方法来调节企业利润，但是这种利润并不是企业创造的，不能反映企业实际的盈利能力。因此，在财务分析时应剔除这些因素的影响。

（一）资产报酬率

资产报酬率是衡量企业资产产生回报的能力，是企业利润与创造利润所运用资产的比率。其计算公式是：

$$资产报酬率=\frac{净利润}{平均总资产}\times 100\%$$

$$平均总资产=（期初总资产+期末总资产）\div 2$$

根据表14－1和表14－2的有关数据，星光股份有限公司2010年的资产报酬率为：

$$资产报酬率=\frac{207\ 901}{（8\ 401\ 400+8\ 058\ 335）\div 2}\times 100\%=2.50\%$$

这一指标主要用来衡量企业利用资产获得利润的能力，反映企业资产的利用效率。该指标越高，表明资产的利用效率越高，说明企业在增加收入和节约资金使用等方面取得了良好的效果。它也可以用于不同规模、不同资本结构的企业之间的比较。为了正确评价企业经济效益的高低，挖掘企业提高利润水平的潜力，可用该指标与本企业的前期或计划水平、与本行业的平均水平以及与本行业的先进水平进行对比，并分析形成差异的原因。

影响资产报酬率高低的因素主要有：产品的售价、产量与销售量、单位成本以及资金占用量等。因此，企业可以用不同的方式提高其资产报酬率。例如，加速资金周转、提高销售利润率等方式。

（二）股东权益报酬率

股东权益报酬率，也称净资产收益率，它是指一定时期内企业的净利润与股东权益平均总额的比率，其目的是以企业所有者的角度来衡量企业的盈利能力。良好的股东权益报酬率能使得股票价格上升，吸引新资金更为容易，为企业带来成功。这些有利因素将促使企业在合适的市场条件下扩大规模，实现增长，而增长又会给企业带来更多的利润，从而提高企业价值，不断增加股东的财富。股东权益报酬率的计算公式如下：

$$股东权益报酬率=\frac{净利润}{股东权益平均总额}\times 100\%$$

$$股东权益平均总额=（期初股东权益+期末股东权益）\div 2$$

根据表 14－1 和表 14－2 的有关数据，星光股份有限公司 2010 年的股东权益报酬率为：

$$股东权益报酬率=\frac{207\ 901}{(5\ 150\ 000+5\ 325\ 685.15)\ \div 2}\times 100\%=4\%$$

为了更好地反映普通股股东的实际报酬率，公式中的分子可以采用普通股股东可获得的利润，即净利润扣除优先股股利的余额。与此相对应，分母可采用所有者权益减去优先股股东权益的期初期末平均数。

（三）销售毛利率与销售净利率

1. 销售毛利率

销售毛利率是指销售毛利占销售收入的百分比。其中，销售毛利是销售收入与销售成本之差。其计算公式如下：

$$销售毛利率=\frac{销售收入-销售成本}{销售收入}\times 100\%$$

由表 14－2 可知，星光股份有限公司的销售毛利率为：

$$销售毛利率=\frac{(1\ 250\ 000-750\ 000)}{1\ 250\ 000}\times 100\%=40\%$$

销售毛利率表示每 1 元销售收入扣除销售成本后，有多少钱可以用于抵补各项期间费用形成盈利。销售毛利率越大，说明企业通过销售获取利润的能力越强。

2. 销售净利率

销售净利率是指企业的净利润与其销售收入之比，其计算公式为：

$$销售净利率 = \frac{净利润}{销售收入} \times 100\%$$

根据表 14－2 的有关数据，星光股份有限公司的销售净利率可计算如下：

$$销售净利率 = \frac{207\ 901}{1\ 250\ 000} \times 100\% = 16.6\%$$

销售净利率指标反映 1 元销售收入带来利润的多少，表示销售收入的收益水平。从销售净利率的指标关系看，净利润额与销售净利率成正比关系，而销售收入额与销售净利率成反比关系。因此，企业在增加销售收入的同时，必须相应地获得更多的净利润，才能使销售净利率保持不变或者有所提高。通过分析这一指标增减变动，可以促使企业在扩大销售的同时，注意改进经营管理，提高盈利水平。

通常情况下，这一比率越高越好。然而，孤立地考虑这一比率有时可能会导致错误的结论，因为它没有考虑取得这一利润率所运用的资产。换言之，较高的销售净利率可能是由巨额的投资带来的，销售净利率很高，但资产报酬率可能不高。

（四）每股收益

每股收益，又称为每股盈余或每股利润，是股份公司用来衡量公司综合盈利能力的综合指标，它是公司净利润扣除优先股股利后的余额，除以公司发行在外的普通股平均股数。其计算公式为：

$$每股收益 = \frac{净利润 - 优先股股利}{发行在外的普通股平均股数}$$

式中，

$$发行在外的普通股平均股数 = \sum 发行在外普通股股数 \times \frac{发行在外月份}{12}$$

但如果年内变化不大，可以用年末发行在外普通股股数代替该平均股数。

每股盈余不仅反映了企业的获利能力，也直接反映了股东的获利能力。在西方，特别是美国等发达的资本市场，每股盈余已成为资本市场上非常重要的一个指标。它是影响股票价格的一个重要因素。在其他条件不变的条件下，该比率越大，表明企业的盈利能力越强，股票调价也就越高。

会计准则要求公司在其年度财务报告中披露每股收益指标，财务分析人员不需自己计算。但是，对于年报中披露的每股收益数字，分析人员必须小心对待，看其是如何计算出来的。因为每股收益的计算受资本结构的影响较大。如果公司除了发行普通股外，还向外发行了优先股、认股权证、可转换债券等，就需要计算稀释后的每股收益。

尽管每股收益被广泛应用，但它的局限性依然存在。例如，如果用每股收益比较不同公司的获利能力，可能会得出错误的结论，原因是它是以发行在外的股份数为基础计算的，没有考虑普通股股票面价值之间的差异。再如，比较同一公司不同时期的获利能力，每股收益会受到发行股票股利的影响。股票股利不会增加公司的资本总额，但会增加流通在外的股份数，从而会降低每股收益。

（五）市盈率

市盈率是指普通股每股市价与普通股每股盈余的比率，其计算公式为：

$$市盈率=\frac{普通股每股市价}{普通股每股利润}$$

市盈率由两个要素构成，一是市场对公司未来盈余的预期，即股票的市场价格；二是基于最近会计期间的利润。例如，假设星光股份有限公司的普通股每股市价为 8.6 元，年末每股收益为 0.573 元，则：

$$市盈率=\frac{8.6}{0.573}\approx 15$$

其含义是，如果股票的购买价格为 8.6 元，则相当于购买了未来 15 年的每股盈余。因为股票的市场价格反映了投资者对公司未来利润的预期，所以市盈率可以有效地衡量未来盈利的市场预期。如果要比较不同公司之间的市盈率，假设其他条件相同，则市盈率高的被认为具有更多的盈利前景。

市盈率反映了投资者对单位净利润所愿意支付的价格，可以用来估计股票的投资报酬和风险。它是市场对公司的共同期望指标，市盈率越高，表明市场对公司的前景越看好。在市价既定时，每股收益越高，市盈率越低，投资风险越小；反之亦然。在每股盈余既定时，市价越高，市盈率越高，投资风险越大；反之亦然。若从市盈率高低的横向比较看，高市盈率说明公司已获得社会公众的依赖，具有良好的发展前景。

在使用市盈率指标分析时应注意，该指标不能用于不同行业公司之间的比较。一般地，新兴产业的市盈率普遍较高，而成熟行业的市盈率普遍较低，但这并不是说明后者没有投资价值。在每股盈余很小或企业亏损而市价不降至零时，此时很高的市盈率往往不能说明任何问题。另外，由于市盈率的高低受到市价的影响，而市价变动的影响因素很多，因此，观察市盈率的长期趋势是很重要的。

（六）有关盈利能力的现金流量比率

现金流量表除了可以帮助使用者对未来现金流量的数量、时间和确定性进行判断以外，还可以揭示企业盈利能力和获取现金能力之间的关系，以评价利润的质量。

1. 现金利润率

现金利润率是用来衡量经营活动所获利润的质量，可以通过经营活动现金净流量除以经营利润计算得出。计算公式如下：

$$现金利润率=\frac{经营活动现金净流量}{经营利润}\times 100\%$$

由表 14－2 和表 14－3 的有关数据可知，星光股份有限公司的现金利润为：

$$现金利润率=\frac{375\ 835}{498\ 000}\times 100\%=75.5\%$$

该指标关注公司获得现金的能力，表明利润中现金所占的比例。考虑到经营活动现金净流量包含了非付现费用，因此，在正常情况下，该比率应大于 100%。如果该比率小于100%，说明公司的收益质量不够好。质量不好的原因可能是公司的经营利润已实现而未收到现金，期末应收账款数增加。应收账款如不能收回，已实现的收益就会落空，即使能延迟收现，其收益质量也低于已收现的收益。

2. 现金销售率

现金销售率反映公司销售收入中收到现金的比例。其计算公式为：

$$现金销售率=\frac{销售商品收到的现金}{销售收入}\times 100\%$$

由表14－2和表14－3的有关数据可知，星光股份有限公司的现金销售率为：

$$现金销售率=\frac{1\ 342\ 500}{2\ 250\ 000}\times 100\%=59.7\%$$

一般说来，现金销售率应接近100%。如果该指标过低，说明企业已实现收入含有过多至今未收到的赊销收入，收益质量较差。分析这一指标时，应与企业的销售政策、应收账款平均收账期等结合起来考虑。

3. 资产现金回收率

资产现金回收率是指经营活动现金净流量与全部运用资产的比值，反映企业资产产生现金的能力。其计算公式为：

$$资产现金回收率=\frac{经营活动现金净流量}{总资产平均值}\times 100\%$$

由表14－1和表14－3的有关数据，可得出星光股份有限公司的资产现金回收率：

$$资产现金回收率=\frac{375\ 835}{(8\ 401\ 400+8\ 058\ 335)\div 2}\times 100\%=4.6\%$$

此时，若同行业平均资产现金回收率超过5%，说明该公司资产产生现金的能力较弱。在分析这一指标时，可与资产报酬率结合起来考虑。

二、营运能力比率分析

营运能力比率是从各项具体资源运用的角度，衡量企业在资产管理方面的效率的财务比率，具体包括应收账款周转率、存货周转率、流动资产周转率和总资产周转率。

（一）应收账款周转率

应收账款周转率是指企业销售收入与应收账款平均余额的比率，用以反映企业应收账款收回的速度和管理效率。其计算公式如下：

$$应收账款周转率=\frac{销售收入}{应收账款平均余额}$$

上式中，销售收入是指扣除坏账准备的应收账款净额，它是应收账款的期初数与期末数的平均数。从理论上来说，销售净额应扣除现金销售部分，以赊销净额来计算，这样可以保持比率计算分子与分母口径的一致性。但是，不仅财务报表的外部使用者无法取得这一数据，而且财务报表的内部使用者也未必容易取得这一数据，因此，把现金销售视为收账时间为零的赊销也是一种可行的方法。只要保持历史的一贯性，使用销售净额来计算该指标一般不会影响其有用性。因此，实务中常使用销售净额来计算这一比率。

由表14－1和表14－2的有关数据可知，星光股份有限公司的应收账款周转率为：

$$\text{应收账款周转率}=\frac{1\ 250\ 000}{(299\ 100+598\ 200)\div 2}=2.786$$

除了应收账款周转率之外，应收账款的周转情况还可以用应收账款平均账款期，即应收账款周转天数来表示。其计算公式为：

$$\text{应收账款周转天数}=\frac{360}{\text{应收账款周转率}}$$

一般来说，应收账款周转率越高，周转天数越短，说明应收账款的回收速度越快，管理效率越高。但是，过高的应收账款周转率也可能说明，企业在赊销政策方面存在问题，或为及早收回应收账款而给予顾客过高的现金折扣，从而降低企业盈利水平；或者奉行严格的信用政策，付款条件过于苛刻，从而降低了应收账款数额，影响了企业销售量，进而影响企业的盈利水平。如果要对应收账款的周转速度作出恰当、合理的评价，还要考虑不同行业的特点，结合同行业的平均水平进行分析。同时还要注意下列事项：第一，季节性经营企业使用这些指标不能反映实际情况；第二，大量使用分期付款结算方式；第三，大量使用现金结算方式；第四，年末大量销售或年末销售大幅度下降。这些因素会对指标计算结果产生较大影响。

（二）存货周转率

存货周转率是指企业在某一特定期间内的销售成本与存货平均余额的比率，反映企业在该期间内存货周转速度，是评价企业存货、投入生产、销售收回等各环节管理效率的综合性指标，又称为存货周转次数。用时间表示的存货周转速度是存货周转天数，它是指存货每完成一次周转需要的天数。其计算公式为：

$$\text{存货周转率}=\frac{\text{销售成本}}{\text{平均存货}}$$

$$\text{存货周转天数}=\frac{360}{\text{存货周转率}}$$

公式中，平均存货是期初存货与期末存货的平均数。根据表14－1和表14－2的有关数据，星光股份有限公司的存货周转率与存货周转天数为：

$$\text{存货周转率}=\frac{750\ 000}{(2\ 580\ 000+2\ 574\ 700)\div 2}=0.291$$

$$\text{存货周转天数}=\frac{360}{0.291}=1\ 237$$

一般来说，存货周转率越高，周转天数越短，存货的占用水平就越低，表明企业存货管理越有效率，存货变现能力就越强。但是，过高的周转速度也可能表明企业的存货水平过低，从而导致经常缺货并影响正常生产经营活动进行；或者由于采购次数过于频繁，每次订货数量过小而增加存货采购成本。存货周转率过低，往往表明存货管理不善，造成存货积压，销售不畅。另外，对存货周转速度分析还应考虑不同行业、不同经营方式等因素的影响。星光股份有限公司的存货周转率为0.291，周转一次需要1 237天，显然存货周转速度较慢，存货管理水平偏低。

（三）流动资产周转率

流动资产周转率是指销售收入与全部流动资产平均余额的比率，反映企业对流动资产的管理效率。其计算公式为：

$$\text{流动资产周转率}=\frac{\text{销售收入}}{\text{平均流动资产}}$$

$$\text{平均流动资产}=\frac{\text{期初流动资产}+\text{期末流动资产}}{2}$$

由表14－1和表14－2可知，星光股份有限公司的流动资产周转率为：

$$\text{流动资产周转率}=\frac{1\ 250\ 000}{(4\ 751\ 400+4\ 139\ 355)\div 2}=0.281$$

该指标反映流动资产的周转速度。周转速度快，会相对节约流动资产，相当于扩大了资产收入，增强了企业盈利能力；而延缓周转速度，需补充周转用流动资产，形成资金浪费，降低了企业盈利能力。

（四）总资产周转率

总资产周转率是指企业销售收入净额与平均资产总额的比率，反映企业对其所拥有的全部资产的有效利用程度。其计算公式为：

$$\text{总资产周转率}=\frac{\text{销售收入净额}}{\text{平均总资产}}$$

$$\text{平均总资产}=\frac{\text{期初总资产}+\text{期末总资产}}{2}$$

由表14－1和表14－2的有关数据可知，星光股份有限公司的总资产周转率为：

$$\text{总资产周转率}=\frac{1\ 250\ 000}{(8\ 401\ 400+8\ 058\ 335)\div 2}\times 100\%=0.152\%$$

该指标反映资产总额的周转速度，一般而言，在其他条件不变情况下，销售收入上升时，总资产周转率也上升，表明企业各项资产的运用效率提高，企业管理水平上升；反之，则下降。不过，在分析该指标时，还应与销售利润率、资产报酬率等指标结合起来加以考察。因为较高的总资产周转率可以通过薄利多销的办法来实现，企业能否获利及获利多少，最终还是与销售利润率的高低密切相关。

三、偿债能力比率分析

偿债能力是指企业偿还各种到期债务的能力。通过偿债能力分析，可以揭示企业的财务风险，企业管理人员、债权人和投资者都很重视企业的偿债能力分析。由于债务有长短期之分，给企业带来的偿债压力不同，通常又把偿债能力分析分为短期偿债能力分析和长期偿债能力分析。

（一）短期偿债能力分析

短期偿债能力是指企业偿付流动负债的能力。一般来说，流动负债需要以流动资产来偿付，从根本上讲，它需要用现金来直接偿还，因此，短期偿债能力分析通常关注企业资产的变现能力，短期偿债能力分析又称为变现能力分析。变现能力是企业转换现金的能力，它取决于可以在近期内转换为现金的流动资产数额。由于偿还短期债务要减少现金，所以在计量变现能力时要扣除流动负债。反映变现能力的财务比率主要有流动比率和速动比率。

1. 流动比率

流动比率是指企业流动资产与流动负债之间的比率，可用以衡量企业在某一时点用现有的流动资产去偿还到期流动负债的能力。其计算公式为：

$$流动比率=\frac{流动资产}{流动负债}$$

根据表 14－1 的有关数据可知，星光股份有限公司 2010 年年末的流动比率为：

$$流动比率=\frac{4\ 139\ 355}{1\ 572\ 649.85}=2.632$$

一般地，流动比率越高，表明企业资产的流动性越大，变现能力越强，短期偿债能力相应越强。但是，这并不意味着流动比率越高越好。从理财角度来看，流动性越高的资产，其获利能力相应较低。

西方长期经验证明，流动比率一般维持在 2∶1 左右，就视为具有充裕的短期偿债能力。原因是，流动资产中变现能力最差的存货金额约占流动资产总额的一半，剩下的流动性较大的流动资产等于流动负债，这样，企业的短期偿债能力就会有保障。

但是，对流动比率的要求不能一概而论，还要视企业的经营性质、经营周期和行业特点而定，甚至与企业本身的经营方针和管理水平有关。例如，许多制造企业，其流动比率低于 2∶1 就会陷入财务困境，而商品流通企业的流动比率接近 1∶1 也能经营得很成功。因此，计算出的流动比率最好还要与同行业水平、与本企业历史水平进行对比分析，以判定其合理性。但有一点可以肯定，流动比率一般在 2∶1 水平较合适。星光股份有限公司 2010 年年末资产负债表上的流动比率为 2.632，这说明该公司资产的流动性较好。

2. 速动比率

尽管流动比率能较好地反映企业流动资产的能力，但是，由于流动资产包括了一部分变现能力较差的资产（如存货、待摊费用等），因此，人们（特别是短期债权人）还希望进一步获得比流动比率更有效地反映变现能力的指标。这一指标就是速动比率，它是将流动资产变现能力较差的资产（如存货、待摊费用）扣除，即所谓速动资产，以速动资产除以流动负债就是速动比率。速动比率也称酸性测试比率，用于衡量企业在某一时点用随时可变现的流动资产偿付到期债务的能力。其计算公式为：

$$速动比率=\frac{速动资产}{流动负债}$$

根据表 14－1 的有关数据可知，星光股份有限公司 2010 年末的速动比率为：

$$速动比率=\frac{4\ 139\ 355-2\ 574\ 700}{1\ 572\ 649.85}=0.995$$

一般认为，速动比率保持为 1∶1 较合适。此时，速动资产和流动负债相等，企业具有较强的短期偿期能力，短期债权人能按期收回债权的可能性大。星光股份有限公司 2010 年年末的速动比率为 0.995，应属于正常范围。但是，这一比率并不是绝对的，不同的企业和行业各有差别。另外，影响速动比率可信性的重要因素是应收账款的变现能力。如果账面应收账款中有大部分不易收回，则可能形成坏账，那么速动比率就不能真实反映企业的短期偿债能力。

（二）长期偿债能力分析

长期偿债能力是指企业偿还长期负债的能力。对企业所有者、长期债权人和经营者来说，他们不仅关心企业的短期偿债能力，而且关心企业的长期偿债能力。由于企业对债务负有两种责任，即偿还债务本金和支付债务利息，因此，分析企业长期偿债能力，主要是为了确定企业偿还债务本金和支付债务利息的能力。分析长期偿债能力的财务比率主要有：资产负债率、产权比率、有形净值债务率和利息保障倍数。

1. 资产负债率

资产负债率，亦称负债比率或举债经营比率。它是指企业负债总额与资产总额之间的比率，表明企业负债水平高低和长期偿债能力，反映债权提供贷款的安全程度。其计算公式是：

$$资产负债率=\frac{负债总额}{资产总额}\times 100\%$$

由表 14－1 的有关数据，星光股份有限公司 2010 年年末的资产负债率为：

$$资产负债率=\frac{2\ 732\ 649.85}{8\ 058\ 335}\times 100\%=33.9\%$$

资产负债率反映了企业偿还债务的综合能力。一般来说，资产负债率越低，资产对债权人的保障程度就越高。因为它说明，在企业的资产中，债权人提供的资金越少，所有者投入的资金就越多，企业本身的财力就越强；反之，资产负债率越高，企业长期偿债能力就越差，债权人收回债权的保障程度就越低，面临的风险就越大。如果资产负债率超过 100%，则表明企业已经资不抵债，面临破产危险，债权人就将蒙受损失。

不同行业、不同类型企业的资产负债率有较大的差别。一般而言，处于高速成长时期的企业，其资产负债率可能会高些。在不同的国家、同一国家的不同地区，其资产负债率也不尽相同。在美国，资本市场以股票投资为主，资产负债率相对较低；日本企业以家族经营为主，企业的生产资本和金融资本相互渗透，其资产负债率相对较高；我国国有企业因历史原因，对国有商业银行资本依赖较重，导致企业资产负债水平偏高。

2. 产权比率

产权比率是指负债总额和所有者权益总额之间的比率，其计算公式为：

$$产权比率=\frac{负债总额}{所有者权益总额}\times100\%$$

由表 14－1 有关数据可知，星光股份有限公司 2010 年年末的产权比率为：

$$产权比率=\frac{2\ 732\ 649.85}{5\ 325\ 685.15}\times100\%=51.3\%$$

该指标反映了债权人权益和所有者权益的对比关系。该比率越低，说明企业基本财务结构越稳定，债权人权益的程度越高，债权人承担的财务风险就越低。由于负债与所有者权益之和等于资产总额，因此，该比率和资产负债率具有共同的经济意义，两个指标可以相互补充。另外，在西方，优先股通常被视为非权益资本，和负债一样处理，因此，我们在分析时也要注意优先股的影响。

3. 有形净值债务率

有形净值债务率是指企业负债总额与有形净值之间的比率。有形净值是股东权益减去无形资产后的净值，即股东拥有所有权的有形资产净值。其计算公式为：

$$有形净值债务率=\frac{负债总额}{所有者权益-无形资产}\times100\%$$

由表 14－1 的有关数据可知，星光股份有限公司 2010 年年末的有形净值债务率为：

$$有形净值债务率=\frac{2\ 732\ 649.85}{5\ 325\ 685.15-540\ 000}\times100\%=57.1\%$$

该指标是产权比率指标的延伸，是更为谨慎地反映企业清算时债权人权益受到所有者权益保障程度。所谓谨慎，是指本指标不考虑诸如商誉、专利权、非专利技术等无形资产的价值，因为它们不一定能用来偿债，为谨慎起见，一律视为不能偿债，将其从所有者权益中扣除。该比率越低，说明企业长期偿债能力越强。

4. 利息保障倍数

利息保障倍数是指企业息税前利润和利息费用之间的比率，反映企业用本期所获收益支付利息费用的能力。其计算公式为：

$$利息保障倍数=\frac{息税前利润}{利息费用}$$

式中，息税前利润是指净利润、所得税费用和利息费用三者之和，也可以用税前利润加上利息费用来测算。公式中的利息费用不仅包括财务费用中的利息费用，还包括计入固定资产成本的资本化利息。由于我国现行利润表中没有单列利息费用，混在财务费用之中列出，而资本化利息的金额一般要在财务报表的附注中披露，因此，外部报表使用者可用“利润总额＋资本化利息＋财务费用”来估算息税前利润。

以星光股份有限公司为例，假设该公司无资本化利息，所有财务费用均为利息费用，根据表 14－2 的有关数据，可得利息保障倍数为：

$$利息保障倍数=\frac{310\ 300+41\ 500}{41\ 500}=8.477$$

利息保障倍数越高，说明企业有足够的利润可用于支付利息，债权人的利息收入就越有保障；该比率越低，说明企业可用于支付利息的利润越少，企业偿付利息的能力就越弱；当该比率小于 1 时，则表明企业已无力支付举债经营的利息支出，陷入了财务困境之中，举债的安全保障已成为问题。

（三）有关偿债能力的现金流量比率

1. 现金流量比率

现金流量比率是经营活动现金净流量与流动负债之间的比率，反映本期经营活动产生的现金净流量抵付流动负债的倍数。其计算公式为：

$$现金流量比率=\frac{经营活动现金净流量}{流动负债}$$

根据表 14－1 和表 14－3 的有关数据，星光股份有限公司 2010 年年末的现金流量比率为：

$$现金流量比率=\frac{375\ 835}{1\ 572\ 649.85}=0.239$$

一般来说，该比率越高，表明企业偿付流动负债的能力越强，短期债权人的利益就越有保障；反之，则表明企业偿付到期债务的能力弱，面临支付困难，发生财务危机。

2. 现金利息保障倍数

现金利息保障倍数是对传统利息保障倍数的修正和补充，反映来自经营活动产生的现金与支付的利息之间的关系。其计算公式为：

$$现金利息保障倍数=\frac{经营活动净流量+现金利息支出}{现金利息支出}$$

很显然，这一指标对企业所有者和债权人都具有重要意义，不能支付到期债务的利息将会使企业陷入财务困境，甚至使企业破产清算。根据表 14－3 的有关数据，星光股份有限公司 2010 年年末的现金利息保障倍数为：

$$现金利息保障倍数=\frac{375\ 835+12\ 500}{12\ 500}=31.067$$

需要说明的是，我国现行现金流量表并不单独列示现金利息支出，而是在“分配股利、利润和偿付利息所支付的现金”中混合列出。上例计算中，我们用这一数值代替。

第三节　财务分析的应用

一、杜邦分析指标体系

杜邦分析法是利用几种主要的财务指标之间的关系来综合地分析企业财务状况的一种方法。这种分析方法是由美国杜邦公司的经理创造的，故称之为杜邦系统（The Du Pont System）。现在借助杜邦分析指标体系，以星光股份有限公司为例来说明其主要内容（图 14－1）。

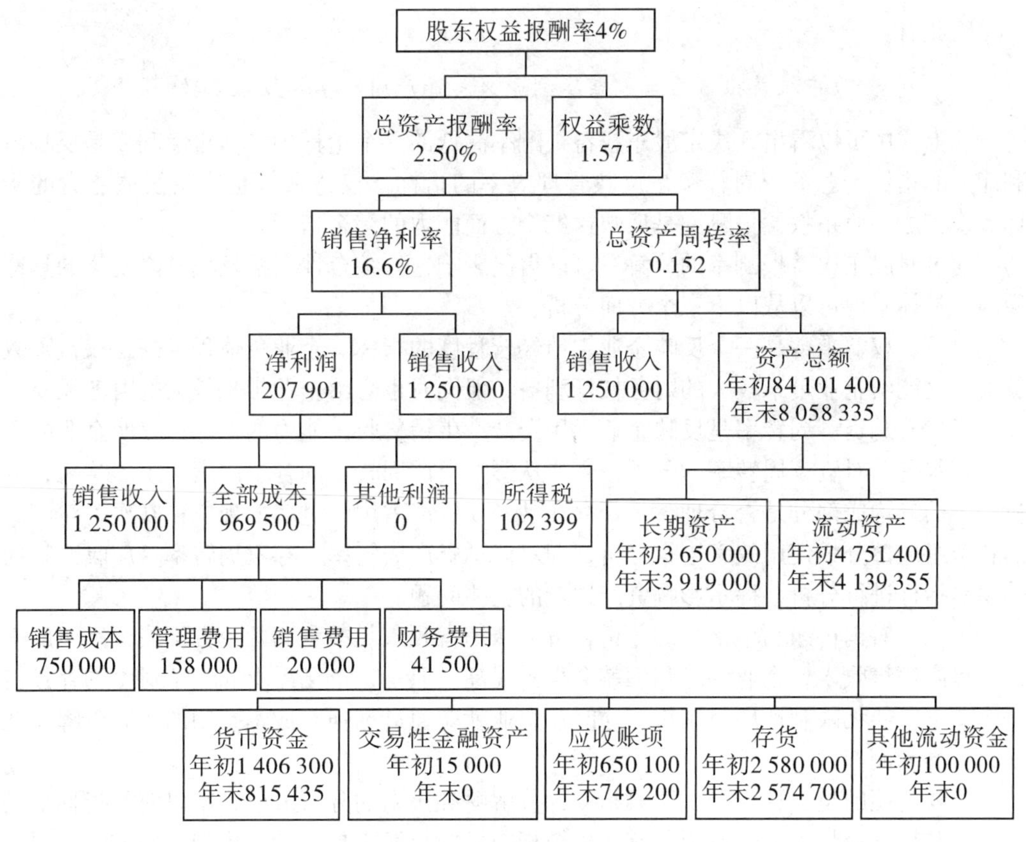

图 14－1　杜邦分析指标体系

图 14－1 中的权益乘数表示企业的负债程序，权益乘数越大，表明企业负债程度越高。通常的财务比率都是除数，除数的倒数叫乘数。权益除以资产是资产权益率，权益乘数的倒数即资产除以权益。其计算公式为：

$$权益乘数 = \frac{1}{1 - 资产负债率}$$

公式中的资产负债率是全年平均资产负债率，即企业全年平均负债总额与全年平均资产总额之间的比率。根据表 14－1 的有关数据，星光股份有限公司全年平均的权益乘数为：

$$权益乘数 = 1 \div \left[1 - \frac{(3\ 251\ 400 + 2\ 732\ 649.85) \div 2}{(8\ 401\ 400 + 8\ 058\ 335) \div 2}\right] = 1.571$$

股东权益报酬率是一个综合性最强、最具代表性的指标，原因是：

$$股东权益报酬率 = 总资产报酬率 \times 权益乘数$$

$$总资产报酬率 = 销售净利率 \times 总资产周转率$$

因此有：

$$股东权益报酬率 = 销售净利率 \times 总资产周转率 \times 权益乘数$$

从上式中可以看出，决定股东权益报酬率高低的三个指标中，销售净利率是反映盈利能力的指标，总资产周转率是反映管理效率的指标，权益乘数是反映偿债能力的指标。换言之，股东权益报酬率是反映这三个方面能力的综合指标。

通过对股东权益报酬率的分解，可以得出影响这一综合性指标发生升降变化的具体原因。具体来说可以从以下三个方面分析：

第一，权益乘数是一个反映企业举债经营程度的指标。企业负债程度高，权益乘数就大，这能给企业带来较大的财务杠杆利益，但同时也会给企业带来较大的财务风险。

第二，总资产周转率是反映企业运用资产产生销售收入能力的指标，表明企业的资产管理水平。对资产周转率的分析，需要从影响资产周转率的各个因素入手。首先，分析资产的各构成部分是否合理，是否存在某一项资产占用量过多的现象；其次，对资产的各个组成部分的使用效率进行分析，即对流动资产周转率、存货周转率、应收账款周转率等指标进行分析，揭示影响资产周转的主要问题。

第三，对销售净利率指标的分析，可以从销售收入与净利润两个方面展开。一般来说，提高销售收入，企业的净利润就会得到提高。但是，市场需求和竞争对手的存在使得企业不可能无限制地增加销售。这时，企业就应通过加强对成本费用的控制以降低耗费，提高利润。

需要说明的是，杜邦分析法只是一种分解财务比率的分析方法，可以解释指标变动的原因和变动趋势，为企业采取有效措施指明方向，而不是一种解决问题的方法。要提高股东权益报酬率，还需要企业销售部门、生产部门和管理部门的密切配合，采取有效措施扩大销售，降低成本，提高资产使用效率。

二、企业财务状况的综合评价

（一）沃尔评分法

企业财务状况综合评价的先驱者之一是亚历山大·沃尔。他在 20 世纪初期出版的

《信用晴雨表研究》和《财务报表比率分析》中提出了信用能力指数概念，将若干财务比率用线性关系结合起来，以评价企业的信用水平。他选择了 7 个财务比率，分别给定其在总评价中的权重，总和为 100 分，然后确定标准比率，并与实际比率相比较，评出每项指标的得分，最后求出总评分。下面我们采用沃尔的方法，对星光股份有限公司财务状况进行评价（如表 14 - 8 所示）。

表 14 - 8 沃尔评分法

财务比率	比重 1	标准比率 2	实际比率 3	相对比率 4	评分 1 ×4
流动比率	25	2.00	2.632	1.316	26.32
净资产/负债	25	1.50	1.949	1.299	32.475
资产/固定资产	15	2.50	3.661	1.464	21.96
销售成本/存货	10	8	0.291	0.036	0.36
销售收入/应收账款	10	6	2.786	0.464	4.64
销售收入/固定资产	10	4	0.56	0.14	1.4
销售收入/净资产	5	3	0.235	0.078	0.39
合计	100				87.545

沃尔评分法存在两大缺陷：一是没有理论支持，至今未能证明为什么要选择这 7 个指标而不是别的指标，为什么不选择更多或更少的指标，同时也未能证明各指标所占比重的合理性；二是存在一个技术上的问题，即某一指标重大异常时，会对总评分产生不符合逻辑的重大影响。这个问题是由相对比率和比重相乘引起的，财务比率提高 1 倍，其评分增加 1 倍；而若缩小 1 倍，则其评分只减少一半。

尽管沃尔评分存在上述缺陷，但它还是在实践中被应用。现代的综合评分法就是沃尔评分法的改良版。具体来说有以下两个方面的改进：

第一，指标选择有改进。选择的指标基本能反映企业的盈利能力、管理效率水平和偿债能力。

第二，对每个指标进行评分时，一般规定了上限和下限，以减少个别指标异常对总分造成不合理的影响。例如，上限可定为正常评分值的 1.5 倍，下限可定为正常评分值的 0.5 倍。

以下将采用这种方法，对星光股份有限公司的财务状况进行综合评价（如表 14 - 9 所示）。

表 14－9 星光股份有限公司财务状况评分表

财务比率	评分值 1	上/下限 2	标准值 3	实际值 4	关系比率 5＝4÷3	实际得分 6＝1×5
流动比率	10	20/5	2.00	2.632	1.316	13.16
速动比率	10	20/5	1.00	0.995	0.995	9.95
自有资本比率	15	30/7	0.50	0.661	1.322	19.83
存货周转率	10	20/5	6.00	0.291	0.049	5.00
应收账款周转率	10	20/5	12.00	2.786	0.232	5.00
总资产周转率	10	20/5	2.00	0.152	0.076	5.00
资产报酬率	10	20/5	10%	2.60%	0.260	5.00
权益报酬率	15	30/7	15%	4.00%	0.267	7.00
销售净利率	10	20/5	20%	16.60%	0.830	8.30
合计	100					78.24

根据这种方法，对星光股份有限公司的财务状况与经营成果进行综合评价，得分为 78.24 分，可知该公司是一个中等偏下水平的企业。

（二）国有资本金效绩评价

1999 年，财政部、国家经贸委、人事部和国家纪委联合发布了《国有资本金效绩评价规则》，目的是“完善国有资本金监管制度，科学解析和真实反映企业资产运营效果和财务效益状况”。国有资本金效绩评价的对象是国有独资企业、国有控股企业。除政府外的其他评价主体在对其投资对象进行评价时，也可参照本办法进行。

评价的指标体系分为工商企业和金融企业两大类，工商企业又分为竞争性企业和非竞争性企业。具体的评价指标分为定量指标和定性指标两大类，其中的定量指标又分为基本指标和修正指标两类。表 14－10 是竞争性工商企业的评价指标体系。

表 14－10 竞争性工商企业评价指标体系

定量指标（权重 80%）			定性指标（权重 20%）
指标类别（100 分）	基本指标（100 分）	修正指标（100 分）	评议指标（100 分）
一、财务效益状况（42 分）	净资产收益率（30 分） 总资产报酬率（12 分）	资本保值增值率（16 分） 销售利润率（14 分） 成本费用利润率（12 分）	1. 领导班子基本素质（20 分） 2. 产品市场占有率（18 分） 3. 基础管理水平（20 分） 4. 员工素质（12 分） 5. 技术装备水平（10 分） 6. 行业（或地区）影响（5 分） 7. 经营发展战略（5 分） 8. 长期发展能力预测（10 分）
二、资产运营状况（18 分）	总资产周转率（9 分） 流动资产周转率（9 分）	存货周转率（4 分） 应收账款周转率（4 分） 不良资产比率（6 分） 资产损失比率（4 分）	
三、偿债能力状况（22 分）	资产负债率（12 分） 已获利息倍数（10 分）	流动比率（6 分） 速动比率（4 分） 现金流动负债比率（4 分） 长期资产适合率（5 分） 经营亏损挂账比率（3 分）	
四、发展能力状况（18 分）	销售增长率（9 分） 资本积累率（9 分）	总资产增长率（7 分） 固定资产成新率（5 分） 三年利润平均增长率（3 分） 三年资产平均增长率（3 分）	

该评价所采用的基本方法是综合评分法。通过综合评分得出企业的最终评分，并按照评分结果划分为 10 个不同的等级，以评价企业资本金的绩效。

三、财务失败预警分析

负债经营已是现代企业运作的一种重要方式，几乎所有的企业都要依靠举债来满足其资金需求。但是，负债经营涉及到债务偿还问题。一旦企业经营状况不佳，不能及时支付到期债务的本息，企业就会因财务危机而陷入经营困境甚至破产。由于危机的出现是一个渐进的、不断恶化的过程，因而必须对企业的财务运营进行监控，及早发现财务危机信号，预测企业财务失败的可能性。这样，企业经营者就能够在财务危机出现的萌芽阶段采取措施改善企业经营状况，防范财务失败；投资者可利用财务危机信号尽早处理现有投资，避免更大的损失；债权人可在这种信号的帮助下加强对债权的管理与控制，尽量降低损失的可能性。可见，对企业财务危机进行预警研究，无论从哪个立场来说都是必要的。

（一）单变量分析法

对财务危机预警研究有两种类型：一种是单变量分析法，分析个别数据与财务比率和财务危机的关系；另一种是多变量分析法，利用多个比率来预测企业的财务危机，以取得更佳的预测效果。

单变量分析法是指运用单一变量、个别财务指标来预测财务风险大小的方法。通常，当所分析的财务指标趋向恶化时，意味着出现了财务危机的征兆。1966 年，威廉·比弗（William Beaver）运用精确的统计方法，发现了某些财务比率可以有效地预见企业破产。他选择了行业、规模相当的已经破产与正常运营的两组共 158 家公司，通过对破产前 5 年的 29 个财务比率进行比较，发现在破产前 5 年就有比率警报，而且这些比率会迅速恶化，尤以最后一年为最。在所有比率中，以现金流量/债务总额的预测作用最强，在破产前一年中，其预测准确率达到 87%。

按照单变量分析法的解释，企业的现金流量、净收益和财务状况不能改变，并且表现为企业的长期状况，而非短期因素，因此，应对上述比率的变化趋势予以特别关注。单变量分析法中预测企业财务失败的比率主要有：现金流量债务比、资产净利率、流动比率、资产负债率、资产安全率（即资产变现金额/资产账面金额与资产负债率之差）等指标。

（二）多变量分析法

由于单变量分析法一次只能分析一个指标，而不同的指标只能反映企业财务状况的一个侧面，因此，运用多数据进行综合分析，可获得更好的预测效果。1968 年，爱德华·奥特曼（Edward Altman）采用配对抽样法，根据行业和资产规模对 33 家破产企业和 33 家非破产企业进行对比研究，首次提出了计量企业破产可能性的“Z 值”模型，其判别函数（Discriminant Function）为：

$$Z = 0.012W_1 + 0.014W_2 + 0.033W_3 + 0.006W_4 + 0.999W_5$$

式中，W_1——净营运资金/总资产，反映资产的流动性；W_2——留存收益/总资产，反映累计盈利情况；W_3——息税前利润/总资产，反映资产的营运效率；W_4——股票市价/总负债面值，反映偿债能力；W_5——销售总额/总资产，反映资产周转速度。需注意的是，模型中的变量 W_1、W_2、W_3、W_4 是以百分比的形式表示的，而不是以绝对数形式表示的。例如，净营运资金/总资产 = 10%，则按 $W_1 = 10$ 代入式中。变量 W_5 是以绝对数表示的，例如，销售总额/总资产 = 200%，则 $W_5 = 2$。

该模型的变量是从资产流动性、获利能力、偿债能力及营运能力等指标中各选择一两个最具代表性的指标，模型中的系数则是根据统计结果得到的各指标相对重要性的量度。按照这一模型，通过计算企业连续几年的 Z 值，就可发现企业发生财务危机的征兆，而且，Z 值越低，就越有可能破产。判断标准为：若 $Z < 1.81$，公司已濒临破产；若 $Z > 2.99$，公司就有足够的安全；若 $1.81 < Z < 2.99$，公司处于“灰色区域”，要审慎考虑，但一般以 2.675 为界，在其上破产可能性较小；在其下者破产可能性较大。

按照奥特曼的思路，各国学者通过实证研究建立了自己的模型。例如，英国的塔夫勒（Taffler）于 1977 年，从英国的非制造企业中选取了一个大样本建立了与奥特曼模型类似的企业失败预警模型：

$$Z = 0.53X_1 + 0.13X_2 + 0.18X_3 + 0.16X_4$$

其中，X_1——息税前利润/流动负债；X_2——流动资产/负债总额；X_3——流动负债/资产总额；X_4——（速动资产－流动负债）/（营业成本－折旧）。

统计结果显示，当 $Z<0$ 时，企业表现出与破产企业类似的特征；当 $Z>0$ 时，企业与正常企业有相似的特征。

（三）企业财务危机的非财务信息

以上讨论的企业财务危机预警方法都是以财务比率为基础进行分析的。事实上，除此之外，还有一些非财务信息也能预示企业失败。原因是：一般而言，财务失败是由于管理不善所导致的，而管理不善的种种表现可以比财务指标提前被发现。这类非财务信息很多，主要有：①总经理独断专行；②总经理兼任董事长；③独断的总经理控制着被动的董事会；④董事会成员构成失衡，如管理人员不足；⑤财务主管能力低下；⑥管理混乱，缺乏规章制度；⑦没有财务预算或不按预算进行控制；⑧没有成本控制系统；⑨应变能力差，产品过时，设备陈旧，战略守旧；⑩没有现金流转计划，或虽有计划，但从未适时调整；等等。

练习与案例

一、复习思考

1. 财务分析的主要作用表现在哪些方面？

2. 财务分析有哪些主要方法？在应用各种分析方法时应注意哪些问题？

3. 一般来说，财务比率分析中主要分析哪几方面比率？各方面的主要财务比率是什么？

4. 怎样对企业财务状况进行综合评价？

5. 什么是企业财务失败预警？

二、案例分析

1994—1996 年四川长虹电器股份有限公司财务报表分析

1. 基本情况

1995 年是长虹取得辉煌成果的一年，面对彩电市场竞争异常激烈的形势，全体长虹人以质量至上、服务配套为销售宗旨，调整产品结构，全年共生产各种型号的“长虹牌”电视机 3 259 888 台。其中，彩电 3 051 888 台，黑白电视机 208 000 台；共销售彩电 2 917 995 台，黑白电视机 208 000 台；实现销售收入 67.64 亿元（不含税），实现税后利润 11.51 亿元，使长虹牌彩电的国内市场占有率由 1994 年的 17% 上升到 1995 年的 22%。公司在销售收入、利润、总额、税后利润方面均位居同行业第一名。

1996 年，是我国“九五计划”第一年，也是中国彩电工业的“长虹年”。全年共生产各种“长虹牌”电视机 493.545 8 万台，其中，彩电 480.646 9 万台，黑白电视机 12.898 9 万台，共销售彩电 477.147 9 万台，黑白电视机 12.622 2 万台；实现主营业务收入 105.87 亿元，实现利润总额 19.63 亿元，净利润 16.75 亿元。1996 年年底，长虹市场占有率上升到 27% 左右。公司在主营业务收入、利润总额、税后利润均位居行业第一名。

2. 财务报表

由于所引用四川长虹股份有限公司年度财务报告资料的时间较早，中国证监会等官方网站没有这些年度的财务报表，以下数据和公司业务情况的基本资料，均来源于和讯网（http://stockdata. stock. hexun. com/stock_detail_600839）。此外，以前财务报表的列报与现在的有所不同，但不会影响相关分析。

(1) 四川长虹1994—1996年资产负债表。

表14－11　四川长虹1994—1996年资产负债表　　（单位：千元）

项目	1993年	1994年	1995年	1996年
货币资金	291 560. 68	154 062. 73	163 172. 39	397 144. 65
应收票据			3 434 469. 85	6 889 074. 67
应收账款净额	1 901. 65	129 871. 92	191 693. 66	162 366. 20
预付货款		88 386. 8	88. 4	232 484. 91
其他应收款		74 223. 07	143 066. 89	64 166. 47
待摊费用		72 784. 16	54 583. 14	43. 86
存货净额	904 694. 28	1 083 298. 29	1 520 180. 80	2 715 795. 23
待处理流动资产净损失	0	0	－5. 30	0
流动资产合计	1 751 783. 78	2 516 440. 22	5 595 558. 27	10 461 076. 01
长期投资	12 645. 73	33 242. 88	48 359. 87	98 024. 01
固定资产净值	169 627. 98	408 085. 45	567 367. 57	714 336. 42
固定资产清理		255. 12	334. 60	933. 80
在建工程	15 347. 50	143 276. 05	191. 69	249 937. 07
固定资产合计	184 975. 48	551 616. 62	759 395. 60	965 207. 28
无形及递延资产合计	10 942. 23	10 688. 80	10 468. 27	15 151. 59
资产总计	196 0347. 22	3 119 885. 2	6 413 782. 01	11 539 458. 90
短期借款及应付票据	402 200. 00	936 544. 25	2 300 561. 25	4 793 538. 30
应付账款及预收货款	181 918. 86	174 078. 67	198 142. 36	11 195 605. 30
应付福利费			49 260. 22	65 459. 36
未付股利			202 838. 40	71. 28
未交税金	18 629. 01	7 766. 77	42 552. 99	95 107. 07
其他应付款	76 495. 45	227 936. 02	261 745. 76	326 869. 71
一年内到期的长期负债			3 500. 00	
流动负债合计	715 478. 30	1 394 715. 37	3 358 600. 98	6 596 208. 89
长期借款	7 000. 00	10 000. 00	3 000. 00	14 000. 00
长期负债合计	7 000. 00	10 000. 00	3 000. 00	

（续上表）

项目	1993 年	1994 年	1995 年	1996 年
股本	198 182. 30	237 818. 76	505 364. 86	808 583. 78
资本公积	101 487. 08	101 487. 08	468 099. 56	468 099. 56
盈余公积	471 190. 94	655 607. 05	2 058 887. 47	3 144 518. 56
未分配利润	467 008. 60	712 360. 26	19 829. 44	508 048. 10
股东权益合计	1 237 868. 92	1 707 273. 15	3 052 181. 03	4 929 250. 00
负债及股东权益总计	1 960 347. 22	3 111 988. 52	6 413 782. 01	11 539 458. 90

（2）四川长虹 1994—1996 年利润表。

表 14－12　四川长虹 1994—1996 年度利润表　　（单位：千元）

项目	1993 年	1994 年	1995 年	1996 年
一、主营业务收入	2 438 297. 12	4 273 980. 82	6 764 373. 14	10 587 654. 64
减：营业成本		31 952 481. 72	4 952 654. 42	7 753 409. 54
销售费用		40 219. 78	159 962. 39	357 946. 78
管理费用		22 667. 20	152 513. 48	328 403. 11
财务费用		65 950. 81	121 209. 36	186 374. 95
营业税金及附加		21 299. 26	32 049. 89	32 512. 38
二、主营业务利润	594 280. 38	828 595. 58	1345 983. 59	1 929 007. 86
其他业务利润	7 396. 28	5 968. 21	10 748. 44	34 667. 27
投资收益	5 906. 99	1 008. 61	455. 00	600. 00
营业外收支净额	－3 025. 24	－9 819. 39	－3 304. 29	－1 639. 01
以前年度损益调整		6 096. 05	－160. 69	
三、利润总额	504 558. 41	831 849. 06	1 353 722. 05	1 962 636. 12
减：应交所得税	75 683. 76	124 626. 07	203 008. 05	287 713. 08
四、净利润	428 874. 65	707 222. 99	1 150 714. 01	1 674 923. 03

【分析与思考】

1. 根据有关资料，比较分析长虹公司 1994 年度、1995 年度和 1996 年度的资产负债表；分析长虹公司的筹资变化及其资本结构的变动趋势。

2. 根据有关资料，在比较分析长虹公司 1994 年度、1995 年度、1996 年度的销售利润变动趋势的基础上，试分析长虹公司的销售百分比体现的问题。

3. 结合上述分析结果，试对长虹的发展前景作出判断。

4. 有兴趣的同学可进一步搜集四川长虹 1996 年后的财务报表进行趋势分析，并根据长虹的实际情况验证前述分析结论。

附表一　一元复利终值系数表

计算公式：$f=(1+i)^n$

期数	1%	2%	3%	4%	5%	6%	7%	8%	9%	10%
1	1.010 0	1.020 0	1.030 0	1.040 0	1.050 0	1.060 0	1.070 0	1.080 0	1.090 0	1.100 0
2	1.020 1	1.040 4	1.060 9	1.081 6	1.102 5	1.123 6	1.144 9	1.166 4	1.188 1	1.210 0
3	1.030 3	1.061 2	1.092 7	1.124 9	1.157 6	1.191 0	1.225 0	1.259 7	1.295 0	1.331 0
4	1.040 6	1.082 4	1.125 5	1.169 9	1.215 5	1.262 5	1.310 8	1.360 5	1.411 6	1.464 1
5	1.051 0	1.104 1	1.159 3	1.216 7	1.276 3	1.338 2	1.402 6	1.469 3	1.538 6	1.610 5
6	1.061 5	1.126 2	1.194 1	1.265 3	1.340 1	1.418 5	1.500 7	1.586 9	1.677 1	1.771 6
7	1.072 1	1.148 7	1.229 9	1.315 9	1.407 1	1.503 6	1.605 8	1.713 8	1.828 0	1.948 7
8	1.082 9	1.171 7	1.266 8	1.368 6	1.477 5	1.593 8	1.718 2	1.850 9	1.992 6	2.143 6
9	1.093 7	1.195 1	1.304 8	1.423 3	1.551 3	1.689 5	1.838 5	1.999 0	2.171 9	2.357 9
10	1.104 6	1.219 0	1.343 9	1.480 2	1.628 9	1.790 8	1.967 2	2.158 9	2.367 4	2.593 7
11	1.115 7	1.243 4	1.384 2	1.539 5	1.710 3	1.898 3	2.104 9	2.331 6	2.580 4	2.853 1
12	1.126 8	1.268 2	1.425 8	1.601 0	1.795 9	2.012 2	2.252 2	2.518 2	2.812 7	3.138 4
13	1.138 1	1.293 6	1.468 5	1.665 1	1.885 6	2.132 9	2.409 8	2.719 6	3.065 8	3.452 3
14	1.149 5	1.319 5	1.512 6	1.731 7	1.979 9	2.260 9	2.578 5	2.937 2	3.341 7	3.797 5
15	1.161 0	1.345 9	1.558 0	1.800 9	2.078 9	2.396 6	2.759 0	3.172 2	3.642 5	4.177 2
16	1.172 6	1.372 8	1.604 7	1.873 0	2.182 9	2.540 4	2.952 2	3.425 9	3.970 3	4.595 0
17	1.184 3	1.400 2	1.652 8	1.947 9	2.292 0	2.692 8	3.158 8	3.700 0	4.327 6	5.054 5
18	1.196 1	1.428 2	1.702 4	2.025 8	2.406 6	2.854 3	3.379 9	3.996 0	4.717 1	5.559 9
19	1.208 1	1.456 8	1.753 5	2.106 8	2.527 0	3.025 6	3.616 5	4.315 7	5.141 7	6.115 9
20	1.220 2	1.485 9	1.806 1	2.191 1	2.653 3	3.207 1	3.869 7	4.661 0	5.604 4	6.727 5
21	1.232 4	1.515 7	1.860 3	2.278 8	2.786 0	3.399 6	4.140 6	5.033 8	6.108 8	7.400 2
22	1.244 7	1.546 0	1.916 1	2.369 9	2.925 3	3.603 5	4.430 4	5.436 5	6.658 6	8.140 3
23	1.257 2	1.576 9	1.973 6	2.464 7	3.071 5	3.819 7	4.740 5	5.871 5	7.257 9	8.954 3
24	1.269 7	1.608 4	2.032 8	2.563 3	3.225 1	4.048 9	5.072 4	6.341 2	7.911 1	9.849 7
25	1.282 4	1.640 6	2.093 8	2.665 8	3.386 4	4.291 9	5.427 4	6.848 5	8.623 1	10.834 7
26	1.295 3	1.673 4	2.156 6	2.772 5	3.555 7	4.549 4	5.807 4	7.396 4	9.399 2	11.918 2
27	1.308 2	1.706 9	2.221 3	2.883 4	3.733 5	4.822 3	6.213 9	7.988 1	10.245 1	13.110 0
28	1.321 3	1.741 0	2.287 9	2.998 7	3.920 1	5.111 7	6.648 8	8.627 1	11.167 1	14.421 0
29	1.334 5	1.775 8	2.356 6	3.118 7	4.116 1	5.418 4	7.114 3	9.317 3	12.172 2	15.863 1
30	1.347 8	1.811 4	2.427 3	3.243 4	4.321 9	5.743 5	7.612 3	10.062 7	13.267 7	17.449 4

附表一　一元复利终值系数表（续）

计算公式：$f=(1+i)^n$

期数	11%	12%	13%	14%	15%	16%	17%	18%	19%	20%
1	1.110 0	1.120 0	1.130 0	1.140 0	1.150 0	1.160 0	1.170 0	1.180 0	1.190 0	1.200 0
2	1.232 1	1.254 4	1.276 9	1.299 6	1.322 5	1.345 6	1.368 9	1.392 4	1.416 1	1.440 0
3	1.367 6	1.404 9	1.442 9	1.481 5	1.520 9	1.560 9	1.601 6	1.643 0	1.685 2	1.728 0
4	1.518 1	1.573 5	1.630 5	1.689 0	1.749 0	1.810 6	1.873 9	1.938 8	2.005 3	2.073 6
5	1.685 1	1.762 3	1.842 4	1.925 4	2.011 4	2.100 3	2.192 4	2.287 8	2.386 4	2.488 3
6	1.870 4	1.973 8	2.082 0	2.195 0	2.313 1	2.436 4	2.565 2	2.699 6	2.839 8	2.986 0
7	2.076 2	2.210 7	2.352 6	2.502 3	2.660 0	2.826 2	3.001 2	3.185 5	3.379 3	3.583 2
8	2.304 5	2.476 0	2.658 4	2.852 6	3.059 0	3.278 4	3.511 5	3.758 9	4.021 4	4.299 8
9	2.558 0	2.773 1	3.004 0	3.251 9	3.517 9	3.803 0	4.108 4	4.435 5	4.785 4	5.159 8
10	2.839 4	3.105 8	3.394 6	3.707 2	4.045 6	4.411 4	4.806 8	5.233 8	5.694 7	6.191 7
11	3.151 8	3.478 6	3.835 9	4.226 2	4.652 4	5.117 3	5.624 0	6.175 9	6.776 7	7.430 1
12	3.498 5	3.896 0	4.334 5	4.817 9	5.350 3	5.936 0	6.580 1	7.287 6	8.064 2	8.916 1
13	3.883 3	4.363 5	4.898 0	5.492 4	6.152 8	6.885 8	7.698 7	8.599 4	9.596 4	10.699 3
14	4.310 4	4.887 1	5.534 8	6.261 3	7.075 7	7.987 5	9.007 5	10.147 2	11.419 8	12.839 2
15	4.784 6	5.473 6	6.254 3	7.137 9	8.137 1	9.265 5	10.538 7	11.973 7	13.589 5	15.407 0
16	5.310 9	6.130 4	7.067 3	8.137 2	9.357 6	10.748 0	12.330 3	14.129 0	16.171 5	18.488 4
17	5.895 1	6.866 0	7.986 1	9.276 5	10.761 3	12.467 7	14.426 5	16.672 2	19.244 1	22.186 1
18	6.543 6	7.690 0	9.024 3	10.575 2	12.375 5	14.462 5	16.879 0	19.673 3	22.900 5	26.623 3
19	7.263 3	8.612 8	10.197 4	12.055 7	14.231 8	16.776 5	19.748 4	23.214 4	27.251 6	31.948 0
20	8.062 3	9.646 3	11.523 1	13.743 5	16.366 5	19.460 8	23.105 6	27.393 0	32.429 4	38.337 6
21	8.949 2	10.803 8	13.021 1	15.667 6	18.821 5	22.574 5	27.033 6	32.323 8	38.591 0	46.005 1
22	9.933 6	12.100 3	14.713 8	17.861 0	21.644 7	26.186 4	31.629 3	38.142 1	45.923 3	55.206 1
23	11.026 3	13.552 3	16.626 6	20.361 6	24.891 5	30.376 2	37.006 2	45.007 6	54.648 7	66.247 4
24	12.239 2	15.178 6	18.788 1	23.212 2	28.625 2	35.236 4	43.297 3	53.109 0	65.032 0	79.496 8
25	13.585 5	17.000 1	21.230 5	26.461 9	32.919 0	40.874 2	50.657 8	62.668 6	77.388 1	95.396 2
26	15.079 9	19.040 1	23.990 5	30.166 6	37.856 8	47.414 1	59.269 7	73.949 0	92.091 8	114.475 5
27	16.738 7	21.324 9	27.109 3	34.389 9	43.535 3	55.000 4	69.345 5	87.259 8	109.589 3	137.370 6
28	18.579 9	23.883 9	30.633 5	39.204 5	50.065 6	63.800 4	81.134 2	102.966 6	130.411 2	164.844 7
29	20.623 7	26.749 9	34.615 8	44.693 1	57.575 5	74.008 5	94.927 1	121.500 5	155.189 3	197.813 6
30	22.892 3	29.959 9	39.115 9	50.950 2	66.211 8	85.849 9	111.064 7	143.370 6	184.675 3	237.376 3

附表一　一元复利终值系数表（续）

计算公式：$f=(1+i)^n$

期数	21%	22%	23%	24%	25%	26%	27%	28%	29%	30%
1	1.210 0	1.220 0	1.230 0	1.240 0	1.250 0	1.260 0	1.270 0	1.280 0	1.290 0	1.300 0
2	1.464 1	1.488 4	1.512 9	1.537 6	1.562 5	1.587 6	1.612 9	1.638 4	1.664 1	1.690 0
3	1.771 6	1.815 8	1.860 9	1.906 6	1.953 1	2.000 4	2.048 4	2.097 2	2.146 7	2.197 0
4	2.143 6	2.215 3	2.288 9	2.364 2	2.441 4	2.520 5	2.601 4	2.684 4	2.769 2	2.856 1
5	2.593 7	2.702 7	2.815 3	2.931 6	3.051 8	3.175 8	3.303 8	3.436 0	3.572 3	3.712 9
6	3.138 4	3.297 3	3.462 8	3.635 2	3.814 7	4.001 5	4.195 9	4.398 0	4.608 3	4.826 8
7	3.797 5	4.022 7	4.259 3	4.507 7	4.768 4	5.041 9	5.328 8	5.629 5	5.944 7	6.274 9
8	4.595 0	4.907 7	5.238 9	5.589 5	5.960 5	6.352 8	6.767 5	7.205 8	7.668 6	8.157 3
9	5.559 9	5.987 4	6.443 9	6.931 0	7.450 6	8.004 5	8.594 8	9.223 4	9.892 5	10.604 5
10	6.727 5	7.304 6	7.925 9	8.594 4	9.313 2	10.085 7	10.915 3	11.805 9	12.761 4	13.785 8
11	8.140 3	8.911 7	9.748 9	10.657 1	11.641 5	12.708 0	13.862 5	15.111 6	16.462 2	17.921 6
12	9.849 7	10.872 2	11.991 2	13.214 8	14.551 9	16.012 0	17.605 3	19.342 8	21.236 2	23.298 1
13	11.918 2	13.264 1	14.749 1	16.386 3	18.189 9	20.175 2	22.358 8	24.758 8	27.394 7	30.287 5
14	14.421 0	16.182 2	18.141 4	20.319 1	22.737 4	25.420 7	28.395 7	31.691 3	35.339 1	39.373 8
15	17.449 4	19.742 3	22.314 0	25.195 6	28.421 7	32.030 1	36.062 5	40.564 8	45.587 5	51.185 9
16	21.113 8	24.085 6	27.446 2	31.242 6	35.527 1	40.357 9	45.799 4	51.923 0	58.807 9	66.541 7
17	25.547 7	29.384 4	33.758 8	38.740 8	44.408 9	50.851 0	58.165 2	66.461 4	75.862 1	86.504 2
18	30.912 7	35.849 0	41.523 3	48.038 6	55.511 2	64.072 2	73.869 8	85.070 6	97.862 2	112.455 4
19	37.404 3	43.735 8	51.073 7	59.567 9	69.388 9	80.731 0	93.814 7	108.890 4	126.242 2	146.192 0
20	45.259 3	53.357 6	62.820 6	73.864 1	86.736 2	101.721 1	119.144 6	139.379 7	162.852 4	190.049 6
21	54.763 7	65.096 3	77.269 4	91.591 5	108.420 2	128.168 5	151.313 7	178.406 0	210.079 6	247.064 5
22	66.264 1	79.417 5	95.041 3	113.573 5	135.525 3	161.492 4	192.168 3	228.359 6	271.002 7	321.183 9
23	80.179 5	96.889 4	116.900 8	140.831 2	169.406 6	203.480 4	244.053 8	292.300 3	349.593 5	417.539 1
24	97.017 2	118.205 0	143.788 0	174.630 6	211.758 2	256.385 3	309.948 3	374.144 4	450.975 6	542.800 8
25	117.390 9	144.210 1	176.859 3	216.542 0	264.697 8	323.045 4	393.634 4	478.904 9	581.758 5	705.641 0
26	142.042 9	175.936 4	217.536 9	268.512 1	330.872 2	407.037 3	499.915 7	612.998 2	750.468 5	917.333 3
27	171.871 9	214.642 4	267.570 4	332.955 0	413.590 3	512.867 0	634.892 9	784.637 7	968.104 4	1 192.533 3
28	207.965 1	261.863 7	329.111 5	412.864 2	516.987 9	646.212 4	806.314 0	1 004.336 3	1 248.854 6	1 550.293 3
29	251.637 7	319.473 7	404.807 2	511.951 6	646.234 9	814.227 6	1 024.018 7	1 285.550 4	1 611.022 5	2 015.381 3
30	304.481 6	389.757 9	497.912 9	634.819 9	807.793 6	1 025.926 7	1 300.503 8	1 645.504 6	2 078.219 0	2 619.995 6

附表二　一元复利现值系数表

计算公式：$f=(1+i)^{-n}$

期数	1%	2%	3%	4%	5%	6%	7%	8%	9%	10%
1	0. 990 1	0. 980 4	0. 970 9	0. 961 5	0. 952 4	0. 943 4	0. 934 6	0. 925 9	0. 917 4	0. 909 1
2	0. 980 3	0. 961 2	0. 942 6	0. 924 6	0. 907 0	0. 890 0	0. 873 4	0. 857 3	0. 841 7	0. 826 4
3	0. 970 6	0. 942 3	0. 915 1	0. 889 0	0. 863 8	0. 839 6	0. 816 3	0. 793 8	0. 772 2	0. 751 3
4	0. 961 0	0. 923 8	0. 888 5	0. 854 8	0. 822 7	0. 792 1	0. 762 9	0. 735 0	0. 708 4	0. 683 0
5	0. 951 5	0. 905 7	0. 862 6	0. 821 9	0. 783 5	0. 747 3	0. 713 0	0. 680 6	0. 649 9	0. 620 9
6	0. 942 0	0. 888 0	0. 837 5	0. 790 3	0. 746 2	0. 705 0	0. 666 3	0. 630 2	0. 596 3	0. 564 5
7	0. 932 7	0. 870 6	0. 813 1	0. 759 9	0. 710 7	0. 665 1	0. 622 7	0. 583 5	0. 547 0	0. 513 2
8	0. 923 5	0. 853 5	0. 789 4	0. 730 7	0. 676 8	0. 627 4	0. 582 0	0. 540 3	0. 501 9	0. 466 5
9	0. 914 3	0. 836 8	0. 766 4	0. 702 6	0. 644 6	0. 591 9	0. 543 9	0. 500 2	0. 460 4	0. 424 1
10	0. 905 3	0. 820 3	0. 744 1	0. 675 6	0. 613 9	0. 558 4	0. 508 3	0. 463 2	0. 422 4	0. 385 5
11	0. 896 3	0. 804 3	0. 722 4	0. 649 6	0. 584 7	0. 526 8	0. 475 1	0. 428 9	0. 387 5	0. 350 5
12	0. 887 4	0. 788 5	0. 701 4	0. 624 6	0. 556 8	0. 497 0	0. 444 0	0. 397 1	0. 355 5	0. 318 6
13	0. 878 7	0. 773 0	0. 681 0	0. 600 6	0. 530 3	0. 468 8	0. 415 0	0. 367 7	0. 326 2	0. 289 7
14	0. 870 0	0. 757 9	0. 661 1	0. 577 5	0. 505 1	0. 442 3	0. 387 8	0. 340 5	0. 299 2	0. 263 3
15	0. 861 3	0. 743 0	0. 641 9	0. 555 3	0. 481 0	0. 417 3	0. 362 4	0. 315 2	0. 274 5	0. 239 4
16	0. 852 8	0. 728 4	0. 623 2	0. 533 9	0. 458 1	0. 393 6	0. 338 7	0. 291 9	0. 251 9	0. 217 6
17	0. 844 4	0. 714 2	0. 605 0	0. 513 4	0. 436 3	0. 371 4	0. 316 6	0. 270 3	0. 231 1	0. 197 8
18	0. 836 0	0. 700 2	0. 587 4	0. 493 6	0. 415 5	0. 350 3	0. 295 9	0. 250 2	0. 212 0	0. 179 9
19	0. 827 7	0. 686 4	0. 570 3	0. 474 6	0. 395 7	0. 330 5	0. 276 5	0. 231 7	0. 194 5	0. 163 5
20	0. 819 5	0. 673 0	0. 553 7	0. 456 4	0. 376 9	0. 311 8	0. 258 4	0. 214 5	0. 178 4	0. 148 6
21	0. 811 4	0. 659 8	0. 537 5	0. 438 8	0. 358 9	0. 294 2	0. 241 5	0. 198 7	0. 163 7	0. 135 1
22	0. 803 4	0. 646 8	0. 521 9	0. 422 0	0. 341 8	0. 277 5	0. 225 7	0. 183 9	0. 150 2	0. 122 8
23	0. 795 4	0. 634 2	0. 506 7	0. 405 7	0. 325 6	0. 261 8	0. 210 9	0. 170 3	0. 137 8	0. 111 7
24	0. 787 6	0. 621 7	0. 491 9	0. 390 1	0. 310 1	0. 247 0	0. 197 1	0. 157 7	0. 126 4	0. 101 5
25	0. 779 8	0. 609 5	0. 477 6	0. 375 1	0. 295 3	0. 233 0	0. 184 2	0. 146 0	0. 116 0	0. 092 3
26	0. 772 0	0. 597 6	0. 463 7	0. 360 7	0. 281 2	0. 219 8	0. 172 2	0. 135 2	0. 106 4	0. 083 9
27	0. 764 4	0. 585 9	0. 450 2	0. 346 8	0. 267 8	0. 207 4	0. 160 9	0. 125 2	0. 097 6	0. 076 3
28	0. 756 8	0. 574 4	0. 437 1	0. 333 5	0. 255 1	0. 195 6	0. 150 4	0. 115 9	0. 089 5	0. 069 3
29	0. 749 3	0. 563 1	0. 424 3	0. 320 7	0. 242 9	0. 184 6	0. 140 6	0. 107 3	0. 082 2	0. 063 0
30	0. 741 9	0. 552 1	0. 412 0	0. 308 3	0. 231 4	0. 174 1	0. 131 4	0. 099 4	0. 075 4	0. 057 3

附表二　一元复利现值系数表（续）

计算公式：$f = (1+i)^{-n}$

期数	11%	12%	13%	14%	15%	16%	17%	18%	19%	20%
1	0.900 9	0.892 9	0.885 0	0.877 2	0.869 6	0.862 1	0.854 7	0.847 5	0.840 3	0.833 3
2	0.811 6	0.797 2	0.783 1	0.769 5	0.756 1	0.743 2	0.730 5	0.718 2	0.706 2	0.694 4
3	0.731 2	0.711 8	0.693 1	0.675 0	0.657 5	0.640 7	0.624 4	0.608 6	0.593 4	0.578 7
4	0.658 7	0.635 5	0.613 3	0.592 1	0.571 8	0.552 3	0.533 7	0.515 8	0.498 7	0.482 3
5	0.593 5	0.567 4	0.542 8	0.519 4	0.497 2	0.476 1	0.456 1	0.437 1	0.419 0	0.491 9
6	0.534 6	0.506 6	0.480 3	0.455 6	0.432 3	0.410 4	0.389 8	0.370 4	0.352 1	0.339 9
7	0.481 7	0.452 3	0.425 1	0.399 6	0.375 9	0.353 8	0.333 2	0.313 9	0.295 9	0.279 1
8	0.433 9	0.403 9	0.376 2	0.350 6	0.326 9	0.305 0	0.284 8	0.266 0	0.248 7	0.232 6
9	0.390 9	0.360 6	0.332 9	0.307 5	0.284 3	0.263 0	0.243 4	0.225 5	0.209 0	0.193 8
10	0.352 2	0.322 0	0.294 6	0.269 7	0.247 2	0.226 7	0.208 0	0.191 1	0.175 6	0.161 5
11	0.317 3	0.287 5	0.260 7	0.236 6	0.214 9	0.195 4	0.177 8	0.161 9	0.147 6	0.134 6
12	0.285 8	0.256 7	0.230 7	0.207 6	0.186 9	0.168 5	0.152 0	0.137 2	0.124 0	0.112 2
13	0.257 5	0.229 2	0.204 2	0.182 1	0.162 5	0.145 2	0.129 9	0.116 3	0.104 2	0.093 5
14	0.232 0	0.204 6	0.180 7	0.159 7	0.141 3	0.125 2	0.111 0	0.098 5	0.087 6	0.077 9
15	0.209 0	0.182 7	0.159 9	0.140 1	0.122 9	0.107 9	0.094 9	0.083 5	0.073 6	0.064 9
16	0.188 3	0.163 1	0.141 5	0.122 9	0.106 9	0.093 0	0.081 1	0.070 8	0.061 8	0.045 4
17	0.169 6	0.145 6	0.125 2	0.107 8	0.092 9	0.080 2	0.069 3	0.060 0	0.052 0	0.045 1
18	0.152 8	0.130 0	0.110 8	0.094 6	0.080 8	0.069 1	0.059 2	0.050 8	0.043 7	0.037 6
19	0.137 7	0.116 1	0.098 1	0.082 9	0.070 3	0.059 6	0.050 6	0.043 1	0.036 7	0.031 3
20	0.124 0	0.103 7	0.086 8	0.072 8	0.061 1	0.051 4	0.043 3	0.036 5	0.030 8	0.026 1
21	0.111 7	0.092 6	0.076 8	0.063 8	0.053 1	0.044 3	0.037 0	0.030 9	0.025 9	0.021 7
22	0.100 7	0.082 6	0.068 0	0.056 0	0.046 2	0.038 2	0.031 6	0.026 2	0.021 8	0.018 1
23	0.090 7	0.073 8	0.060 1	0.049 1	0.040 2	0.032 9	0.027 0	0.022 2	0.018 3	0.015 1
24	0.081 7	0.065 9	0.053 2	0.043 1	0.034 9	0.028 4	0.023 1	0.018 8	0.015 4	0.012 6
25	0.073 6	0.058 8	0.047 1	0.037 8	0.030 4	0.024 5	0.019 7	0.016 0	0.012 9	0.010 5
26	0.066 3	0.052 5	0.041 7	0.033 1	0.026 4	0.021 1	0.016 9	0.013 5	0.010 9	0.008 7
27	0.059 7	0.046 9	0.036 9	0.029 1	0.023 0	0.018 2	0.014 4	0.011 5	0.009 1	0.007 3
28	0.053 8	0.041 9	0.032 6	0.025 5	0.020 0	0.015 7	0.012 3	0.009 7	0.007 7	0.006 1
29	0.048 5	0.037 4	0.028 9	0.022 4	0.017 4	0.013 5	0.010 5	0.008 2	0.006 4	0.005 1
30	0.043 7	0.033 4	0.025 6	0.019 6	0.015 1	0.011 6	0.009 0	0.007 0	0.005 4	0.004 2

附表二　一元复利现值系数表（续）

计算公式：$f=(1+i)^{-n}$

期数	21%	22%	23%	24%	25%	26%	27%	28%	29%	30%
1	0.826 4	0.819 7	0.813 0	0.806 5	0.800 0	0.793 7	0.787 4	0.781 3	0.775 2	0.769 2
2	0.683 0	0.671 9	0.661 0	0.650 4	0.640 0	0.629 9	0.620 0	0.610 4	0.600 9	0.591 7
3	0.564 5	0.550 7	0.537 4	0.524 5	0.512 0	0.499 9	0.488 2	0.476 8	0.465 8	0.455 2
4	0.466 5	0.451 4	0.436 9	0.423 0	0.409 6	0.396 8	0.384 4	0.372 5	0.361 1	0.350 1
5	0.385 5	0.370 0	0.355 2	0.341 1	0.327 7	0.314 9	0.302 7	0.291 0	0.279 9	0.269 3
6	0.318 6	0.303 3	0.288 8	0.275 1	0.262 1	0.249 9	0.238 3	0.227 4	0.217 0	0.207 2
7	0.263 3	0.248 6	0.234 8	0.221 8	0.209 7	0.198 3	0.187 7	0.177 6	0.168 2	0.159 4
8	0.217 6	0.203 8	0.190 9	0.178 9	0.167 8	0.157 4	0.147 8	0.138 8	0.130 4	0.122 6
9	0.179 9	0.167 0	0.155 2	0.144 3	0.134 2	0.124 9	0.116 4	0.108 4	0.101 1	0.094 3
10	0.148 6	0.136 9	0.126 2	0.116 4	0.107 4	0.099 2	0.091 6	0.084 7	0.078 4	0.072 5
11	0.122 8	0.112 2	0.102 6	0.093 8	0.085 9	0.078 7	0.072 1	0.066 2	0.060 7	0.055 8
12	0.101 5	0.092 0	0.083 4	0.075 7	0.068 7	0.062 5	0.056 8	0.051 7	0.047 1	0.042 9
13	0.083 9	0.075 4	0.067 8	0.061 0	0.055 0	0.049 6	0.044 7	0.040 4	0.036 5	0.033 0
14	0.069 3	0.061 8	0.055 1	0.049 2	0.044 0	0.039 3	0.035 2	0.031 6	0.028 3	0.025 4
15	0.057 3	0.050 7	0.044 8	0.039 7	0.035 2	0.031 2	0.027 7	0.024 7	0.021 9	0.019 5
16	0.047 4	0.041 5	0.036 4	0.032 0	0.028 1	0.024 8	0.021 8	0.019 3	0.017 0	0.015 0
17	0.039 1	0.034 0	0.029 6	0.025 8	0.022 5	0.019 7	0.017 2	0.015 0	0.013 2	0.011 6
18	0.032 3	0.027 9	0.024 1	0.020 8	0.018 0	0.015 6	0.013 5	0.011 8	0.010 2	0.008 9
19	0.026 7	0.022 9	0.019 6	0.016 8	0.014 4	0.012 4	0.010 7	0.009 2	0.007 9	0.006 8
20	0.022 1	0.018 7	0.015 9	0.013 5	0.011 5	0.009 8	0.008 4	0.007 2	0.006 1	0.005 3
21	0.018 3	0.015 4	0.012 9	0.010 9	0.009 2	0.007 8	0.006 6	0.005 6	0.004 8	0.004 0
22	0.015 1	0.012 6	0.010 5	0.008 8	0.007 4	0.006 2	0.005 2	0.004 4	0.003 7	0.003 1
23	0.012 5	0.010 3	0.008 6	0.007 1	0.005 9	0.004 9	0.004 1	0.003 4	0.002 9	0.002 4
24	0.010 3	0.008 5	0.007 0	0.005 7	0.004 7	0.003 9	0.003 2	0.002 7	0.002 2	0.001 8
25	0.008 5	0.006 9	0.005 7	0.004 6	0.003 8	0.003 1	0.002 5	0.002 1	0.001 7	0.001 4
26	0.007 0	0.005 7	0.004 6	0.003 7	0.003 0	0.002 5	0.002 0	0.001 6	0.001 3	0.001 1
27	0.005 8	0.004 7	0.003 7	0.003 0	0.002 4	0.001 9	0.001 6	0.001 3	0.001 0	0.000 8
28	0.004 8	0.003 8	0.003 0	0.002 4	0.001 9	0.001 5	0.001 2	0.001 0	0.000 8	0.000 6
29	0.004 0	0.003 1	0.002 5	0.002 0	0.001 5	0.001 2	0.001 0	0.000 8	0.000 6	0.000 5
30	0.003 3	0.002 6	0.002 0	0.001 6	0.001 2	0.001 0	0.000 8	0.000 6	0.000 5	0.000 4

附表三　一元年金终值系数表

计算公式：$f=\dfrac{(1+i)^n-1}{i}$

期数	1%	2%	3%	4%	5%	6%	7%	8%	9%	10%
1	1.000 0	1.000 0	1.000 0	1.000 0	1.000 0	1.000 0	1.000 0	1.000 0	1.000 0	1.000 0
2	2.010 0	2.020 0	2.030 0	2.040 0	2.050 0	2.060 0	2.070 0	2.080 0	2.090 0	2.100 0
3	3.030 1	3.060 4	3.090 9	3.121 6	3.152 5	3.183 6	3.214 9	3.246 4	3.278 1	3.310 0
4	4.060 4	4.121 6	4.183 6	4.246 5	4.310 1	4.374 6	4.439 9	4.506 1	4.573 1	4.641 0
5	5.101 0	5.204 0	5.309 1	5.416 3	5.525 6	5.637 1	5.750 7	5.866 6	5.984 7	6.105 1
6	6.152 0	6.308 1	6.468 4	6.633 0	6.801 9	6.975 3	7.153 3	7.335 9	7.523 3	7.715 6
7	7.213 5	7.434 3	7.662 5	7.898 3	8.142 0	8.393 8	8.654 0	8.922 8	9.200 4	9.487 2
8	8.285 7	8.583 0	8.892 3	9.214 2	9.549 1	9.897 5	10.259 8	10.636 6	11.028 5	11.435 9
9	9.368 5	9.754 6	10.159 1	10.582 8	11.026 6	11.491 3	11.978 0	12.487 6	13.021 0	13.579 5
10	10.462 2	10.949 7	11.463 9	12.006 1	12.577 9	13.180 8	13.816 4	14.486 6	15.192 9	15.937 4
11	11.566 8	12.168 7	12.807 8	13.486 4	14.206 8	14.971 6	15.783 6	16.645 5	17.560 3	18.531 2
12	12.682 5	13.412 1	14.192 0	15.025 8	15.917 1	16.869 9	17.888 5	18.977 1	20.140 7	21.384 3
13	13.809 3	14.680 3	15.617 8	16.626 8	17.713 0	18.882 1	20.140 6	21.495 3	22.953 4	24.522 7
14	14.947 4	15.973 9	17.086 3	18.291 9	19.598 6	21.015 1	22.550 5	24.214 9	26.019 2	27.975 0
15	16.096 9	17.293 4	18.598 9	20.023 6	21.578 6	23.276 0	25.129 0	27.152 1	29.360 9	31.772 5
16	17.257 9	18.639 3	20.156 9	21.824 5	23.657 5	25.672 5	27.888 1	30.324 3	33.003 4	35.949 7
17	18.430 4	20.012 1	21.761 6	23.697 5	25.840 4	28.212 9	30.840 2	33.750 2	36.973 7	40.544 7
18	19.614 7	21.412 3	23.414 4	25.645 4	28.132 4	30.905 7	33.999 0	37.450 2	41.301 3	45.599 2
19	20.810 9	22.840 6	25.116 9	27.671 2	30.539 0	33.760 0	37.379 0	41.446 3	46.018 5	51.159 1
20	22.019 0	24.297 4	26.870 4	29.778 1	33.066 0	36.785 6	40.995 5	45.762 0	51.160 1	57.275 0
21	23.239 2	25.783 3	28.676 5	31.969 2	35.719 3	39.992 7	44.865 2	50.422 9	56.764 5	64.002 5
22	24.471 6	27.299 0	30.536 8	34.248 0	38.505 2	43.392 3	49.005 7	55.456 8	62.873 3	71.402 7
23	25.716 3	28.845 0	32.452 9	36.617 9	41.430 5	46.995 8	53.436 1	60.893 3	69.531 9	79.543 0
24	26.973 5	30.421 9	34.426 5	39.082 6	44.502 0	50.815 6	58.176 7	66.764 8	76.789 8	88.497 3
25	28.243 2	32.030 3	36.459 3	41.645 9	47.727 1	54.864 5	63.249 0	73.105 9	84.700 9	98.347 1
26	29.525 6	33.670 9	38.553 0	44.311 7	51.113 5	59.156 4	68.676 5	79.954 4	93.324 0	109.181 8
27	30.820 9	35.344 3	40.709 6	47.084 2	54.669 1	63.705 8	74.483 8	87.350 8	102.723 1	121.099 9
28	32.129 1	37.051 2	42.930 9	49.967 6	58.402 6	68.528 1	80.697 7	95.338 8	112.968 2	134.209 9
29	33.450 4	38.792 2	45.218 9	52.966 3	62.322 7	73.639 8	87.346 5	103.965 9	124.135 4	148.630 9
30	34.784 9	40.568 1	47.575 4	56.084 9	66.438 8	79.058 2	94.460 8	113.283 2	136.307 5	164.494 0

附表三　一元年金终值系数表（续）

计算公式：$f=\dfrac{(1+i)^n-1}{i}$

期数	11%	12%	13%	14%	15%	16%	17%	18%	19%	20%
1	1.000 0	1.000 0	1.000 0	1.000 0	1.000 0	1.000 0	1.000 0	1.000 0	1.000 0	1.000 0
2	2.110 0	2.120 0	2.130 0	2.140 0	2.150 0	2.160 0	2.170 0	2.180 0	2.190 0	2.200 0
3	3.342 1	3.374 4	3.406 9	3.439 6	3.472 5	3.505 6	3.538 9	3.572 4	3.606 1	3.640 0
4	4.709 7	4.779 3	4.849 8	4.921 1	4.993 4	5.066 5	5.140 5	5.215 4	5.291 3	5.368 0
5	6.227 8	6.352 8	6.480 3	6.610 1	6.742 4	6.877 1	7.014 4	7.154 2	7.296 6	7.441 6
6	7.912 9	8.115 2	8.322 7	8.535 5	8.753 7	8.977 5	9.206 8	9.442 0	9.683 0	9.929 9
7	9.783 3	10.089 0	10.404 7	10.730 5	11.066 8	11.413 9	11.772 0	12.141 5	12.522 7	12.915 9
8	11.859 4	12.299 7	12.757 3	13.232 8	13.726 8	14.240 1	14.773 3	15.327 0	15.902 0	16.499 1
9	14.164 0	14.775 7	15.415 7	16.085 3	16.785 8	17.518 5	18.284 7	19.085 9	19.923 4	20.798 9
10	16.722 0	17.548 7	18.419 7	19.337 3	20.303 7	21.321 5	22.393 1	23.521 3	24.708 9	25.958 7
11	19.561 4	20.654 6	21.814 3	23.044 5	24.349 3	25.732 9	27.199 9	28.755 1	30.403 5	32.150 4
12	22.713 2	24.133 1	25.650 2	27.270 7	29.001 7	30.850 2	32.823 9	34.931 1	37.180 2	39.580 5
13	26.211 6	28.029 1	29.984 7	32.088 7	34.351 9	36.786 2	39.404 0	42.218 7	45.244 5	48.496 6
14	30.094 9	32.392 6	34.882 7	37.581 1	40.504 7	43.672 0	47.102 7	50.818 0	54.840 9	59.195 9
15	34.405 4	37.279 7	40.417 5	43.842 4	47.580 4	51.659 5	56.110 1	60.965 3	66.260 7	72.035 1
16	39.189 9	42.753 3	46.671 7	50.980 4	55.717 5	60.925 0	66.648 8	72.939 0	79.850 2	87.442 1
17	44.500 8	48.883 7	53.739 1	59.117 6	65.075 1	71.673 0	78.979 2	87.068 0	96.021 8	105.930 6
18	50.395 9	55.749 7	61.725 1	68.394 1	75.836 4	84.140 7	93.405 6	103.740 3	115.265 9	128.116 7
19	56.939 5	63.439 7	70.749 4	78.969 2	88.211 8	98.603 2	110.284 6	123.413 5	138.166 4	154.740 0
20	64.202 8	72.052 4	80.946 8	91.024 9	102.443 6	115.379 7	130.032 9	146.628 0	165.418 0	186.688 0
21	72.265 1	81.698 7	92.469 9	104.768 4	118.810 1	134.840 5	153.138 5	174.021 0	197.847 4	225.025 6
22	81.214 3	92.502 6	105.491 0	120.436 0	137.631 6	157.415 0	180.172 1	206.344 8	236.438 5	271.030 7
23	91.147 9	104.602 9	120.204 8	138.297 0	159.276 4	183.601 4	211.801 3	244.486 8	282.361 8	326.236 9
24	102.174 2	118.155 2	136.831 5	158.658 6	184.167 8	213.977 6	248.807 6	289.494 5	337.010 5	392.484 2
25	114.413 3	133.333 9	155.619 6	181.870 8	212.793 0	249.214 0	292.104 9	342.603 5	402.042 5	471.981 1
26	127.998 8	150.333 9	176.850 1	208.332 7	245.712 0	290.088 3	342.762 7	405.272 1	479.430 6	567.377 3
27	143.078 6	169.374 0	200.840 6	238.499 3	283.568 8	337.502 4	402.032 3	479.221 1	571.522 4	681.852 8
28	159.817 3	190.698 9	227.949 9	272.889 2	327.104 1	392.502 8	471.377 8	566.480 9	681.111 6	819.223 3
29	178.397 2	214.582 8	258.583 4	312.093 7	377.169 7	456.303 2	552.512 1	669.447 5	811.522 8	984.068 0
30	199.020 9	241.332 7	293.199 2	356.786 8	434.745 1	530.311 7	647.439 1	790.948 0	966.712 2	1 181.881 6

附表三　一元年金终值系数表（续）

计算公式：$f=\dfrac{(1+i)^{n}-1}{i}$

期数	21%	22%	23%	24%	25%	26%	27%	28%	29%	30%
1	1.000 0	1.000 0	1.000 0	1.000 0	1.000 0	1.000 0	1.000 0	1.000 0	1.000 0	1.000 0
2	2.210 0	2.220 0	2.230 0	2.240 0	2.250 0	2.260 0	2.270 0	2.280 0	2.290 0	2.300 0
3	3.674 1	3.708 4	3.742 9	3.777 6	3.812 5	3.847 6	3.882 9	3.918 4	3.954 1	3.990 0
4	5.445 7	5.524 2	5.603 8	5.684 2	5.765 6	5.848 0	5.931 3	6.015 6	6.100 8	6.187 0
5	7.589 2	7.739 6	7.892 6	8.048 4	8.207 0	8.368 4	8.532 7	8.699 9	8.870 0	9.043 1
6	10.183 0	10.442 3	10.707 9	10.980 1	11.258 8	11.544 2	11.836 6	12.135 9	12.442 3	12.756 0
7	13.321 4	13.739 6	14.170 8	14.615 3	15.073 5	15.545 8	16.032 4	16.533 9	17.050 6	17.582 8
8	17.118 9	17.762 3	18.430 0	19.122 9	19.841 9	20.587 6	21.361 2	22.163 4	22.995 3	23.857 7
9	21.713 9	22.670 0	23.669 0	24.712 5	25.802 3	26.940 4	28.128 7	29.369 2	30.663 9	32.015 0
10	27.273 8	28.657 4	30.112 8	31.643 4	33.252 9	34.944 9	36.723 5	38.592 6	40.556 4	42.619 5
11	34.001 3	35.962 0	38.038 8	40.237 9	42.566 1	45.030 6	47.638 8	50.398 5	53.317 8	56.405 3
12	42.141 6	44.873 7	47.787 7	50.895 0	54.207 7	57.738 6	61.501 3	65.510 0	69.780 0	74.327 0
13	51.991 3	55.745 9	59.778 8	64.109 7	68.759 6	73.750 6	79.106 6	84.852 9	91.016 1	97.625 0
14	63.909 5	69.010 0	74.528 0	80.496 1	86.949 5	93.925 8	101.465 4	109.611 7	118.410 8	127.912 5
15	78.330 5	85.192 2	92.669 4	100.815 1	109.686 8	119.346 5	129.861 1	141.302 9	153.750 0	167.286 3
16	95.779 9	104.934 5	114.983 4	126.010 8	138.108 5	151.376 6	165.923 6	181.867 7	199.337 4	218.472 2
17	116.893 7	129.020 1	142.429 5	157.253 4	173.635 7	191.734 5	211.723 0	233.790 7	258.145 3	285.013 9
18	142.441 3	158.404 5	176.188 3	195.994 2	218.044 6	242.585 5	269.888 2	300.252 1	334.007 4	371.518 0
19	173.354 0	194.253 5	217.711 6	244.032 8	273.555 8	306.657 7	343.758 0	385.322 7	431.869 6	483.973 4
20	210.758 4	237.989 3	268.785 3	303.600 6	342.944 7	387.388 7	437.572 6	494.213 1	558.111 8	630.165 5
21	256.017 6	291.346 9	331.605 9	377.464 8	429.680 9	489.109 8	556.717 3	633.592 7	720.964 2	820.215 1
22	310.781 3	356.443 2	408.875 3	469.056 3	538.101 1	617.278 3	708.030 9	811.998 7	931.043 8	1 067.279 6
23	377.045 4	435.860 7	503.916 6	582.629 8	673.626 4	778.770 7	900.199 3	1 040.358 3	1 202.046 5	1 388.463 5
24	457.224 9	532.750 1	620.817 4	723.461 0	843.032 9	982.251 1	1 144.253 1	1 332.658 6	1 551.640 0	1 806.002 6
25	554.242 2	650.955 1	764.605 4	898.091 6	1 054.791 2	1 238.636 3	1 454.201 4	1 706.803 1	2 002.615 6	2 348.803 3
26	671.633 0	795.165 3	941.464 7	1 114.633 6	1 319.489 0	1 561.681 8	1 847.835 8	2 185.707 9	2 584.374 1	3 054.444 3
27	813.675 9	971.101 6	1 159.001 6	1 383.145 7	1 650.361 2	1 968.719 1	2 347.751 5	2 798.706 1	3 334.842 6	3 971.777 6
28	985.547 9	1 185.744 0	1 426.571 9	1 716.100 7	2 063.951 5	2 481.586 0	2 982.644 4	3 583.343 8	4 302.947 0	5 164.310 9
29	1 193.512 9	1 447.607 7	1 755.683 5	2 128.964 8	2 580.939 4	3 127.798 4	3 788.958 3	4 587.680 1	5 551.801 6	6 714.604 2
30	1 445.150 7	1 767.081 3	2 160.490 7	2 640.916 4	3 227.174 3	3 942.026 0	4 812.977 1	5 873.230 6	7 162.824 1	8 729.985 5

附表四　一元年金现值系数表

计算公式：$f=\frac{1-(1+i)^{-n}}{i}$

期数	1%	2%	3%	4%	5%	6%	7%	8%	9%	10%
1	0.990 1	0.980 4	0.970 9	0.961 5	0.952 4	0.943 4	0.934 6	0.925 9	0.917 4	0.909 1
2	1.970 4	1.941 6	1.913 5	1.886 1	1.859 4	1.833 4	1.808 0	1.783 3	1.759 1	1.735 5
3	2.941 0	2.883 9	2.828 6	2.775 1	2.723 2	2.673 0	2.624 3	2.577 1	2.531 3	2.486 9
4	3.902 0	3.807 7	3.717 1	3.629 9	3.546 0	3.465 1	3.387 2	3.312 1	3.239 7	3.169 9
5	4.853 4	4.713 5	4.579 7	4.451 8	4.329 5	4.212 4	4.100 2	3.992 7	3.889 7	3.790 8
6	5.795 5	5.601 4	5.417 2	5.242 1	5.075 7	4.917 3	4.766 5	4.622 9	4.485 9	4.355 3
7	6.728 2	6.472 0	6.230 3	6.002 1	5.786 4	5.582 4	5.389 3	5.206 4	5.033 0	4.868 4
8	7.651 7	7.325 5	7.019 7	6.732 7	6.463 2	6.209 8	5.971 3	5.746 6	5.534 8	5.334 9
9	8.566 0	8.162 2	7.786 1	7.435 3	7.107 8	6.801 7	6.515 2	6.246 9	5.995 2	5.759 0
10	9.471 3	8.982 6	8.530 2	8.110 9	7.721 7	7.360 1	7.023 6	6.710 1	6.417 7	6.144 6
11	10.367 6	9.786 8	9.252 6	8.760 5	8.306 4	7.886 9	7.498 7	7.139 0	6.805 2	6.495 1
12	11.255 1	10.575 3	9.954 0	9.385 1	8.863 3	8.383 8	7.942 7	7.536 1	7.160 7	6.813 7
13	12.133 7	11.348 4	10.635 0	9.985 6	9.393 6	8.852 7	8.357 7	7.903 8	7.486 9	7.103 4
14	13.003 7	12.106 2	11.296 1	10.563 1	9.898 6	9.295 0	8.745 5	8.244 2	7.786 2	7.366 7
15	13.865 1	12.849 3	11.937 9	11.118 4	10.379 7	9.712 2	9.107 9	8.559 5	8.060 7	7.606 1
16	14.717 9	13.577 7	12.561 1	11.652 3	10.837 8	10.105 9	9.446 6	8.851 4	8.312 6	7.823 7
17	15.562 3	14.291 9	13.166 1	12.165 7	11.274 1	10.477 3	9.763 2	9.121 6	8.543 6	8.021 6
18	16.398 3	14.992 0	13.753 5	12.659 3	11.689 6	10.827 6	10.059 1	9.371 9	8.755 6	8.201 4
19	17.226 0	15.678 5	14.323 8	13.133 9	12.085 3	11.158 1	10.335 6	9.603 6	8.950 1	8.364 9
20	18.045 6	16.351 4	14.877 5	13.590 3	12.462 2	11.469 9	10.594 0	9.818 1	9.128 5	8.513 6
21	18.857 0	17.011 2	15.415 0	14.029 2	12.821 2	11.764 1	10.835 5	10.016 8	9.292 2	8.648 7
22	19.660 4	17.658 0	15.936 9	14.451 1	13.163 0	12.041 6	11.061 2	10.200 7	9.442 4	8.771 5
23	20.455 8	18.292 2	16.443 6	14.856 8	13.488 6	12.303 4	11.272 2	10.371 1	9.580 2	8.883 2
24	21.243 4	18.913 9	16.935 5	15.247 0	13.798 6	12.550 4	11.469 3	10.528 8	9.706 6	8.984 7
25	22.023 2	19.523 5	17.413 1	15.622 1	14.093 9	12.783 4	11.653 6	10.674 8	9.822 6	9.077 0
26	22.795 2	20.121 0	17.876 8	15.982 8	14.375 2	13.003 2	11.825 8	10.810 0	9.929 0	9.160 9
27	23.559 6	20.706 9	18.327 0	16.329 6	14.643 0	13.210 5	11.986 7	10.935 2	10.026 6	9.237 2
28	24.316 4	21.281 3	18.764 1	16.663 1	14.898 1	13.406 2	12.137 1	11.051 1	10.116 1	9.306 6
29	25.065 8	21.844 4	19.188 5	16.983 7	15.141 1	13.590 7	12.277 7	11.158 4	10.198 3	9.369 6
30	25.807 7	22.396 5	19.600 4	17.292 0	15.372 5	13.764 8	12.409 0	11.257 8	10.273 7	9.426 9

附表四　一元年金现值系数表（续）

计算公式：$f=\frac{1-(1+i)^{-n}}{i}$

期数	11%	12%	13%	14%	15%	16%	17%	18%	19%	20%
1	0.900 9	0.892 9	0.885 0	0.877 2	0.869 6	0.862 1	0.854 7	0.847 5	0.840 3	0.833 3
2	1.712 5	1.690 1	1.668 1	1.646 7	1.625 7	1.605 2	1.585 2	1.565 6	1.546 5	1.527 8
3	2.443 7	2.401 8	2.361 2	2.321 6	2.283 2	2.245 9	2.209 6	2.174 3	2.139 9	2.106 5
4	3.102 4	3.037 3	2.974 5	2.913 7	2.855 0	2.798 2	2.743 2	2.690 1	2.638 6	2.588 7
5	3.695 9	3.604 8	3.517 2	3.433 1	3.352 2	3.274 3	3.199 3	3.127 2	3.057 6	2.990 6
6	4.230 5	4.111 4	3.997 5	3.888 7	3.784 5	3.684 7	3.589 2	3.497 6	3.409 8	3.325 5
7	4.712 2	4.563 8	4.422 6	4.288 3	4.160 4	4.038 6	3.922 4	3.811 5	3.705 7	3.604 6
8	5.146 1	4.967 6	4.798 8	4.638 9	4.487 3	4.343 6	4.207 2	4.077 6	3.954 4	3.837 2
9	5.537 0	5.328 2	5.131 7	4.946 4	4.771 6	4.606 5	4.450 6	4.303 0	4.163 3	4.031 0
10	5.889 2	5.650 2	5.426 2	5.216 1	5.018 8	4.833 2	4.658 6	4.494 1	4.338 9	4.192 5
11	6.206 5	5.937 7	5.686 9	5.452 7	5.233 7	5.028 6	4.836 4	4.656 0	4.486 5	4.327 1
12	6.492 4	6.194 4	5.917 6	5.660 3	5.420 6	5.197 1	4.988 4	4.793 2	4.610 5	4.439 2
13	6.749 9	6.423 5	6.121 8	5.842 4	5.583 1	5.342 3	5.118 3	4.909 5	4.714 7	4.532 7
14	6.981 9	6.628 2	6.302 5	6.002 1	5.724 5	5.467 5	5.229 3	5.008 1	4.802 3	4.610 6
15	7.190 9	6.810 9	6.462 4	6.142 2	5.847 4	5.575 5	5.324 2	5.091 6	4.875 9	4.675 5
16	7.379 2	6.974 0	6.603 9	6.265 1	5.954 2	5.668 5	5.405 3	5.162 4	4.937 7	4.729 6
17	7.548 8	7.119 6	6.729 1	6.372 9	6.047 2	5.748 7	5.474 6	5.222 3	4.989 7	4.774 6
18	7.701 6	7.249 7	6.839 9	6.467 4	6.128 0	5.817 8	5.533 9	5.273 2	5.033 3	4.812 2
19	7.839 3	7.365 8	6.938 0	6.550 4	6.198 2	5.877 5	5.584 5	5.316 2	5.070 0	4.843 5
20	7.963 3	7.469 4	7.024 8	6.623 1	6.259 3	5.928 8	5.627 8	5.352 7	5.100 9	4.869 6
21	8.075 1	7.562 0	7.101 6	6.687 0	6.312 5	5.973 1	5.664 8	5.383 7	5.126 8	4.891 3
22	8.175 7	7.644 6	7.169 5	6.742 9	6.358 7	6.011 3	5.696 4	5.409 9	5.148 6	4.909 4
23	8.266 4	7.718 4	7.229 7	6.792 1	6.398 8	6.044 2	5.723 4	5.432 1	5.166 8	4.924 5
24	8.348 1	7.784 3	7.282 9	6.835 1	6.433 8	6.072 6	5.746 5	5.450 9	5.182 2	4.937 1
25	8.421 7	7.843 1	7.330 0	6.872 9	6.464 1	6.097 1	5.766 2	5.466 9	5.195 1	4.947 6
26	8.488 1	7.895 7	7.371 7	6.906 1	6.490 6	6.118 2	5.783 1	5.480 4	5.206 0	4.956 3
27	8.547 8	7.942 6	7.408 6	6.935 2	6.513 5	6.136 4	5.797 5	5.491 9	5.215 1	4.963 6
28	8.601 6	7.984 4	7.441 2	6.960 7	6.533 5	6.152 0	5.809 9	5.501 6	5.222 8	4.969 7
29	8.650 1	8.021 8	7.470 1	6.983 0	6.550 9	6.165 6	5.820 4	5.509 8	5.229 2	4.974 7
30	8.693 8	8.055 2	7.495 7	7.002 7	6.566 0	6.177 2	5.829 4	5.516 8	5.234 7	4.978 9

附表四　一元年金现值系数表（续）

计算公式：$f=\frac{1-(1+i)^{-n}}{i}$

期数	21%	22%	23%	24%	25%	26%	27%	28%	29%	30%
1	0.826 4	0.819 7	0.813 0	0.806 5	0.800 0	0.793 7	0.787 4	0.781 3	0.775 2	0.769 2
2	1.509 5	1.491 5	1.474 0	1.456 8	1.440 0	1.423 5	1.407 4	1.391 6	1.376 1	1.360 9
3	2.073 9	2.042 2	2.011 4	1.981 3	1.952 0	1.923 4	1.895 6	1.868 4	1.842 0	1.816 1
4	2.540 4	2.493 6	2.448 3	2.404 3	2.361 6	2.320 2	2.280 0	2.241 0	2.203 1	2.166 2
5	2.926 0	2.863 6	2.803 5	2.745 4	2.689 3	2.635 1	2.582 7	2.532 0	2.483 0	2.435 6
6	3.244 6	3.166 9	3.092 3	3.020 5	2.951 4	2.885 0	2.821 0	2.759 4	2.700 0	2.642 7
7	3.507 9	3.415 5	3.327 0	3.242 3	3.161 1	3.083 3	3.008 7	2.937 0	2.868 2	2.802 1
8	3.725 6	3.619 3	3.517 9	3.421 2	3.328 9	3.240 7	3.156 4	3.075 8	2.998 6	2.924 7
9	3.905 4	3.786 3	3.673 1	3.565 5	3.463 1	3.365 7	3.272 8	3.184 2	3.099 7	3.019 0
10	4.054 1	3.923 2	3.799 3	3.681 9	3.570 5	3.464 8	3.364 4	3.268 9	3.178 1	3.091 5
11	4.176 9	4.035 4	3.901 8	3.775 7	3.656 4	3.543 5	3.436 5	3.335 1	3.238 8	3.147 3
12	4.278 4	4.127 4	3.985 2	3.851 4	3.725 1	3.605 9	3.493 3	3.386 8	3.285 9	3.190 3
13	4.362 4	4.202 8	4.053 0	3.912 4	3.780 1	3.655 5	3.538 1	3.427 2	3.322 4	3.223 3
14	4.431 7	4.264 6	4.108 2	3.961 6	3.824 1	3.694 9	3.573 3	3.458 7	3.350 7	3.248 7
15	4.489 0	4.315 2	4.153 0	4.001 3	3.859 3	3.726 1	3.601 0	3.483 4	3.372 6	3.268 2
16	4.536 4	4.356 7	4.189 4	4.033 3	3.887 4	3.750 9	3.622 8	3.502 6	3.389 6	3.283 2
17	4.575 5	4.390 8	4.219 0	4.059 1	3.909 9	3.770 5	3.640 0	3.517 7	3.402 8	3.294 8
18	4.607 9	4.418 7	4.243 1	4.079 9	3.927 9	3.786 1	3.653 6	3.529 4	3.413 0	3.303 7
19	4.634 6	4.441 5	4.262 7	4.096 7	3.942 4	3.798 5	3.664 2	3.538 6	3.421 0	3.310 5
20	4.656 7	4.460 3	4.278 6	4.110 3	3.953 9	3.808 3	3.672 6	3.545 8	3.427 1	3.315 8
21	4.675 0	4.475 6	4.291 6	4.121 2	3.963 1	3.816 1	3.679 2	3.551 4	3.431 9	3.319 8
22	4.690 0	4.488 2	4.302 1	4.130 0	3.970 5	3.822 3	3.684 4	3.555 8	3.435 6	3.323 0
23	4.702 5	4.498 5	4.310 6	4.137 1	3.976 4	3.827 3	3.688 5	3.559 2	3.438 4	3.325 4
24	4.712 8	4.507 0	4.317 6	4.142 8	3.981 1	3.831 2	3.691 8	3.561 9	3.440 6	3.327 2
25	4.721 3	4.513 9	4.323 2	4.147 4	3.984 9	3.834 2	3.694 3	3.564 0	3.442 3	3.328 6
26	4.728 4	4.519 6	4.327 8	4.151 1	3.987 9	3.836 7	3.696 3	3.565 6	3.443 7	3.329 7
27	4.734 2	4.524 3	4.331 6	4.154 2	3.990 3	3.838 7	3.697 9	3.566 9	3.444 7	3.330 5
28	4.739 0	4.528 1	4.334 6	4.156 6	3.992 3	3.840 2	3.699 1	3.567 9	3.445 5	3.331 2
29	4.743 0	4.531 2	4.337 1	4.158 5	3.993 8	3.841 4	3.700 1	3.568 7	3.446 1	3.331 7
30	4.746 3	4.533 8	4.339 1	4.160 1	3.995 0	3.842 4	3.700 9	3.569 3	3.446 6	3.332 1

附表五　标准正态分布函数数值表

$$\phi(x)=\int_{-\infty}^{x}\frac{1}{\sqrt{2\pi}}e^{-\frac{t^2}{2}}dt=P(X\leqslant x)$$

$$\phi(-x)=1-\phi(x)$$

ø (x) X x	0.00	0.01	0.02	0.03	0.04	0.05	0.06	0.07	0.08	0.09
0.0	0.500 0	0.504 0	0.508 0	0.512 0	0.516 0	0.519 9	0.523 9	0.527 9	0.531 9	0.535 9
0.1	0.539 8	0.543 8	0.547 8	0.551 7	0.555 7	0.559 6	0.563 6	0.567 5	0.571 4	0.575 3
0.2	0.579 3	0.583 2	0.587 1	0.591 0	0.594 8	0.598 7	0.602 6	0.606 4	0.610 3	0.614 1
0.3	0.617 9	0.621 7	0.625 5	0.629 3	0.633 1	0.636 8	0.640 6	0.644 3	0.648 0	0.651 7
0.4	0.655 4	0.659 1	0.662 8	0.666 4	0.670 0	0.673 6	0.677 2	0.680 8	0.684 4	0.687 9
0.5	0.691 5	0.695 0	0.698 5	0.701 9	0.705 4	0.708 8	0.712 3	0.715 7	0.719 0	0.722 4
0.6	0.725 7	0.729 1	0.732 4	0.735 7	0.738 9	0.742 2	0.745 4	0.748 6	0.751 7	0.754 9
0.7	0.758 0	0.761 1	0.764 2	0.767 3	0.770 3	0.773 4	0.776 4	0.779 4	0.782 3	0.785 2
0.8	0.788 1	0.791 0	0.793 9	0.796 7	0.799 5	0.802 3	0.805 1	0.807 8	0.810 6	0.813 3
0.9	0.815 9	0.818 6	0.821 2	0.823 8	0.826 4	0.828 9	0.831 5	0.834 0	0.836 5	0.838 9
1.0	0.841 3	0.843 8	0.846 1	0.848 5	0.850 8	0.853 1	0.855 4	0.857 7	0.859 9	0.862 1
1.1	0.864 3	0.866 5	0.868 6	0.870 8	0.872 9	0.874 9	0.877 0	0.879 0	0.881 0	0.883 0
1.2	0.884 9	0.886 9	0.888 8	0.890 7	0.892 5	0.894 4	0.896 2	0.898 0	0.899 7	0.901 5
1.3	0.903 2	0.904 9	0.906 6	0.908 2	0.909 9	0.911 5	0.913 1	0.914 7	0.916 2	0.917 7
1.4	0.919 2	0.920 7	0.922 2	0.923 6	0.925 1	0.926 5	0.927 8	0.929 2	0.930 6	0.931 9
1.5	0.933 2	0.934 5	0.935 7	0.937 0	0.938 2	0.939 4	0.940 6	0.941 8	0.943 0	0.944 1
1.6	0.945 2	0.946 3	0.947 4	0.948 4	0.949 5	0.950 5	0.951 5	0.952 5	0.953 5	0.954 5
1.7	0.955 4	0.956 4	0.957 3	0.958 2	0.959 1	0.959 9	0.960 8	0.961 6	0.962 5	0.963 3
1.8	0.964 1	0.964 8	0.965 6	0.966 4	0.967 1	0.967 8	0.968 6	0.969 3	0.970 0	0.970 6
1.9	0.971 3	0.971 9	0.972 6	0.973 2	0.973 8	0.974 4	0.975 0	0.975 6	0.976 2	0.976 7
2.0	0.977 2	0.977 8	0.978 3	0.978 8	0.979 3	0.979 8	0.980 3	0.980 8	0.981 2	0.981 7
2.1	0.982 1	0.982 6	0.983 0	0.983 4	0.983 8	0.984 2	0.984 6	0.985 0	0.985 4	0.985 7
2.2	0.986 1	0.986 4	0.986 8	0.987 1	0.987 4	0.987 8	0.988 1	0.988 4	0.988 7	0.989 0
2.3	0.989 3	0.989 6	0.989 8	0.990 1	0.990 4	0.990 6	0.990 9	0.991 1	0.991 3	0.991 6
2.4	0.991 8	0.992 0	0.992 2	0.992 5	0.992 7	0.992 9	0.993 1	0.993 2	0.993 4	0.993 6
2.5	0.993 8	0.994 0	0.994 1	0.994 3	0.994 5	0.994 6	0.994 8	0.994 9	0.995 1	0.995 2
2.6	0.995 3	0.995 5	0.995 6	0.995 7	0.995 9	0.996 0	0.996 1	0.996 2	0.996 3	0.996 4
2.7	0.996 5	0.996 6	0.996 7	0.996 8	0.996 9	0.997 0	0.997 1	0.997 2	0.997 3	0.997 4
2.8	0.997 4	0.997 5	0.997 6	0.997 7	0.997 7	0.997 8	0.997 9	0.997 9	0.998 0	0.998 1
2.9	0.998 1	0.998	0.998 2	0.998 3	0.998 4	0.998 4	0.998 5	0.998 5	0.998 6	0.998 6

注：本表最后一行自左至右依次是 $\phi(3.0)$，…，$\phi(3.9)$ 的值。

参考文献

1. 荆新，王化成，刘俊彦. 财务管理学. 北京：中国人民大学出版社，2006

2. 中国注册会计师协会. 财务成本管理. 北京：中国财政经济出版社，2009

3. 杨淑娥. 公司财务管理. 北京：中国财政经济出版社，2004

4. 肖仰烈，陈玉珍，罗建华. 财务管理. 广州：中山大学出版社，2007

5. 傅元略. 中级财务管理. 上海：复旦大学出版社，2005

6. 吴晓求，季冬生. 证券投资学. 北京：中国金融出版社，2004

7. 张合金，史代敏. 组合投资学. 成都：西南财经大学出版社，1999

8. 张玉明. 财务金融学. 上海：复旦大学出版社，2005

9. 戴志敏. 证券投资学. 杭州：浙江大学出版社，2009

10. [美] William R. Lasher. 财务管理实务. 陈国欣等译. 北京：机械工业出版社，2004

11. 宋献中，吴思明. 中级财务管理. 大连：东北财经大学出版社，2001

12. 中国证券业协会. 证券投资基金. 北京：中国财政经济出版社，2007

13. 张鸣，王蔚松，陈文浩. 财务管理学. 上海：上海财经大学出版社，2006

14. [美] 斯蒂芬·A. 罗斯等. 公司理财. 北京：机械工业出版社，2000

15. 张阳. 控股股东利益导向与股利政策安排——基于用友软件“高派现”的案例分析. 当代财经，2003 (10)：54～57

16. 王化成. 财务管理教学案例. 北京：中国人民大学出版社，2001

17. 吴安平，王明珠，尹桂凤，谢梁秋. 财务管理学教学案例. 北京：中国时代经济出版社，2001

18. 胡元木，姜洪丽. 财务管理学基础. 北京：经济科学出版社，2006

19. 陈玉菁，宋良荣. 财务管理. 北京：清华大学出版社，2005

20. [美] 萨缪尔·C. 韦弗，J. 弗雷德·威斯顿. 财务管理. 北京：中国财政经济出版社，2003

21. 刘桂英，郝云莲. 财务管理案例实验教程（第二版）. 北京：经济科学出版社，2009

22. [美] 詹姆斯·C. 范霍恩，小约翰·M. 瓦霍维奇. 现代企业财务管理（第十版）. 郭浩，徐琳译. 北京：经济科学出版社，1998

22. [美] J. 弗雷德·威斯通，[韩] S. 郑光，[美] 胡安·A. 苏. 接管、重组与公司控制（第二版）. 李秉祥等译. 大连：东北财经大学出版社，2000

23. [美] J. 弗雷德·威斯通，[韩] S. 郑光，[美] 苏珊·E. 候格. 兼并、重组与公司控制. 唐旭等译. 北京：经济科学出版社，1998

24.［美］帕特里克·A. 高根. 兼并、收购与公司重组（第三版）. 朱宝宪，吴亚君译. 北京：机械工业出版社，2004

25. 中华人民共和国财政部. 企业会计准则（2006）. 北京：经济科学出版社，2006